Peter Dawkins

Wahrheiten aus dem Urgrund ewiger Freude

Das Grundlagenwerk der westlichen Weisheitstraditionen

Peter Dawkins

Wahrheiten aus dem Urgrund ewiger Freude

Das Grundlagenwerk der westlichen Weisheitstraditionen

Aus dem Englischen übersetzt von Marianne Rieke

Titel der Originalausgabe:
Zoence®- the Science of Life. Discovering the Sacred Spaces of Youf Life.
© Peter Dawkins, Samuel Weiser, Inc., Box 612, York Beach, ME 03910-0612
ISBN 1-57863-042-8

Bibliografische Information der Deutschen Bibliothek
Die Deutsche Bibliothek verzeichnet diese Publikation in der Deutschen Nationalbibliothek; detaillierte Daten sind im Internet über http://dnb.ddb.de abrufbar.

1. Auflage Juni 2008

Tel.: 08071 – 94813, Fax: 08071 – 94814, http://www.sheema.de

ISBN 978-3-931560-16-4

Übersetzung: Marianne Rieke
Umschlaggestaltung: Gabriele Posch, http://www.textundwebwerkstatt.de
Umschlagbild: Peter Dawkins „Landschaftsengel von Les-Saints-Maries-de-la-Mer"
Grafikdesign: Schmucker-digital, http://www.schmucker-digital.de
Lektorat / Gesamtherstellung: Cornelia Linder
Druck: FINIDR

Danksagung

Der Autor bringt hiermit seine Dankbarkeit gegenüber all jenen zum Ausdruck,
die ihn bei der Entstehung und Veröffentlichung dieses Werkes unterstützt haben.
Sein Dank gilt im Besonderen seiner Frau Sarah
für ihre große Geduld und ihre Unterstützung bei der Bearbeitung
und seinen Söhnen John und Samuel, die bei einigen der Illustrationen halfen.
Dank gilt ebenso Michèle Beaufois, die mit ihrem künstlerischen Können
die Notizen und Skizzen der Engelsbilder des Autors
in computergestützte Illustrationen übertragen hat,
Almut Martini für die Fotos von den Externsteinen
und Marianne Rieke für die Übersetzung des Textes ins Deutsche
und ihre Hilfe beim Redigieren.

Über den Autor

Peter Dawkins (M.A., Dipl.Arch.) ist ein international bekannter Philosoph, Geomant, Autor, Seher und Lehrer der westlichen Weisheitstraditionen. Er ist verheiratet und hat drei erwachsene Kinder. Peter arbeitete zehn Jahre als Architekt in England und Schottland bevor er sich ganz der Forschung und Lehre geistiger Disziplinen widmete. Seine besondere Hinwendung gilt der harmonischen Beziehung der Menschheit zur geistigen Welt sowie der Natur. Peters Hellsichtigkeit, seine Liebe zur Landschaft und seine wegweisenden Forschungen führten unmittelbar zur Entwicklung der Wissenschaft von den Landschaftstempeln und geo-kosmologischen Pilgerreisen. Dies hat auf der Grundlage seiner Kenntnis und Synthese der verschiedenen Weisheitslehren sowie der Erfahrungen aus der Leitung von mehr als 1000 Seminaren, Workshops, Pilgerreisen und Festlichkeiten während rund 25 Jahren in vielen Ländern der Erde eine praktische Philosophie hervorgebracht, die er „Zoence" nannte.

Peter leitete ferner „Wisdom of Shakespeare Seminare" und Sommerschulen dazu. Er hat ein besonders tiefes Wissen über den spirituellen Hintergrund von Shakespeare und der europäischen Renaissance – einer kulturellen Periode, die weit reichende Einsichten in die westlichen Weisheitstraditionen und deren Praxis bereithält. Dieses Wissen vermittelte er von 1997 – 2005 in Wochenendkursen am „Shakespeare Globe Theater" in London und hat über viele Jahre Schauspieler, Direktoren, Schriftsteller, Studenten und Lehrer beraten.

Peter ist Begründer und Direktor der „Zoence Academy", die Ausbildungskurse in „Zoence" anbietet und des „Francis Bacon Research Trust", der sich auf Forschung bezüglich Bacon, Shakespeare, die Rosenkreuzer und andere Philosophen der europäischen Renaissance spezialisiert hat.

Peters zahlreiche Publikationen umfassen u.a. eine fortgesetzte Serie über „Die Weisheit Shakespeares" in jedem Stück dieses Autors. Fünf dieser Bücher sind bereits erschienen. Seine Forschungen haben ihn tief in das Geheimnis der Autorschaft der Shakespeare Stücke geführt, und er hat darüber zwei Bücher geschrieben: „Bacon's Shakespeare" und „The Shakespeare-Enigma", die ihm einen Preis für besondere wissenschaftliche Leistungen von der Concordia Universität in Portland, Oregon, USA eingebracht haben.

Informationen zu allen Publikationen finden Sie im Literaturverzeichnis auf S. 232

Widmung

Gewidmet in Liebe der Rose

*„Wenn die Liebe, der Liebende und alles Geliebte eins geworden sind,
wenn wir Gott als das innerste SELBST in allen Wesen erkennen und lieben
und wenn ein ununterbrochener Liebesstrom im Herzen fließt –
dann verwirklichen wir Göttliche Liebe.“*

Srîmad Bhâgawatam

Inhalt

Danksagung 5

Über den Autor 6

Widmung 7

Inhaltsverzeichnis 8

Kapitel 1:
LIEBE IST 11

Kapitel 2:
PRINZIPIEN DES LEBENS 13
Polarität des Lebens 14
Die dreifältige Natur des Lebens 15
Strahlende und Spiralenergie 17
Die Entwicklung der Seele 19
Drei große Archetypen 20

Kapitel 3:
DAS LEBENSRAD (FUNKTION) 23
Zeitzyklen 23
Der Kreislauf der Natur 24
Die Sonnenfeste 25
Der Lebenskreislauf des Menschen 27
Die alchemistischen Elemente 28
Die Vervollkommnung des Kreislaufs 30
Der Einweihungspfad 31
Vier Schlüssel zum Paradies 33
Der mythologische Zyklus der Sonnenfeste 37
Die Spanne des menschlichen Lebens 43

Kapitel 4:
DAS LEBENSRAD (FORM) 45
Der Kreis des Raumes 46
Der Zodiak oder Tierkreis 48
Der jährliche Zodiak-Zyklus 51
Der Phönix-Zyklus 53
„Jahr und Tag" 58
Die neun Atemzüge 60
Morgenstern und Abendstern 61
Der Shekinah-Zyklus 62
Der Mond-Zyklus 63
Planetare Zeitzyklen und Muster 67

Kapitel 5:
DAS CHAKRASYSTEM 73
Der menschliche Körper 73
Das Symbol für Merkur 74
Die Bewegung des Lebensprozesses 75
Die Chrakren 77
Der Tierkreis im menschlichen Körper 79
Die Gralswunden 80
Der himmlische Körper 84

Kapitel 6:
DER LEBENSBAUM 87
Vier Welten und zehn Prinzipien 87
Die Großen Säulen 92
Alchemistische Elemente 102
Die Göttliche Familie 106
Thron und Wagen 107

Die Blume des Lebens 109
Der Himmel 110
Die Hölle 113
Rechts und links 114

Kapitel 7:
ARCHETYPISCHE ARCHITEKTUR 125
Kathedralen 125
Stonehenge 128

Kapitel 8: ARCHETYPISCHE
STADTLANDSCHAFTEN 131
Die Innenstadt von London 132
Edinburg 138
Stein am Rhein 141
Bad Pyrmont 144
Berlin 146
Washington DC 148

Kapitel 9: ARCHETYPISCHE
LANDSCHAFTEN 151
Landschaftstempel 152
Das Alte Ägypten 152
Das Alte Israel 156
Nordamerika 159
Die Landschaftstempel der Irokesen 166
Europa 169
Die europäische Herzlinie 175
Die Externsteine 180
Die europäische Gralslinie 186

Das planetare Dodekaeder 199
Chakren und Tierkreis der Welt 202

Kapitel 10: MENSCHHEIT
UND UMGEBUNG 213
Im eigenen Heim ein Chakrasystem
aufbauen 214
Einen geweihten Raum erschaffen 215
Die Ausrichtung 216
Lichtzentren und Ley-lines 217

Kapitel 11:
DEM PLANETEN DIENEN 219
Dem Lebensprozess folgen 220
Feste feiern 220
Tanz, Bewegung und Gesang 221
Meditation, Anrufung und Gebet 222
Sich zentrieren und schützen 222
Pilgern 225

Kapitel 12:
FREUDE 227

Kontakt 229

Abbildungen 230

Literatur 232

Kapitel 1

Liebe ist

Wer nicht liebt, kennt Gott nicht; denn Gott ist Liebe.[1]

Viele große Zivilisationen des Altertums hatten ihre Grundlage in einem tiefen Empfinden für die Heiligkeit der Natur des Lebens und der Umwelt und einem inneren Verständnis für Energie und Bewusstsein. Entweder teilten sie die Idee, dass das sichtbare wie das unsichtbare Universum eine harmonische Schöpfung ist, entworfen vom höchsten und ursprünglichen Architekten, einerlei, ob dieser Architekt nun Gott, Jahweh, Béal, Allah, Brahman, Swayambhu oder mit irgendeinem anderen Namen genannt wurde; oder sie hingen der Meinung an, dass das Universum einfach ist und als Strom oder Bewegung in einem immerwährenden „Werden" endlos ins Sein fließt – ohne eine Ursache oder ein „Selbst", dennoch die Wahrheit, die Gesetze und kosmischen Ordnungen des Universums enthaltend. Wie Julia in Shakespeares Drama es Romeo gegenüber auf den Punkt bringt:

Was sagt ein Name? Was wir Rose nennen, würde unter jedem anderen Wort ebenso süß duften.[2]

Etwas einen Namen zu geben, das wir nicht kennen und vielleicht nicht kennen können, enthält einige Schwierigkeit. Dennoch brauchen wir Worte, um für uns selbst und andere zu beschreiben, worauf wir uns beziehen.

Wir alle existieren; das Universum existiert. Wie? Warum? Wo kommen wir her? Woher kommt das Leben? Was schuf das Universum? Warum kann seine Energie als Materie Form annehmen und umgekehrt? Warum gibt es Gesetze im Universum? Wie kamen diese ins Dasein? Was entwarf sie? Das alles sind wichtige Fragen, auf die wir keine Antworten wissen. Aber die Tatsache, dass wir keine Antworten kennen, macht diese Fragen nicht weniger dringlich, und so sollten wir auch nicht aufhören, sie zu stellen und zu hoffen, dass wir sie eines Tages zufrieden stellend beantworten können.

---

1 I Joh. IV, 8

2 Romeo und Julia, 2. Akt, 2. Szene

Wahrscheinlich hat die Menschheit diese Fragen gestellt, seit sie in der Lage ist, über ihre eigene Existenz und das Geheimnis des Universums nachzudenken. Über die vielen Jahrtausende unserer Existenz hin gab es unzählige Philosophen und Philosophien, einige mystischer Art, andere wissenschaftlich, und solche, die beides verbanden, welche irgendeine Art von Antworten vorgestellt haben. Es gab auch viele große Weise, erleuchtete Wesen, die weitaus umfassendere Antworten hatten und sich bemühten, diese Antworten uns anderen Menschen mitzuteilen.

Der eine gemeinsame Nenner aller Antworten der größten Weisen ist Liebe: dass das vollkommene Leben ein vollkommener Ausdruck von Liebe ist. Liebe ist das Prinzip, das aller Existenz unterliegt und sie hervorruft. Sie bildet die Bewegung oder Energie des Universums. Sie ist die Wesensnatur aller Formen, die Energie annimmt. Sie ist allwissend, allmächtig und allgegenwärtig. Sie erfüllt das Universum und ist das Universum. Sie ist die Ursache der Ursachen, jedoch selbst ohne eine solche.

Dies ist nicht ein Ratespiel mit Zufallstreffern, sondern eine tiefe Erkenntnis, welche die großen Weisen durch Tausende von Jahren menschlicher Beobachtung, Einsicht und Erfahrung – und, vor allem Göttlicher Gnade und Offenbarung gefunden haben. Liebe ist unabdingbar zum Überleben – das gilt für Existenz in ihrer innerlichsten und persönlichsten Form, ebenso wie in ihrer absolutesten und universalen Form – denn nichts kann erfolgreich oder gar glücklich existieren, wenn es sich nicht genügend liebt, um sich die Existenz zu wünschen. Darüber hinaus müssen Liebe und Fürsorge in der Entwicklung von Partnerschaften, Familien und Gesellschaften herrschen, und nur dann gibt es irgendeine Hoffnung auf Reifung und Entwicklung, ja auf bloßes Überleben.

Aber was ist Liebe? Für die meisten Menschen ist klar, dass es viele verschiedene Arten und Ebenen von Liebe gibt und dass diese viele Formen annehmen kann, selbstlose wie selbstsüchtige. Liebe ist das Leben selbst, während Hass und alles nicht Liebevolle dem Leben entgegengesetzt ist. Die großen Weisen, die Erleuchteten, die in Wahrheit Liebe manifestieren, beschreiben die Erfahrung von Liebe in ihrer höchsten Form, nämlich der unterschiedslosen Einheit als Lichterfüllte Erfahrung reiner Glückseligkeit. Aber selbst derart ekstatische Worte reichen nicht aus, um etwas zu beschreiben, das in jeder Sprache unbeschreibbar ist. Man muss es selbst erfahren, und in dieser Erfahrung verschwindet jedes Bewusstsein von sich selbst und damit von individuellen Gedanken oder Worten.

Wie leben wir ein Leben der Liebe? Wie erreichen wir Erleuchtung oder Lichtbewusstsein? Es hat eine Fülle von Weisheitstraditionen, Philosophien, Religionen und Mysterienschulen gegeben, die die stets wachsende, immer fortdauernde Weisheit über diese Dinge berührt, praktiziert, gelehrt und weitergegeben haben, Weisheit über Leben, Tod, Bewusstsein, Ursprünge und Zweck des Lebens, materielle und spirituelle Existenz, sowie den Aufbau des Universums. In diesem Buch werden die Grundlagen einer Philosophie dargelegt, die ich „Zoence" genannt habe, und die eine Synthese der Kernwahrheiten verschiedener westlicher Weisheitstraditionen darstellt. Sie enthält weiterhin neue Einsichten und Erkenntnisse, besonders im Zusammenhang mit der Landschaft und unserer Beziehung zu dieser und dem größeren Kosmos. „Zoence" (sprich: so-ens) ist zusammengesetzt aus griech. zoé = Leben und engl. science = Wissenschaft und meint somit „Wissenschaft des Lebens".

Kapitel 2

Prinzipien des Lebens

Ich ward im Werden meines Werdens. [3]

Ich bin alles, was war, was ist und was sein wird.[4]

Energie ist ewige Freude.[5]

Erleuchtete Weise, Weisheitstraditionen und moderne Wissenschaft stimmen darin überein, dass das Universum mit Energie angefüllt und tatsächlich Energie ist. Energie ist Bewegung, und es ist diese Bewegung, die Liebe genannt wird. Liebe ist die Auswärtsbewegung oder der Wunsch des Göttlichen, manifest und erkannt zu sein und Freude zu geben. Mit anderen Worten, alles ist ein Werden – eine Bewegung in immer weiterem Ausdruck des Göttlichen. Mit Begriffen der Ewigkeit gesagt, ereignet sich Anfang, Ende und alles, was dazwischen liegt, in einem Augenblick, und dieser Moment des Sichereignens dauert durch alle Zeit hindurch fort. Das Alpha, die Mitte und das Omega sind eins.

Für uns ist es jedoch schwierig, Ewigkeit zu erkennen, außer durch das Gefühl von Bewegung, in der zum Beispiel jemand, der sich mit unendlich großer Geschwindigkeit fortbewegen würde, zu jeder Zeit überall gleichzeitig wäre. In dieser Ewigkeit der Bewegung gibt es Zeit, die wir verstehen können, und verschiedene Bewegungsgeschwindigkeiten. Etwas von dieser Energie nimmt Form an als Materie, baut sich auf, entwickelt sich und verwandelt sich in all die verschiedenen Lebensformen des Universums, während der Rest der Energie diese Lebensformen vitalisiert, inspiriert und erleuchtet. Damit jedoch all dies geschehen kann, muss die Einheit des Universums in sich Polarität enthalten, obwohl es nur eine Liebe, ein Universum der Energie, ein universales Sein oder Werden gibt.

---

3 Ägyptische Pyramiden-Texte

4 Tempel der Isis in Sais

5 William Blake, „Die Hochzeit von Himmel und Hölle. Ausgewählte Dichtungen", area verlag GmbH, 2005, Erftstadt, S. 10

Polarität des Lebens

Neben der Liebe ist das Konzept von Polarität unerlässlich für das Verständnis von Leben. Tatsächlich kann nichts ohne Polarität existieren. Wie uns die heiligen Traditionen berichten, begann das Sein als solches mit zwei Polen potenzieller Existenz: Himmel und Erde, Dunkelheit und Tiefe: *„Im Anfang schuf Gott Himmel und Erde, die Erde aber war ohne Form und leer, und Dunkelheit lag auf dem Antlitz der Tiefe".*[6] Als der Himmel aktiv wurde als „Gottes Geist" und die Erde passiv und aufnehmend, als „die Wasser", die durch die Bewegung des Geistes in Schwingung versetzt wurden, da wurde Existenz offenbar und schöpferisch.

Der himmlische Pol wird beschrieben als „Geist" oder „Atem" und der irdische Pol als „die Wasser" der Materie. Sie bilden die beiden Pole oder „Gesichter" Gottes – die Polaritäten der Liebe – die es der Liebe möglich machen, sich zum Ausdruck zu bringen: So kann Gott Gott lieben, und Liebe kann Liebe lieben. Wenn es keinen Wunsch, keine Bewegung und keine Antwort gibt, dann ist da Nichts – kein Ding (engl. nothing = no thing), sondern nur das Potenzial der Polarität, das die Schriften poetisch und liebevoll umschreiben als „die Dunkelheit, die auf dem Antlitz der Tiefe lag". Sobald aber der Wunsch nach Manifestation erwacht, erscheinen die beiden Pole dieses Wunsches, der eine im aktiven Zustand der Bewegung und der andere passiv, aber empfänglich.

Das ist seinem Wesen nach ein Akt der Liebe, wie es die Schriften dichterisch ausdrücken als „Gottes Geist", das ist der Geist der Liebe, der sich *„über das Antlitz der Wasser bewegt".*[7] In diesem „Liebesspiel" ist die Dunkelheit dem Geist oder Atem des Lebens gleichgesetzt, der sich in schöpferischer Energie und Bewegung ausdrückt, während die Tiefe sich als die Wasser des Lebens darstellt. „Die Wasser" symbolisieren reine, formlose Materie in ihrem ursprünglichen Zustand von Unbewegtheit oder Ruhe, aber dennoch vollkommen aufnahmefähig, formbar und dem Geiste antwortend. Die liebende Verschmelzung bringt die Liebesbeziehung der beiden Pole der göttlichen Liebe zur Erfüllung und erschafft alle Lebensformen als ihre „Kinder".

Diese grundlegende Polarität der alles in Gang setzenden Energie einerseits und der empfangenden Erwiderung auf diese Energie andererseits, besteht in allem, was sie erschaffen, fort. Alle Lebensformen weisen diese Polarität auf. Zum Beispiel haben wir in unserer menschlichen Form unseren inneren Atem oder Geist, dessen Echo unser physischer Atem ist, und unsere äußere Form, in der der Geist handelt und die dem Geist antwortet. Unser Körper selbst hat diese Polarität – tatsächlich sind es vier verschiedene Paare von Polen: Oben und unten, links und rechts, vorn und hinten, innen und außen. Wir können uns unser Dasein nicht einmal vorstellen, wenn auch nur eines dieser Polaritätspaare fehlte.

6 Genesis 1, 1-2

7 Genesis 1,2

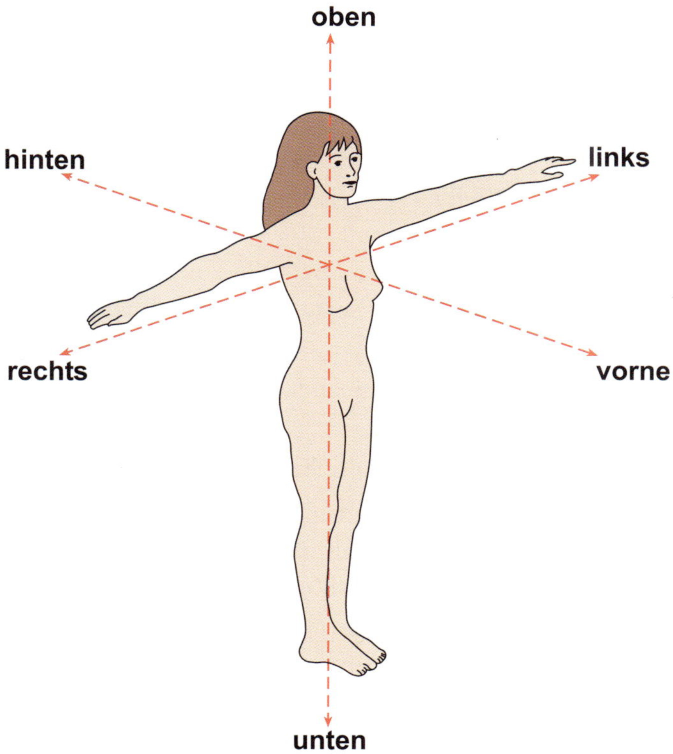

Polarität

Nichts existiert ohne Polarität. Versuchen Sie einmal sich vorzustellen, Sie hätten kein Oben und Unten oder keine rechte und linke Seite, keine Vorder- und Rückseite oder kein Innen und Außen. Das sind die Polaritäten Ihres Seins. Wo wären Sie ohne diese?

Die dreifältige Natur des Lebens

Ebenso, wie ohne Polarität nichts sein kann, können zwei Pole nicht ohne die Beziehung zwischen ihnen existieren. So bestehen zum Beispiel Sie oder ich nicht ausschließlich aus dem Oben und Unten oder dem Rechts und Links, sondern auch aus allem, was dazwischen liegt. Diese Teilbereiche bilden jeweils zusammen eine Dreiheit, die ein Ausdruck von Liebe ist, wenn sie sich in vollkommener Harmonie befindet.

Die beiden Pole „Geist“ und „Materie“ sind zwei Aspekte der einen einzigen Existenz. Aus ihrer Beziehung zu- und Interaktion miteinander entstehen alle Lebensformen und bringen die Liebe und Göttlichkeit des Seins zum Ausdruck. Geist und Materie erschaffen die Seele, die bewusste Lebensform, welche das göttliche Sein manifestiert. Geist und Materie sind unsere göttlichen Eltern, unsere Seele ihr Kind. In der Seele offenbart sich der Geist als Licht. Energie nimmt Form an durch ihre Wechselbeziehung mit Materie. Man könnte auch sagen, Energie baut Formen auf aus Materie oder aus sich selbst, je nachdem, wie man es sieht. Als göttliche Emotion oder Bewegung fließt Energie mit der schnellst möglichen Geschwindigkeit und drückt sich in der Materie als geistiges Licht aus: Daher kommt das Wort „Seele“ (engl.: soul), das vom Lateinischen sol = Sonne abgeleitet ist. Physisches Licht, in dem sich die Energie des physischen Universums mit der schnellsten ihr möglichen Geschwindigkeit fortbewegt, ist ein langsameres, weniger vollkommenes Abbild des geistigen Lichtes, welches unendlich schnell und deshalb auf ewig überall zur gleichen Zeit ist. Die Seele ist eine metaphysische oder geistige Lichtform, die sich eine äußere Form oder „Bekleidung“ erschaffen kann, in der sie sich inkarniert.

Licht ist die vollkommene Form und Ausdrucksweise von Liebe. Aus Licht sind das Universum und alle individuellen Lebensformen erschaffen. Dieses Licht oder die Seele, die vollkommene Harmonie und Schönheit ihr eigen nennt, ist der dritte Aspekt der Dreifaltigkeit – das Kind der Eltern. Diese drei existieren jedoch nicht für sich, sondern sind stets untrennbar miteinander verbunden.

Auf der menschlichen Ebene wird das kreative System der Dreifaltigkeit zum Beispiel dann zum Ausdruck gebracht, wenn zwei Menschen eine Beziehung irgendeiner Art eingehen. Das Gefühlsband zwischen ihnen ist der lebendige Ausdruck ihrer Beziehung. Durch eine gute Freundschaft, Partnerschaft oder Ehe entwickelt sich dieses Energieband zu einer Bindung wahrer Harmonie und Liebe und bildet eine metaphysische Wesenheit oder eine Ausdrucksform von Licht und Freude, die für beide gemeinsam weit größer ist als für jeden Partner allein. Demgegenüber bildet sich aus einer nicht liebevollen Beziehung, die durch Furcht, Hass, Eifersucht oder Selbstsucht gekennzeichnet ist, eine entsprechende dunkle Wesenheit. Das gleiche Prinzip wirkt in Familien, Gemeinschaften und Nationen, sowie auch zwischen uns und unserer Umwelt.

Energie ist eine ausströmende Bewegung, eine E-Motion. Schöpferische Energie, die Leben ist, kann von Liebe nicht getrennt werden. Da wir aber einen freien Willen haben, können wir Wünsche entwickeln, die nicht rein und vollkommen sind. Sind wir nicht in der Liebe, wird die Energie, die wir freisetzen, auch nicht so schöpferisch gut sein. Energie fließt immer zwischen benachbarten Wesen, seien es Menschen, Tiere, Pflanzen, Hügel, Bäume oder Flüsse. Wenn wir unser volles Potenzial entwickeln wollen, ist es unsere Aufgabe, mit all diesen Freunde zu sein und nicht nur Nachbarn, so dass die Energie, die zwischen uns und allen Wesen fließt, reine Liebe ist. Wir können die Fähigkeit entwickeln, diese Liebe in Freude und Schönheit zu transformieren, indem wir sie uns bewusst machen und den Fluss der Liebesenergie mit anderen und der Welt um uns in Freundschaft und gegenseitigem Dienen teilen.

Dieser menschlichen Fähigkeit ist eine andere Polarität oder Dreiheit von großer Wichtigkeit zugeordnet: Streben und Freundschaft, deren liebevolle und ausgeglichene Beziehung Harmonie hervorbringt. Antike Mysterienschulen beschrieben dies unter der Allegorie von Mars (Ares) und Venus (Aphrodite), deren Liebesbeziehung zur Geburt der Harmonia führte. Wenn der Pilger einen klassischen Tempel betrat, ging er zwischen den beiden Säulen hindurch, welche diese Polarität repräsentierten, und erinnerte sich dabei an das Ziel der Pilgerschaft: Ein wahres Kind dieser Liebesbeziehung zu werden, eine strahlende, freudvolle, wunderschöne Seele: Harmonia. Um dies zu erreichen, bedarf es des Strebens und der Freundschaft. Wir können unser göttliches Potenzial freisetzen und die größten Erfolge erringen, wenn wir immer nach dem Besten streben. Doch können wir dies wahrhaft nur in Freundschaft tun, indem wir einander und allem Leben helfen.

Schwierigkeiten und Herausforderungen, gegen die wir strebend angehen, sind große Geschenke: Ohne sie wäre das Leben unglaublich langweilig, und wir würden niemals unsere Stärken erkennen oder unsere angeborenen Talente entdecken. Ebenso ist Freundschaft eine wunderbare Segnung. Ohne Freunde wären wir so einsam, hätten niemanden, den wir lieben oder der uns lieben könnte, dem wir helfen oder der uns in unserem Streben weiterhelfen könnte und mit dem wir die Freude des Erreichten teilen könnten. Das pervertierte Gegenteil dieser göttlichen Polarität, das wir durch unsere eigensüchtigen Wünsche und unseren Eigenwillen hervorbringen können, sind Krieg und Feindschaft, in denen nichts Gutes blüht und nichts Wertvolles jemals vollbracht wird.

Strahlende und Spiralenergie

Energie ist auch in sich selbst polarisiert. In der Seele gibt es zwei Energietypen, die ausstrahlende und die spiralförmige. Strahlende Energie bewegt sich aus ihrem Zentrum oder ihrer Quelle heraus in einer geraden Linie. Sie kann sich ohne Begrenzung so schnell bewegen, wie sie will. In ihrer schnellsten oder vollkommensten Geschwindigkeit drückt sich diese Energie (oder Emotion) als strahlendes Licht oder Strahlung aus.

Spiralenergie bewegt sich, wie der Name schon sagt, spiralförmig aus ihrem Zentrum heraus. Sie ist in ihrer Bewegung ebenfalls unbegrenzt und kann an Geschwindigkeit zunehmen, bis sie Lichtgeschwindigkeit erreicht. Somit kann sich auch die Spiralenergie ihrem vollkommensten Zustand als Licht manifestieren.

Spiralenergie kann sich aber auch nach innen drehen und sich so in sich selbst einwickeln, dass sie schließlich in einem Knoten zusammenfließt und unbeweglich wird. In diesem Zustand wird sie zu potenzieller Energie oder Kraft, die in sich selbst verschlossen ist. In dieser Unbewegtheit ist sie nicht mehr Licht, sondern Dunkelheit und unsichtbar. Dieser Zustand unbewegten Potenzials wird mit der Dunkelheit reiner Materie in Verbindung gebracht. Sie ist tatsächlich Materie und als solche das Mittel, durch welches die Seele materielle Seinsformen und Schwierigkeiten erfahren kann. Diese befähigen die Seele dann ihrerseits, an Selbsterkenntnis zu wachsen.

Damit die Seele an Bewusstsein und Selbsterkenntnis wachsen kann, muss ein Teil von ihr mit Materie in Verbindung treten. Dieser Aspekt der Seele inkarniert sich in einem materiellen Körper, den sie sich selbst bildet. Ihre Energie bewegt sich spiralförmig nach innen und fängt etwas von der Strahlung im Herzen der dunklen Form ein. Die Aufgabe der Seele besteht dann darin, dieses Potenzial zu „ent-wickeln", das darin gefangene Licht und seine Schönheit freizusetzen und auf diese Weise Selbsterkenntnis und Freude daran zu finden.

Ausstrahlende Energie bildet den Gegenpol zur Spiralenergie; dadurch befinden sich beide in einer ständigen Wechselbeziehung miteinander. Gemeinsam erbauen sie die Form der Seele und alle verschiedenen Arten der Seelenkörper. Gleichzeitig entwickeln sie das Bewusstsein oder die Intelligenz der Seele. Die mit dem Himmelspol unseres Wesens verbundene Strahlungsenergie interagiert immerzu mit den unbewegten Spiralen der potenziellen Energie, die den Erdpol unseres Wesens ausmacht. Strahlungsenergie hat die Kraft, die Spiralen aufzuschließen, indem sie deren Richtung ändert, so dass sie sich nach außen drehen; dadurch können sie sich von ihrer Unbeweglichkeit befreien und gemäß ihrer innewohnenden Fähigkeit zu Licht werden. Auf diesem Weg entwickeln sich materielle Lebensformen und vergeistigen sich Schritt für Schritt.

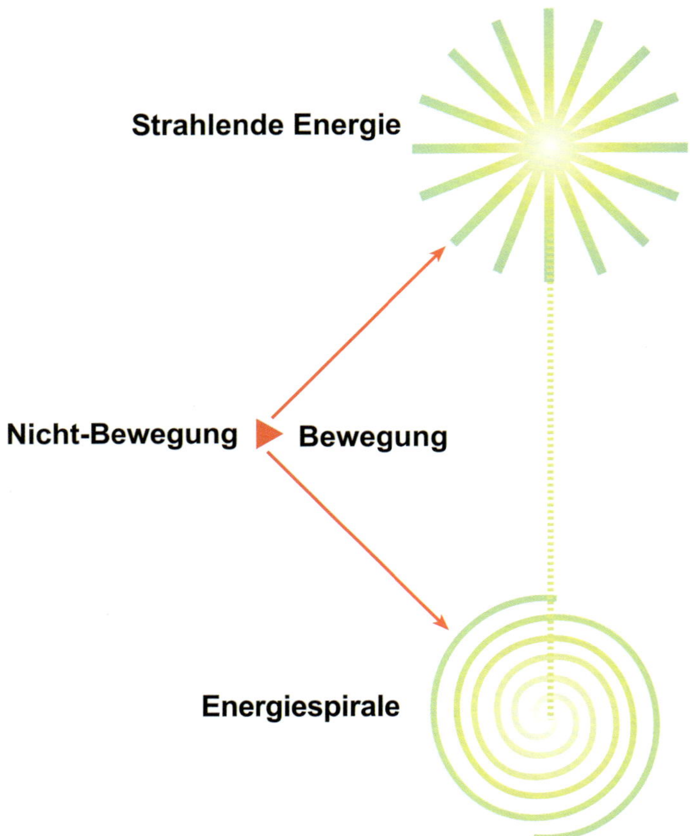

Strahlende und Spiralenergie

In der vedischen Tradition Indiens ist die ausstrahlende Energie mit den drei Hauptgöttern Brahma, Vishnu und Shiva verbunden, während die spiralförmige Energie von ihren Shaktis oder weiblichen Ergänzungen, den drei Göttinnen Saraswati, Lakshmi und Kali dargestellt wird. Die Göttinnen sind auch unter dem Namen „Kundalini" oder „Drachenenergie" bekannt. Die westliche Tradition hat eine vergleichbare Symbolik in der „Dreifachen Göttin" unter dem Namen der drei Marien, welche die drei Gemahlinnen der männlichen Dreifaltigkeit von Vater, Sohn und Heiliger Geist sind. In der keltischen Tradition wird die Dreifache Göttin Guinevere, „der weiße oder reine Drachen", genannt.

Die mythologischen Erzählungen von St. Georg und dem Drachen sowie Erzengel Michael und Satan enthalten all dies in allegorischer Form. Sie haben sich jedoch von der ursprünglichen höfischen Geschichte von Liebeswerben und Liebesleben, welche eigentlich dargestellt werden sollte, etwas entfernt. Wenn wir die konfrontative, aggressive Lebensperspektive von Mars mit der freundlicheren, liebevollen Herangehensweise von Venus ins Gleichgewicht bringen können, sollten wir es schaffen, uns von allen verzerrten Wahrnehmungen zu befreien und das wahre Geheimnis der Harmonie des Lebens zu entdecken.

Die Entwicklung der Seele

Die Wirkung der ausstrahlenden Energie, die in die Dunkelheit der Materie hineinleuchtet und deren Kraft freisetzt, wird in den Geschichten von St. Georg bzw. der Heiligen Margarete und dem Drachen symbolisch dargestellt. Diese beiden einander ergänzenden Mythen sind ins Menschliche übersetzte Versionen des archetypischen Mythos des androgynen Erzengels Michael und des Drachen Satan. Sie enthalten das Geheimnis von Schöpfung und Verwandlung ebenso, wie von der Entwicklung der Seele.

Wie der zusammengerollte Drache, so enthält jede menschliche Seele das Potenzial, sich von einem Ausgangspunkt vollständiger Unwissenheit oder reiner Potenz aus zu einem komplexen und mit allem Wissen begabten Wesen von erlesener Schönheit zu entwickeln. Zum Zwecke einer solchen Entwicklung muss die Seele lernen, durch Erfahrung Meisterschaft über die Materie zu gewinnen und mit dieser zu arbeiten, so dass deren Dunkelheit in Licht verwandelt werden kann.

Der Speer des Heiligen stellt den Strahl des geistigen Lichtes dar, der den Drachen der Materie – den schlafenden, in sich eingerollten Kraftwirbel – durchdringt. Aufgestört und erweckt durch die Berührung dieses strahlenden Speeres beginnt die Drachenenergie sich auszurollen und nimmt die Form eines Drachens an, der aus seinem Lager der materiellen Dunkelheit hervorkommt. Indem sie sich auswickelt, bewegt sich diese Energie immer schneller und schneller und verändert dabei ihre Form, bis sie sich schließlich in die sonnengleiche Lichtform der Seele, nämlich die wunderschöne Prinzessin des Mythos, verwandelt hat.

In der vertikalen Polarität von Körper und Psyche des Menschen ist die strahlende Energie mit der Krone des Hauptes verbunden. Von dort strahlt sie die Wirbelsäule hinunter und erweckt so die Drachenenergie, die an der Basis der Wirbelsäule und in der Erde selbst schläft. Dann erhebt sich die Drachenenergie auf natürliche Weise und steigt die Wirbelsäule hinauf bis zur Krone. Sobald sie dieses Ziel erreicht hat, findet Erleuchtung von Geist und Körper statt. Licht breitet sich darin aus und verwandelt die Natur des betreffenden Menschen in Harmonie und Freude.

Die mythische Beschreibung des Drachen, der auf der Erde kriechen, im Wasser schwimmen, in der Luft fliegen und Feuer atmen kann, gibt den physischen und psychischen Zustand der Natur und des Menschen wieder. Die Erdhaftigkeit bezieht sich auf den physischen Körper und dessen Bewusstsein, während die Wasser-, Luft- und Feuernatur des Drachen mit den feinstofflichen psychischen Aspekten zu tun hat. Diese Elemente Erde, Wasser, Luft und Feuer beziehen sich auch auf den natürlichen Lebensprozess und die aufeinander folgenden Wandlungen im Bewusstsein, die durch den Lebensprozess hervorgerufen werden.

Der Drache steht nicht nur für die spiralförmige Erdenergie, sondern auch für die materialistische und weitgehend egoistische Seinsweise eines unentwickelten Menschen. Die Prinzessin dagegen repräsentiert die reine und jungfräuliche Seele, in die sich jedes Menschenwesen einmal verwandelt und in der die Drachennatur stirbt, um an ihrer Stelle die Tugendnatur hervorzubringen. Dies geschieht durch die Berührung mit dem spirituellen Selbst und seiner leuchtenden Liebesenergie. Am Ende vereinigt sich die jungfräuliche Seele so sehr mit ihrem sie durchstrahlenden geistigen Selbst, dass sie das goldene Kind der Liebe gebiert (oder wird), die strahlende Lichtseele, die dann aus eigener Kraft als ein Heiliger Georg oder eine Heilige Margarete handeln kann.

Jeder Mensch kann lernen, ein Heiliger zu werden. Dazu müssen wir zuerst genügend „jungfräulich" oder rein in der Liebe werden. Dann können wir unsere Liebe und das Licht unseres Herzens zu anderen Menschen hin ausstrahlen lassen und ihnen so dabei helfen, ihr eigenes Potenzial aufzuschließen und freizusetzen. Genau so können wir unser Licht in die Natur strahlen, um die dort gefangenen Erdenergien zu befreien. Wenn wir diesen Dienst übernehmen, unterstützen wir nicht nur den Planeten, sich zu einer Sphäre aus Licht und reiner Schönheit zu entwickeln, sondern gleichzeitig helfen wir auch uns selbst auf unserem Weg zum vollständigen Ausdruck unseres vollen Potenzials.

Die Entwicklung und Vervollkommnung der Seele geschehen nicht über Nacht. Sie können vollbracht werden durch aufrichtiges Bemühen und guten Willen, d.h. durch Streben und Freundschaft, sowie mit Hilfe des Lebensprozesses, der sich in jeder Lebensform abspielt. Dieser Prozess hängt mit Zeit zusammen, die Form aber mit Raum. Der Prozess ist die Ergänzung oder Polarität zur Form, sowie die Zeit Ergänzung oder Polarität zum Raum bildet. Der Prozess inspiriert die Form, und die Form ermöglicht es dem Prozess, sich darin auszudrücken.

Drei große Archetypen

Allen Lebensformen unterliegen drei große geistige Archetypen. Diese sind die ursprünglichen Gedankenformen oder Ideen, welche die göttliche Liebe erschaffen hat, um sich selbst in Form auszudrücken. In Wirklichkeit sind sie Erzengel. Das Wort „Engel" bedeutet nämlich nicht nur „Bote", wie man gemeinhin annimmt, sondern auch „Gedanke Gottes" oder „göttliche Idee", während die Vorsilbe „Erz-/arch-", abgeleitet vom griechischen Wort „archein", die Bedeutung von „allumfassend", „gesamtübergreifend" oder „ursprünglich, original" hat. Die Erzengel sind die ursprünglichen, allumfassenden und universalen Gedankenformen oder Ideen. Von diesen sind drei große Erzengel oder Archetypen, soweit wir wissen, die höchsten. Alle anderen stammen von diesen Dreien ab, die ihrerseits die Idee der Heiligen Dreifaltigkeit zum Ausdruck bringen. Diese drei großen Archetypen sind das Lebensrad, das Chakrasystem und der Lebensbaum.

Die drei Archetypen
Das Lebensrad
Der Lebensbaum
Das Chakrasystem

Die Basis des Lebensrades ist ein Mittelpunkt, der überall ist, innerhalb eines Umkreises, welcher nirgends ist. Dies ist die alte philosophische Beschreibung des Göttlichen, das ganz Herz, d. h. ganz Liebe ist. Es ist auch die Beschreibung von Allgegenwart und Unendlichkeit. Unendlichkeit geht zusammen mit Ewigkeit. Der Kreis repräsentiert die Zeit, Zeitkreislauf wie auch den Raum mit dem unendlichen Umkreis, welcher Ewigkeit ausdrückt. Darin enthalten und daraus abgeleitet, findet man den Wirbel, der sich aus Energie zusammensetzt, die sich kreisförmig bewegt, aber auch aus solcher, die geradewegs in eine bestimmte Richtung ausstrahlt: Mit anderen Worten, eine Kombination der Drachenenergie und der spirituellen Energie. Das Lebensrad ist auch die Basis für den Plan des Atoms, in dem sich die Elektronen um ihr Mittelpunktbildendes Neutron in kreisförmigen Bahnen bewegen. Ebenso ist es die Grundlage eines Sonnensystems, dessen Planeten die Sonne umkreisen, und einer Galaxie, deren Sterne das galaktische Zentrum umfliegen.

Das Lebensrad ist auch bekannt als „Chakra“. Dies Wort kommt aus dem Sanskrit und bedeutet wörtlich „Rad des Lebens“. Das Universum mit seinen unzähligen Zentren ist mit einer unendlichen Anzahl solcher Räder oder Chakren angefüllt. Diese sind nicht zufällig verteilt, sondern haben sich in Mustern organisiert. Das fundamentalste Muster oder die grundlegendste Anordnung von Chakren nennt man ein „Chakrasystem“.

Der Lebensbaum leitet sich von einer weiteren fundamentalen geometrischen Struktur mehrerer miteinander verbundener Lebensräder ab, die das Chakrasystem ergänzt und die Hierarchie spiritueller Gesetze und Prozesse mit ihren unterschiedlichen Typen und Ebenen des Bewusstseins offenbart.

Diese drei großen Archetypen des Lichtes sind Gedankenformen aus Licht, die alles Geschaffene regieren und durch welche die gesamte Schöpfung schrittweise ihrer Vollkommenheit entgegengeführt wird.

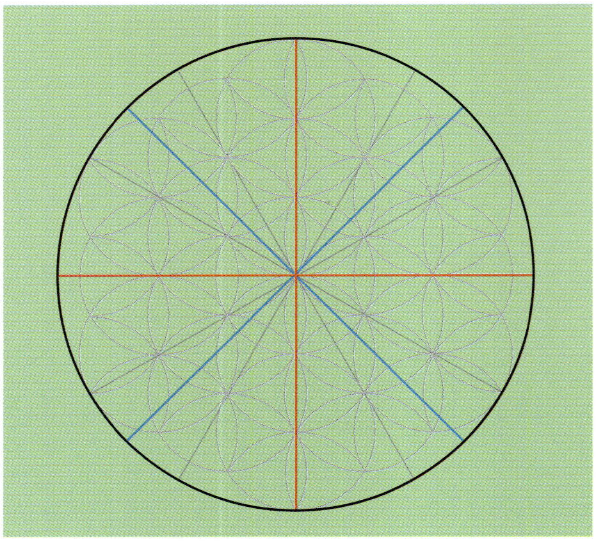

Das Lebensrad:
Archetypische Geometrie

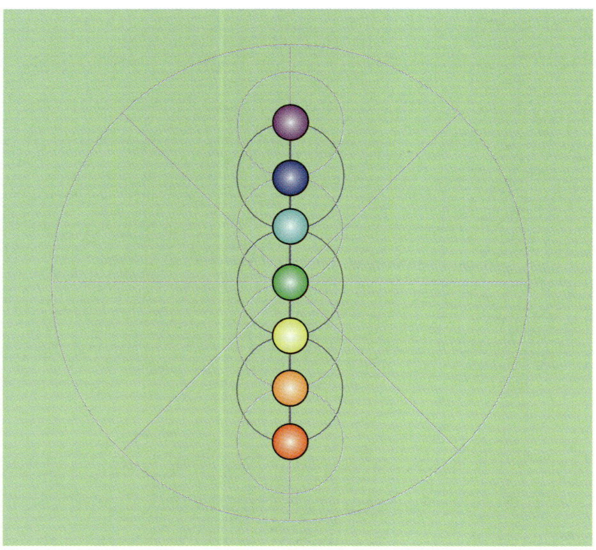

Das Chakrasystem:
Archetypische Geometrie

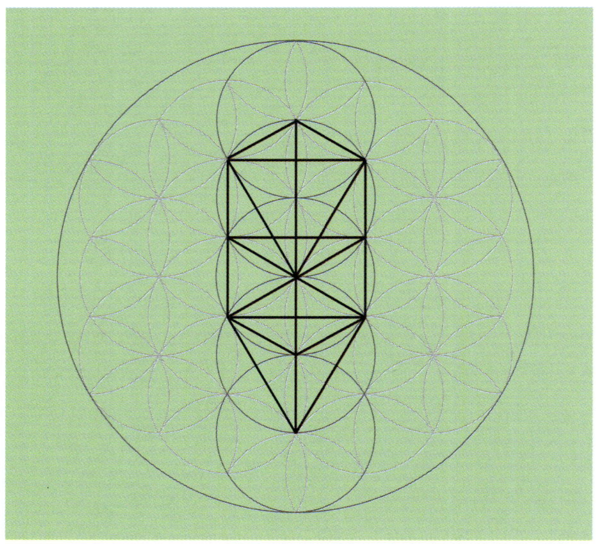

Der Lebensbaum:
Archetypische Geometrie / Blume des Lebens

Kapitel 3

Das Lebensrad (Funktion)

Die drei Grundlagen für Heiligkeit und Erleuchtung von Gott sind:
Die Wahrheit lieben, die Wahrheit verstehen und der Wahrheit dienen.[8]

Das Lebensrad ist der erste der drei großen Archetypen. Es stellt das All in der einfachsten aller geometrischen Formen dar. Es wird gebildet aus dem zweifachen Energiefluss, dem ausstrahlenden und dem kreisförmigen, die ihrerseits die Polarität von Kraft und Form oder Essenz und Gefäß für diese Essenz bilden. Es bringt die Idee von Raum und Zeit, Kreis und Zyklus zum Ausdruck. Es repräsentiert das Unendliche und Ewige, sowie auch das Endliche und Zeitliche. Darüber hinaus ist es ein Symbol der Sonne, Abbild des universalen Lichtes.

Zeit und Raum sind zwei Aspekte derselben Sache, die zueinander in Polarität stehen. Zeit ist mit dem Lebensprozess verbunden, während Raum zur Form des Lebens gehört. Das eine ist im anderen enthalten. Eines inspiriert, energetisiert und stößt die Bewegung an; das andere befähigt, fühlt und antwortet. Gemeinsam erschaffen sie Bewusstsein. Sie sind einander untrennbar Liebende und arbeiten in Partnerschaft zusammen. Ihre Beziehung ist ihr Kind, der Ausdruck ihrer Liebe.

Zeitzyklen

Das Leben manifestiert sich in einer endlosen Abfolge von Zeitzyklen. Jedes Ende eines solchen Kreislaufs ist der Anfang des nächsten, und in jedem Kreislauf spielt sich ein Lebensprozess ab, dessen einzelne Stadien deutlich erkennbar sind.

Diese Entwicklungsabschnitte sind vier an der Zahl – eine Dreiheit von drei Zuständen, die aus einem Ursprung hervorgehen. Alle Zeitzyklen haben diese vier Hauptstadien oder Viertel. Die deutlichsten Beispiele dafür in unserem Leben sind der tägliche Kreislauf von 24 Stunden, mit seiner natürlichen

8 The Book of Bardism, by Llywelyn Sion

Unterteilung in Nacht, Morgen, Mittag und Abend, sowie der Jahreskreislauf mit seinen vier Jahreszeiten. Aus dem Winter kommen Frühling, Sommer und Herbst hervor, sowie aus der Nacht Morgen, Mittag und Abend.

Der Kreislauf der Natur

Unser Jahr ist ein Sonnenzyklus, gekennzeichnet durch einen vollständigen Umlauf der Erde um die Sonne. Jede der vier Jahreszeiten hat ihren besonderen Zweck.

Der Winter ist vornehmlich die Zeit für Ruhe und Vorbereitung auf erneuertes Leben, wenn der Same in der Erde schläft. Er ist aber auch die Zeit der Keimung, der Geburt oder der ersten Anfänge eines erneuerten Lebensausdrucks. Mit dem Heraufdämmern des Frühlings brechen Knospen und grüne Schösslinge aus der Dunkelheit der Mutterpflanze oder der Erde hervor in das Licht des Tages, um während des Sommers zu voller Blüte heranzuwachsen. Mit dem Herbst kommt die Frucht und die Ernte. Und in jeder Frucht liegen die Samen neuen Wachstums, neuen Lebens, die mit dem kommenden Winter dem Boden anvertraut werden. Jedes Jahr beginnt mit Geburt und endet mit Tod. Und aus diesem Tod heraus wird das neue Jahr geboren, alles in vollkommener Ordnung. Das Leben selbst hört niemals auf, und Tod wie Geburt sind lediglich Stationen in jedem Lebenskreislauf.

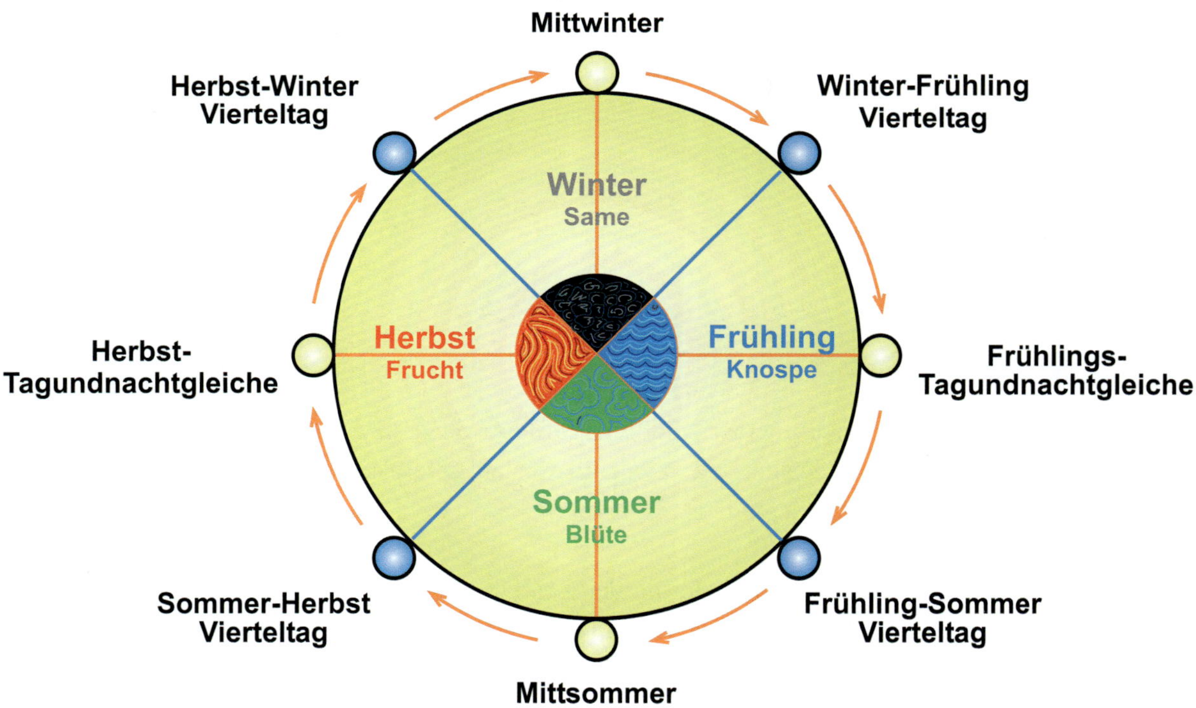

Der Naturkreislauf: Jahreszeiten und Sonnenfeste

In unserem eigenen Leben ist es wie in der Natur. Der Zweck jedes „Samens", also jedes neuen Impulses und jeder neuen Absicht besteht darin, zu einer Pflanze heranzuwachsen, die Frucht bringt. Schließlich stirbt die Frucht, so dass der Same, den sie enthält, in den Boden befreit wird, um neues Leben hervorzubringen – und es oft in größerem Überfluss hervorzubringen, da ein Same eine Pflanze mit vielen Früchten produziert und jede Frucht wieder viele Samen enthält. In unserem modernen städtischen Leben neigen wir dazu, uns von diesen natürlichen Kreisläufen abzuschneiden und ein Gefühl von Widerstand gegen die jahreszeitlichen Veränderungen und noch viel mehr gegen die Prozesse von Altern und Sterben zu entwickeln. Wenn wir uns aber auf den Zweck und Ablauf des Lebens einstimmen, können wir wieder in bewusstem Gleichklang mit seinem natürlichen Fortgang und ohne Furcht davor leben.

Die Sonnenfeste

Innerhalb jedes Zeitkreislaufs gibt es acht Hauptkraftpunkte oder Zeitchakren. Im Jahreszyklus sind diese als die acht Sonnenfeste bekannt. Wir können lernen, sie zu beachten und mit ihnen zu arbeiten, was uns großen Nutzen bringt.

Vier der Kraftpunkte liegen in den Mittelpunkten der Jahreszeiten, wenn die saisonale Energie auf ihrem höchsten Punkt steht. Die vier anderen Kraftpunkte treten an den Enden der Jahreszeiten auf, wenn eine in die andere übergeht. Diese acht Kraftpunkte sind die wichtigsten Zeiten im Lebenskreislauf. Die alten Völker, einschließlich unserer keltischen Vorfahren, hoben diese Zeiten durch dreitägige Sonnen- oder Feuerfeste aus dem Gleichlauf der Tage heraus. Obwohl diese Feste heute ihre ursprüngliche Bedeutung verloren haben, finden sie sich dennoch auch im christlichen Kalender wieder.

Der Mittelpunkt jeder Jahreszeit wird durch die Stellung der Sonne in ihrem Bezug zur Erde klar definiert. Dadurch sind Mittwinter und Mittsommer durch die Sonnenwenden markiert, die längste und kürzeste Nacht des Jahres. Mittfrühling und Mittherbst werden durch die Tagundnachtgleichen angezeigt, wenn die Sonne an einem waagerechten Horizont genau im Osten auf- und genau im Westen untergeht und so die 24 Stunden gleichmäßig auf Tag und Nacht verteilt sind.

Die anderen vier Sonnenfeste ergeben sich an den Übergängen der Jahreszeiten. Diese sind nicht so deutlich aus der Stellung der Sonne abzulesen. Man kann sie jedoch spüren und sogar in der Natur beobachten. Zum Beispiel wird der Beginn des Sommers häufig angezeigt durch ein plötzliches und dramatisches Hervorbrechen von Blättern und Blüten bei der Mehrzahl der Laubbäume. In vielen Teilen Nordeuropas wird dieses Phänomen, das auf Anfang Mai fällt, durch den blühenden Maibaum symbolisiert. Die Kelten feierten die Feste manchmal an dem Vollmond, der dem Ende der Jahreszeit am nächsten lag und vermählten so viermal im Jahr den feurigen Sonnenkreislauf mit dem wässrigen Mondzyklus. In unserem modernen Kalender bezeichnet man die Übergänge manchmal als „Vierteltagsfeste", die das Jahr in vier Viertel oder Jahreszeiten einteilen.

In keltischer und vorkeltischer Zeit fand man die genauen Daten dafür auch durch den Gebrauch von großräumigen Einteilungen oder „Ley-lines“ (Lichtlinien), die man quer durch die Landschaft legte, indem man sie durch heilige Hügel, Steine oder andere Merkmale markierte. Sie wurden nach der auf- oder untergehenden Sonne an den Tagen der Sonnenfeste ausgerichtet. Eine der am besten bekannten dieser alten Linien ist die St.-Michael-Maria-Linie, die sich über Hunderte von Kilometern durch Südengland zieht, vom St.-Michaels-Berg in Cornwall nach Bury St. Edmunds in Ost-Anglia. Diese Linie markiert die aufgehende Sonne am 1. Mai oder Beltain und zeigt auch die anderen Vierteltage an.

Die Kelten feierten die acht Feste jeweils mit dreitägigen Feierlichkeiten oder „heiligen Tagen“ (engl.: holy days. Daher das englische Wort für Ferien oder Feiertag = holiday, A. d. Ü.). Dies waren Feuerfeste, bei denen man an besonderen Orten oder Kraftpunkten in der Landschaft „Bon-Feuer“ („gute Feuer“) entzündete, welche die Sonne und ihr Licht darstellten.

An diesen Festtagen ging die ganze Gemeinde, von ihren Ältesten angeführt, in einer Prozession zu den Kraftplätzen. Durch diese Prozessionen arbeitete man mit den Erdenergien und Lebenskräften der Landschaft und half ihnen so, in den rechten Fluss zu kommen und die Umgebung gesund und vital zu erhalten.

Auf diese Weise wirkten unsere Vorfahren mit den natürlichen Kreisläufen zusammen als Vermittler zwischen Himmel und Erde: Sie zogen die Erdenergie hoch, damit sie sich mit den geistigen Energien des Kosmos, die die Erdkraft wie Lichtspeere anstechen, vereinigen konnten. So halfen sie den spirituellen und Erdenergien, miteinander zu verschmelzen und dadurch Licht und Freude zu erschaffen, indem sie die Landschaft selbst als einen heiligen Tempel behandelten. Wenn nämlich Tempel gut versorgt werden und richtig funktionieren, wird das ganze Land fruchtbar, das Wetter ausgeglichener, die Atmosphäre oder das Milieu vitaler und lebensfördernder. Finden solche Feiern an den richtigen Orten statt, helfen sie, die Menschen gesünder und glücklicher zu machen.

Heute erleben wir ein neu erwachendes Bewusstsein für die Notwendigkeit, mit den Jahreszeiten und den heiligen Plätzen zu arbeiten. Die Feier der Hauptkraftpunkte in der Zeit fördert die Entwicklung jedes Einzelnen und auch der Gesellschaft sehr. Es ist aufregend zu sehen, wie sich heutzutage eine ständig wachsende Anzahl von Gruppen bildet, die an besonderen Plätzen zu solchen Festlichkeiten zusammenkommen.

Derartige Feiern sind aber nicht nur gut für die Gemeinschaft und die Erde, sondern sie wirken sich auch enorm anregend und als regelrechter Energieschub in der Arbeit des täglichen Lebens aus. Es ist psychologisch und körperlich unendlich hilfreich und verjüngend, alle sechs Wochen eine kurze Ferienzeit einzulegen, die auch eine Feier mit einer Bedeutung und einem Zweck einschließt. Das ist gute Psychologie, die neuen Sinn und zusätzliche Freude in unser Leben bringt.

Als Einzelner kann man sich auf diese natürlichen Kraftpunkte in der Zeit einstimmen, indem man einfach ihr Vorhandensein und ihre Bedeutung ins Bewusstsein aufnimmt. Dies können wir noch verstärken und für unser Leben förderlicher gestalten, indem wir sie mit einer bestimmten Meditation oder einem Gebet verbinden oder eine angemessene Aktivität hinzufügen. Das kann man auch an jedem einzelnen Tag machen, indem man die Kraftpunkte des Tageskreislaufs, nämlich die „magischen Stunden", 3.00 Uhr, 6.00 Uhr, 9.00 Uhr und 12.00 Uhr dazu benutzt.

Wenn wir uns so auf die Rhythmen der Zeit einstellen, können wir unsere eigene Entwicklung und diejenige unseres Planeten unterstützen. Rhythmus ist die treibende Kraft der schöpferischen Lebensenergie, die im Hinduismus als Shivas Trommel, Herzschlag des Universums, bekannt ist. Im Rhythmus der Natur mitschwingend, können wir ständig regelmäßige Impulse von Energie und Liebe-Licht zu den passenden Zeiten in die Welt und unser eigenes Leben hinaus senden. Ebenso, wie über einen gewissen Zeitraum durchgehaltene Trommelrhythmen uns den Eintritt in erhöhte und veränderte Bewusstseinszustände ermöglichen, kann dies auch durch die regelmäßige Feier der großen Sonnenfeste geschehen.

Der Lebenskreislauf des Menschen

Im menschlichen Leben wiederholt sich der Kreislauf wieder und wieder als Impuls – Wunsch – Gedanke – Handlung. Jeder menschlichen Tätigkeit unterliegt irgendein Gedanke, sei es bewusst oder unbewusst. Und hinter jedem Gedanken steht ein Wunsch. Dieser Wunsch geht aus einem anfänglichen Impuls hervor, der von Innen oder von Außen kommen kann.

Bevor wir irgendetwas tun, müssen wir es zuerst tun wollen. Dieses Verlangen ist unsere energetisierende Kraft – unsere Motivation oder „E-Motion" (= Heraus-Bewegung, A. d. Ü.). Emotion ist nicht mit Gefühlen gleichzusetzen, denn diese enthalten auch unsere Empfindungen und unsere Reaktionen auf Emotion. Unter Emotion oder Wunsch verstehen wir hier vielmehr unsere motivierende Anschubkraft, unseren Willen und unsere Energie. Jeder Wunsch oder jede Emotion führt zu einem Gedanken, in dem wir erkennen, was wir wollen, und unsere Handlung planen. Schließlich setzen wir dann den Gedanken in die Tat um. Diese drei Phasen von Wunsch, Gedanke und Handlung drücken die Dreifaltigkeit, das grundlegende Lebensgesetz, aus. Wenn wir dann noch den ursprünglichen Impuls hinzufügen, haben wir folgende vier Stadien:

1. den Anfang oder ersten Impuls, aus dem
2. der Wunsch oder die Emotion hervorgeht, gefolgt von
3. dem Gedanken und der Wahrnehmung, auf welche
4. die materielle Ausprägung oder Handlung folgt.

Dieser Kreislauf wiederholt sich ständig, in den gewöhnlichsten, wie auch wichtigsten Handlungen. Wenn Sie Ihr Leben genauer betrachten, werden Sie feststellen, dass Sie bei allem, was Sie tun, von der Zubereitung einer Tasse Tee bis zum Beginn einer beruflichen Karriere oder dem Fortschritt auf dem spirituellen Pfad, unweigerlich jeweils diese vier Schritte machen.

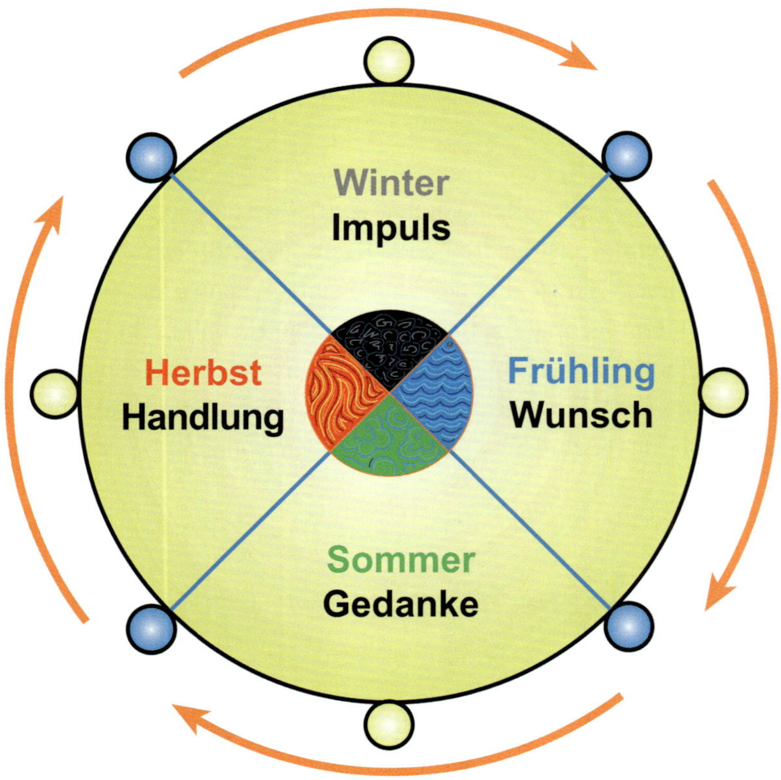

Der Jahreskreislauf und der menschliche Zyklus

Der menschliche Zyklus stimmt in wunderschöner Weise mit dem Kreislauf der Jahreszeiten überein. Aus den Tiefen unseres Wesens entspringt der dort schlummernde Wunsch. Dieser erblüht in einen Gedanken und bringt Frucht in der Tat. So haben wir unseren Winter (Quelle), Frühling (Wunsch), Sommer (Gedanke) und Herbst (Handlung). Diese Abfolge wiederholt sich unser ganzes Leben lang, manchmal in langen, ein anderes Mal in kurzen Zeitzyklen. Es ist der Lebensprozess, an dem wir alle teilhaben und dem wir alle unterworfen sind. Diesem Prozess können wir nicht entkommen, da er das Leben selbst ist. Indem wir jedoch erkennen, wie er funktioniert, können wir den Ablauf verbessern und dadurch unser Leben fördern. Dies ist ein alchemistischer Prozess, durch welchen wir unsere Bleinatur in reines Gold verwandeln können.

Die alchemistischen Elemente

Die vier Jahreszeiten und die vier Stadien des Lebensprozesses sind mit den vier alchemistischen Elementen Erde, Wasser, Luft und Feuer verbunden. Die Erde bezieht sich auf den Anfangszustand, die Jahreszeit Winter, und den ersten Impuls, der aus der Dunkelheit der Materie aufsteigt. Frühling und die Emotionen werden durch Wasser symbolisiert. Sommer und Gedanken sind mit der Luft verbunden, während Herbst und die Zeit der Handlung durch das Feuer dargestellt werden.

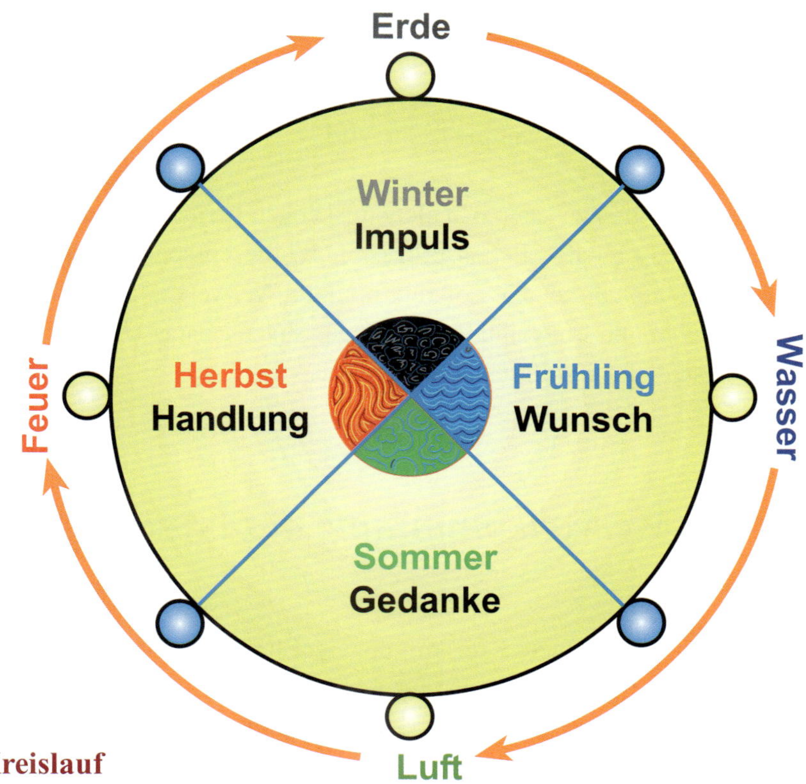

Alchemistische Elemente,
Jahres- und menschlicher Kreislauf

Alchemie ist die Chemie von Al, dem All (d.h. dem universalen Wesen oder Sein). Alchemisten sind diejenigen, die das Leben sorgfältig beobachten und mit seinen Gesetzen arbeiten, um dadurch Harmonie, Schönheit, Kenntnis der Wahrheit und Freude hervorzubringen.

Die alchemistischen Elemente sind aus einer sorgfältigen Beobachtung der Natur abgeleitet und bilden eine Symbolsprache für das Verständnis aller physischen und metaphysischen Dinge.

Ein einfaches und klares Beispiel der vier alchemistischen Elemente und ihrer Aufeinanderfolge ist in einer brennenden Kerze zu finden. Unter dem Einfluss von Hitze, die vorsichtig hinzugefügt wird, schmilzt das alte, harte Wachs (Erde) der Kerze in die Seinsweise des Flüssigen (Wasser). Die Flüssigkeit verdampft dann, und der Dampf (Luft) entzündet sich zur Flamme (Feuer). In der Flamme und von ihr ausstrahlend, entsteht Licht, die „Quintessenz" oder das fünfte Element. Während überdies die brennende Kerze, einschließlich ihrer Flamme, eine begrenzte Form für sich darstellt, setzt sich das von ihr ausstrahlende Licht ohne Grenzen und universell fort und kann gleichzeitig überall grenzenlos erstrahlen. Die Kerze durchläuft eine Transformation, indem sie sich vom Festen zum Flüssigen, zum Gasförmigen und zur Flamme wandelt. Die weitere Wandlung von der Flamme zum Licht jedoch ist eine Transmutation, da die Lichtform im Verhältnis zur abgegrenzten Form der anderen vier Elemente, aus denen das Licht geboren und freigesetzt wurde, grenzenlos ist.

Dieselbe Abfolge wurde auch von den primären alchemistischen Metallen symbolisiert – Blei, Silber, Quecksilber und Gold – wodurch Blei in Gold verwandelt wurde. Die Quintessenz in dieser Symbolik wird als rotes Pulver oder Stein der Weisen bezeichnet, in den das alchemistische Gold transmutiert, geradeso, wie die Flamme Licht wird.

Die Analogie zwischen den alchemistischen Elementen und der Natur in ihrer saisonalen Veränderung zum menschlichen Lebensprozess ließ eine Sprache entstehen, die bei unseren großen Dichtern und Eingeweihten durch alle Zeitalter hindurch Verwendung fand. Märchen, Geschichten von Heldentaten, Allegorien und Einweihungsmysterien, Shakespeares Dramen, die Heiligen Schriften – sie alle benutzen diese gleiche grundlegende Symbolsprache.

Die Vervollkommnung des Kreislaufs

Wenn in irgendeinem Kreislauf die vier Stufen des menschlichen Lebensprozesses zu ihrer höchstmöglichen Ausdrucksform gebracht worden sind, wird der nächste Anfangsimpuls gut. Der Wunsch wird dann zu Liebe, der Gedanke zu Verständnis und die Handlung zum Dienst. Daraus ergeben sich dann die Erkenntnis der Wahrheit und eine Freude über das, was man fertig gebracht hat. Dieses Wissen und diese Freude sind unsere Quintessenz, welche ganz wörtlich Licht ist, das von uns und über uns hinaus ausstrahlt und den unsterblichen oder unsterblich gewordenen Aspekt unserer Seele bildet.

Anfänglich jedoch leben wir unter den normalerweise unvollkommenen Bedingungen des täglichen Lebens. Darin sind die vier grundlegenden Zustände des Lebensprozesses:

1. ein weltlicher Impuls
2. ein gewöhnlicher Wunsch oder unvollkommene Liebe
3. ein gewöhnlicher Gedanke oder unvollständiges Erkennen
4. eine gewöhnliche Handlung und Reaktion oder unvollkommener Dienst.

Im schlechtesten Fall können Impuls, Wunsch, Gedanke und Tat bei manchen Menschen grob oder sogar pervers sein. Wir wiederholen diesen Basiskreislauf von Impuls – Wunsch – Gedanke – Handlung immer und immer wieder, unser ganzes Leben hindurch und machen oftmals einen Fehler nach dem anderen. Wie können wir also von der Unvollkommenheit zur Vollkommenheit aufsteigen?

Wir können in der Tat jeden Kreislauf nach und nach vervollkommnen, indem wir uns deutlicher dessen bewusst werden, was wir tun und warum wir es tun, und indem wir die Ergebnisse unserer Handlungen bedenken und schließlich eine Anstrengung unternehmen, es das nächste Mal besser zu machen. Jedes Mal, wenn eine Handlung abgeschlossen ist, befinden wir uns am Ende dieses bestimmten Kreislaufs, und dann folgt ein Augenblick des Wartens und Ruhens. Dies kann eine Erholungszeit sein. Am wichtigsten aber ist, dass wir in dieser Zeit die Erfahrung noch einmal durchgehen und Wissen daraus schöpfen können.

Jedes Mal, wenn wir eine Handlung beenden und uns an sie erinnern, erwerben wir Wissen aus dieser besonderen Erfahrung. Solches Wissen ist wirkliches Erfahrungswissen, nicht nur intellektuelle Kenntnis, denn erst, wenn wir eine Erfahrung wirklich durchlebt haben, können wir tatsächlich wissen und erkennen, was sie für uns bedeutet, obgleich wir auch von anderen lernen können.

Auf diese Weise wird bestimmtes, aus unserer vorangegangenen Handlung erwachsenes Wissen, am Ende eines jeden Kreislaufs von Impuls – Wunsch – Gedanke – Tat in den nächsten Impuls einfließen. Dieses Wissen ist dann der Same, aus dem der neue Wunsch, der neue Gedanke und die nächste Handlung entspringen werden. Indem wir unser Wissen und unser Gewahrsein so einsetzen, können wir unsere Lebensweise verbessern und lernen, die ständige Wiederholung unserer Fehler zu vermeiden. Außerdem können wir stets neues Wissen ernten, indem sich ein Kreislauf an den nächsten reiht. Wenn wir unsere Erkenntnisse auf diese Weise nutzen, beschleunigt sich auch unser eigener Entwicklungsprozess.

Je bewusster wir einen Kreislauf durchleben, desto mehr können wir aus den Fehlern oder Erfolgen des Vorherigen lernen. Und je mehr wir unsere Handlungen mit guten Absichten begleiten, desto besser wird es uns gelingen, den noch unvollkommenen Kreislauf von Impuls – Wunsch – Gedanke – Handlung in einen vollkommenen Zyklus von Eingebung – Liebe – Verständnis – Dienst zu verwandeln. In diesem vervollkommneten Prozess wird die Göttliche Natur der Liebe voll zum Ausdruck gebracht.

Der Einweihungspfad

Wenn wir uns mit ausdrücklichem Vorsatz daran machen, unser Leben so vollkommen wie möglich zu gestalten, kann man sagen, dass wir den Einweihungspfad betreten. Wir begeben uns auf diesen Weg, wenn wir jedes Mal zu Beginn eines neuen Kreislaufes ganz bewusst und ausdrücklich den neuen Wunsch und die daraus entspringenden Gedanken und Handlungen dem Allerbesten widmen, dessen wir fähig sind. So treten wir in den Prozess der Meisterschaft des Lebens ein.

In jedem Einweihungskreislauf gibt es zunächst eine Vorbereitungszeit, in der man die Ergebnisse des vorherigen Zyklus verarbeitet und davon lernt, während man auf die Geburt des Impulses für einen neuen Zyklus wartet. Das ist die Winterzeit. Ihr folgt, was man den ersten Grad der Einweihung nennt, nämlich der Frühling, die Zeit, in der man lernt zu lieben. Als zweiter Grad folgt der Sommer, die Phase, in der wir lernen zu verstehen. Der dritte Grad ist schließlich der Herbst, und in dieser Zeit lernen wir zu dienen.

Das Christentum bezeichnet diese drei Einweihungsgrade als Glaube, Hoffnung und Liebe. Glaube – ein Wort, das normalerweise missverstanden wird als reines Fürwahrhalten, was sicherlich nicht gemeint ist – bezeichnet unsere Fähigkeit, aktiv und kreativ zu lieben, sowie auch Liebe zu empfangen und der Liebe zu vertrauen. Das ist das unerschütterliche Fundament. Hoffnung, die unsere Vision und unser

Verständnis von Liebe ist, betätigt sich als Vermittlerin, und geistige Liebe = Caritas, durch die wir unsere Liebe und unser Verständnis als Dienst in die Tat umsetzen, ist die Frucht dieser drei und Krone des Zyklus, da sie den Zweck auch der anderen Grade zur Erfüllung bringt.

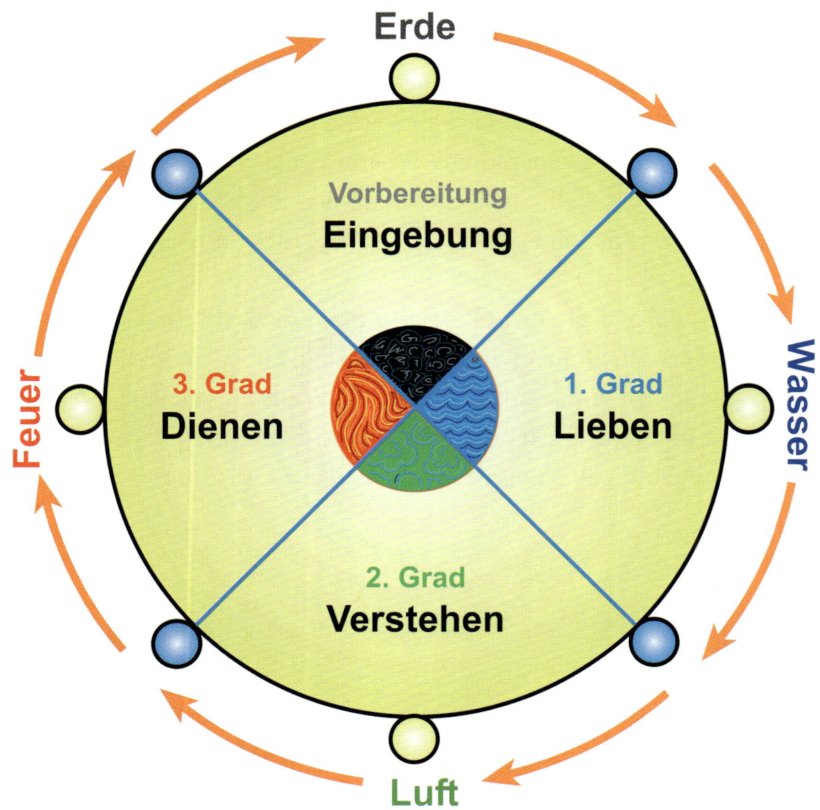

Einweihungszyklus:
Die niederen Mysterien

Die allegorischen oder Mysteriennamen, die man diesen Einweihungsgraden, einschließlich der davor liegenden Vorbereitungsperiode, gegeben hat, sind:

1. Geburt (in der Höhle)
2. Taufe (durch Wasser)
3. Verklärung (hoch in der Luft auf dem Berggipfel)
4. Kreuzigung (auf dem feurigen Kreuz des Dienens).

Ergebnis, Quintessenz des Einweihungskreislaufes ist Auferstehung oder Offenbarung. Diese sind eine unfassbare Freude und Erkenntnis der Wahrheit, welche Seele und Körper erleuchten und bestimmte Kräfte und Fähigkeiten freisetzen. Das wiederum erweist sich als neues Tor, welches zu weiteren Graden der Vervollkommnung führt. Der Schlüssel dazu, diesen Weg gut zu durchlaufen, liegt in den Kraftpunkten der Zeit, besonders in den Augenblicken, in denen ein Stadium endet und das nächste beginnt.

Vier Schlüssel zum Paradies

In jedem Lebenszyklus gibt es vier Schlüsselzeitpunkte. Diese stimmen mit den Vierteltagen überein, und sie sind wahrscheinlich die wichtigsten Kraftpunkte in der Zeit während unseres menschlichen Lebens. Sie bilden das Andreaskreuz in der Zeichnung des Lebensrades und werden symbolisiert durch die Schlüssel des Heiligen Petrus oder das mit dem Dreschflegel gekreuzte Zepter der ägyptischen Pharaonen. Diese vier Kraftpunkte stehen ebenfalls in Beziehung zu den vier Cherubim, welche die Pforten des Paradieses bewachen.

Das Wort „Paradies“ leitet sich von einem hebräischen Wort ab, das durch die vier Buchstaben PRDS dargestellt wird. Diese stimmen mit den vier Vierteln des Lebensrades überein: P – Winter/Erde, R – Frühling/Wasser, D – Sommer/Luft, S – Herbst/Feuer. Sie stellen die Hauptstufen der Einweihung dar: Eingebung – Liebe – Verständnis – Dienst. Um in das Paradies zu gelangen, müssen wir durch jedes dieser Tore gehen und den Torhüter-Cherub passieren, indem wir jeden Einweihungsgrad bewusst und vollkommen ausgeführt haben.

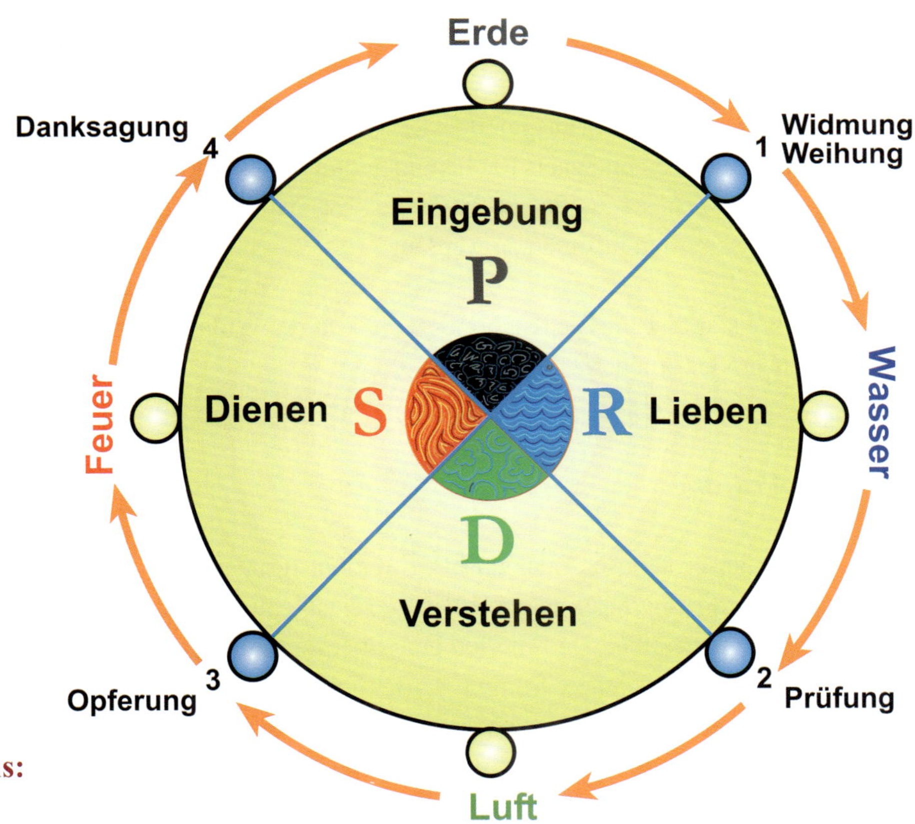

Einweihungszyklus:
Das Paradies

1. Schlüssel: Widmung

Das erste Tor kommt nach der „Winter“-Periode der Vorbereitung, zu einer Zeit, in der wir uns erstmals eines Wunsches bewusst werden. Dies ist der Augenblick, um den Wunsch zu widmen. Unser Wunsch ist unser Wille oder das Motiv, das uns antreibt, in einer bestimmten Weise zu denken und zu handeln. Der Schlüssel zur Öffnung dieses Paradiestores liegt darin, unseren Willen bewusst und freiwillig mit dem Willen Gottes, der LIEBE, einswerden zu lassen. Das stellt sicher, dass sich unser Wunsch in eine liebende, fürsorgliche, Leben bringende Emotion entwickeln wird. Die Widmung oder Weihung ist unser Passwort, und der Cherub öffnet uns dies erste Paradiestor, wenn wir den Ton der Liebe erklingen lassen.

Unser Wille oder unsere anfängliche Absicht ist ein lebenswichtiger Teil jedes Kreislaufs. Wir können bewusst und freiwillig wählen, jeden neuen Wunsch (der zu einem neuen Gedanken und einer neuen Tat führt) dem Allerbesten zu weihen, dessen wir fähig sind – einerlei, ob es sich um eine alltägliche Aktivität oder um ein großes, unser Leben veränderndes Projekt handelt.

Dies trifft nicht nur für unsere persönlichen Wünsche zu, sondern es ist auch gut für Gruppen und Gemeinschaften, diese Praxis der Widmung zu übernehmen. Viele Gruppen, die sich heute zu spirituellen oder anderen Zwecken, ja sogar zu geschäftlichen Zusammenkünften treffen, weihen ihre Treffen, indem sie einen Augenblick der Stille an den Anfang stellen. Ebenso gut können wir unsere Widmung auch ganz für uns alleine machen.

Die Widmung braucht kein ausgefeiltes Ritual. Sie kann einfach in einer Pause bestehen, bevor wir eine neue Aktivität oder einen neuen Tag beginnen und in der wir unsere Zielsetzung für diese Aktivität oder diesen Tag dem höchsten Guten übergeben. Diese Widmung hilft unserem Wunsch und allem, was daraus folgt, gut, weise und hilfreich zu werden.

Im Jahreskreislauf ist Imbolc (Lichtmess) die Zeit der Widmung, zu der wir unser Gelübde für das neue Jahr machen oder erneuern.

2. Schlüssel: Prüfung

Sobald sich unser Wunsch oder unsere Emotion in eine wahrhaft liebevolle, schöpferische und aufnahmebereite Kraft entwickelt hat, werden wir sensibler und fürsorglicher unseren Mitmenschen und unserer Umgebung gegenüber. Da Emotion eine Energie ist, die in uns und um uns herum vibriert, spicht sie zu unserem Geist als innere Stimme. Unser einfühlsames Gewahrsein und Hören auf diese Stimme stellt unsere Intuition dar. Unsere Vision entwickelt sich aus dieser Intuition im „Auge“ unseres Geistes. Die wahre Stimme, welche die wahre Idee oder Vision erschafft, ist die Stimme der Liebe. Diese wird am zweiten Tor geprüft: Ist es Liebe oder nicht? Ist es friedvoll? Ist es gut? Ist es hilfreich? Wird es nützlich und gut für andere sein?

An diesem Kraftpunkt oder Tor des Zeitkreislaufs spricht die innere Stimme kräftig zu unserem Geist, und dieser möchte darüber nachdenken. Dies ist der Augenblick, in dem sich erstmals die Vision oder Idee formt. Sobald unser Geist seine Vision oder Idee hat, besitzt er etwas Konkretes, um darüber nachzusinnen. Manchen Menschen gelingt es besser als anderen, eine klare Vision zu formen; aber, wie wir dies auch tun, stets kommt mit der Bildung der Vision eine zweite Stimme gleichzeitig auf – die Stimme des Prüfers oder Testers. Diese innere Stimme fordert die erste Stimme heraus. Manche Menschen nennen sie daher die Stimme des Gewissens. Es ist der zweite Cherub oder Torhüter, dessen Aufgabe es ist, die Idee, die sich aus unserem Wunsch entwickelt hat, zu testen und unseren Geist zum Überprüfen anzuregen. Das hilft auch dazu, die Vision weiter zu klären. Die drei grundlegenden „Versuchungen“ dienen dazu, festzustellen, ob wir selbstsüchtig nach Macht, Ruhm oder Besitz streben. Keines von diesen ist wirklich liebevoll.

Das Fest, das diesen Kraftpunkt in der Zeit markiert, nennt man „Vereinigung“, weil dann verschiedene aufeinander folgende Einswerdungen oder „Hochzeiten“ in uns stattfinden – die Heirat von Kopf und Geist, von Intuition und Intellekt, von Vorstellung und Vernunft.

Im Jahreszyklus pflegte Beltain (Maitag) eine sehr beliebte Zeit für viele Hochzeiten zu sein, bei denen die Bräute Maiglöckchen im Haar trugen.

3. Schlüssel: Opferung

Trotz guter Absichten werden im Leben viele Fehler dadurch gemacht, dass die Menschen zu schnell von der Idee zur Tat hasten, ohne noch einmal darüber nachzudenken, ob es wirklich eine gute Idee ist und ob sie sie wirklich richtig und vollständig verstanden haben. Am dritten Tor, das auf der Höhe des Denkprozesses steht, müssen wir eine Pause einlegen, alles nochmals überprüfen und unsere so entwickelte Idee oder den Plan für unsere Handlung unserem höchsten Selbst, der göttlichen LIEBE, darbringen. Auf diese Weise wird aus der ursprünglichen Widmung eine Opfergabe.

Wenn wir diese Opferung ehrlich durchführen, indem wir uns innerlich fragen, ob unser Plan gut ist oder nicht, werden wir eine sehr klare Antwort bekommen, die uns sagt, ob wir zur Tat fortschreiten sollen. Lautet die Antwort: „Nein, es ist – noch – kein guter Plan“, haben wir die Gelegenheit, weiter darüber nachzudenken oder neu anzufangen. Wenn wir aber von unserem höchsten Selbst oder dem Cherub an diesem Tor die Bestätigung bekommen, dass der Plan gut ist, gibt uns dies eine Art innere Autorität, die uns mit zusätzlichem Mut und weiterer Ermächtigung ausrüstet. Jetzt können wir unsere Idee mit ganzer Hingabe und voller Kraft auf die Erde herunter bringen und in die Tat umsetzen.

Dieses Fest heißt im Jahreszyklus „Transformation“, denn es markiert die Zeit, in der sich die Blüten in Früchte und unsere Gedanken in Taten wandeln.

4. Schlüssel: Dank und Erinnerung

An diesem letzten Schlüsselzeitpunkt des Kreislaufs haben wir unsere Handlung vollendet. Jetzt ist die Zeit gekommen, Dank zu sagen, auf unsere Leistung zurückzublicken und sie zu verinnerlichen. Wenn wir etwas Gutes vollbracht haben, wird uns dies ein Gefühl von Glück und Freude bescheren und die Erkenntnis dessen bringen, was wirklich gut und wertvoll ist. Waren wir nicht so erfolgreich, wie wir gehofft hatten, werden wir zumindest das Wissen gewinnen, wie wir es das nächste Mal besser machen können. Danksagung und Erinnerung zusammen bringen wirkliche Erkenntnis.

Im Jahreszyklus ist dieser Zeitkraftpunkt als das Fest des Friedens (Samhain, Allerheiligen und Allerseelen) bekannt. Es ist auch der Zeitpunkt des Todes, wenn die Aktivität beendet, die Aufgabe erfüllt ist. Dies ist eine Zeit des Friedens oder sollte es doch zumindest sein. Frieden verbindet sich mit Rast und Erfrischung, ebenso wie mit Freude und Erleuchtung. Am Fest von Samhain erinnern wir uns und danken all jenen guten Seelen, die uns und der Welt geholfen und ihren Frieden gefunden haben. In der ursprünglichen Feier des Samhain-Festes wird eine Strohpuppe ins Feuer geworfen, die unser altes Selbst darstellt, das uns bisher gut gedient hat. Dadurch wird sein Licht zum Segen der Gemeinschaft des Landes freigesetzt. Wenn wir alles gut gemacht haben, werden wir an diesem Tor den Cherub sagen hören: „Wohl getan, du guter und getreuer Diener.“ Und dann wird uns dieses letzte Tor geöffnet werden, um uns in den Zustand des Paradieses, der erleuchteten Freude und des Friedens, einzulassen.

Der Gang durch die Tore

Alles, was wir tun, ob es sich um eine alltägliche Aufgabe oder eine komplexe Zeremonie handelt, hat seinen eigenen vollständigen Kreislauf. Jeder solche Kreislauf enthält seine Vorbereitungszeit, seine Zeit zur Entwicklung von Liebe und Intuition, seine Zeit zur Formulierung der Idee und des Aktionsplanes, sowie schließlich die Zeit für die Handlung, jeweils mit den Toren zwischen den einzelnen Stadien, sowie am Ende.

Für uns ist es jedoch schwierig, jedes Stadium und jedes Tor zu erkennen, um dann auch jeden einzelnen Kreislauf gut durchleben zu können. Deshalb finden wir es leichter, zunächst mit den größeren Zyklen zu arbeiten, zum Beispiel mit dem Jahreszyklus und seinen großen Festtagen oder mit einem Kreislauf, der ein großes Projekt in unserem Leben umfasst. Mit Übung können wir dann Schritt für Schritt dazu kommen, auch die kleineren und scheinbar weniger wichtigen Zyklen zu erkennen und mit diesen ebenso vollkommen zu arbeiten.

Eine solche Arbeit und Bemühung ist es, die uns zu einem Yogi oder Heiligen machen wird, zu jemandem, der bewusste und freudvolle Vereinigung und Einssein mit der universalen Liebe oder dem universalen Leben gefunden hat.

Der mythologische Zyklus der Sonnenfeste

Da der Jahreskreis mit dem menschlichen Einweihungskreislauf in Zusammenhang steht, hat man in alter Zeit die Feier der natürlich bedingten Sonnenfeste mit einer allegorischen Darstellung der Entwicklung der menschlichen Seele verbunden. Auf diese Weise wurde den Menschen rund um die Welt damals anschaulich nahe gebracht – und das kann auch heute noch so geschehen – wie der menschliche Kreislauf mit demjenigen der Natur Hand in Hand geht und sich analog entwickelt. Die dazu erzählten Geschichten handelten in allegorischer Form von einem Eingeweihten oder Helden und erzählten sein Leben von der Geburt bis zum Tod. Nach dem Tod des Helden gab es dann immer eine Auferstehung oder Wiedergeburt, geradeso, wie das Sonnenlicht, die Zeit und die Zeugungskräfte der Natur jedes Jahr scheinbar wiedergeboren werden. Der traditionelle Held war deshalb immer mit diesen drei Attributen versehen – Licht, Zeit und Fruchtbarkeit; und da diese alle drei von der Sonne kommen, wurde der Held auch immer als ein Sonnengott mit unserem Leben spendenden Schöpfergestirn assoziiert.

Die menschliche Seele mit der Sonne, ebenso wie mit Licht, Zeit und Fruchtbarkeit in Verbindung zu bringen, ist aber nicht nur eine allegorische Vorstellung, sondern vielmehr eine tiefe Wahrheit. Alles Leben auf unserem Planeten hängt von der Sonne ab. Die Erde wurde aus der Sonne geboren, sie wird im Licht der Sonne gehalten und von diesem ernährt. Dieses Licht enthält auch die unsichtbare Lebenskraft und die Energie ihres elektro-magnetischen Feldes. Das Sonnenlicht versorgt uns mit Wärme, Licht und Leben: So wandeln beispielsweise die lebenden Pflanzen durch die Fotosynthese das Licht der Sonne in Energieformen um, die von unserem Körper und anderen Lebewesen aufgenommen und verdaut werden können und auch den Pflanzen selbst nützen. Tatsächlich ist Licht sowohl Substanz als auch Energie, die wir in veränderter Form essen und in unsere Körper einbauen können. Ebenso atmen wir die solare Lebenskraft des Sonnenlichtes mit jedem Atemzug ein. Wenn wir das bewusst tun, ist es noch wirksamer. Tatsächlich gibt es einige Menschen auf der Welt, die gelernt haben, ausschließlich vom Sonnenlicht zu leben, indem sie dieses als Nahrung einatmen. Es wird aber nicht notwendigerweise uns allen empfohlen, das auszuprobieren!

Das Leben aller Erscheinungsformen auf unserem Planeten hängt somit vollständig vom Licht der Energie und den Verhaltensmustern der Sonne ab, deren Einfluss die Erde als ihr Kind unterliegt. Außerdem wird aber auch das Leben und Verhalten der Sonne selbst durch die Bewegungen der sie umkreisenden Planeten mitbestimmt und verändert, und dies gilt, soweit wir wissen, in gewissem Ausmaß auch für ihre Beziehung zu anderen Sternen. Das Wissen und die Erfahrung darüber beschäftigt die Wissenschaft der Astrologie, da alles, was die Sonne beeinflusst, seinen Einfluss durch die Sonne hindurch bis zu uns fortsetzt.

Sowohl die Energie (elektro-magnetische und andere) als auch die Substanz des Sonnenlichtes sind materielle Realitäten. Sie sind zwei Pole materieller Existenz, werden jedoch ergänzt durch die spirituelle Sonne und ihr Licht – die Sonne hinter der Sonne, die von den großen Traditionen als „Sonne der Rechtschaffenheit“ und „Licht der Weisheit“ bezeichnet wird.

Das englische Wort „soul" für „Seele" lässt noch eine Ähnlichkeit mit dem lateinischen Wort für Sonne „sol" erkennen. Die menschliche Seele kommt von der Sonne und gehört zur Sonne. Ihre Natur ist Licht, wie auch diejenige der spirituellen Sonne, welche Vater, Mutter und Quelle der Menschenseele ist. Der menschliche Körper, in dem die Seele wohnt, ist wie der Körper der Erde aus der materiellen Substanz der Sonne gemacht; einer Substanz, die hart, dunkel und grob geworden ist, in der aber die Seele die Erfahrungen sowohl von Licht als auch von Dunkelheit findet und dadurch Stärke, ebenso wie Kenntnis der Wahrheit erwerben kann.

Die großen Helden und Sonnengötter sind aus diesen Gründen alle Personifizierungen der Sonne: Brahma, Vishnu und Shiva für die Hindus, Osiris und Horus für die Ägypter, Bel oder Bal für die Kaldäer, Adoni für die Phönizier, Adonis, Apollo und Bacchus für die Griechen, Mithras für die Perser und Römer, Arthur, Hu und Bal für die Kelten, der Messias für die Hebräer und Jesus für die Christen.

Der Held oder Sonnengott wird von einer jungfräulichen Mutter geboren, welche die Lichtträgerin und Mutter des Lichtes, nämlich des Sonnengottes ist. Die Mutter steht einerseits für die Sonne selbst als Ursprung der menschlichen Seele, andererseits aber auch für die äußere Form, die die vollkommene Seele oder das Licht in sich enthält und gebiert. Die äußere Form ist sowohl materieller als auch psychischer Natur, denn sie ist unsere Persönlichkeit, die sich von unserer wahren Seele unterscheidet. Die Persönlichkeit ist der Drache der Mythen, der sich nach seiner Reinigung in die schöne Jungfrau verwandelt. Sie ist die Mutter der wahren Seele. Somit enthalten die Allegorien über den Jahreszyklus gleichermaßen Geschichten der jungfräulichen Mutter, wie auch des Sonnengottes oder Helden. Dadurch hat jede Erzählung von einem Jahreskreislauf mit seinen Festen typischerweise drei Entwicklungsstufen der Manifestation: Den natürlichen Kreislauf, der denjenigen des Drachen nachzeichnet, den Kreislauf der Jungfrau und den des Sonnengottes.

Fest der Geburt und Wiedergeburt (Weihnachten)

An dem Tag, der unmittelbar auf die Wintersonnenwende folgt, wird der Sonnengott oder Held in einer Höhle geboren, tief in der Erde und umgeben von den Geschöpfen des Tierkreises. Seine Mutter ist eine Jungfrau, nämlich ein Mensch, der rein ist im Lieben, Verstehen und Dienen. Ein junges Mädchen, das sich vorbereitet und von der Zukunft noch träumt, hilft ihr.

In der Natur keimt zu dieser Zeit der Same in der Erde begraben, und in unseren Herzen wird das Licht der Liebe wieder angefacht, um uns durch einen neuen Kreislauf des Werdens zu tragen. In den Ländern Nordeuropas entzünden wir Feuer im Herd, dem Herzen des Hauses, tauschen Geschenke der Liebe und Freude aus und schmücken unsere Zimmer mit Zweigen der Stechpalme mit ihren roten Beeren, Misteln mit ihren weißen Beeren und immergrünem Lorbeer als Symbol der Dreifaltigkeit und der Fähigkeit der Natur zu ewigem Leben. Die immergrüne Fichte steht stolz als weihnachtlicher Lebensbaum, geschmückt mit Kerzen und Äpfeln, den Früchten der Erkenntnis und des Lebens, und dekoriert mit glänzenden Kugeln, welche die allen Dingen innewohnende Schönheit symbolisieren. In den zwölf darauf folgenden Tagen, den zwölf Weihnachtstagen oder „Heiligen Nächten", wird der ganze Jahreskreis im Kleinen ausagiert als Versprechen oder Same für die Zukunft, wobei jeder Tag ein Zeichen des Tierkreises repräsentiert. Dieser Zeitraum findet seinen Höhepunkt in Epiphanias, dem Fest der Erscheinung des Herrn, am 06. Januar.

Fest der Widmung (Lichtmess)

Das junge Mädchen taucht aus der Unterwelt des Winters auf, unterzieht sich einer Reinigung in den frischen Wassern der Heiligen Quelle und weiht bzw. widmet sich selbst und sein Leben dem Ausdruck der Liebe. Die Mutter bringt ihren jungen Sohn in den Tempel, wo der Sonnengott dargebracht und sein Leben zum Guten aller geweiht wird, während die Mutter sich reinigt und ihre Widmung erneuert.

In der Natur schmelzen Eis und Schnee, die Bäche brausen zu Tal, Wasser badet die Erde, die ersten Schneeglöckchen blühen auf und junge Lämmer werden geboren. Die ganze Natur beginnt in vibrierender Lebensenergie zu erwachen, und ein Hauch von Versprechen liegt in der Atmosphäre. Wir trinken das reine Wasser der Heiligen Quelle, zünden Kerzen und Laternen an geweihten Plätzen an und fassen unsere Vorsätze für das Jahr.

Fest des Versprechens (Verkündigung an Maria)

In der Mitte des Frühlings treffen sich die Liebenden und geben einander das Versprechen ihrer Liebe. Die Jungfrau wird fruchtbar durch den Samen der Liebe und erhält das Versprechen ihres kommenden Kindes. Die Helden segeln hinaus auf die sturmgepeitschten Meere und trotzen dem Wind und dem Wetter.

Die Natur pulsiert von Leben. Knospen sprießen überall, und auch wir Menschen werden von der Liebe erfasst, erfüllt von sexueller und romantischer Liebe, die uns Träume eingibt und die Welt durch eine rosarote Brille zeigt. Unsere Kräfte wachsen und, erfüllt von Tatkraft und intuitiver Vision der Zukunft, scheinen uns alle Dinge möglich.

Fest der Vereinigung (Maitag)

Nach den abschließenden Reinigungsritualen im Brautbad durchschreiten die Liebenden den schmalen Gang zwischen zwei Feuern und feiern Hochzeit im heiligen Kreis. Nach der Taufe wird der junge Held vom Hierophanten, dem einweihenden Hohenpriester, aus dem Wasser emporgezogen. Da hört er die innere Stimme, die ihm seinen spirituellen Namen und den Zweck seines geistigen Strebens bekannt gibt. Er schaut die Vision des Lichtes, die Weisheit, die aus seinem eigenen Herzen und dem

Herzen der Natur hervorleuchtet. Unmittelbar danach wird er geprüft, ob er versteht, was er hört und sieht, und ob er wirklich die Wünsche, die aus den Gedanken der Versuchung in ihm aufsteigen, überwinden kann. Dann wird er in die universelle Bruderschaft des Lichtes aufgenommen, und heilige Weisheit wird ihm offenbart.

Die Natur explodiert in Blüten. Sie trinkt das Sonnenlicht und vermählt sich mit ihm. Alle Farben strahlen in höchster Intensität. Wir baden unsere Körper und Gesichter im Maitau. Dann tanzen wir im Schmucke der Blütengirlanden um den Maibaum, den blühenden Lebensbaum, und lernen tanzend, unser Leben miteinander in ein schönes, aufregendes und bedeutungsvolles Muster zu weben.

Fest der Freude (Mittsommer)

Der Sonnengott führt den Vorsitz am Runden Tisch, wo die Helden sich versammelt haben, den Gral in ihrer Mitte. Alle geben ihrer Freude lauten Ausdruck über die Erkenntnis, dass die Jungfrau das Kind des Lichtes in ihrem Schoße trägt. Die Vision der Wahrheit wird gesehen und verstanden.

Auch die Natur jubelt in der strahlenden Farbenpracht und dem Sonnenlicht des Hochsommers. Auf den Feldern erstarken die Halme von Weizen und Hafer. Auf den Höhen werden Feuer angezündet, die sich als Ketten weit durch die Landschaft ziehen. Die Menschen treffen sich zu Mittsommer-Feiern, die Paare springen Hand in Hand über die Feuer, in der Feier des Lichtes, der frohen Hoffnung auf die kommende Ernte.

Fest der Transformation (Erste Früchte, Verklärung)

Der Sonnengott führt seine Schüler auf den Gipfel des hohen Berges, wo ihr Bewusstsein erhoben wird, und sie opfern ihre Vision dem höchsten Guten. Verklärt im Licht führt sie der Sonnengott sodann vom Berg herab in die Täler, um die Kranken zu heilen, den Armen und Bedürftigen zu helfen und das Land von der Tyrannei zu befreien. Die schwangere Mutter fühlt den erstarkenden Herzschlag des neuen Lebens in sich und dankt dafür.

In der Natur reifen die ersten Früchte. Auf den Feldern werden die ersten Garben reifen Getreides geschnitten, und aus den Körnern wird Brot gebacken. Das erste Brot und die ersten Früchte werden Gott geopfert und dann an die Armen und Hungrigen ausgeteilt. Flammende Räder werden von den Hügeln hinabgerollt, um den Abstieg des Mittsommerlichtes in den Herbst des Jahres sinnfällig zu machen, wie auch als Symbol für Weisheit und Mitgefühl, die im tätigen Dienen in die Welt kommen.

Fest der Vollendung (Erntedank)

Der Sonnengott führt die Helden in einer Dankprozession an. Die Tyrannei ist besiegt, das Land geheilt, und die Menschen sind wohlhabend. Mit der Hilfe der ganzen Gemeinde ist die Haupternte eingeholt, und alle freuen sich am Erntedankfest und seinen Feiern.

Fest des Friedens (Allerheiligen)

Der Sonnengott wird erkannt und zum Sohn und Erben, zum Herrn über alles erklärt. Beim letzten Fest der Freundschaft und des Dankes vollendet er das Opfer seiner selbst, seines Lebens und Lichtes, zum Besten aller. Er teilt den Gralskelch des Wissens. Seine irdische Form stirbt und wird in Licht verwandelt. Der Runde Tisch seiner Jünger wird aufgelöst. Friede senkt sich über das Land, und die Menschen ruhen aus. Die Jungfrau bereitet sich darauf vor, einen neuen Ausdruck des Lichtes zu gebären.

Auf den Feldern werden die letzten Garben gedroschen, das Korn wird gemahlen oder schon in die Erde gesät für den nächsten Kreislauf. Spreu und Stroh werden verbrannt und in die Erde zurückgepflügt. Herbstblätter fallen von den Bäumen, der Saft zieht sich in die Wurzeln zurück. Feuer werden angezündet, um das Ende des alten Jahres zu feiern und dafür zu danken. Und mit ihnen verbrennt man den Strohmann als symbolische Darstellung des Helden, der seine Arbeit getan hat und jetzt bereit ist, seine alte Form sterben zu lassen, um so durch das Friedensfeuer in Licht transmutiert zu werden. Die Menschen feiern ein Fest der Erinnerung, um der großen Lehrer und Weisen aller Zeitalter, der Heiligen und guten Menschen und aller Seelen überall zu gedenken und ihnen zu danken.

Die acht Sonnenfeste (keltisch und christlich)

22.-25.12.	Wintersonnenwende Mittwinter	*Geerah* Weihnachten	Fest der Geburt und Wiedergeburt
02.02.	1. Vierteltag Übergang Winter/Frühling	*Imbolc* Lichtmess	Fest der Widmung / Weihung
21.03.	Frühlings-Tagund- nachtgleiche	*Antharoc* Maria Verkündigung	Fest des Versprechens / Gelübdes
01.05.	2. Vierteltag Übergang Frühling/Sommer	*Beltain* Maitag	Fest der Vereinigung
21.-24.06.	Sommersonnwende Mittsommer	*Saura* Mittsommertag Johannistag	Fest der Freude
08.08.	3. Vierteltag Übergang Sommer/Herbst	*Lugnasadh* Erste Früchte	Fest der Verklärung
22.-24.09.	Herbst-Tagund- nachtgleiche	*Mabon* Erntedankfest	Fest der Vollendung
01.11.	4. Vierteltag Übergang Herbst/Winter	*Samhain* Allerheiligen Allerseelen	Fest des Todes und des Friedens

Die Spanne des menschlichen Lebens

Man kann die ganze Spanne des menschlichen Lebens als einen vollständigen Kreislauf betrachten, der eine Vielzahl kleinerer Zyklen enthält.

In den frühen Jahren des menschlichen Lebens, nachdem einmal die physische Form ausgebildet ist, richtet sich unser Hauptfokus auf die Entwicklung und Ausbildung unserer Emotionen und Wünsche. Im nächsten Stadium des Lebens beschäftigen wir uns hauptsächlich mit der Schulung des Geistes und mit der Entwicklung des Verständnisses für das Leben im Allgemeinen und für unsere Lebensaufgabe im Besonderen. Im Folgenden reiferen Abschnitt treten wir in die hauptsächlichen Aktivitäten unseres Lebens ein und erlangen die Kraft, unsere Ideen und Pläne in die Praxis umzusetzen. Schließlich kommt das Alter, in dem wir die Gelegenheit haben, auf die Erfahrungen unseres Lebens zurückzublicken und entweder dankbar und froh für ein gut vollbrachtes Leben zu sein und/oder Gott, andere Menschen und uns selbst um Vergebung zu bitten für das, was wir nicht gut gemacht haben. In beiden Fällen erwerben wir Erkenntnis, wahres Wissen, und die verwandelnde Gnade der universellen Liebe wird denen immer gewährt, die echte Reue empfinden. Alleine schon die Bitte um Vergebung, deren Annahme und Gewährung rufen Liebe hervor und ermöglichen den Beginn neuer auf Liebe beruhender Kreisläufe.

Es gibt in jedem vollständigen Lebenskreislauf mehrere untergeordnete Zyklen, deren machtvollster der 56-Jahreskreislauf ist. Dieser hängt mit Saturn zusammen, dessen scheinbare Umlaufbahn um die Erde (das bedeutet eine vollständige Umrundung durch alle zwölf Zeichen des Tierkreises) ungefähr 28-29 Jahre dauert und symbolisch mit der Zahl 7 und dem siebenten Wochentag, dem Sabbat, in Verbindung steht. In diesem 56-Jahreskreislauf liegen immer sieben Jahre zwischen den Hauptfesten. Auf diese Weise werden wir im „Weihnachtspunkt" des Kreislaufes geboren, unser 7. Geburtstag markiert das Fest der Widmung, der 14. liegt am Fest des Versprechens in der Frühlingsmitte unserer Jugend und der 21. bedeutet das Erwachsenwerden, welches mit dem Maienfest der Vereinigung zusammenfällt.

Nicht nur diese vier Zeitpunkte der Geburt, Ichfindung, Pubertät und Reife sind in unserem Leben sehr bemerkenswert und einprägsam, sondern auch die anderen Kraftpunkte in diesem Zyklus. Mit 28 Jahren stehen wir oft auf der Höhe unserer intellektuellen Fähigkeiten (was nicht unbedingt weise-sein bedeutet), während wir mit 35 normalerweise eine große Veränderung in unserem Leben durchmachen. Ungefähr um das Alter von 35 kommen wir meist in Kontakt mit der wirklichen Lebensaufgabe oder unsere Arbeitssituation wird da richtig konkret. Die Zeitpunkte um 42 und 49 Jahre sind bekannte „Todesdaten" für das Ego. 42 korrespondiert mit dem Erntedankfest des Kreislaufs und kann uns in die so genannte „dunkle Nacht der Seele" stürzen. Aber dies hat letztlich gute Auswirkungen, sobald wir durch die Dunkelheit und den Schrecken hindurch sind, die solch ein Kraftpunkt in der Zeit hervorrufen kann. Denn die wirkliche Frucht unseres Wesens mit ihren Lichtfunken als Same bleibt bestehen und geht oft noch gestärkt aus der Prüfung hervor, während das meiste psychologische Beiwerk nicht mehr gebraucht wird und dem „Feuer" der Natur übergeben werden kann.

Das 49. Jahr bringt uns zum Punkt von Samhain, dem Friedensfest. Hier ereignet sich ein zweiter Tod des Egos, der aber meist eine grundsätzliche Veränderung im Leben hervorruft – ein Loslassen der bisherigen Lebens- und Seinsweise, oft begleitet von einer Veränderung im Beruf und in den persönlichen Umständen. In dieser Zeit um die 50 Jahre durchleben häufig Männer eine tiefe Krise in ihrer Arbeit, während Frauen oft eine ähnliche Krise in Bezug auf psychologische Sinnfindung und ihrer Aufgabe in der Familie durchmachen.

Es ist für jeden von uns möglich, dass wir uns in diesem Zustand alt und müde fühlen und einfach aufgeben wollen. Eine solche Entscheidung würde eine langsame und schrittweise Degenerierung aller Fähigkeiten und Interessen im Leben bedeuten, zur Alterung und zum physiologischen Tod führen. Wenn wir uns aber zu der Vorstellung durchringen können, dass das Leben mit 50 neu beginnen kann, wird es das tun. Nach einer notwendigen Zeit der Vorbereitung und Anpassung, die verbunden ist mit Rückerinnerung und Danksagung für das, was das Leben uns bis jetzt gegeben hat, kann mit 56 Jahren ein neuer 56-Jahreskreislauf beginnen mit einem neuen weihnachtlichen Geburtsfest, und frische Energien und Inspiration können einfließen.

Wenn diese Herausforderungen im rechten Geist aufgenommen werden – der natürlich leichter zu finden ist, wenn wir bei guter Gesundheit sind und einiges Verständnis für diese Vorgänge haben – dann können wir diese Krisen in unseren Fortschritt einbauen und sie für uns, statt gegen uns, arbeiten lassen. Dann nämlich tanzen wir mit und in dem Rad des Lebens.

Schritt für Schritt, Zyklus um Zyklus, können wir so alle das Rad des Lebens meistern. Der endgültige Zustand der Erleuchtung wird als Freude oder Glückseligkeit erfahren, die nicht nur den Geist, sondern auch den Körper verwandelt und durchstrahlt – daher kommen die Vitalität, die strahlenden Augen, die glänzende Haut und der Lichtschein um das Haupt der Heiligen.

Kapitel 4

Das Lebensrad (Form)

Und Elohim sprach: „Es sollen Lichtzentren im Ätherraum der Himmel entstehen,
um den Tag von der Nacht zu scheiden. Und sie sollen Anzeiger sein für
Zeiteinteilungen und Jahreszeiten und für metaphysische Mutationen der Wesen.
Und sie sollen im Ätherraum der Himmel als sichtbare Lichter erscheinen,
um wahrnehmbares Licht zu geben und um verstehbare
Erleuchtung auf der Erde voranzubringen."
Und so geschah es.[9]

Der Lebensprozess mit seinem Zeitkreislauf vollzieht sich innerhalb der Lebensform. Alle Lebensformen existieren im Raum und sind aus ihm gebildet. Ebenso, wie die Zeit ihre Zyklen hat, so hat der Raum seine Kreise oder Horizonte. Wir haben unseren eigenen Raum und brauchen einen solchen mit seinem Horizont und seiner Begrenzung des Bewusstseins und der erfühlten Wahrnehmung. In dieser Hinsicht sind alle Lebensformen gleich, sogar die von Menschen geschaffenen. Oft ist uns der Raum so wichtig, dass wir bereit sind, für ihn zu kämpfen, damit andere dort nicht in das eindringen, was wir als unseren eigenen Raum betrachten. Dabei übersehen wir allerdings, dass es nicht nur möglich ist, Raum zu teilen, sondern dass wir dies ohnehin mit einer Vielzahl anderer Wesen, sichtbaren und unsichtbaren, immerzu tun. Die letztendliche Beschreibung des Raumes und der Lebensform, die ihn bewohnt – nämlich des universalen Wesens – vermittelt uns ein Zentrum, das überall ist innerhalb eines Kreises, der sich nirgends befindet – mit anderen Worten: Das Lebensrad.

9 Genesis 1, 14-15, übersetzt aus dem Hebräischen von Fabre d'Olivet

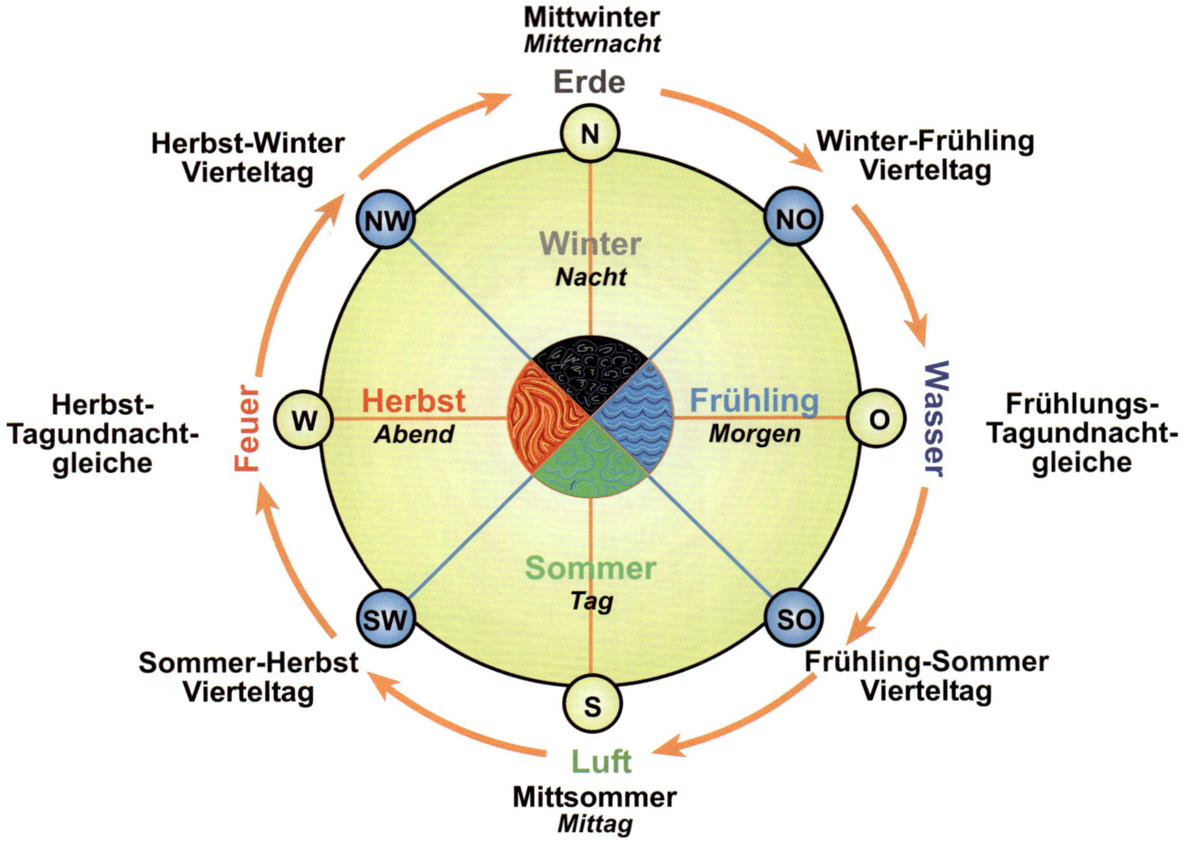

Der Raumkreis: Naturkreislauf

Aber wie erlangen wir Verständnis für unseren Raum, nicht nur den persönlichen, sondern auch für den Planeten, den wir bewohnen? Und wie verhält sich dieser Raum zur Zeit? Um uns dabei zu helfen, haben wir die Führung der Himmelskörper, nämlich der Sonne, des Mondes, der Planeten und Sterne und – den Tierkreis.

Der Kreis des Raumes

Es gibt eine enge Beziehung zwischen dem Zeitzyklus und dem Kreis des Raumes. Und die meisten Menschen haben keine Schwierigkeiten, dies klar zu erkennen. Zum Beispiel verbinden wir auf der nördlichen Erdhalbkugel normalerweise den Winter mit Nacht, Kälte und Dunkelheit, also mit Eigenschaften, die dem Norden zugeordnet sind. Wir empfinden den Frühling als den Morgen der aufgehenden Sonne und schauen deshalb nach Osten, wo die Sonne aufgeht. Den Sommer setzen wir in Beziehung zum Mittag, zur größten Wärme und Helligkeit, und deshalb zum Süden, wo die Sonne am hellsten scheint und am höchsten am Himmel steht. Herbst, die letzte Jahreszeit, steht in Verbindung mit

Abend und der untergehenden Sonne und daher mit dem Westen, wo die Sonne untergeht. Mittwinter geht daher mit der genauen Nordrichtung, Mittsommer mit der genauen Südrichtung, die Frühlings-Tagundnachtgleiche mit Osten und die Herbst-Tagundnachtgleiche mit Westen einher. Die Vierteltage beziehen sich dann jeweils auf Nordost, Südost, Südwest und Nordwest.

Diese Beziehungen sind wichtig, denn sie geben uns eine Vorstellung davon, wie wir unterschwellig durch die Ausrichtung innerhalb unseres Horizontes oder Raumkreises beeinflusst werden. Beispielsweise steht der Norden in analogem Zusammenhang mit dem Element Erde, mit Schwangerschaft und Geburt und mit dem menschlichen Lebensimpuls, der jeden Lebenszyklus beginnen lässt. Daher wird das Nordtor als dasjenige angesehen, durch welches wir in die Inkarnation eintreten, und diese am Ende unserer Lebensspanne wieder verlassen. Der Nordpol-Stern, symbolisiert durch den sechsstrahligen Davids- oder Christusstern, ist bekannt als das Alpha und das Omega, das uns führende Licht und der Ort, von dem wir kommen und zu welchem wir nach unserem Tod wieder zurückkehren werden. In der Tradition sollte der Priester, wenn er die Messe liest oder die Heilige Kommunion austeilt, von der Nordseite des Altars kommen; und die Pilgertür in jedem Tempel und jeder Kirche ist das Nordportal. Der Pilger durchschreitet den kreisförmigen Pfad der Einweihungen im Uhrzeigersinn oder wie die Sonne vom Norden zum Osten, zum Süden, und dann zum Westen, und zeichnet so den scheinbaren Kreislauf der Sonne am Himmel nach, wie wir ihn von der Erde aus auf der nördlichen Halbkugel sehen.

Dementsprechend ist der Osten mit dem Element Wasser verbunden, mit Emotion und der Energie der Liebe, der schöpferischen Lebenskraft, die auch als das Wort oder die Weisheit Gottes bekannt ist. Christliche Kirchen und viele Tempel anderer Religionen und Kulturen sind deshalb so ausgerichtet, dass ihr „Haupt“ (Chorraum) nach Osten weist, so dass die Energien der Liebe und Weisheit durch die Krone der Kirche in diese einströmen und entlang ihrer Achse vom Scheitel zur Wurzel, also von Ost nach West, hinab fließen können. Auf diese Weise werden die spirituellen Energien der Kirche mit den Lebensenergien des Ostens in Übereinstimmung gebracht. Die Kundalini- oder Drachenenergie, welche die Achse der Kirche hinaufsteigt, ist dann mit dem Westen verbunden.

Der Süden steht in Beziehung zum Element Luft, sowie zu Gedanken und Erleuchtung des Geistes, während der Westen mit dem Element Feuer, äußere Aktivität und Manifestation in Form von Dienst und Nächstenliebe, also mit der Frucht des Kreislaufs, verbunden ist. Zu den vier Zwischenrichtungen gehören die Vierteltage, die Cherubim und die vier Pforten des Paradieses.

In einem anderen gut bekannten Beziehungssystem der Himmelsrichtungen zu den Elementen wird der Osten mit Luft verbunden, der Süden mit Feuer, der Westen mit Wasser. Dies geschieht jedoch aus einem ganz anderen Grund, der nichts mit unserer Betrachtung hier zu tun hat. Diese ist grundlegend und beschreibt die Entfaltung des Lebensprozesses und des Evolutionspfades des Lebens um das Lebensrad und offenbart die enge Beziehung zwischen Zeit und Raum und allen Dingen.

Die Einflüsse all dieser Richtungen des Raumes wirken ständig auf uns ein. Es ist zum Beispiel nicht einerlei, in welche Richtung wir liegen, wenn wir schlafen, und es ist für jeden von uns wichtig, herauszufinden, welche Ausrichtung die günstigste für unsere eigenen persönlichen Bedürfnisse ist. Verschiedene Ausrichtungen verstärken verschiedene Ebenen oder Arten von Bewusstsein.

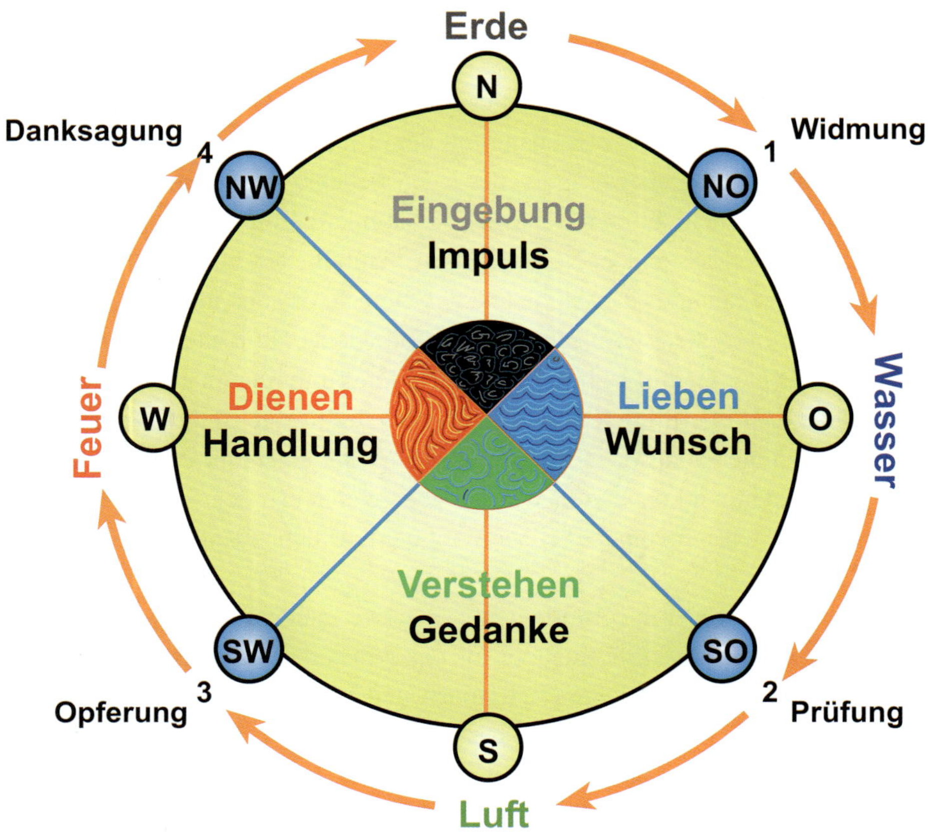

Der Raumkreis: Zyklus des Lebens und der Einweihung

Der Zodiak oder Tierkreis

Der griechische Name für das Lebensrad ist „Zodiak". Im heutigen normalen Sprachgebrauch allerdings bezieht sich dieser Name auf einen bestimmten Kreis im Raum, nämlich den Tierkreis mit seinen zwölf gleichen Sektoren. Außerdem sieht man diesen Raumkreis normalerweise als am Himmel befindlich an, wo er durch die so genannte Ekliptik definiert wird, nämlich den Pfad der Sonne um die Erde, wie man ihn von der Erde aus sehen kann. Der Mittelpunkt der Ekliptik und somit auch des himmlischen Tierkreises heißt „Okkulter Pol". Jede der zwölf Einteilungen des Tierkreises wird nach einem Tierkreiszeichen benannt, und die Sonne durchwandert im Laufe eines Jahres alle zwölf. Die anderen Planeten des Sonnensystems folgen der Sonne langsamer und bewegen sich von einer Seite der Ekliptik zur anderen. Der Zickzackkurs der Planeten erzeugt in der Vorstellung ein Band, das sich um 9° nach beiden Seiten der Ekliptik ausdehnt. Dieses Band bildet eine breite kreisförmige Umrahmung um das Rad des Zodiaks, während seine Einteilungen die zwölf Speichen des Rades ausmachen.

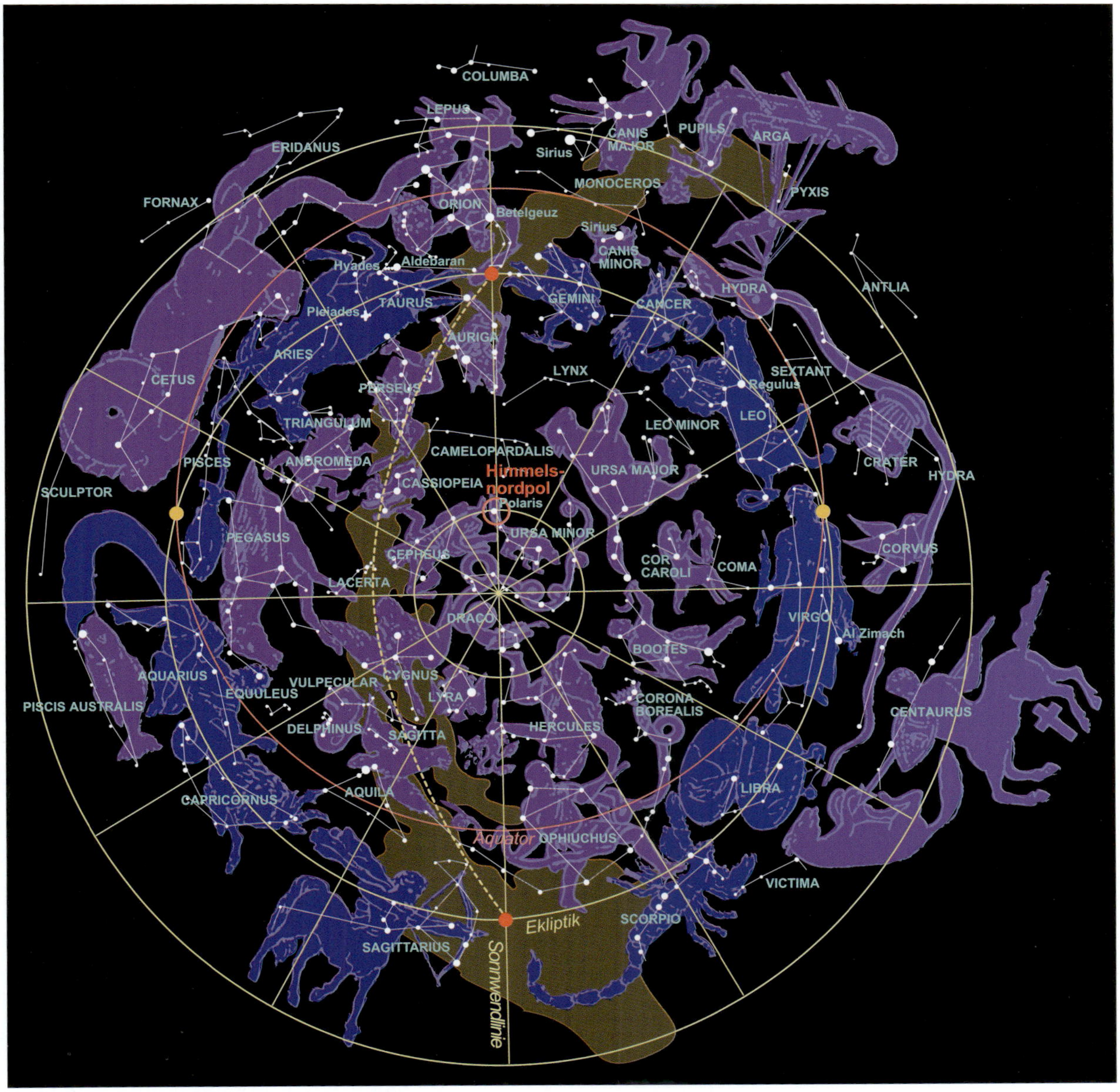

Zodiak am Himmel (2000 n.Chr. – nördliche Hemisphäre):
Sternenkarte, Einteilung in gleich große Abschnitte pro Zeichen

In vielerlei Hinsicht ist dies eine in der Vorstellung bestehende Gedankenform, die wir auf den Himmel projizieren. Allerdings sind die Bewegungen der Sonne und der Planeten um die Erde tatsächliche Ereignisse, ebenso wie die Einflüsse, die uns zumindest von einigen Sternen zukommen. Was wir am Himmel sehen, ist eine archetypische Gedankenform oder Idee, die man uns zu sehen gelehrt hat.

Die Einteilung des Kreises in zwölf gleiche Teile ist ebenso natürlich wie seine Unterteilung in zwei, drei, vier, sechs oder acht Teile, die wir normalerweise ganz leicht vor unserem geistigen Auge sehen können. Es ist eine grundlegende geometrische Einteilung, die auf alle Kreise oder Lebensräder überall zutrifft, d.h. auch auf alle Chakren, sowie auf den Horizont, der uns immer umgibt und unseren Raum und unsere Aura definiert. Die Form ist archetypisch, was bedeutet, dass sie grundlegender Bestandteil der Mathematik und des Universums ist. Ein Zodiak ist nicht nur ein kreisförmiger Raum voller Sterne am Himmel: Er tritt überall auf.

Der Tierkreis am Himmel jedoch wird und wurde von der Menschheit seit Tausenden von Jahren als Zeitgeber benutzt. Er ist die große Himmelsuhr und auch eine Halbkugel im Raum, die in zwölf Sektoren geteilt ist. Um uns das Erkennen der einzelnen Sektoren zu erleichtern, wurden verschiedene mythologische Geschöpfe mittels unserer Vorstellungskraft auf den himmlischen Zodiak projiziert und mit bestimmten Konstellationen verbunden, so dass wir sie und ihre Positionen uns besser einprägen können. Darüber hinaus helfen uns die Geschöpfe des Tierkreises nicht nur, jedes seiner Zeichen zu identifizieren, sondern sie erzählen uns auch die Geschichte der Kräfte, Vorzüge und Zwecke jedes Sektors und des Tierkreises im Ganzen. Sie werden als Symbole benutzt, die allegorisch die Auswirkung beschreiben, welche Zeit und Raum auf uns ausüben und uns etwas über die Intelligenz und die Art von Energie mitteilen, die hinter den Phänomenen liegen.

Obwohl wir die mythologischen Geschöpfe am Himmel sehen oder gelehrt wurden, sie dort zu sehen, sind sie tatsächlich einfach nur Mittel, die uns die Bedeutung eines jeden Teiles des Tierkreises lehren und wie wir davon beeinflusst werden. Diese Symbolik bezieht sich genauso auf jedes Lebensrad oder Chakra, wo immer ein solches in Erscheinung treten mag. Das kann zum Beispiel in der Landschaft oder im menschlichen Körper ganz genauso wie am Himmel der Fall sein. Es bezieht sich auch auf Zeitzyklen mit ihren temporalen Einteilungen, so dass zum Beispiel in den 24 Stunden des Tages alle zwei Stunden ein neues Tierkreiszeichen auftritt. Dabei wird Mitternacht mit Mittwinter und, auf der Nordhalbkugel, dem Norden verbunden, sowie Mittag mit Mittsommer und dem Süden.

Die Namen der Tierkreiszeichen sind von den zwölf Hauptkonstellationen entnommen, durch welche die Ekliptik und somit die Sonne mit ihren Planeten wandert. Sie heißen lateinisch Aries (Widder), Taurus (Stier), Gemini (die himmlischen Zwillinge), Cancer (Krebs), Leo (Löwe), Virgo (Jungfrau), Libra (Waage), Scorpio (Skorpion), Sagittarius (Schütze), Capricorn (Steinbock), Aquarius (Wassermann) und Pisces (Fische). Diese Konstellationen haben unterschiedliche Größen und passen nicht unbedingt genau in den nach ihnen benannten Abschnitt. Einige von ihnen, wie Löwe und Jungfrau, erstrecken sich über mehr als ein Zeichen und verdrängen dadurch ihre kleineren Nachbarn bis zu einem bestimmten Grad. Somit gibt es einen Tierkreis, in dem alle Zeichen gleich groß sind, und einen solchen mit Zeichen ungleicher Größe, die zum Beispiel von den alten Ägyptern als einander ergänzend beide benutzt wurden. Es ist jedoch der Zodiak mit den gleich großen Zeicheneinteilungen, welcher den Idealstandard oder Archetyp darstellt. Natürlich ist die Frage: Von welchem Punkt der Ekliptik ausgehend sind die zwölf Zeichen ausgelegt? Da alle Sterne sich in dauernder Bewegung befinden, wie langsam uns diese auch bei der Beobachtung von der Erde aus erscheinen mag, kann man sie dennoch höchstens als annähernde Anzeiger der Tierkreiseinteilungen betrachten. Es gibt aber zwei Punkte auf der Ekliptik, die man als feststehend ansehen kann. Diese erscheinen da, wo der Äquator der Milchstraßen-Galaxie die Ekliptik kreuzt. Diese beiden Punkte, die einander entgegengesetzt auf der Ekliptik liegen, bezeichnen die Berührungspunkte von Zwillingen und Stier, sowie von Schütze und Skorpion. Die Verbindungslinie zwischen diesen beiden Punkten, welche durch den Okkulten Pol verläuft, bildet die Hauptachse oder den Durchmesser des Zodiaks. Von diesen beiden Punkten und der Achse aus, kann der Tierkreis in seine zwölf gleichen Sektoren eingeteilt werden.

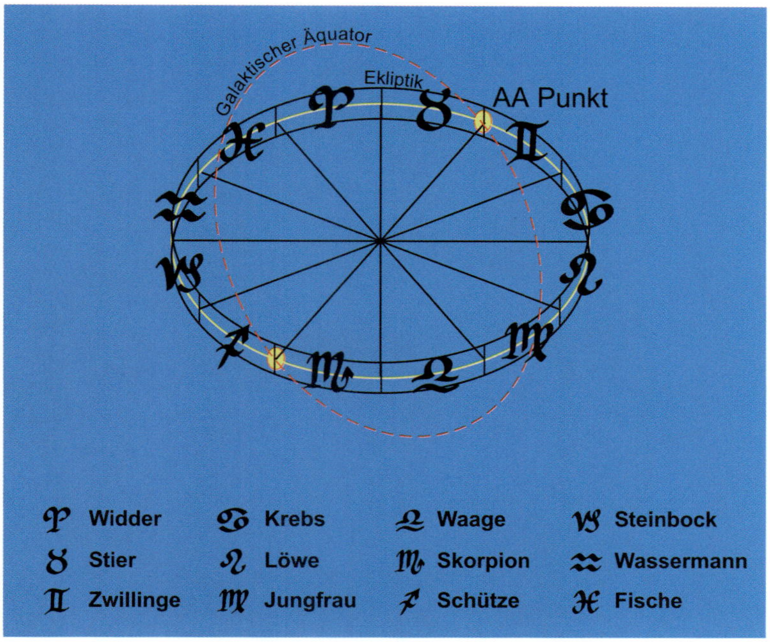

Zodiak: Alpha – Omega
Die Kreuzungspunkte des galaktischen Äquators mit der Ekliptik

Der jährliche Zodiak-Zyklus

Im Verlaufe eines jeden Jahres scheint die Sonne durch alle zwölf Zeichen des Tierkreises, vom Widder, durch Stier, Zwillinge usw. bis zu den Fischen zu laufen. Davon ist die Einteilung des Jahres in zwölf Monate abgeleitet, immer einen Monat für jedes Zeichen. In einigen älteren Traditionen, wie bei den Ägyptern, war es gebräuchlich, jedem Monat gleichmäßig 30 Tage zuzuteilen. Dann blieben fünf Tage übrig, die man über das Jahr verteilte, um es zu vervollständigen, zum Beispiel je ein extra Tag bei jeder Sonnenwende und Tagundnachtgleiche, sowie ein weiterer zusätzlicher Tag zur Wintersmitte, wodurch es dann zwei Extratage gab. Die 360 Tage der zwölf Monate zu 30 Tagen verliefen parallel zur Einteilung des Kreises in 360°; allerdings verfälschten die fünf Extratage das Bild ein wenig. Aber es war eine gute Annäherung und funktionierte ordentlich für alle Absichten und Zwecke. Es war sicherlich besser als unser gegenwärtiges System, das aus den Tagen der Römer stammt, wo wir nun elf Monate mit unterschiedlicher Dauer von 30 oder 31 Tagen plus einen 12. Monat mit 28 Tagen bzw. 29 in jedem Schaltjahr haben, und keiner davon beginnt bei den Sonnwenden oder Tagundnachtgleichen. Das bedeutet, dass die Monate, wie wir sie jetzt haben, die zwölf Tierkreiseinteilungen des Jahres nicht klar definieren, obgleich sich die Hauptachse des jährlichen Zodiaks zwischen den Mittwinter- und Mittsommer-Sonnenwenden erstreckt. Stattdessen müssen wir, wenn wir herausfinden wollen, in welchem Tierkreiszeichen die Sonne zu einer bestimmten Zeit im Jahr steht, vom Anfang des Zeichens an zählen, der ungefähr am 21. oder 22. jedes Monats liegt. Doch auch dies trifft nicht vollständig auf alle Monate des Jahres zu.

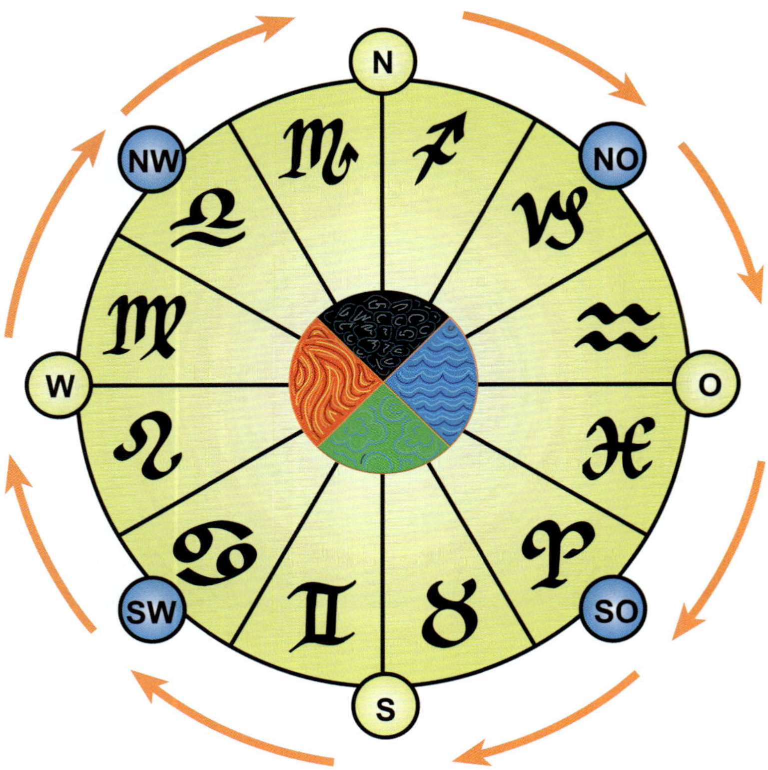

Zodiak: Der Jahreskreis (2000 n. Chr. – nördliche Hemisphäre)

Man sieht den Jahreskreis normalerweise als bei Mittwinter beginnend, wobei die Wintersonnenwende das Ende des alten Jahres und den Anfang des neuen Jahres markiert. Die Sonnenwende tritt normalerweise am 21. oder 22. Dezember auf. Bevor es die moderne Astronomie und Mathematik gab, wurden die Sonnwenden, ebenso wie die Tagundnachtgleichen, dadurch festgelegt, dass man beobachtete, wo die Sonne am östlichen Horizont aufging. Zum Beispiel geht die Sonne auf der Nordhalbkugel an jedem, auf die Sommersonnenwende folgenden Tag, ein klein wenig südlicher als am Vortag auf. Und die Stunden des Tageslichtes werden ein bisschen kürzer und die Nächte länger. Das setzt sich so fort, bis die Wintersonnenwende erreicht ist. Dann scheint die Sonne drei Tage lang am südöstlichen Horizont genau am selben Ort aufzugehen. Und danach beginnt sie, in gleicher Weise nordwärts zu wandern, so dass die Stunden des Tageslichtes länger und die Nächte kürzer werden. Die dreitägige Pause in der Bewegung der Sonne nannte man „solstice“ (Sonnenwende), ein aus dem Lateinischen abgeleitetes Wort mit der Bedeutung „Sonnenstillstand“. Der 4. Tag, an dem die Sonne scheinbar ihre erste Bewegung in

Richtung Norden macht, wurde als die Geburt des neuen Jahres und Wiedergeburt des Lichtes oder der Sonne gefeiert. Die Christenheit feiert das mit dem Weihnachtstag am 25. Dezember. Die Römer nannten diesen Geburtstag des Jahres „Dies Natalis Invicti Solis", „Geburtstag der unbesiegten Sonne".

Da die Sonne die Seele symbolisiert, repräsentiert die Bewegung der Sonne durch die Ekliptik im Verlauf des Jahres den Pfad der Seele durch ihre Erfahrungen und Einweihungen im Leben. Daher stammen die Geschichten über die Seeleneinweihungen, wie jene von Herkules oder König Arthur, die oft in poetische Sprache gekleidet und mit der Symbolik der Tierkreiszeichen ausgestattet sind. Zum Beispiel muss Herkules zwölf Arbeiten ausführen. Jede dieser Arbeiten wird allegorisch mit Begriffen aus einem der zwölf Tierkreiszeichen beschrieben. Indem sie dasselbe in leicht abgewandelter Form beschreiben, stellen die zwölf Apostel Jesu die zwölf Tierkreiszeichen dar, mit ihrem jeweils eigenen Charakter und Auftrag, den sie in Bezug auf ihr spezielles Zeichen zu erfüllen haben. Die zwölf Stämme Israels sind auch im Muster der zwölf Zeichen des Tierkreises strukturiert, ganz genau so wie die zwölf Ritter von König Arthurs Tafelrunde.

Der Phönix-Zyklus

Außer dem jährlichen Zeitkreislauf, der durch die Reise der Sonne um die Ekliptik vorgezeichnet ist, gibt es einen sehr viel größeren Zeitzyklus, der jedoch ebenso durch den Pfad der Sonne durch die zwölf Tierkreiszeichen gebildet wird. Allerdings scheint sich die Sonne in diesem Zusammenhang in entgegen gesetzter Richtung durch die Ekliptik zu bewegen. Dieser größere Kreislauf ist bekannt als „großes Zeitalter" oder „Phönix-Zyklus" und setzt sich aus zwölf „astrologischen" Zeitaltern zusammen.

Dieser Kreislauf mit seinem scheinbaren Lauf der Sonne wird durch das so genannte „Schwanken" der Erdachse hervorgerufen. Während sich die Erde um die Sonne bewegt, bleibt ihre Achse nicht fest in ihrer Ausrichtung zum Nord- und Südhimmel hin, sondern schwankt leicht und sehr langsam rund um den Punkt einer idealisierten, feststehenden Achse. Gäbe es diese Schwankung nicht, würde die Projektion der Erdachse, hinaus in den Himmel, den himmlischen Nordpol am Nordhimmel und den himmlischen Südpol am Südhimmel bilden, und diese würden mit dem jeweiligen Okkulten Pol beider Himmelsräume zusammenfallen. Die Schwankung führt dazu, dass der himmlische Nord- oder Südpol sich vom Okkulten Pol entfernt und um diesen einen Kreis beschreibt, dessen Vollendung ungefähr 25.920 Jahre dauert. Dies bewirkt seinerseits, dass die Sonne, wenn man sie an einem bestimmten Tag des Jahres, zum Beispiel zur Sommer- oder Wintersonnenwende, beobachtet, innerhalb von 72 Jahren um 1° auf der Ekliptik weitergegangen ist. In 2.160 Jahren hat sich dann die Sonne um 30° fortbewegt und vollendet in 25.920 Jahren einen vollständigen Kreislauf auf der Ekliptik. Von diesem Phänomen ist die Zeiteinteilung in zwölf Zeitalter abgeleitet, von denen jedes 2.160 Jahre dauert und mit je einem Tierkreiszeichen in Verbindung steht.

Weil die scheinbare Bewegung der Sonne durch die zwölf Tierkreiszeichen, die man alljährlich an einem bestimmten Tag beobachten kann, sich in umgekehrter Richtung zu ihrer scheinbaren Bewegung durch die Zeichen während eines Jahres aufgrund täglicher Beobachtung bewegt, nennt man das Fortschreiten im Phönix-Zyklus „Präzession". Nachdem die Stellung der Sonne zur Sonnenwende oder Tagundnachtgleiche als Hauptmarkierungspunkt für Zeit benutzt wird, nennt man dieses Phänomen üblicherweise „Präzession der Sonnenwenden" oder „Präzession der Tagundnachtgleichen".

Vor ungefähr 2.160 Jahren (d.h. vor einem Zeitalter) stand die Sonne zur Sommer- bzw. Wintersonnenwende am Zusammentreffen von Zwillinge/Krebs bzw. Schütze/Widder. Die Position der Sonne zu den Tagundnachtgleichen war demgegenüber an den Berührungspunkten von Fische/Widder und Jungfrau/Waage. Dies ist allerdings nicht ganz richtig, da das Taumeln der Erde den himmlischen Nord- und Südpol des Planeten von den Okkulten Polen wegdrückt, wodurch der Himmelsäquator sich von der Ekliptik entfernt – siehe Zeichnungen.

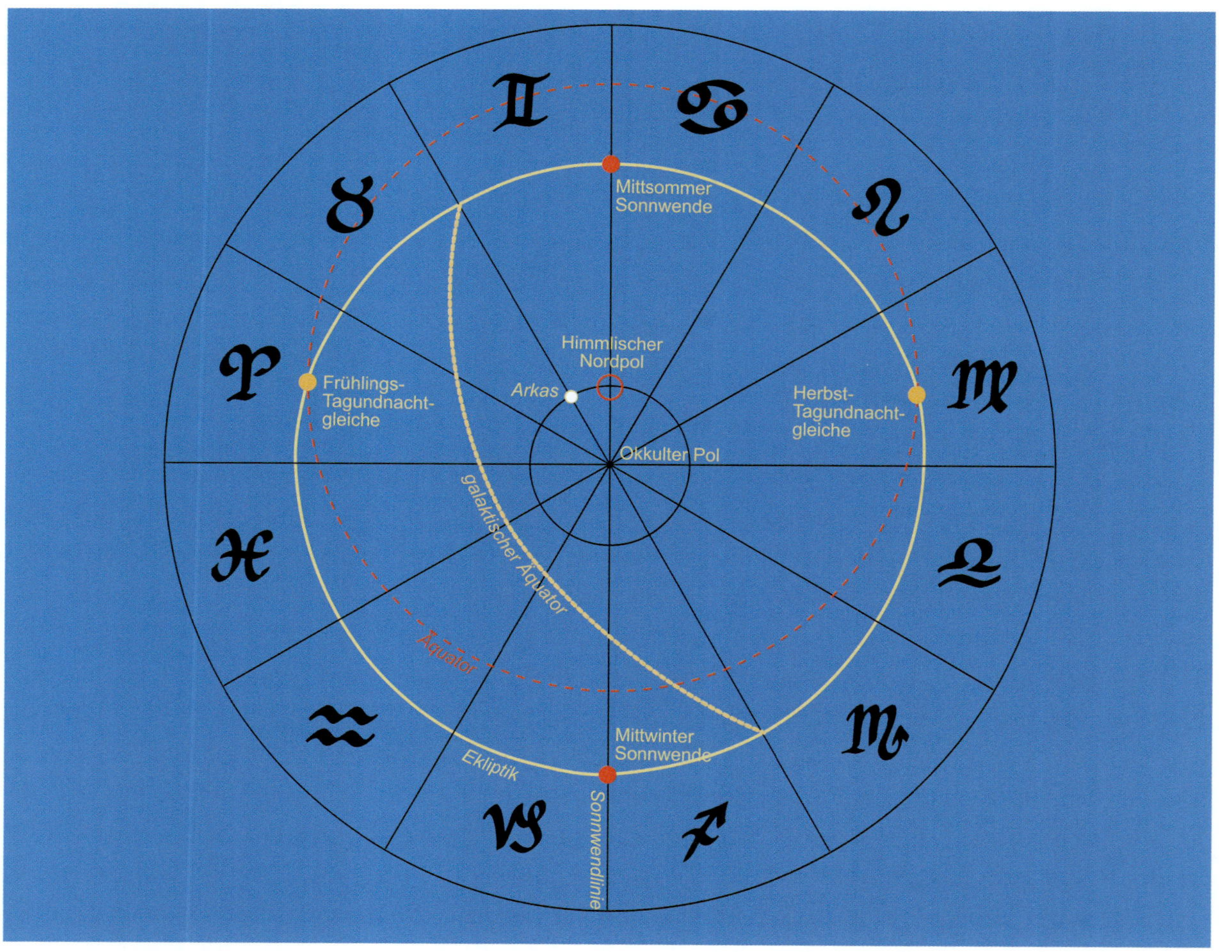

Zodiak (160 v.Chr. – nördliche Hemisphäre)

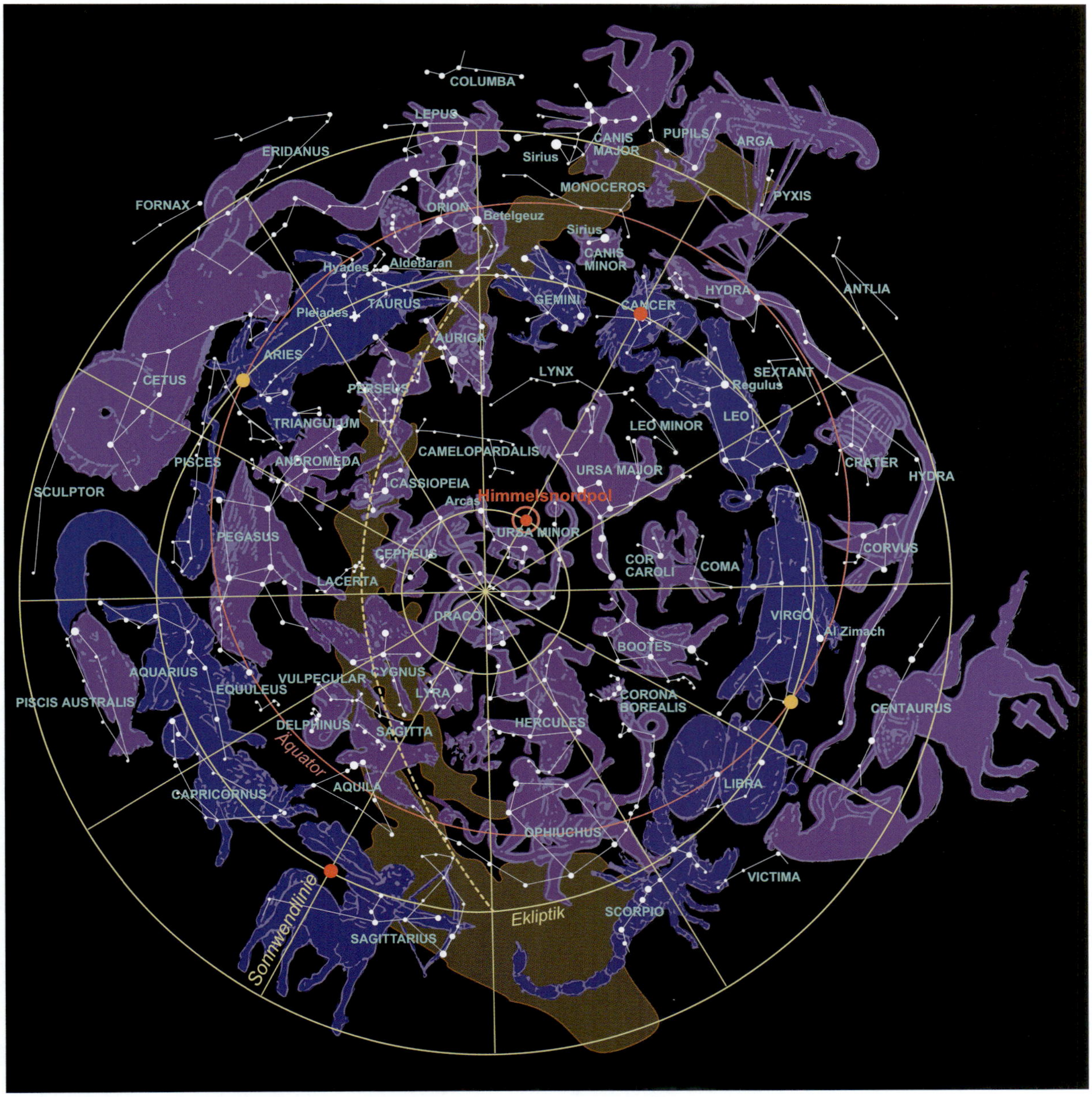

Zodiak am Himmel (160 v.Chr. – nördliche Hemisphäre)

Die Vierteltagsfeste wurden durch die Mittelpunkte von Wassermann, Stier, Löwe und Skorpion markiert. Von diesen letzteren sind die Symbole für die vier Cherubim abgeleitet, welche die Paradiestore bewachen und die mit den vier Evangelisten des Neuen Testamentes verbunden wurden: Der Cherub mit dem Menschenantlitz (Wassermann) steht am ersten Tor, der Cherub mit dem Stierkopf (Stier) am zweiten, derjenige mit dem Löwenhaupt (Löwe) am dritten Tor und der Cherub mit dem Adlerkopf (Skorpion) am vierten. Diese sind gleichzeitig die fixen Zeichen des Tierkreises, die benutzt werden, um den vollkommenen Menschen, den Gott-Menschen oder Christus, zu beschreiben.

Diese Einteilung bildete die Grundlage für das Geburtshoroskop im vorigen Zeitalter und beherrschte dieses dementsprechend. Wegen der Präzessionen jedoch sind die Positionen der Tierkreiszeichen in Bezug auf die Vierteltage, Sonnwenden und Tagundnachtgleichen jetzt nicht mehr dieselben wie im zu Ende gegangenen Zeitalter. Tatsächlich ist die Mittsommersonne während des Zeitalters langsam durch das Zeichen der Zwillinge gewandert und die Mittwintersonne durch das Zeichen des Schützen. Ebenso bewegte sich die Frühlings-Tagundnachtgleiche durch das Zeichen der Fische und die Herbst-Tagundnachtgleiche durch dasjenige der Jungfrau (allerdings leicht versetzt vom Idealpunkt aus – siehe obigen Kommentar). In der westlichen Welt wird der Name eines jeden Zeitalters normalerweise von der Stellung der Sonne zur Frühlings-Tagundnachtgleiche abgeleitet. Danach durchquerte die Welt während der letzten 2.160 Jahre das Fische-Zeitalter und befindet sich jetzt an der Schwelle des Wassermann-Zeitalters – siehe Zeichnungen.

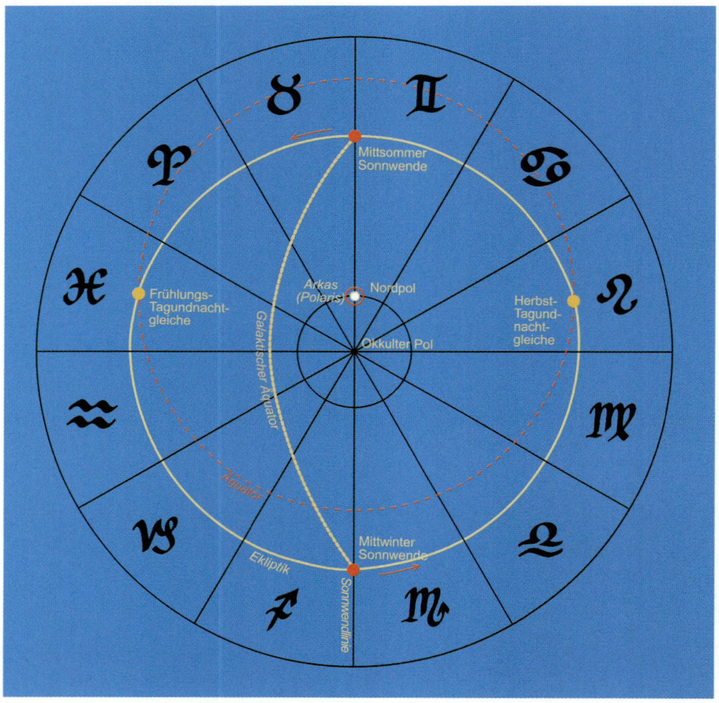

Zodiak (2000 n. Chr. – nördliche Hemisphäre)

Die besten Zeitanzeiger sind aber die Sonnenwenden, und diese hat man denn auch in den Mysterien-Schulen stets benutzt; und zwar wurde der Zeitpunkt der Sommer-Sonnenwende überwiegend als Hauptanzeiger angesehen. Von diesem Standpunkt aus war das vergangene Zeitalter dasjenige der Zwillinge, und wir treten jetzt in das Stierzeitalter ein, d.h. die Mittsommersonne befindet sich im Augenblick am Berührungspunkt von Zwillingen und Stier, einem der beiden festliegenden Punkte auf der Ekliptik, und beginnt in das Stierzeichen hinein zu wandern. Demgegenüber befindet sich die Mittwintersonne am Zusammentreffen von Schütze und Skorpion, dem zweiten Fixpunkt auf der Ekliptik, und beginnt ihren Weg in den Skorpion hinein. Diese besondere Konfiguration markiert traditionell das Ende eines Großen Zeitalters und den Anfang des folgenden, wobei Taurus immer das erste Zeichen und somit auch das erste Zeitalter des Tierkreises darstellt.

Wie um dies zu bestätigen, steht die Mittwintersonne nicht nur am Berührungspunkt von Schütze und Skorpion, sondern so nahe am Herzen der Milchstraßen-Galaxie, wie sie anscheinend überhaupt jemals sein kann. In der Tradition heißt es, wenn dies geschieht, öffnet sich ein Lichtkanal zwischen dem Herzbereich der Galaxie und unserer Welt, durch den ein großes Lichtwesen in die Inkarnation herab kommt und dadurch die Welt mit einem ganz besonderen Zufluss von Licht und Liebe tauft. Man sagt, dass dies die Dinge aufrührt – oder sogar „verbrennt" – aber der Prozess führt zu einer Reinigung und Wiedergeburt der Welt und einem Neubeginn, der als das „Goldene Zeitalter" beschrieben wird. Das mythologische Bild davon, dass die Welt in regelmäßigen Abständen entweder durch Feuer oder Wasser gereinigt oder zerstört wird, hängt hiermit zusammen.

Von der Form des Kopfes und der Hörner des Bullen ist die Glyphe für Taurus, den Stier (♉), gebildet und davon abgeleitet das Alpha (Λ) und unser Buchstabe „A". Ebenso wird der erste Buchstabe des hebräischen Alphabets, Aleph, durch einen Ochsen, also einen kastrierten Stier, symbolisiert. Aus Alpha, Aleph, „A" oder Taurus gehen alle Buchstaben des Alphabets und alle Zeichen des Tierkreises hervor, die ihrerseits Geist und Körper aller Dinge symbolisch darstellen. Das heißt, dass alles von Taurus ausgeht, dadurch, dass das Brüllen des Stieres das Symbol für das göttliche Schöpfungswort bildet. Als Ochse vor dem Pflug zieht er die Furchen, in welche der Same des Wortes gepflanzt wird. Aus diesem Grunde heißt es in der ägyptischen Tradition, dass Osiris, der Vater des Horus, sich in Form eines Stieres inkarnierte. In der Folge derselben Tradition wird in der christlichen Symbolik Josef, der Vater von Jesus, ebenfalls als Ochse oder Stier dargestellt. Der griechische Mythos von Europa und dem Stier ist nochmals die gleiche Geschichte, nur in einer etwas abgewandelten Darstellung, in der Zeus, der Vater von Hermes, in diesem Mythos derjenige Gott ist, der sich als Stier verkörpert. Das griechische Wort „Zeus" wurde im Lateinischen zu „Deus", dem römisch-katholischen Namen für Gott, während der römische Name für Hermes „Merkur" war. Dieser letztere Name leitet sich vom Ägyptischen „Maa Kheru" ab, was soviel bedeutet wie „das wahre Wort", und der Name und Titel von Horus ist. Das ägyptische Wort „Kheru" wurde eigentlich ohne Vokale als „KhR" geschrieben, und davon leiteten die Griechen das Symbol „XP" (Chi Rho) und den Namen für Christus „Christos" ab.

Die Sternengruppe, die als die „Plejaden" bekannt ist, steht in Verbindung mit Taurus und bildet einen Teil dieser Konstellation. Der Name bedeutet „die Sieben Schwestern". Gemeinsam repräsentieren sie jedoch Europa, die Mutter des Hermes, und werden traditionell als Taube, das Emblem von Europa, dargestellt. Sie sitzt auf dem Nacken und den Schultern des Stiers. Von dieser Taube ist die bildhafte Vorstellung des Phönix abgeleitet: Der Phönix ist eine Taube, deren Brust von Liebe purpurrot gefärbt ist (d.h. in der Farbe von „königlichem" Blut) und deren Haupt einen Kamm trägt, der Erleuchtung andeutet.

Nach jedem Zeitkreislauf, der im Tierkreis dargestellt ist, opfert sich der Phönix auf einem Scheiterhaufen von Weihrauch und wird aus den Flammen in einer neuen und herrlicheren Form als zuvor wiedergeboren. Aus diesem Grunde wird ein Großes Zeitalter auch „Phönix-Zyklus" genannt. Man sagt auch, dass der Phönix wiedererscheint oder neugeboren wird in kleineren Zeitzyklen, die mathematische Teilungen des Großen Zeitalters sind. Somit wird der Phönix am Beginn eines jeden Zeitalters und ebenso zu jedem viertel oder halben Zeitalter wiedergeboren. Der Phönix ist ein Symbol für das erleuchtete

Wesen, die Christus-Seele, die das Licht der Liebe zur Geburt bringt oder manifestiert. Er ist auch ein Sinnbild für die Welt selbst – oder den besseren Teil der Welt.

Das Geburtshoroskop des neuen Zeitalters, in welches wir jetzt eintreten, hat die Tierkreiszeichen Steinbock, Widder, Krebs und Waage als die vier Cherubim als Torhüter an den Paradiespforten, welche die Zwischen-Himmelsrichtungen und Vierteltagsfeste des Jahres markieren. Dies sind die vier kardinalen Zeichen des Zodiak, die jetzt die Plätze der vorigen Torwächter-Cherubim einnehmen. Sie bilden das Andreaskreuz im Tierkreis.

Ferner wird von jetzt an und durch das ganze neue Zeitalter hindurch das Griechische oder Georgskreuz des Tierkreises von den vier festen Zeichen Stier, Löwe, Skorpion und Wassermann gebildet werden. Sie sind diejenigen, die das erleuchtete Wesen, die Meisterseele oder den Gott-Menschen definieren. Dies ist nicht nur das Geburtshoroskop des neuen Zeitalters, sondern auch dasjenige des neuen Großen Zeitalters – das ursprüngliche, archetypische Muster für die Menschheit und die Welt.

„Jahr und Tag"

Neben der Einteilung des Jahreskreislaufs in zwölf Monate, die mit dem Muster der zwölf Tierkreiszeichen und dem jährlichen Lauf der Sonne durch diese übereinstimmt, gibt es einen weiteren Rhythmus, der wahrscheinlich mit dem „Atem" der Sonne – dem Sonnenwind – zusammenhängt, welcher uns intensiv beeinflusst. Die Sonne „atmet" immerzu Energie auf uns herab und badet die Welt in ihrem Prana oder Atem. Dieser Atem, den die modernen Wissenschaftler als „Sonnenwind" bezeichnen, hat seinen eigenen Zyklus und Rhythmus, der einem Einatmen und Ausatmen gleicht.

Unter Berücksichtigung seiner durchschnittlichen Geschwindigkeit von ungefähr 400 km/sek. braucht der Sonnenwind etwa sieben Tage, um die Erde zu erreichen. Außerdem erfährt die Erde regelmäßige, periodische Wechsel in der Polarität des interplanetaren Magnetfeldes (IMF). Dies geschieht zum einen wegen der archimedischen Spiralform dieses Feldes, welches vom Wind getragen wird und zum anderen als Auswirkung des rotierenden heliosphärischen Strömungsschildes, der von den einander entgegen gesetzten Polaritäten des IMF auf der nördlichen und südlichen Erdhalbkugel hervorgerufen wird. Diese Polaritätswechsel treten zwei- oder mehrmals pro solare Umdrehung auf. Das heißt, dass nachdem eine solare Umdrehung etwa durchschnittlich 27 Tage dauert, der Polaritätswechsel des IMF, wie man ihn auf der Erde erfährt, im Durchschnitt ungefähr alle zwei Wochen, möglicherweise aber auch jede Woche, auftritt. Dieser Wechsel in der Polarität erscheint unter dem Begriff des Sonnenwindes wie ein „Ausatmen" und ein „Einatmen".

Die Einteilung des Jahres in Wochen zu sieben Tagen und deren paarweise Anlage, versteht man als eine aus dem rhythmischen Fluss der Sonnenenergie gewonnene Erkenntnis. Diese wird ihrerseits als physische Manifestation der sieben göttlichen Schöpfungstage angesehen, in welchen das Universum erschaffen und durch den „Atem Gottes“ – nämlich den „Heiligen Geist“, welcher das Wort Gottes trägt – zur Vollendung gebracht wurde. Somit werden die sieben Schöpfungstage als der Archetyp verstanden, der hinter der Bewegung und dem Rhythmus des Sonnenwindes liegt, der unsere Welt in seinem magnetischen „Atem“ aus Licht badet. Der Wind steht analog für den göttlichen Atem, der Magnetismus für das Wort Gottes und das Sonnenlicht für das göttliche Licht.

In einem Jahr von 365 Tagen gibt es 52 Wochen, 14 in jeder Jahreszeit und dazu einen extra Tag. Davon leitet sich der Ausdruck „Jahr und Tag“ ab, der in Großbritannien immer noch im rechtlichen Sprachgebrauch benutzt wird. Das Jahr bezieht sich in diesem Kontext auf 52 Wochen oder 13 vollständige „Sonnen-Atemzüge“. Die vier Wochen, also 28 Tage umfassende Periode eines Sonnen-Atems, besteht aus zwei Wochen des Einatmens und zwei Wochen des Ausatmens und wird im druidischen Kalender von 13 Monaten als ein Monat gezählt. Jeder dieser monatlichen Atemzüge kann in zwei Wochen des männlichen und zwei Wochen des weiblichen Atems unterteilt werden, wobei jedes Ein- oder Ausatmen immer eine Woche in Anspruch nimmt.

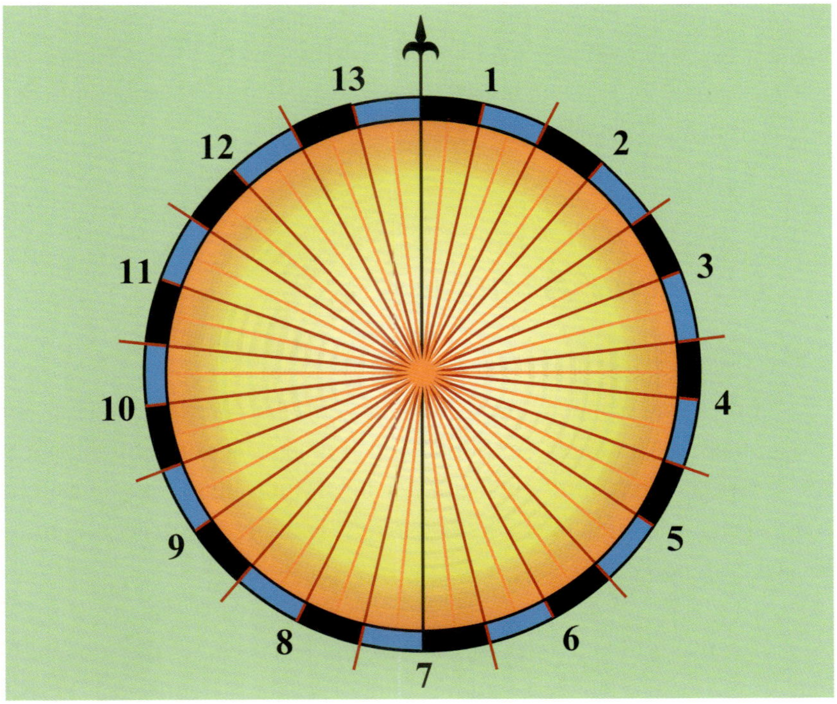

Der jährliche Kreislauf von „Jahr und Tag“

Der extra Tag heißt „der Tag außerhalb der Zeit“, den die Druiden des Alten Britanniens alljährlich zur Zeit der Wintersonnenwende als „Misteltag“ zu feiern pflegten. Dieser Tag liegt zwischen dem alten und neuen Jahr und gehört keinem von beiden an. Das standardisierte Spielkartendeck mit seinen 52 Karten in vier Farben plus einem Joker wurde so ausgelegt, um diesen Sonnenzyklus nachzuzeichnen. Kartenspielen bedeutete eine Parodie auf das Spiel des Lebens. Der Joker ist der Herr der Missherrschaft, dessen besonderer Tag jener „Tag außerhalb der Zeit“ ist.

Allerdings ist der „Tag außerhalb der Zeit“, trotz der mit der Wintersonnenwende verbundenen Symbolik, einerseits ein bewegliches Fest und andererseits unsichtbar. Der Fluss und Rhythmus des Sonnenwindes und sein Wochenzyklus werden für den „Tag außerhalb der Zeit“ nicht unterbrochen, und daher ist der Joker eine „wilde Karte“ – man kann sie nach freier Wahl ausspielen. Was tatsächlich abläuft, ist, dass der 52-Wochenzyklus des Sonnenwindes einen scheinbaren Retrograd-Effekt des extra Tages im Laufe der Jahre hervorbringt. Das heißt, dass der extra Tag im Kalender zurückgleitet, so dass er beispielsweise in einem Jahr am 23. Dezember, im nächsten am 22. Dezember und im Jahr danach am 21. Dezember auftritt. Außer in den Schaltjahren rückt dieser Tag im Kalender jedes Jahr um einen Tag zurück und in den Schaltjahren um zwei Tage. In etwa 270 Jahren hat er dann einen rückwärts gewandten Zyklus vollendet und liegt wieder auf dem 24. Dezember, von wo aus ein neuer Umlauf beginnt. Auf diese Art ist er mit dem Phönix-Zyklus verbunden, da 270 Jahre ein Achtel eines Zeitalters darstellen.

In Bezug auf die Feste wird der Kreislauf des Sonnenwindes in jeder Woche einmal gefeiert, hauptsächlich entweder am Sonntag oder am Samstag. Hinzu kommt ein weiterer Feiertag dafür zur Wintersonnenwende. Sonntag, der Tag der Sonne, zelebriert die Geburt des Lichtes, das Alpha der Schöpfung und Evolution. Samstag (engl.: Saturday), der Tag Saturns, der Sabbat, feiert die letztendliche Erleuchtung aller Wesen, die auftritt, wenn die Weisheit und Liebe des Lichtes ganz erkannt und wertgeschätzt werden, so dass man sich ständig daran erfreuen kann. Dies ist das Omega der ganzen Schöpfung und Entwicklung. Die Wintersonnenwende, die auch als „Tag außerhalb der Zeit“ fungiert, feiert sowohl das Alpha, wie auch das Omega.

Die neun Atemzüge

Außer dem Sonnenwind-Kreislauf von 13 solaren Atemzügen gibt es einen konkurrierenden Zyklus von neun Atmungen der Sonne, die in einem Jahr oder irgendeinem Zeitlauf stattfinden. Diese neun Atemzüge hängen unmittelbar mit der Inspiration durch den spirituellen Aspekt der Sonne zusammen. Am besten wird dies in der keltischen Geschichte der großen Göttin Ceridwen mit ihrem magischen Kessel dargestellt.

Ceridwens Schale oder Kessel befindet sich in einer kreisenden, viereckigen Burg, die drei Namen hat: Burg der Orgien, Kristallburg und Burg der Reichtümer. Diese Burg sitzt auf einem hohen, konischen Hügel und ist von einem kreisrunden Wassergraben oder See umgeben. Neun Mädchen bedienen den Kessel, indem sie abwechselnd ihren Atem ausströmen lassen, um das Feuer der Inspiration unter dem Kessel am Brennen zu halten. Auf diese Weise bereiten die Dienerinnen des Kessels „in Jahr und Tag“ ein Getränk, den Gral.

Die viereckige Burg auf ihrem Hügel, umgeben von einem Ring aus Wasser, bedeutet das Lebensrad. Der Kessel stellt den bewusst erfahrenen Jahreskreislauf dar. Der Gral ist das Wissen, das man als

Ergebnis dieser Erfahrung gewinnt. Die neun Mädchen symbolisieren neun spirituelle Impulse oder „Atemzüge", die in Abständen von 40 Tagen in jedem Jahreskreislauf auftreten. Die Augenblicke der Inspiration sind als die neun Tore der Eingebung bekannt. In Amerika werden diese besonderen Zeitpunkte im Jahr von den Ureinwohnern mit ihrem Geisttanz gefeiert. Er wird im Kreis um den Friedensbaum getanzt, der an einem bedeutungsvollen Kraftplatz gepflanzt wurde und die Achse der Welt darstellt.

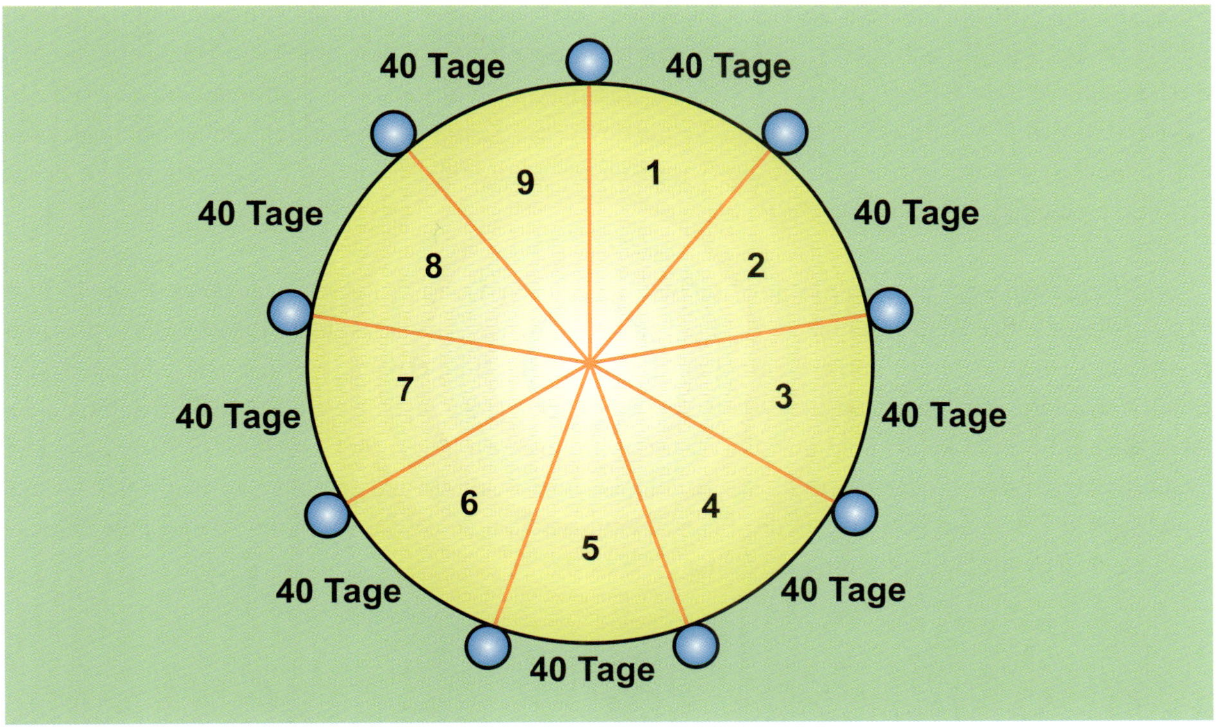

Die neun großen Atemzüge und Tore der Inspiration

Morgenstern und Abendstern

Ein weiterer Kreislauf, der mit der Zahl 40 zu tun hat, hängt mit Venus zusammen, einem Planeten, der ganz eng mit der Sonne verbunden ist. Da Venus ein so genannter innerer Planet ist, also seine Umlaufbahn näher an der Sonne verläuft als diejenige der Erde, kann man sie niemals sehr weit von der Sonne entfernt sehen (47,5° maximal).

Ebenso wie Merkur, der auch ein innerer Planet ist, bildet die Venus zwei verschiedene Arten von geozentrischen Konjunktionen mit der Sonne – eine untere und eine obere. Die untere Konjunktion ergibt sich, wenn Venus zwischen der Erde und der Sonne steht. Die obere tritt ein, wenn Venus von der Erde aus gesehen auf der anderen Seite der Sonne steht und die Sonne sich direkt zwischen den beiden Planeten befindet. Wegen der Helligkeit und Masse der Sonne kann man die Venus zu diesen beiden

Zeitpunkten, sowie eine Woche vor und eine Woche nach jeder Konjunktion, nicht sehen. Eine Ausnahme davon bildet das seltene Phänomen, dass Venus die Sonne genau während einer untersonnigen Konjunktion überquert.

Eine Woche nach einer unteren Konjunktion kann man die Venus vor der Sonne am Osthimmel aufgehen sehen, wobei Sonne und Venus etwa 10° auseinander sind. Als Herold des neuen Tages ist Venus für uns der Morgenstern. In dieser Eigenschaft ist sie auch bekannt als Phosphorus („Lichtbringer") und Luzifer („Lichtträger"). 36 Tage nach der unteren Konjunktion strahlt die Venus am Himmel am hellsten. Weitere 36 Tage danach erreicht sie ihre maximale Distanz von der Sonne. In weiteren 216 Tagen, d.h. also 6 x 36 Tagen, erreicht die Venus ihre obere Konjunktion mit der Sonne. Damit beginnt der Halbkreis, in dem Venus die Rolle des Abendsternes spielt und „Hesperus" („der Westen") ist, da sie nach Sonnenuntergang im Westen aufgeht.

Die Zeit von einer unteren Konjunktion bis zur nächsten dauert fast genau acht Jahre. Nach 40, also 5 x 8 Jahren, kehrt Venus fast exakt zu ihrem ursprünglichen Ausgangspunkt zurück. Diese astronomische Tatsache war für die antike Zeitmessung sehr wichtig. Bereits nach jeder der acht Jahresperioden fallen der solare, der lunare und der siderische Kalender wieder bis auf wenige Minuten aufeinander. Aber nach 40 Jahren kehrt nicht nur die Venus zu ihrem Startplatz zurück, sondern die drei Kalender synchronisieren sich wieder innerhalb des Bruchteils einer Sekunde und ergeben so einen Kalender und eine Uhr. Diese wurden benutzt, um die Tageszeit einzustellen, und zwar bis in die 1950er Jahre, als die noch genaueren Atomuhren erfunden wurden.

Der Shekhinah-Zyklus

Als Zwölffaches des 40-jährigen Venus-Zyklus bilden Venus und Merkur alle 480 Jahre eine Reihe von Konjunktionen. Dies wird am Osthimmel sichtbar, besonders dann, wenn Venus und Merkur beide im Stand ihrer größten Helligkeit sind. Die antiken Kulturen hielten dies für ein ganz besonderes Zeichen. Während solch einer Konjunktion scheinen die beiden Planeten zu einem strahlenden Licht zu verschmelzen und bilden so einen *prächtigen „leuchtenden Morgenstern",*[10] den Herold der aufgehenden Sonne, des Tagesgestirns. Man hat angenommen, dass es dies Gebilde war, welches Mose und den Stämmen Israels als die „Shekhinah" bekannt war, oder anders gesagt, als die symbolische Manifestation der geistigen Shekhinah, der „Gegenwart Gottes". Diese erleuchtete das Allerheiligste im Tabernakel und später im Tempel Salomons an diesen speziellen Jahrestagen *von Venus-Merkur.*[11]

10 Offenbarung 23,16

11 Nachzulesen bei Christopher Knight und Robert Lomas, The Book of Hiram. Hiram entdeckte als erster die Beziehungen zwischen Shekhinah und den Venus-Merkur-Konjunktionen.

Venus und Merkur sind die Gestalten Venus und Adonis im gleichnamigen Gedicht Shakespeares. Sie stellen die einander entgegengesetzten Naturen des Lebens dar, das Emotionale und das Intellektuelle, sowie auch das weibliche und männliche Geschlecht. Ihre Konjunktion symbolisiert ihre vollkommene Vereinigung in Liebe und Harmonie, was wahrhafte Leuchtkraft und Freude erzeugt.

Die Mysterien-Schulen der Renaissance benutzten die Anfangsbuchstaben der beiden Namen in derselben Art wie die älteren Kulturen: Das heißt, das A als aufwärts zeigendes Dreieck bedeutet das Männliche und das V mit der nach unten weisenden Spitze weist auf das Weibliche hin. Wenn sie in Konjunktion oder sexueller Verschmelzung zusammenfallen, formen sie das Symbol der beiden ineinander greifenden Dreiecke, welches man Salomons-Siegel genannt hat. Diese Verbindung wird in den berühmten biblischen Liebesgedichten, dem „Hohelied Salomons", gefeiert. In vollkommener ekstatischer Vereinigung wird oder gebiert das Siegel den sechsstrahligen Davids- oder Christusstern, der den Christus oder Messias, das Licht Gottes, darstellt. Die „Shekhinah"- Konjunktionen von Venus und Merkur symbolisieren diesen Christusstern und alles, was er bedeutet.

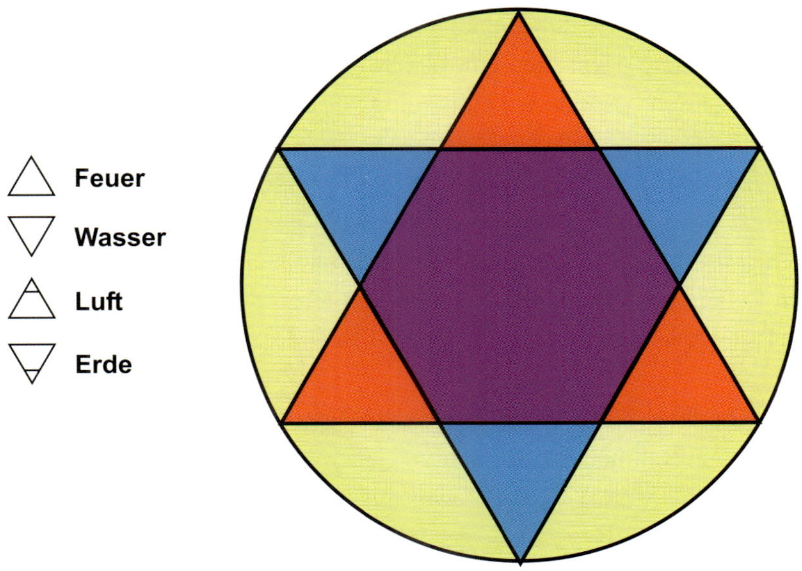

Das Siegel Salomons

Der Mond-Zyklus

Die Idee von den 13 Monaten in einem Jahr ist ursprünglich vom rhythmischen Kreislauf des Sonnenwindes abgeleitet. Viele Menschen haben aber heute wie auch früher versucht, diese Einteilung mit dem lunaren Kreislauf des Mondes in Verbindung zu bringen. Der Mond ist so etwas wie ein Markierungszeichen des belebenden Sonnenatems, aber doch nur ein ungefähres und ungenaues, weil der lunare Kreislauf in Wirklichkeit auf einem Durchlauf der Mondphasen, einer „synodischen Periode" beruht, die das Intervall zwischen zwei aufeinander folgenden Neumonden darstellt. Dieses Intervall beträgt ungefähr 29½ Tage, also 1½ Tage länger als der vierwöchige Monat des Sonnenatems. Das bedeutet, dass es in Wirklichkeit in einem Jahr nur zwölf vollständige Mondmonate gibt.

Dennoch hat der Mond-Zyklus seine eigene ganz wichtige Bedeutung für unser Leben, sowie dasjenige unseres Planeten. Dies entsteht durch die Anziehungskraft des Mondes, der auch Veränderungen in der Auswirkung des Sonnenwindes und Lichtes herbeiführt. Außerdem übt der Mond einen polarisierenden Effekt auf Kristallstrukturen aus und bestimmt größtenteils die Gezeiten der Ozeane auf der Erde und all ihrer Gewässer, einschließlich des Wassers, das einen großen Teil unseres menschlichen Körpers, sowie desjenigen der Tiere und Pflanzen, bildet.

Im Gegensatz zur Sonne ist der Mond nicht eine strahlende, Leben gebende Form, sondern nur ein spiegelgleicher, felsiger Reflektor des Sonnenlichtes. Im Vergleich zum Einfluss der Sonne ist derjenige des Mondes grundlegend verschieden und sehr subtil. Gerade diese innere Feinheit hat jedoch oft eine sehr starke Auswirkung auf unsere Psyche und Sensibilität, da die Psyche eine besondere Fähigkeit besitzt, auf kleine und fein strukturierte Veränderungen anzusprechen. Im schlechtesten Extrem kann der Einfluss des Mondes den Geist und das Nervensystem bestimmter Menschen so stark beeinträchtigen, dass sie geisteskrank werden. Im Englischen nennt man diese Art der geistigen Störung lunacy (lat. luna = Mond) was wörtlich soviel wie „Mondwahnsinn" bedeutet. Wenn jemand darunter leidet, kommt seine irrationale und aus dem Gleichgewicht geratene Verhaltensweise besonders bei Vollmond zum Ausdruck. Viele andere Menschen empfinden jedoch den Einfluss des Vollmondes als höchst romantisch, inspirierend und in besonderem Höhenflug zur Erleuchtungserfahrung führend.

Die feinfühligen Mond-Zyklen setzen ein Gegengewicht und eine Polarität zu den kraftvollen Sonnen-Zyklen, indem sie als wässrig und fließend gekennzeichnet werden, während die letzteren im Vergleich dazu feurig und fest erscheinen. Der Mond ist Leben empfangend und widerspiegelnd, die Sonne dagegen Leben gebend und ausstrahlend. Ersterer ist verbunden mit dem unbeständigen Geist/Gemüt und der Psyche, letztere dagegen mit dem beständigen Herzen und der Seele.

Die Mondkreisläufe weben damit sozusagen einen geheimnisvollen Faden silbernen Lichtes in den feurig goldenen Rahmen der Sonnen-Zyklen. Wegen ihres intensiven Einflusses auf die Psyche kann es hilfreich sein, die Mondkreisläufe ebenfalls zu erkennen und ihre Festzeiten in angemessener Weise zu zelebrieren. Normalerweise ist es der Vollmond, der gefeiert wird, wenn der Erdtrabant in seiner vollen Größe das Licht der Sonne zu uns herabspiegelt und sein Einfluss bei vielen von uns die Sensibilität und das mediale Gewahrsein erhöht. Der Neumond jedoch kann, wenn auch auf andere Weise, ebenso kraftvoll wirken. Genau wie der jährliche Sonnenkreislauf, ist der Mondkreislauf ein vollständiger Zeitzyklus mit eigenen „Jahreszeiten", die als die Mondphasen bekannt sind. Diese vier Phasen – Neumond oder dunkler Mond, zunehmender Mond, Vollmond und abnehmender Mond – korrespondieren mit den Phasen des Jahres: Winter, Frühling, Sommer und Herbst.

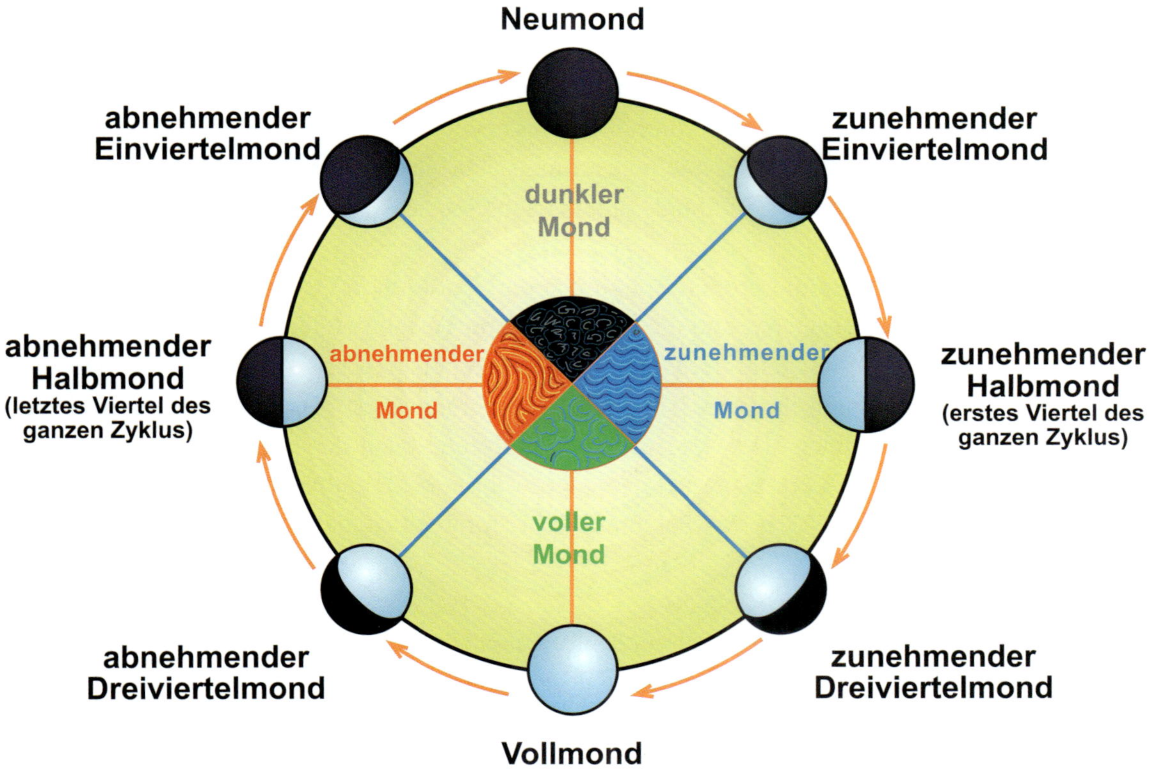

Der Mondkreislauf

Wenn die Monate von Neumond zu Neumond gerechnet werden, wie das die alten Hebräer taten und wie es auch heute noch von den jüdischen und islamischen Nationen gemacht wird, ergeben sich zwölf Mondmonate mit insgesamt 354 Tagen in einem Jahr. Weil somit zwischen dem Mondjahr mit 354 Tagen und dem Sonnenjahr mit 365 Tagen ein Unterschied von elf Tagen besteht, muss der Mondkalender alle zwei bis drei Jahre dadurch angepasst werden, dass ein zusätzlicher Mondmonat hinzugefügt wird. Es dauert 19 Sonnenjahre oder 235 Mondmonate, bis der Mond in seinem Bezug zur Sonne zur selben Stellung zurückgekehrt ist. Diese Periode ist bekannt als der „metonische Kreislauf" und wurde von den Druiden in ihren Mysterien-Schulen als Grundmaß für die Ausbildung der Barden benutzt.

Die Vollmondphase ist eine hervorragende Zeit für Meditationen und innere Einkehr, für vertrauensvolle Gruppenarbeit auf der sensiblen und medialen Ebene, für Heilungsarbeit und für die Öffnung und Empfänglichkeit der Psyche für die Weisheit Gottes, das Licht der Liebe. Wenn der volle Mond mit einem Sonnenfest zusammenfällt, ist seine Auswirkung umso kraftvoller. Davon haben, wie schon oben erwähnt, die Kelten besonderen Gebrauch gemacht, indem sie ihre Vierteltags-Sonnenfeste so legten, dass diese mit dem Vollmond zusammenfielen, der dem Übergangspunkt von einer Jahreszeit in die andere am nächsten lag. Auf diese Weise verbanden sie den Sonnen- und Mond-Zyklus miteinander und nutzten so die zusätzliche Kraft, die sich daraus wirkungsvoll ergab.

Wir sehen den Mond als Vollmond, wenn er von der Erde aus gesehen der Sonne am Himmel gegenüber steht. So können wir beispielsweise beobachten, dass die Sonne im Westen untergeht, während der Mond im Osten bereits aufsteigt. Jeder Vollmond bezieht sich traditionsgemäß auf die Stellung der Sonne im Tierkreis zum Zeitpunkt dieses Vollmonds. Das bedeutet, dass zum Beispiel Widder-Vollmond derjenige ist, der erscheint, wenn die Sonne im astrologischen Zeichen des Widders steht, d.h. zum exakten Zeitpunkt oder kurz nach der Frühlings-Tagundnachtgleiche.

Seit Jahrtausenden haben die großen Religionen und Kulturen in Ost und West dem Mondkreislauf besondere Beachtung geschenkt und die Vollmonde mit Festen gefeiert, deren Bedeutung im Zusammenhang mit dem Tierkreis steht. Die Christenheit feiert beispielsweise Ostern immer noch als ein Vollmondfest, das sie vom jüdischen Paschah- oder „Vorübergang-Fest" übernommen hat, welches der Widder-Vollmond kennzeichnet. (Dies war der erste Vollmond nach der Frühlings-Tagundnachtgleiche. Aber heute ist der erste Tierkreismonat nach der Frühlings-Tagundnachtgleiche nicht mehr Widder, sondern Fische.) Widder ist das Paschalamm oder Lamm Gottes, das den „Erstgeborenen" Gottes darstellt.

Das Gegengewicht zum Widder-Vollmond und Passah-Fest bildet auf der gegenüber liegenden Seite des Jahres Sukkoth, die jüdische „Jahreszeit der Freude", die in der Herbstmitte liegt, den Waage-Vollmond enthält und in der Yom Kippur, das Versöhnungsfest, gefolgt vom Tabernakelfest, gefeiert werden. Der Versöhnungstag, der gleichbedeutend mit dem christlichen Jüngsten Gericht ist und in Deutschland als Buß- und Bettag gefeiert wird, wird von der jüdischen Nation durch das Bekenntnis ihrer Sünden und Bitte um Vergebung begangen. Dieses Fest findet dann statt, wenn die Sonne in der Waage steht, die mit dem Letzten Gericht verbunden ist, bei dem alle Herzen auf der Waage gegen die Feder der Wahrheit aufgewogen werden. Dies ist ebenfalls der Mittelpunkt oder Gleichgewichtspunkt des jüdischen religiösen Jahres, das mit dem Monat Nissan beginnt, in dem der Widder-Vollmond liegt. Der Waage-Vollmond liegt dann im siebenten Mondmonat Tishri. Dieser wird als der siebente Monat des jüdischen Jahres, ebenso wie der siebente Tag der Woche, mit dem Sabbat, dem Ruhetag, in Verbindung gebracht, an dem das Jüngste Gericht stattfinden soll.

Haj und Ramadan des Islam sind ebenfalls Mondfeste, genauso wie die großen Feste des Hinduismus und Buddhismus – Tripuri Purnima am Skorpion-Vollmond und Wessak am Stier-Vollmond.

Als Polarität zu den Vollmond-Festen erscheinen die Neumond-Feste. Die Sequenz der Hindu-Feste, die als Shivaratri, die „Nacht Shivas", bekannt sind, wird beispielsweise jeweils zu Neumond gefeiert. Die energiegeladendsten von ihnen sind Maha-Shivaratri, die „Große Nacht Shivas" am Fische-Neumond, Divali, „Fest des Lichtes", am Waage-Neumond und die furchterregende Kali Puja, „das Fest der Kali", am Skorpion-Neumond.

Die Vollmondfeste in einer meditativen Weise zu feiern, kann eine wundervolle und reinigende Erfahrung sein, welche am Ende jeder zwölf-monatlichen Abfolge tiefe innere Freude und Selbsterkenntnis bringen kann.

Planetare Zeitzyklen und Muster

All die verschiedenen Rhythmen der Zeit kommen im Raumkreis zum Ausdruck, jeder mit seiner eigenen Bedeutung und einzigartigen Kraft und Auswirkung auf uns. Jeder hat eine geometrische Ausdrucksform, denn Geometrie liegt im Herzen aller Form.

Der Kreis des Raumes wird üblicherweise in 360° aufgeteilt, wobei jedes Viertel 90° und jede dem Zodiak entsprechende Unterteilung 30° hat. Diese Einteilung lässt sich nicht leicht mit dem jährlichen Zeitkreislauf überein bringen, der ungefähr 365 Tage in einem Jahr enthält. Es ist jedoch eine praktische geometrische Einteilung, die zur gleichen Zeit die einzigartige Signatur der Menschheit verkörpert. Wie bereits oben erwähnt, werden die fünf zusätzlichen Tage in die 360° dadurch integriert, dass sie gleichmäßig über den Kreis verteilt werden, wobei ein „Tag außerhalb der Zeit" übrig bleibt, der mit der Himmelsrichtung des Nordens zusammenfällt. Die Positionen, an denen diese Tage auftreten, teilen nicht nur den Kreis in fünf gleiche Teile, sondern bilden auch ein Pentagramm oder einen fünf-strahligen Stern, welcher das besondere Zeichen der Menschheit ist. Die fünf-blättrige Rose wird symbolisch mit dem Pentagramm assoziiert als Wahrzeichen der Liebe, welche durch das Menschenwesen zum Ausdruck kommt.

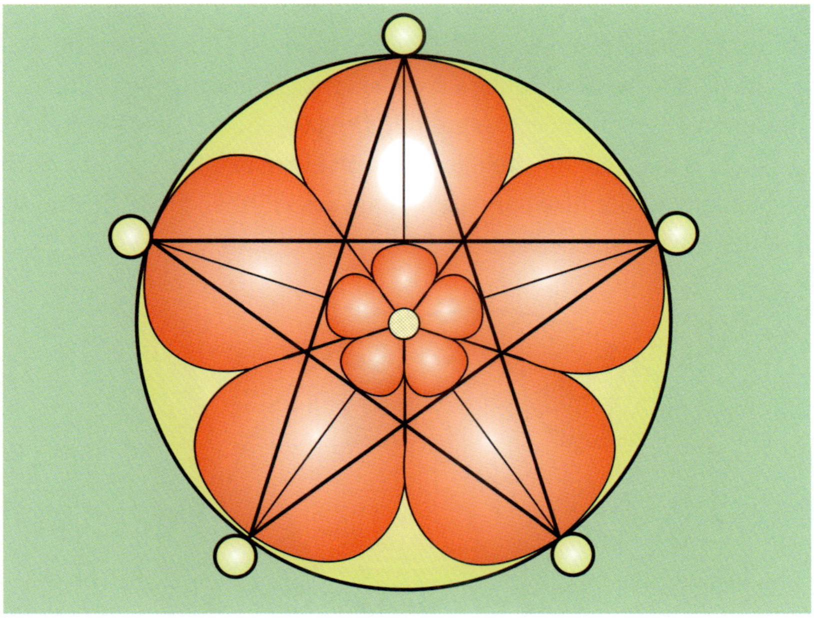

Pentagrammrose

Dieses fünf-blättrige Muster steht auch mit dem Planeten Venus in Verbindung, der während seines achtjährigen Tanzes um die Erde ein kompliziertes Muster einer fünf-blättrigen Rose an den Himmel malt und dabei gleichzeitig die Ekliptik an fünf Orten berührt oder kreuzt. Dadurch sind in der Mythologie Venus und die Rose innig miteinander verbunden, und wir benutzen beide als Symbole für menschliche Liebe. Die Göttin Venus, die durch den Planeten repräsentiert wird, ist ebenfalls mit dem Symbol der Taube verbunden, nachdem die achtjährige Venus-Periode eine kleinere, aber fundamentale Unterteilung des Phönix-Zyklus darstellt.

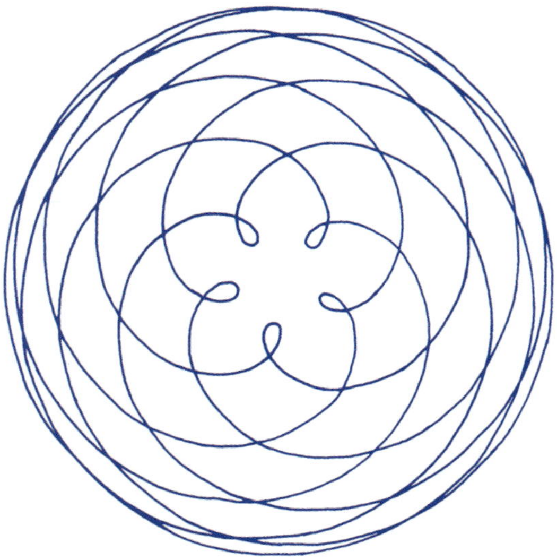

Der Tanz der Venus um die Erde,
von der Erde aus gesehen

Der Zwölf-Monats-Rhythmus, der durch die zwölf Tierkreiszeichen dargestellt wird, hat eine geometrische Grundlage, die auf dem gleichseitigen Dreieck beruht. Wenn man dieses Dreieck zweimal so zeichnet, dass beide einander durchdringen und in entgegen gesetzte Richtungen weisen, ergibt sich ein Hexagramm oder der sechs-strahlige Davids- oder Christus-Stern. Wiederholt man dies, indem man die vertikale Achse um 90° dreht, erhält man einen zwölf-strahligen Stern. Auf diese Weise ist der Tierkreis verbunden mit der Idee der Ausprägung des Göttlichen als Zwillinge – der Christus als Bruder/Schwester oder Ehemann/Ehefrau.

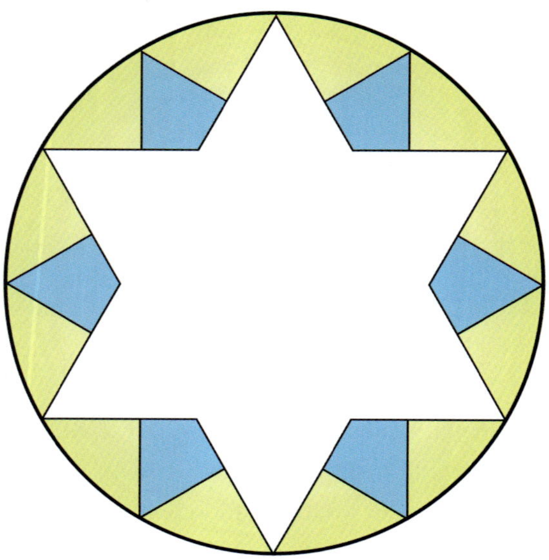

Zodiakstern

Das Dreieck ist ein Symbol der Dreifaltigkeit und steht in Verbindung mit dem Planeten Merkur, der auf seiner scheinbaren Umlaufbahn um die Erde drei Schleifen in Form eines Kleeblatts zeichnet. Deshalb wird Merkur symbolisch mit der Heiligen Dreifaltigkeit in Verbindung gebracht und somit auch mit der Sonne und dem Sonnengott oder Helden, der im Raum gekreuzigt, d.h. in die vier Himmelsrichtungen ausgespannt wird, um zu den zwölf Geschöpfen oder Wesen des Tierkreises zu werden, deren jedes er nacheinander in seine Erfahrung aufnimmt.

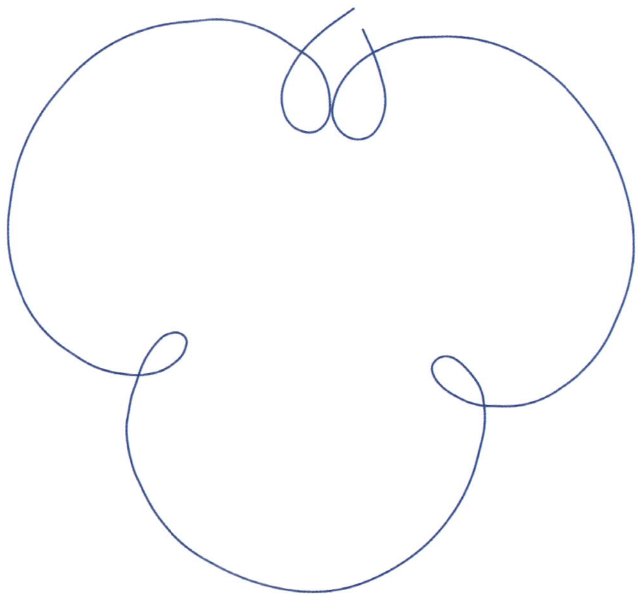

Der Kleeblatt-Tanz des Merkur
um die Erde, wie von der Erde aus wahrnehmbar

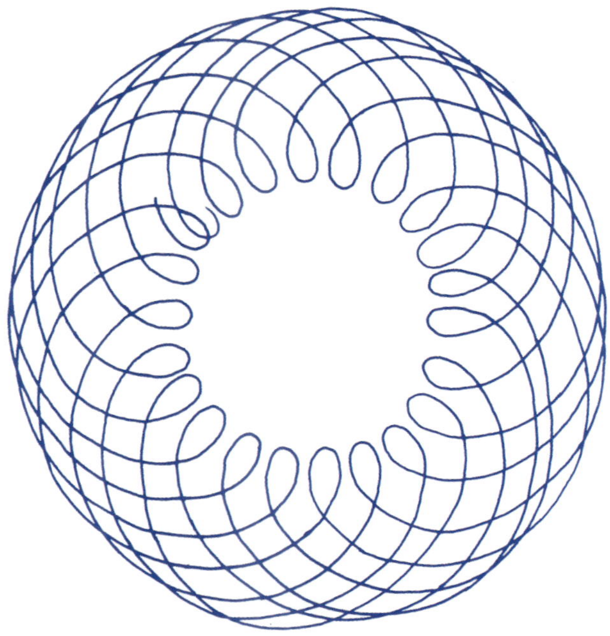

Der Tanz der 22 Schleifen Merkurs
um die Erde, von der Erde aus gesehen

In einem exakteren Muster kehrt Merkur auf seinem scheinbaren Lauf um die Erde zur selben Position am Himmel nach 22 Schleifen zurück. Damit beschreibt er eine bedeutsame Anzahl, die mit der Zahl der Pfade auf dem kabbalistischen Lebensbaum übereinstimmt und auch von den 22 Karten der Großen Arkana des Tarots dargestellt wird. Jupiter hat dazu eine gewisse Beziehung, da er in seinem zwölfjährigen Tanz um die Erde elf Schleifen vollführt.

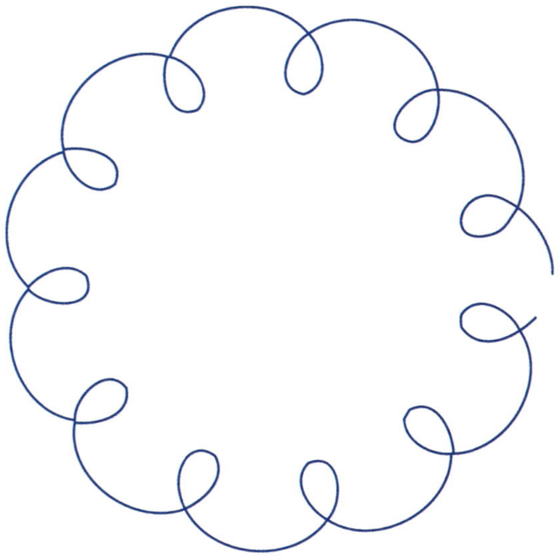

Jupiters Tanz der elf Blütenblätter
um die Erde, von der Erde aus gesehen

Die achtfache Einteilung des Kreises, die mit den acht Hauptrichtungen im Raum und den dazugehörigen Sonnenfesten in Verbindung steht, wird geometrisch durch das Oktogon und den achtstrahligen Stern (Oktogramm) dargestellt. Diese geometrische Form ist mit Mars verbunden, dem Planeten, der symbolisch für die Strenge und das Gericht Gottes steht. Er beschreibt in einem Jahr acht Schleifen auf seiner 15 Jahre dauernden geozentrischen Umlaufbahn.

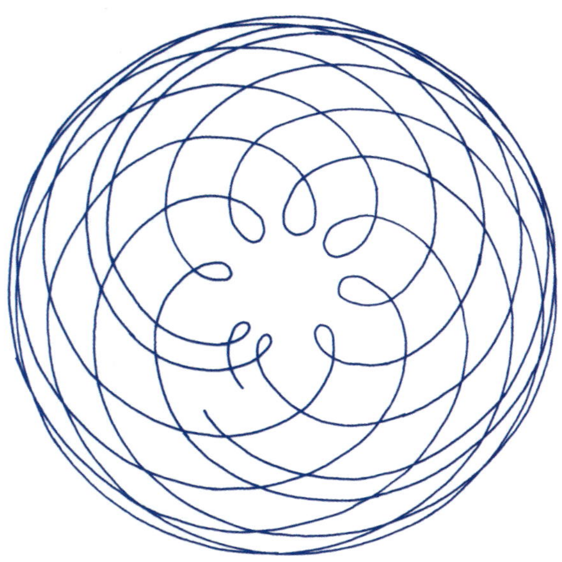

Mars' Tanz der acht Schleifen
um die Erde, von der Erde aus gesehen

Die Zeitrhythmen, die von den Umlaufmustern der Planeten Merkur, Venus und Mars zum Ausdruck gebracht werden, bilden eine harmonische Beziehungssequenz, nämlich 3:5:8, welche als der „Goldene Schnitt“ oder das „Goldene Maß“ bekannt ist und durch den 21. Buchstaben des griechischen Alphabetes, Phi (π), bezeichnet wird. In der Mathematik wird diese Beziehung „Fibonacci-Serie genannt, die folgendermaßen beginnt: 1:1:2:3:5:8:13:21 usw. Während Tausenden von Jahren hat dies Verhältnis Kunst und Architektur beherrscht, und es kommt außerdem in den Wachstumsmustern der Natur auf kraftvolle Weise zum Ausdruck. Überall dort, wo eine besondere Harmonie und Schönheit in der Form erscheint, findet man auch dieses Maßverhältnis. Drei leicht sichtbare Beispiele dafür sind die Form der wunderschönen Muschelschale, die Verteilung der Samen in der Sonnenblume, die beide eine nach dem Goldenen Schnitt angelegte logarithmische Spirale bilden, sowie die Maße des menschlichen Körpers, dessen ganze Höhe durch den Nabel nach dem Goldenen Schnitt unterteilt wird.

Der Planet Saturn, der in seiner 29 Jahre dauernden scheinbaren Reise um die Erde 28 Schleifen beschreibt, ist der griechische Kronos, der „alte Vater Zeit“, dem man die Herrschaft über den Zeitkreislauf nachsagt und der als Pan die Panflöte mit ihren sieben Pfeifen bläst. Diese Pfeifen stehen in Bezug zu den sieben Schöpfungstagen und dem Sonnenatem, der Oktave in der Musik und den 28 Schleifen des Saturnumlaufs. Die äußersten Punkte des letzteren beschreiben die Spitzen eines Heptagramms oder siebenstrahligen Sternes, der viermal in Richtung auf die vier Haupthimmelsrichtungen wiederholt wird.

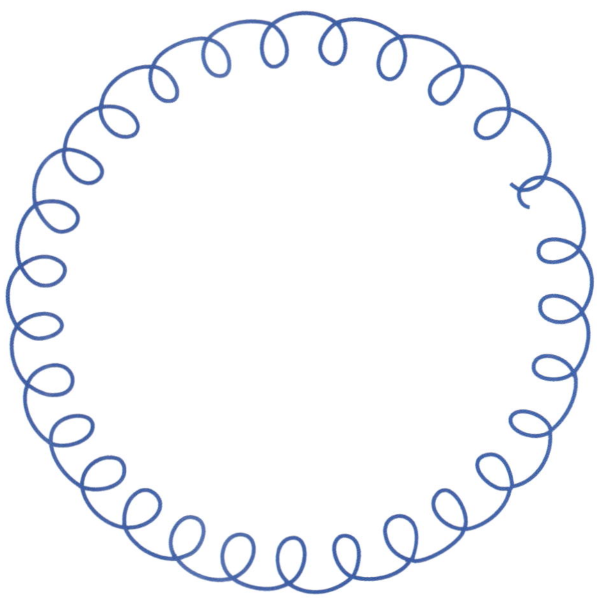

Der Tanz der 28 Schleifen Saturns
um die Erde, von der Erde aus gesehen

Bedeutsame Muster ergeben sich auch aus den Konjunktionen und Oppositionen der Planeten, wobei diejenigen von Jupiter und Saturn am bemerkenswertesten sind. Der Kreislauf der Konjunktionen zwischen den beiden Planeten dauert etwa 20 Jahre. Drei aufeinander folgende Konjunktionen markieren die Ecken eines gleichseitigen Dreieckes in einer 60-Jahresperiode. Die Oppositionen von Saturn und Jupiter treten ebenfalls alle 20 Jahre auf. Dadurch zeigen die Konjunktionen und Oppositionen innerhalb eines Zeitraums von 60 Jahren die sechs Spitzen des Christus- oder David-Sterns.

Jupiter und Saturn sind bei den Astrologen als die „Großen Zeiterschaffer“ oder „Kronokratoren“ bekannt, und durch Jahrtausende wurde die Anordnung dieser beiden Planeten als Markierung für soziale, ökonomische und politische „Wasserscheiden“ oder Wendepunkte betrachtet. Die Konjunktionen der beiden Planeten treten im Tierkreiszeichen desselben Elementes, also Erde, Wasser, Luft oder Feuer, in etwas weniger als 200 Jahren auf, um dann in das nächste Element überzuwechseln. Dieser Elementewechsel in einer Serie der großen Zeitbeherrscher heißt „Trigonalis“ und wird als Anzeichen für noch größere soziale, wirtschaftliche und politische Umwälzungen angesehen.

Gelegentlich wiederholen sich Saturn/Jupiter-Konjunktionen in relativ kurzen Zeiträumen aufgrund des retrograden Laufes eines oder beider Planeten. Sehr selten treten dreifache Konjunktionen auf, welche dann als Anzeiger einer gewaltigen kulturellen Veränderung gelten. Diese erscheinen ungefähr alle 973 Jahre.

Eine solche Dreifach-Konjunktion trat im Zeichen der Fische im Jahre 7 v.Chr. auf, und es gibt eine Theorie, die besagt, dass dies der „Stern“ war, welcher die Babylonischen Magier veranlasste, nach Judäa zu ziehen, um das Christuskind zu suchen. Für die Babylonischen Astrologen waren die Fische die Konstellation der Juden, während Jupiter der Planet des Königtums und Saturn der Planet war, welcher den einweihenden Hohenpriester und Torhüter zu den Mysterien bedeutete. Ähnliche Interpretationen enthält auch die jüdische kabbalistische Lehre, und man sagte, dass der Messias jedes Mal auf der Erde erscheint oder geboren werden würde, wenn eine solche spezielle Konjunktion von Saturn und Jupiter in den Fischen stattfände. Dies sollte besonders dann zutreffen, wenn auch Mars nahe oder ebenfalls in Konjunktion stände, was im Jahre 7 v. Chr. der Fall war. Um das Ganze zu bestärken, gab es am 25. Dezember 7 v. Chr. noch eine „Shekhinah-Konjunktion“ von Venus und Merkur. Letztere war mit großer Wahrscheinlichkeit der „Stern im Osten“, den die Weisen sahen, der aber in seiner vollen Bedeutung und dem Ort seines Erscheinens erst durch die dreimalige Konjunktion von Jupiter und Saturn erklärt wurde.

Kapitel 5

Das Chakrasystem

Nichts behält seine bisherige Form, aber die Natur, die große Erneuerin, baut ständig Formen aus Formen auf. Sei sicher, dass im ganzen Universum nichts zugrunde geht: Es verändert und erneuert nur seine Form.[12]

Das Chakrasystem erwächst aus dem Lebensrad als weitere Ausdrucksform dieses Rades, zuerst als Dreifaltigkeit und dann als eine siebenfache Ausdehnung, die sich auf natürliche Weise aus der Dreiheit ergibt. Jedes Chakra ist ein Lebensrad. Jedes ist mit Raum und Zeit verbunden, sowie mit Form und Funktion. Es enthält ebenfalls Bewusstsein, das ein integraler Teil von allem ist. Zusätzlich steht jedes Chakrasystem in Verbindung mit einem besonderen Lichtstrahl, der die Achse des Systems bildet.

Der menschliche Körper

Eine der schönsten Formen ist der Körper des Menschen, das materielle „Fahrzeug", durch welches sich unsere Seele ausdrückt. Wie bei allen Formen der Natur ist seine Grundsubstanz Materie, die in einer natürlichen Polarität zum Geist steht. Aber es ist Materie, die, aus Erdenergie freigesetzt und zu einer passenden Form erbaut, ein Kunstwerk der Architektur darstellt. Im Zoence, wie in verschiedenen anderen Weisheitstraditionen, verstehen wir den Körper nicht als rein physisch, sondern darüber hinaus zusammengefügt aus den feineren, subtileren Energiekörpern, die mit der menschlichen Psyche verbunden sind.

Die Form des Körpers steht in direkter Beziehung zum Lebensprozess. Wie bei jedem guten Bauplan drückt die architektonische Form die Funktion aus und ermöglicht dieser, auf bestmögliche Weise abzulaufen. So können wir zum Beispiel die drei Hauptbestandteile unseres Körpers – Kopf, Brust und Bauch – als Dreifaltigkeit erkennen. Wir können notfalls ohne Arme und Beine überleben, nicht hingegen ohne einen der drei Hauptteile. Sie bilden drei zusammenhängende, aber unterschiedliche Teile, die

12 Ovid, Metamorphoses

durch die Wirbelsäule vereint sind und als Eines funktionieren. Ihre bloße Struktur bringt das Gesetz der Dreiheit und den dreifältigen Lebensprozess zum Ausdruck.

Beispielsweise besteht der Kopf aus einem harten Schädel, der wenig flexibel ist, aber eine hohe Schutzfunktion hat und sich oberhalb der Brust befindet. Unter der Brust ist der Bauch, weich und beweglich, und bildet so einen Gegensatz zum Kopf. In der Mitte vereinigt die Brust die Eigenschaften sowohl des Hauptes als auch des Bauches in ihrem Rippenkäfig, der teils beweglich und teils starr ist. Er enthält den wahren Mittelpunkt zwischen den beiden Polen Kopf und Bauch. Aus diesem Mittelpunkt, tief im Zentrum unseres Wesens, steigen die inneren Impulse auf, welche die verschiedenen Zyklen von Wunsch – Gedanke – Handlung anstoßen, die sich in unserem Körper abspielen. Der Impuls, der ursprünglich unsichtbar und geheim in unserem Herzen vergraben lag, drückt sich zuerst als Emotion und im Idealfall als Liebe aus. Bezogen auf den Körper, empfinden wir klar das Herz als den Sitz der Liebe und den Brustkorb als seinen Schutzraum. Tatsächlich befinden sich alle hauptsächlichen Organe von Liebe und Leben (der Atem der Liebe) als Herz und Lungen im Brustraum.

Das Denken ist selbstverständlich mit dem Haupt verbunden, das alle wichtigen Organe für Gedanken und Wahrnehmungen enthält. Der dritte Teil des Lebensprozesses, die Handlung, ist mit dem Bauch verbunden. Dieser Bereich ist wie ein „Maschinenhaus“, er ist unser Fortpflanzungszentrum, der Sitz unserer Willenskraft und Zeugungsfähigkeit, nicht nur im physischen Sinn, um Körper für unsere Kinder zu erschaffen, sondern ganz allgemein, um Ideen in die Tat umzusetzen.

So ist der Bauplan unserer Körper angelegt, um den Lebensprozess in den drei Stufen Wunsch, Gedanke, Handlung in sich ablaufen zu lassen. Diese drei Stufen sind alle gleich wichtig und können, wenn wir bewusst an uns selbst arbeiten, in Liebe, Verständnis und Dienst transformiert werden. Daraus entwickelt sich wiederum die Kraft, den Körper gesund zu erhalten und letztendlich seine Natur selbst in Licht zu transmutieren.

Das Symbol für Merkur

Die alten Weisen haben ein schönes und prägnantes Zeichen entwickelt, anhand dessen man das architektonische Geheimnis des Körpers gut verstehen und behalten kann: Nämlich die Hieroglyphe für Merkur. Der Name kommt aus dem Altägyptischen „Maa Kheru“ und bedeutet „das wahre Wort“. Sein Symbol ist aus drei unterschiedlichen Symbolen zusammengesetzt, welche die Sonne, den Mond und das Kreuz der Elemente darstellen. Das Sinnbild für die Sonne, ein Kreis mit einem Punkt in der Mitte, bedeutet das Leben gebende Prinzip des strahlenden Lichtes und befindet sich in der Mitte. Darüber liegt der aufgehende Mond, der das Prinzip der Spiegelung repräsentiert, während unterhalb der Sonne das Kreuz zu finden ist als Zeichen nicht nur der vier alchemistischen Elemente, sondern auch der Selbstaufopferung.

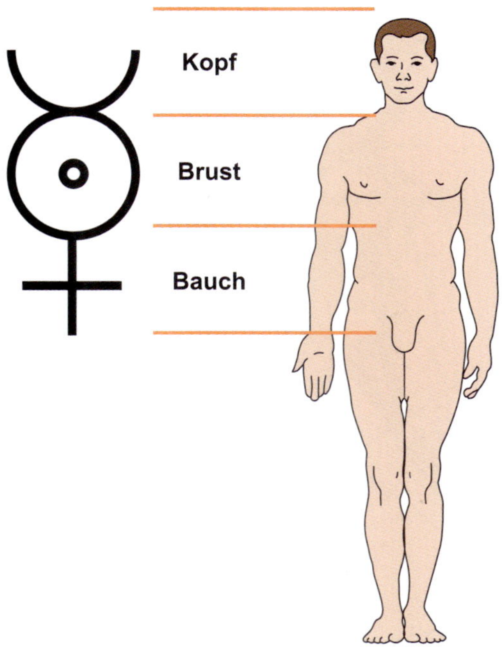

Das Symbol für Merkur

Die Sonne mit ihrem Leben spendenden Licht ist der Liebe gleichgesetzt, der erschaffenden und erleuchtenden Lebenskraft. Der Punkt in der Mitte der Sonne zeigt die Quelle dieses Lichtes an, den Impuls, aus dem alles hervorgeht. Der Mond, der das Licht der Sonne widerspiegelt, personifiziert den Geist oder Intellekt, der gleich einem Spiegel das Licht des Herzens reflektiert; denn alles Denken ist Wahrnehmung oder „Sehen", alles Sehen ist Widerspiegelung, und alle Gedankenformen und Ideen sind Bilder. Das Kreuz repräsentiert die Welt der Materie, in der die Idee in die Tat umgesetzt werden muss als Dienst, der eine Selbstopferung in Liebe ist.

Diese Hieroglyphe für Merkur ist der Bauplan aller Tempel – des Menschen, der Natur und von Menschen gemachter Tempel – und symbolisiert den Kosmos selbst.

Die Bewegung des Lebensprozesses

Die Bewegung des Lebensprozesses durch den Körper geht vom Herzen zum Haupt, dann zum Bauch und zurück zum Herzen. Dies ergibt einen zusätzlichen Energiefluss zu den beiden, die wir bereits erwähnten, nämlich der spirituellen Energie, die die Wirbelsäule von der Krone des Hauptes aus hinab fließt, und der Erd- oder Drachenenergie, die von der Basis der Wirbelsäule den Körper hinaufsteigt. Wir benutzen die Form einer Acht (8), um diesen dritten Energiefluss darzustellen, der wie das Kind seiner Eltern fließt und den wir deshalb im Zoence auch Seelenenergie oder Merkurenergie nennen.

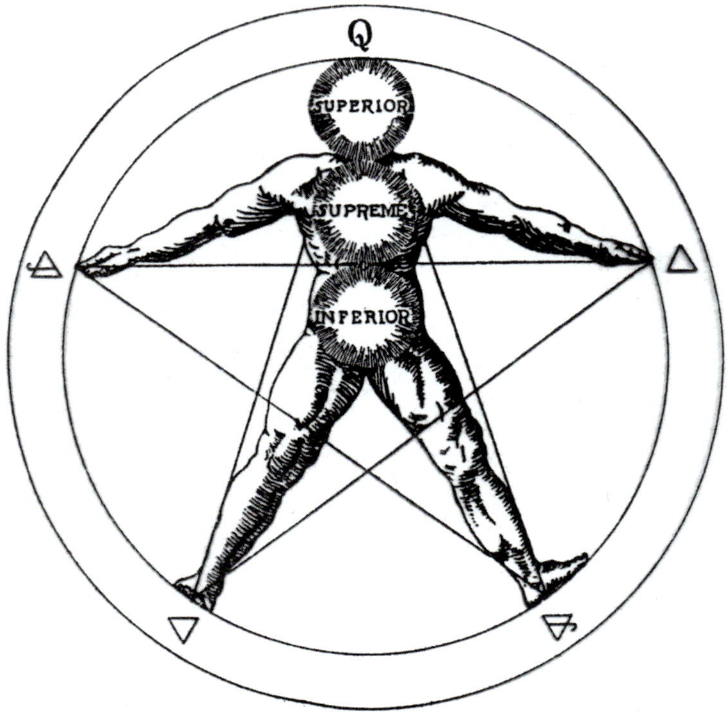

Die Drei Welten im Menschen

Emblem von John Reuchlin: „Erklärung der Lehre des Pythagoras“

Dies Emblem zeigt eine andere Art, dieselbe Wahrheit auszudrücken wie die Hieroglyphe des Merkurs. Die höchste, die höhere und die niedere Welt beziehen sich auf die drei „klassischen“ Welten von Gottheit, Menschheit und Natur, die das EINE (Absolute) als Trinität zum Ausdruck bringen. Die höchste Welt liegt in der spirituellen Natur, welche mit dem Herzen und der Brust verbunden ist. Die höhere Welt ist die intellektuelle oder psychische Natur, die mit dem Kopf zu tun hat und die niedere Welt ist die kreatürliche oder körperliche Natur, die ihren Sitz im Bauchraum hat.

Diese Welten stehen mit drei Menschentypen in Beziehung, welche die drei Hauptebenen der Menschheitsentwicklung gemäß der platonischen Lehre verkörpern: 1. der unwissende Mensch, der Knecht seiner Tiernatur ist, 2. der teilweise informierte Mensch, der Diener seiner intellektuellen Natur ist und 3. der göttlich erleuchtete Mensch, der eins geworden ist mit seinem geistigen Wesen, das die tragende Kraft im Innersten seines Seins bildet.

Die drei klassischen Welten entsprechen den drei kabbalistischen Welten von Schöpfung, Formung und Handlung (siehe Kap. 6) . Sie haben auch eine Parallele in den hinduistischen Lehren, in denen es heißt, dass Brahma im Herzen wohnt, Vishnu im Gehirn und Shiva im Bauch oder Zeugungssystem. Brahma ist der Schöpfer oder das schöpferische Prinzip, Vishnu ist der Erhalter oder das Prinzip der Dauer und des Schutzes, während Shiva der Zerstörer oder das Prinzip der Desintegration und Transmutation darstellt. Die drei gleichen den griechischen Göttern Zeus, Poseidon und Hades. Zeus herrscht über die Himmel (die höchste Welt), Poseidon beherrscht die Welt (die höhere Welt) und Hades ist der Herrscher der Unterwelt (der niederen Welt).

Das Leben nimmt seinen Ursprung und steigt herab von der höchsten zur höheren Welt von dort zur niederen und wendet sich von dieser wieder seiner Quelle zu. Die Quelle steht dem Herzen gleich, sowohl auf individueller als auch auf universeller Ebene. Sie wird beschrieben als ein Mittelpunkt, der überall ist, inmitten eines Umkreises, der nirgends ist. Das Leben fließt in einem niemals endenden Kreislauf – vom Herzen zum Kopf zum Bauch und zurück zum Herzen oder vom Höchsten zum Höheren zum Niederen und zurück zum Höchsten.

Der die Form einer Acht bildende Blutkreislauf des physischen Körpers ahmt den Fluss der Seelenenergie nach. Und aus ähnlichen Gründen wird das Blut traditionsgemäß mit der Seele in Verbindung gebracht. Die 8 ist ein Zeichen oder eine Signatur für Merkur und auch für den Heiligen Geist oder Heiligen Atem. Manchmal wird sie als die „kosmische Lemniskate" bezeichnet, die wir heutzutage als liegende Acht als Zeichen der Unendlichkeit benutzen (∞). Ihre Bedeutung hängt mit dem ewigen Leben zusammen, d.h. mit ständiger Erneuerung und Transmutation durch Reinigung und Geisteinhauchung, eben mit den Funktionen, die das Blut im menschlichen Körper hat. So sieht auch das Zeichen aus, das für die Zahl 8 benutzt wird, die Anzahl der Speichen im Lebensrad. Aus diesen Gründen sind in den Kirchen sowohl der Taufbrunnen – Taufe ist Reinigung – als auch die Kanzel, welche die Einhauchung des Geistes und das Wort Gottes bezeichnet, achteckig.

Die Chakren

Entlang der menschlichen Wirbelsäule liegen sieben Hauptchakren oder Energiezentren. Diese erscheinen auf natürliche Weise, sobald sich die Dreifaltigkeit in einer Form ausdrückt, die eine Achse hat, wie zum Beispiel bei der menschlichen Form. Jeder der Hauptbereiche des Körpers – Haupt, Brust, Bauch – hat ein Zentrum. Die beiden Punkte, an denen die Hauptbereiche miteinander verbunden sind, bilden zwei weitere Chakren, und schließlich gibt es die Spitze und den Boden, die beiden Pole der Lebensform. Zusammen ergeben sich somit sieben. Dies können wir auch mit Hilfe der Geometrie darstellen, indem wir drei gleich große Kreise, die einander berühren, auf eine gerade Linie zeichnen. Die drei Zentren auf der Linie plus die vier Punkte, an denen die Kreise einander berühren und die Linie kreuzen, ergeben sieben Fokuspunkte.

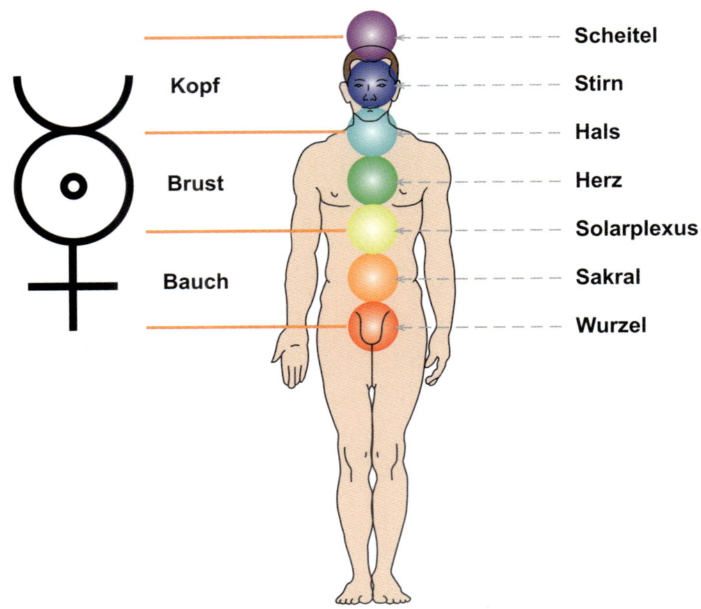

Das Chakrasystem des Menschen

Die Chakren in den Mittelpunkten von Kopf, Brust und Bauch sind heutzutage als Stirn- Herz- und Sakralchakra bekannt. Das Zentrum zwischen Haupt und Brust wird Halschakra genannt und dasjenige zwischen Brust und Bauch heißt Solarplexus-Chakra. Scheitel- und Wurzelchakra sind jeweils die Namen der beiden Pole auf der Krone des Hauptes und an der Basis der Wirbelsäule.

Während in Indien die Lehren über diese sieben Energiezentren auf der Wirbelsäule normalerweise immer leicht zugänglich waren, wurde im Westen das Wissen über sie, obgleich auch stets vorhanden, geheim gehalten und hinter Allegorie und Symbolismus verschleiert. Diese sieben Hauptchakren, die kraftvolle Fokuspunkte der Energiekörper sowohl des Menschen als auch der Natur sind, stehen in Verbindung mit der Arbeit der wichtigsten Geflechte, Drüsen und Organe des Körpers, deren Funktionen sie bestimmen und steuern. Sie sind außerdem verbunden mit sieben verschiedenen Arten und Ebenen des Bewusstseins. Darüber hinaus haben wir zahlreiche Nebenchakren. Heute gibt es viele Bücher und Lehren über diese Energiezentren, die meist aus der östlichen Perspektive dargestellt werden und recht komplex sind. Wenn man jedoch einfach die Geometrie des menschlichen Körpers im Zusammenhang mit dem darin ablaufenden Lebensprozess in Betracht zieht, hilft das, die Funktion eines jeden Chakras leicht zu verstehen.

Außer den sieben Hauptchakren gibt es drei so genannte „Alta-Major-Chakren" (höhere Hauptchakren), welche die drei Hauptbereiche der menschlichen Form „dirigieren" und in direkter Beziehung zur Heiligen Dreifaltigkeit stehen. Jedes von ihnen befindet sich in seinem besonderen Körperbereich und regiert diesen sowie den damit zusammenhängenden Aspekt der Psyche. Dennoch steht jedes in Verbindung mit den anderen beiden und beeinflusst somit auch die anderen beiden Bereiche, denn die Heilige Dreifaltigkeit ist dem Wesen nach eine Einheit. Zwei der Alta-Major-Chakren, die zum Bauch- und Kopfbereich gehören, sind heute ziemlich bekannt und verstanden, während das dritte, das sich auf den Brustraum bezieht, im Wesentlichen noch ein Geheimnis bleibt.

Das Alta-Major-Chakra, das das Haupt beherrscht, befindet sich äußerlich im Genick, hat aber im Inneren seinen Fokus im Gehirnstamm. Es wird wechselweise bezeichnet als achtes Chakra, Panchakra, Heilig-Geist-Chakra oder „Mund Gottes". Es hängt mit der Göttlichen Intelligenz und dem universellen Bewusstsein zusammen, sowie auch mit dem Atem und gesamten Nervensystem des Körpers. Es arbeitet als Kontrollchakra und integriert die Kräfte und Eigenschaften aller anderen Chakren. Es ist der Haupteingang für Göttliche Inspiration. Sie wird durch das Tor dieses Alta-Major-Chakras aus dem Herzen unseres höheren Engelselbstes in unser Herz hineingeatmet. Auf diesem Weg fließt AUM, die universelle Schwingung des Lebens, in unseren Körper und unsere Psyche. Der physische Atem ist ein Echo dieses geistigen Atems. Dies Alta-Major-Chakra ist ein Zentrum, dem wir große Sorgfalt widmen sollten: Es ist wahrscheinlich die empfindlichste Stelle des ganzen Körpers. Einen guten Schutz bilden ein seidener Schal, ein hochgeschlagener Kragen oder eine über das Genick gehaltene Hand, wenn Schutz notwendig ist. Das Waschen des Nackens mit einem kühlen Wasserstrahl wirkt Wunder.

Das Alta-Major-Chakra, das den Bauchraum regiert, ist als „Hara" bekannt. Die Chinesen nennen es Dantien, die Japaner Tanden oder Hara. Es liegt im Körper drei Fingerbreiten unterhalb und zwei

Fingerbreiten hinter dem Nabel. Es ist nicht nur das physische Gravitationszentrum des Körpers, sondern ebenfalls der Sitz der Willenskraft und der Fokus der körperlichen Energie. Innere Energie – Chi oder Ki – wird im Hara gespeichert und aufgeheizt, bevor sie sich durch den Körper verbreitet. Die Hitze ist eine äußere Ausdrucksweise oder ein Echo der inneren Kraft des Individuums. Für unser Wohlergehen ist es gut, wenn man sich körperlich zentriert und im Hara ausgeglichen fühlt.

Das Alta-Major-Chakra, das den Brustraum beherrscht, liegt im Zentrum der Brust im Bereich der Thymusdrüse, oberhalb des Herzens. Es hängt mit Göttlicher Weisheit und Liebe zusammen, ebenfalls mit intuitiver Kreativität und Beziehung. Manche Menschen nennen es den Sitz der Seele. Es ist das wahre Zentrum unserer spirituellen Liebesstrahlung.

Der Tierkreis im menschlichen Körper

Außer den Chakren enthält der Energiekörper des Menschen auch einen Tierkreis, der zwölf bestimmte Bereiche des physischen Körpers bestimmt und manifestiert. Diese Einteilung ist so, dass Widder den Kopf beherrscht und Fische die Füße, während die anderen Tierkreiszeichen sich dazwischen in ihrer bekannten Reihenfolge anordnen. Die entsprechende Abbildung zeigt die jeweiligen Zuordnungen.

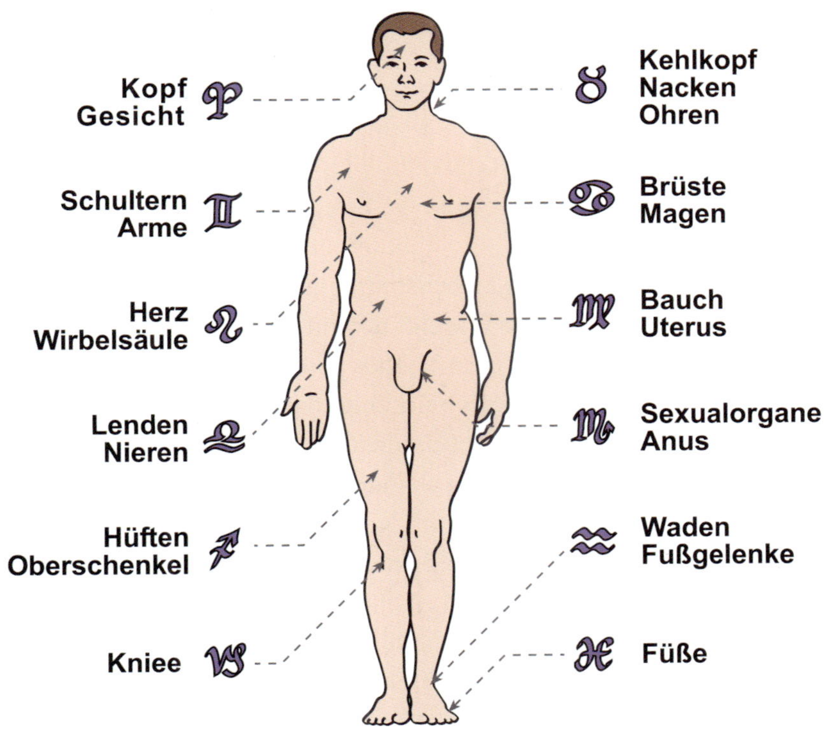

Das menschliche Zodiaksystem

Es gibt eine ganze Wissenschaft über die Beziehungen zwischen der Psychologie und Gesundheit eines Menschen und diesen dem Tierkreis zugeordneten Bereichen des menschlichen Körpers.

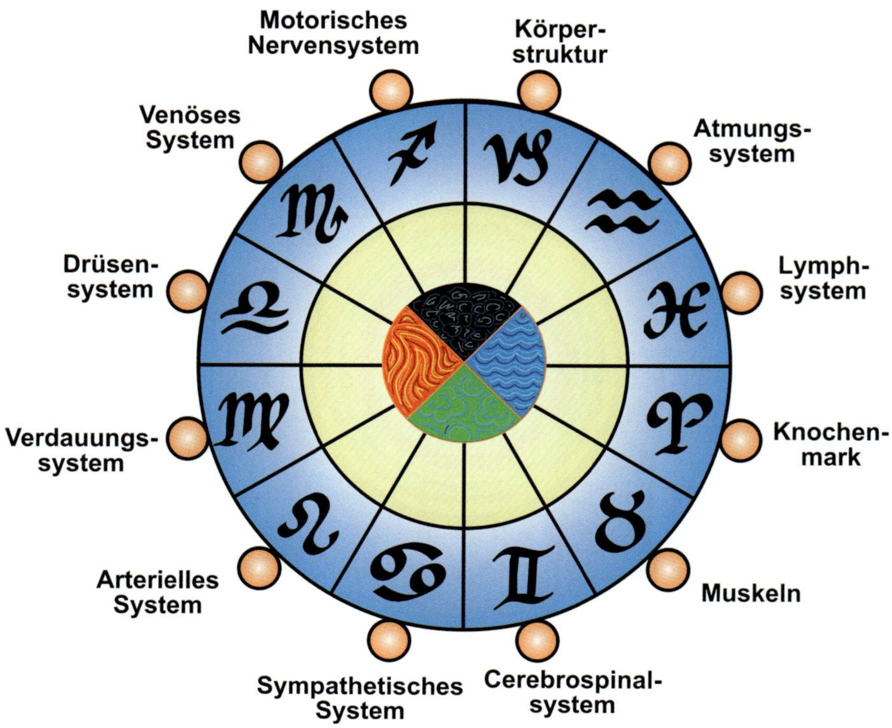

Physiologie des Tierkreises

Die Gralswunden

Ein sehr kraftvolles Gesundheitsmuster ist verbunden mit den so genannten festen Tierkreiszeichen durch die vier Cherubim, die Wächter der Paradiespforten im letzten Zeitalter, also von 160 v. Chr. bis 2.000 n. Chr. Diese Wahrheit ist in Mythos und Allegorie verkapselt. Eine der Schlüsselgeschichten dazu ist diejenige vom verwundeten Gralskönig, die bis vor kurzem in das Ritual der Freimaurerschaft als symbolische Bestrafung für jeden Grad eingebaut war. Wie in einem Shakespeare-Stück kann man auch hier alle Personen der Darstellung als Aspekte des eigenen Wesens verstehen.

Man sagt, dass der Gralskönig durch die Missetaten der Menschheit an drei Wunden leide: Einer an der Kehle, einer am Herzen und einer an der Leiste. Solange er verwundet darnieder liegt, bleibt auch das Gralskönigreich verdorrt und verwüstet, und der Heilige Gral kann keine Freude bringen. Der Gralskönig wartet auf den Helden, den Gralsritter, der die Wunden erkennen und heilen kann und auf diese Weise dem Gralskönigreich neues Leben und neue Fruchtbarkeit bringen soll.

Jede Wunde ist mit einem besonderen Vergehen und Mangel irgendeiner Art verbunden und kann nur dadurch geheilt werden, dass dieses Vergehen wieder gut gemacht und die fehlende Energie manifestiert wird. Auch müssen die Wunden in der gleichen Reihenfolge geheilt werden, in der sie entstehen.

Die erste Wunde ist diejenige am Hals, und diese wird hervorgerufen durch einen Mangel an Liebe. Der Stier ist der Herrscher über den Hals und das Muskelsystem und der Cherub, der das zweite Paradiestor bewacht. Dieser Cherub fordert uns heraus, um zu sehen, ob wir wirklich zu lieben gelernt haben, bevor wir das Portal durchschreiten dürfen. Lernen zu lieben stellt unseren ersten Einweihungsgrad dar, das Fundament, auf dem alles andere aufbaut. Mangel an Liebe führt zu Angst, und Angst bewirkt, dass Nacken und Schultermuskeln sich verspannen, die Kehle sich zusammenzieht und trocken wird, die Zunge entweder dick wird oder außer Kontrolle gerät und wir im schlimmsten Fall von Panik sozusagen „den Kopf verlieren“. Liebe treibt die Angst aus, sie entwickelt in uns einen unerschütterlichen Mut und eine intuitive Beziehung zu allen Menschen und Dingen. Mangel an Liebe dagegen bewirkt, dass wir aus Furcht heraus denken und handeln, besessen von dem ichbezogenen Wunsch nach Selbstbehauptung, koste es, was es wolle. Daraus können dann Gier, Aggression und sogar Gewalttätigkeit erwachsen.

Die zweite Wunde ist diejenige am Herzen und resultiert aus einem Mangel an Verständnis. Wenn wir auch sehr liebevolle Menschen sind, müssen wir dennoch Verständnis für einander und für das Leben entwickeln, weil wir sonst schwere Fehler begehen könnten. Das Herz und das arterielle System werden von Leo beherrscht, dem Cherub des dritten Paradiestores. Er prüft uns auf unser wahres Verstehen hin, bevor wir das Tor durchschreiten dürfen. Verständnis zu lernen entspricht dem zweiten Einweihungsgrad. Mangel an Verständnis beeinträchtigt das Herz, denn ein kalter, überkritischer Geist kann das Herz erfrieren lassen, Ärger kann es verbrennen und Eifersucht kann das Herz in Stücke reißen.

Die dritte Wunde ist diejenige an den Zeugungsorganen, und sie beruht auf einem Mangel im Dienen. Der Leistenbereich, der die Sexualorgane und das Sakralchakra birgt, hängt mit unserer Willenskraft und der Fähigkeit zusammen, Dinge in die Tat umzusetzen. Damit ist nicht nur das Tun der Liebe und Zeugung gemeint, sondern generell unsere Fähigkeit, unsere Wünsche und Ideen tatsächlich zu manifestieren. Skorpion, der Cherub des vierten Paradiestores, beherrscht die Sexualorgane, das venöse System und alle sexuellen Belange. Das Geheimnis des Skorpions und der Sexualität ist eng mit der Drachenenergie verbunden und mit ihrer Erhebung durch die Wirbelsäule hinauf zur Krone des Hauptes, wo sie ekstatische Freude und Erleuchtung auslöst. Diese kann sich nur dann ereignen, wenn ein Mensch aus Liebe und mit Verständnis in einer kraftvollen, hingegebenen und konzentrierten Weise dienend handelt. Sobald die Handlungen egoistisch, lieblos und verletzend für andere sind, wird die Drachenenergie gefangen und fehlgeleitet, und im Leistenbereich erscheint die Wunde. Im Extrem kann dies zu solch perversen Handlungen wie Vergewaltigungen führen, die in Wirklichkeit mit der gewaltsamen Ausübung von Macht über andere zu tun haben, wobei andere Menschen ebenso wie der Täter selbst schwer verletzt und verwundet werden.

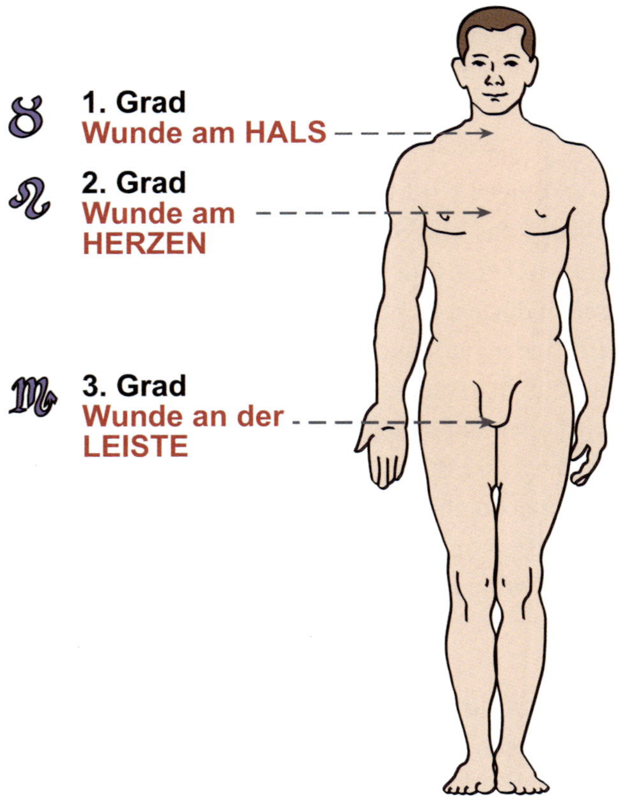

Die Gralswunden
(Fische-Zeitalter,
157 v.Chr. – 2003 n.Chr.)

Das Geheimnis von Skorpion und dem letzten Tor bezieht sich auf die Tiefen und Höhen gelebter Erfahrung. Der Skorpion steht dabei für die Tiefen, und der Adler, das höhere Symbol des Skorpionzeichens, repräsentiert die Höhen. Die Schlange, die ein anderes Symbol für Skorpion ist, stellt die erweckte und aufsteigende Drachenenergie dar, die sich in einen geflügelten Adler verwandelt und so ins Sonnenlicht emporschwingt und alles sehen kann. Das vierte Symbol des Skorpions ist die Taube, der Endzustand der Transmutation, Sinnbild für Frieden und Erleuchtung. Skorpion ist das Zeichen von Tod und Auferstehung, da der schließlich erreichte höchste Zustand der Verwandlung zu wirklichem Frieden führt, was das Paradies ist. Dieses Tor kann nur der Mensch durchschreiten, der wirklich dient. Daher lautet auch das Motto der Gralsritter: „Ich diene".

All dies war stimmig während des vergangenen Zeitalters von 2.160 Jahren, das jetzt beendet ist oder sich im Prozess des Abschlusses befindet. Während dieses letzten Zeitalters waren die Torhüter-Cherubim der Zwischenhimmelsrichtungen und Vierteltagsfeste die festen Zeichen Wassermann, Stier, Löwe und Skorpion. Daher kommt die Auswirkung auf den Körper, wie sie im Mythos des Gralskönigs und seiner Wunden beschrieben ist und durch die Bewegung der Lebenskraft durch die verschiedenen Körperbereiche im Verlauf eines jeden Kreislaufes des Lebensprozesses vor sich geht.

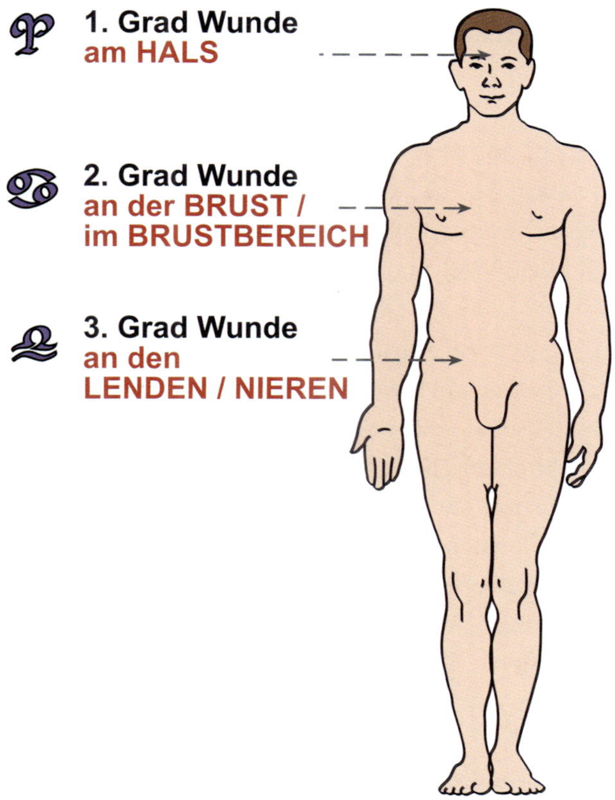

Die Gralswunden
(Wassermann-Zeitalter,
2003 n. Chr. – 4163 n.Chr.)

Jetzt aber hat das nächste Zeitalter begonnen oder ist gerade dabei zu beginnen, und eine neue Gruppe von Cherubim hat ihre Plätze als Torwächter eingenommen. Dies sind die Kardinalzeichen Steinbock, Widder, Krebs und Waage, welche andere Teile des menschlichen Körpers regieren. Dies bedeutet vermutlich, dass sich die Gralswunden jetzt in zunehmendem Maße in denjenigen Köperbereichen manifestieren, die von den Kardinalzeichen regiert werden. Wir tun gut daran, danach Ausschau zu halten.

Der himmlische Körper

Wenn die Liebe aus dem Herzen sich als schöpferische Lebenskraft manifestiert, erschafft sie zuerst die beiden Seinspole, das Scheitelchakra mit seiner spirituellen Energie und das Wurzelchakra mit seiner Erdenergie. Diese wirken während des ganzen Lebensprozesses ständig in einer Wechselbeziehung miteinander, wie Vater und Mutter, um das Kind, die Seele, zu erschaffen.

Wenn ein Mensch ein spirituelles Erwachen erlebt, schießt die strahlende Energie wie ein Blitz vom Scheitel zur Wurzel und erweckt dort die Erdenergie, die an der Basis der Wirbelsäule als eingerollte Schlange schläft. Sobald diese aufgeweckt ist, beginnt sie, spiralförmig die Wirbelsäule hinaufzusteigen, bis sie schließlich durch die Krone am Scheitel des Hauptes bricht. Wie hoch diese Energie steigt und in welchem Ausmaß sie die Krone des Hauptes durchstößt, hängt davon ab, wie gut wir den Lebensprozess ausüben. Hellsichtige Menschen sehen diese Energie wie eine Fontäne klaren Wassers, die aufwärts schießt und oberhalb des Kopfes als glitzerndes Licht wieder zur Erde fällt. Ihre Form bildet den Ursprung der Flügel, mit denen wir Engel ausstatten. Der glitzernde Effekt, der wie Millionen zwinkernder Sterne aussieht, führt zu dem Namen, den wir dieser hochgeistigen Form der Seele geben: Himmlischer Körper.

Wenn dieser Springbrunnen aus Energie die Kuppel des Hauptes durchbricht, erscheint sie wie drei Federn aus weißem Licht, die man „Taube“ genannt hat. Sie sehen tatsächlich wie eine reinweiße Taube aus, die über dem Haupt schwebt und sich darauf herabsenkt. Dies ist zusammen mit dem Heiligenschein unsere geistige Krone, die wir erringen, wenn wir die Freude erleuchteten Friedens gefunden haben. Auch der Dreizack symbolisiert dieses Phänomen der Erdenergie mit der „Taube“ auf der Spitze. Im Osten ist sie bekannt als Shivas Trishul. Die Krone des Prinzen von Wales mit ihren drei Federn ist eine modernere Version, von der man sagt, sie sei aus der französischen Wappenlilie entwickelt, die einst diese strahlende Krone der erleuchteten Menschenseele symbolisiert hätte.

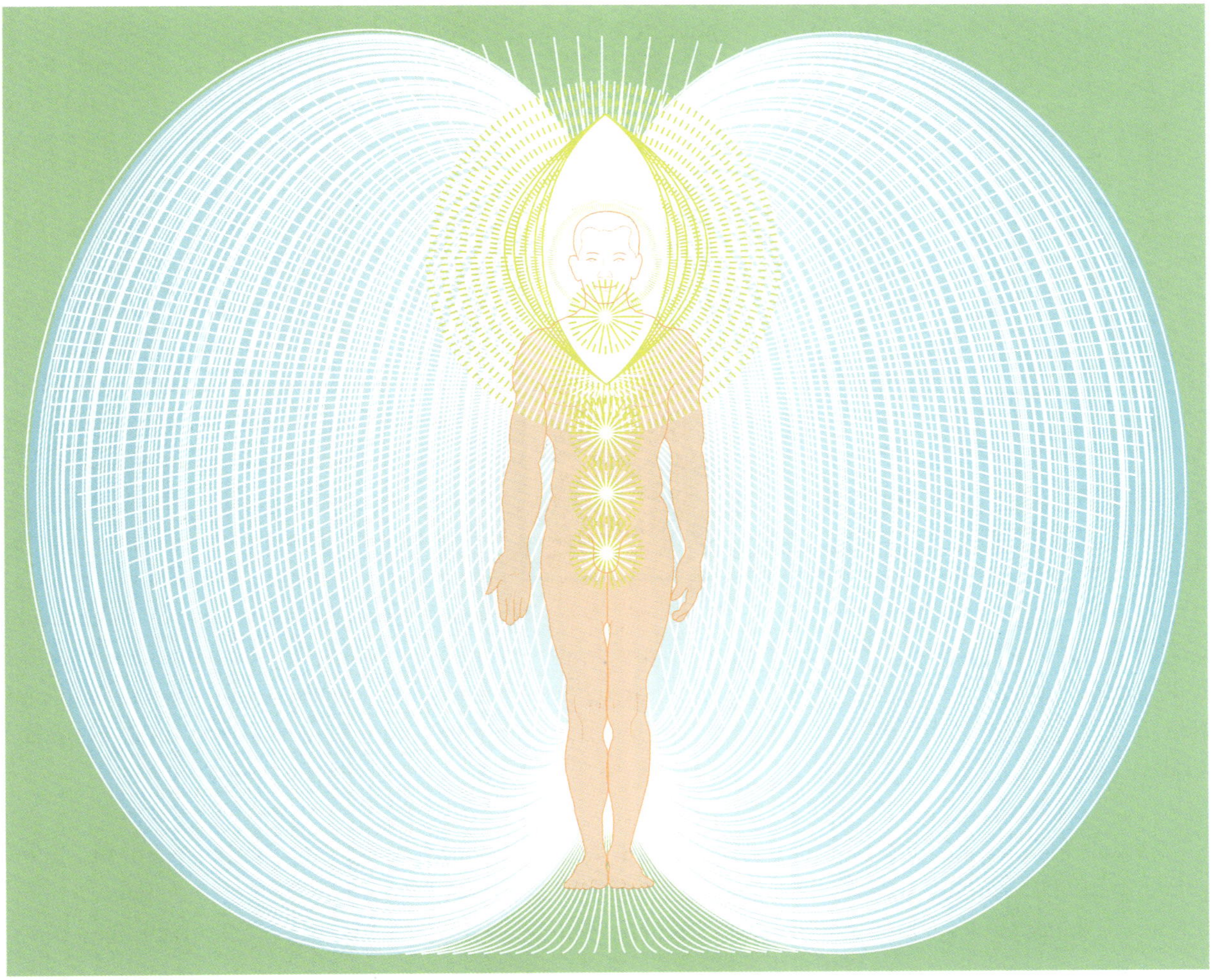

Der himmlische Körper

Federkrone des Prinzen von Wales Titelblatt zu „Minerva Britanna“ von Henry Peacham (1612)

Die königlichen Insignien des Prinzen von Wales, die seit ihrer Einführung durch König Edward I. im Jahr 1301 ständig in Gebrauch sind, bestehen aus drei in einer goldenen Krone gefassten Straußenfedern und dem Motto „ICH DIEN“. Dies Motto bezieht sich auf den dritten Einweihungsgrad, dessen Verwirklichung Voraussetzung für die Erlangung von Erleuchtung ist. Wahrer Dienst ist Nächstenliebe oder Liebe in Tätigkeit. Dies Bild zeigt die Krone in einer Sonne aus strahlendem Licht, was diese Erleuchtung bedeutet. Die Buchstaben „H. P.“ sind die Initialen von Prinz Henry, dem ältesten Sohn von König James I. von England und dem IV. von Schottland, der 1612 auf der Höhe seiner jugendlichen Manneskraft starb. Die miteinander verschlungenen Rosen und Disteln, welche die Krone und die Sonne umgeben, stellen die Blütenembleme von England und Schottland dar. Sie sind aber auch Symbole für Herz und Haupt sowie für die rechte und linke „Tempelsäule“ (siehe Kap. 6).

Wenn dies geschieht, erstrahlen die Chakren wie Miniatur-Sonnen, ein Glorienschein erscheint rund um das Haupt, und Lichtstrahlen schießen durch die Aura, wo sie farbige Regenbogen hervorrufen, die wie „Federn“ aus Licht erscheinen. Der farbenprächtige, gefiederte Kopfschmuck vieler eingeborener Völker ist eine physische Darstellung dieser subtileren und höher entwickelten Energieform der erleuchteten Seele. Das Strahlen des Regenbogenlichtes erschafft das, was man eine Aureole oder Flammengestalt nennt, rund um den Körper – eine geistige Aura, die in der christlichen Kunst oft verwendet wird, um Christus in seiner Herrlichkeit oder die Mutter Maria, wie sie die Welt segnet, darzustellen. In der buddhistischen Kunst ist es die mandelförmige Aureole, die den Buddha umgibt.

Eine ähnliche Energiefontäne erhebt sich aus dem Boden, wenn die Chakren der Erde in Liebe berührt werden und die spirituelle Energie des Kosmos die Schlangenkraft der Erde erweckt. Pilgergänge, besonders solche mit heiligen, freudevollen Gesängen und Tänzen, sind Möglichkeiten, diese wundervoll lebendigen Strukturen aus Licht anzuregen und zu entwickeln. Auf diese Weise kann die Vergeistigung und Erleuchtung des ganzen Erdkörpers gefördert werden.

Kapitel 6

Der Lebensbaum

Gott schuf den Menschen nach dem Geheimnis der Weisheit und gestaltete ihn mit großer Kunstfertigkeit und blies ihm den Atem des Lebens ein, damit er die Geheimnisse der Weisheit erkennen und verstehen könne, um die Herrlichkeit seines Herrn zu erfassen.[13]

Hierfür wurdest du berufen, erschaffen, geformt und gemacht.[14]

Der Archetyp, den man meist als „Lebensbaum“ bezeichnet, ist weithin in der Form des Schlüssel-Diagramms bekannt, was in der hebräischen Kabbala gebraucht wird (auch geschrieben: Cabala, Kabala, Kabbalah, Qabala, Qabalah, Qabbalah). Kabbala heißt: „Die empfangene Weisheit“, kann aber auch „das große Wissen“ bedeuten, ein Begriff, der in anderen Weisheitstraditionen benutzt wird. Man sagt, dass die Weisheit vor dem Fall des Menschen zuerst von Gott einer Schule von Engeln übergeben wurde. Nach dem Fall sandte Gott den Erzengel Raziel, um Adam und Eva zu lehren, damit die Menschheit Erlösung finden könne. Es war jedoch Enoch, der große König von Atlantis, der auch unter dem Namen „Atlas“ bekannt ist, der als erste menschliche Seele diese Lehren vollständig verstand und erfolgreich praktizierte. Man berichtet von ihm, dass er den höchsten Himmel in vollkommenem Bewusstsein und allumfassender Erkenntnis erreicht und sogar seinen Körper in den Himmel erhoben habe. Dadurch erlangte er den umfassendsten Zustand von Erleuchtung und Göttlichkeit, welcher als „der Messias“ bezeichnet wird. Dann wählte er, immer wieder auf die Erde zurückzukehren um diese Wahrheiten dort zu lehren und dem Rest der Menschheit zu helfen, dieselben Höhen der Entwicklung und Erleuchtung zu erreichen.

Vier Welten und zehn Prinzipien

Die geometrische Form des Lebensbaumes gründet sich auf vier einander überschneidende Kreise gleicher Größe, nämlich aus drei Kreisen, die sich aus einem Ursprungskreis ableiten. Dieser erste Kreis

13 Zohar: Temurah 155a.

14 Kabbalistische Lehre

stellt das transzendente Absolute dar, reine Göttlichkeit, die Quelle von Allem. Dieser Bereich ist bekannt als die Welt der Emanation, Ausgießung. Die anderen drei Kreise beziehen sich in absteigender Reihenfolge auf die Welt der Schöpfung, die Welt der Formung und die Welt der Tat oder Handlung. Diese vier Welten enthalten jeweils den Archetyp der vier Stufen des Lebensprozesses und der Werke von Schöpfung, Entwicklung und Einweihung, bzw. Erleuchtung. Sie werden ebenfalls durch die vier Viertel des Lebensrades dargestellt und gleicherweise durch die Jahreszeiten Winter, Frühling, Sommer und Herbst. In Bezug auf unseren menschlichen „Aufbau“ stellen sie unsere Göttlichkeit, unseren Geist, die Seele sowie den Körper dar und ebenso die entsprechenden Bereiche der ganzen Welt und des Universums.

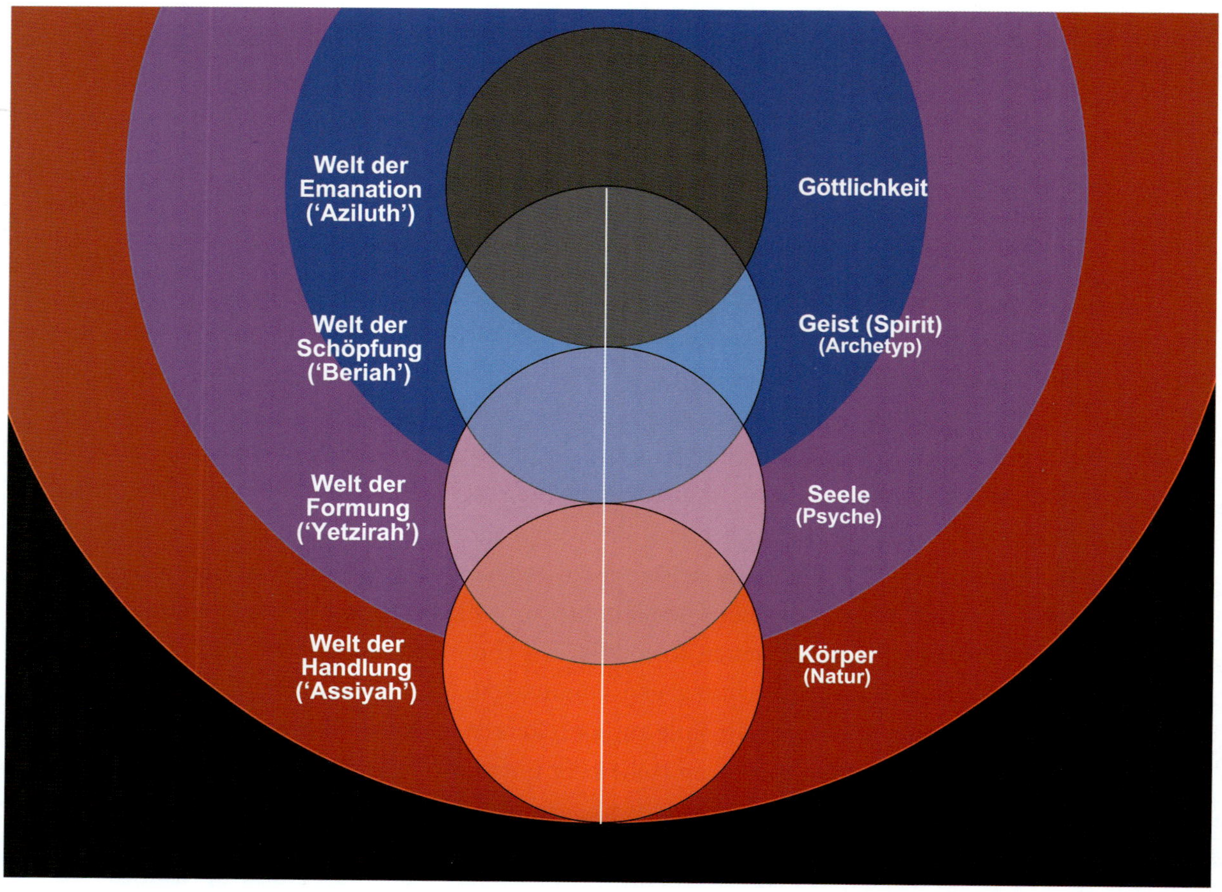

Die vier Welten

Eine zentrale, vertikale Achse verbindet die Mittelpunkte der Kreise, wobei jeweils das Zentrum eines Kreises auf dem Umkreis des nächsten liegt. Der Rest der Darstellung wird von Linien gebildet, die die Punkte, an denen die Umkreise sich schneiden, sowie weitere Linien, die diese Schnittpunkte mit den Mittelpunkten verbinden.

So ergeben sich zehn Punkte, die von eins bis zehn nummeriert sind. Ein elfter Punkt, der zu der Geometrie gehört, aber in dem dargestellten Schema ausgelassen zu sein scheint, bleibt ohne Zahl, hat jedoch tatsächlich einen sehr tiefen Sinn. Die nummerierten Punkte sind bekannt als „Sephiroth". Die Einzahl dieses Wortes heißt „Sephira" und bedeutet Ziffer oder Zahl. Ihr Inhalt sind die zehn göttlichen Ursachen und grundlegenden Wirkkräfte des Lebens, die jede durch eine Zahl oder Ziffer dargestellt werden und, wie die zehn Prajapatis der Hindus, dennoch eine einzige höchste Einheit bilden.

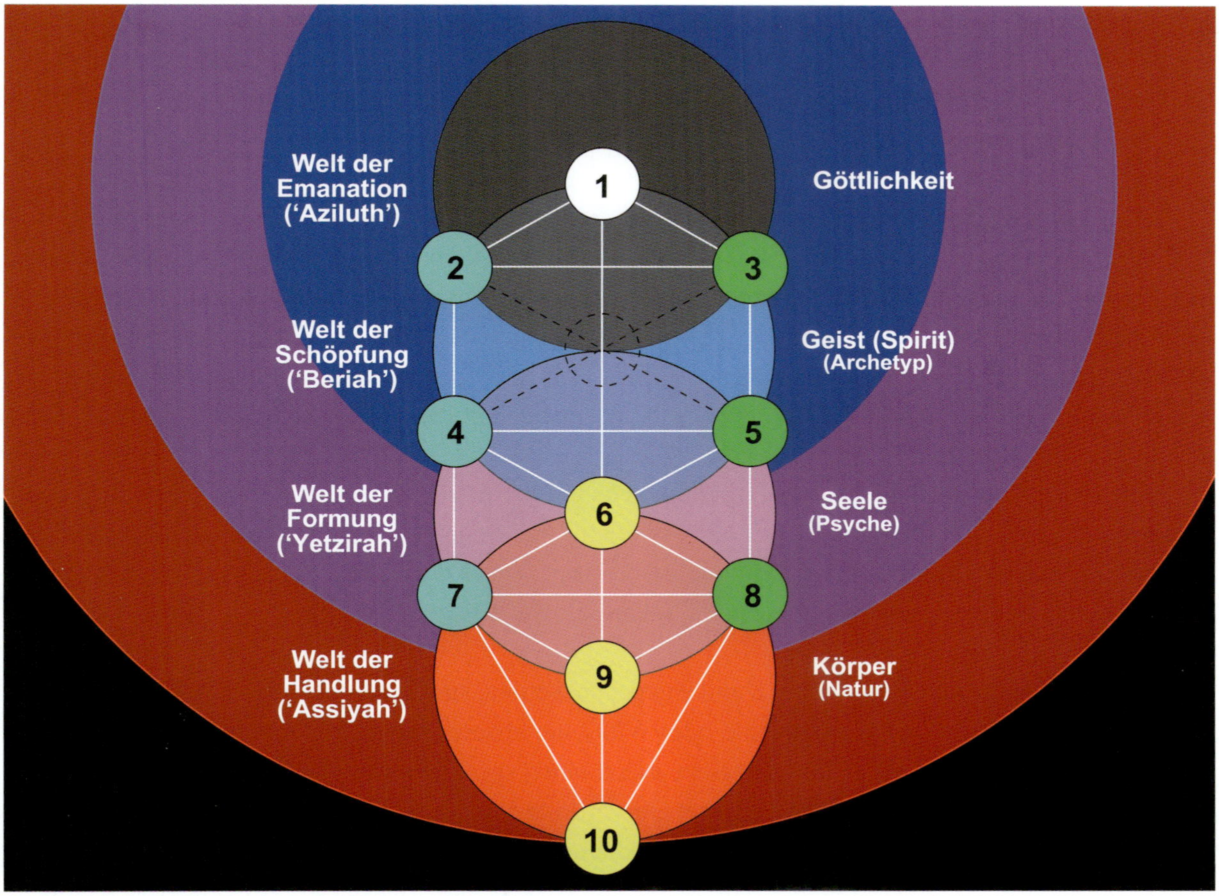

Die vier Welten und der Lebensbaum

Die Kabbala lehrt, dass es zehn Sephiroth gibt, nicht mehr und nicht weniger. Zehn ist die Gesamtsumme des Alls – das Göttliche Sein/Wesen. Diese Zehn entfalten sich aus dem Einen und bringen es zum Ausdruck. Um sich zu manifestieren, erscheint das Eine als Drei – eine Polarität mit der Beziehung zwischen den Polen. Dies ist die Heilige Dreifaltigkeit mit den Zahlen 1-2-3, welche die Basis jeder Form von Manifestation bilden. Aus den Drei gehen die Sieben hervor. Diese bedeuten die sieben fundamentalen Wege, auf welchen sich die Heilige Dreifaltigkeit zum Ausdruck bringen und bekannt geben kann. Ein Beispiel dafür sind die sieben Hauptfarben des Spektrums aus weißem Licht oder die sieben Hauptnoten einer Klangoktave.

Neben der Zahl hat jede Sephira einen Gottesnamen und ein Wort oder eine Abfolge von Worten, welche beschreiben, was diese Sphäre ist und bedeutet. Die gebräuchlichsten Worte für die zehn Sephiroth sind diejenigen, die in deutscher Übersetzung in dem Diagramm aufgezählt werden. Dort ist die Heilige Dreifaltigkeit beschrieben als Krone (1), Weisheit (2) und Intelligenz (3). Weisheit ist auch bekannt als „das Wort“, und Intelligenz als „der Heilige Atem“ oder „der Heilige Geist“. Manchmal nennt man sie auch Macht, Weisheit und Liebe oder Macht, Liebe-Weisheit und Intelligenz. Da jedoch Gott All-Liebe ist, sind alle Sephiroth Prinzipien oder Sphären Göttlicher Liebe. Intelligenz ist der empfängliche und Form gebende Aspekt dieser Liebe, während Weisheit oder das Wort der aktive oder kreative Aspekt ist. Der erstere empfängt und trägt die letzteren, gerade so, wie unser Atem die Worte trägt, die wir sprechen. Die Krone oder Macht ist eins mit der Quelle, die alles Potenzial, sowie den ersten Impuls oder die erste Ursache darstellt, ja sie ist diese Quelle.

Die dann folgenden sechs Zahlen bezeichnen die Heilige Dreifaltigkeit in ihrer Entfaltung in weitere Ausdrucksformen hinein. Während die erste Dreiheit (die Nummern 1-2-3) das absolute Reich oder die Welt der Emanation darstellt, bildet die zweite Dreiheit (Nummern 4-5-6) das spirituelle Reich oder die Welt der Schöpfung und die dritte Dreiheit (7-8-9) das seelische oder psychologische Reich, die Welt der Formung, ab. Die Namen für die zweite Dreifaltigkeit sind Gnade (4), Urteil (5) und Schönheit (6), während die Namen für die dritte Dreiheit Sieg (7), Herrlichkeit (8) und Fundament (9) sind.

Die letzte, aber nicht unwichtigste, ist die zehnte Sephira (10), die „das Reich“ oder „die Braut“ genannt wird, und das physische Universum mit allem, was es enthält, repräsentiert – die Welt der Tatsachen oder Handlung. Eines ihrer Symbole ist der Topf oder Kelch, der Heilige Gral, in welchen die anderen neun Sephiroth hinein gegossen, d.h. inkarniert werden

Die Namen, die den Sephiroth 7, 8 und 9 gegeben werden, sind nicht sehr aufschlussreich. Tatsächlich bezieht sich „Sieg“ auf gute Gefühle oder Wünsche, unseren guten Willen und die Zuneigung zu einander. „Herrlichkeit“ auf der anderen Seite meint einen spritzigen Geist, ein helles Gemüt und gute Gedanken. „Fundament“ schließlich bedeutet Hervorbringung oder Zeugung – die Fähigkeit, etwas zu erschaffen und Wünsche und Gedanken auf eine schöne Art und Weise in die Tat umzusetzen. Diese Drei bilden den natürlichen Lebensprozess von Wunsch, Gedanke und Tat, der als Ausdruck der höchsten Prinzipien liebende Güte, Verständnis und Dienen ist. Sieg, Herrlichkeit und Fundament sind jeweils das niedere psychologische Gegenstück der höheren geistigen Prinzipien von Gnade, Urteil und Schönheit. Diese letzteren ihrerseits sind die spirituellen Entsprechungen oder Manifestationen von Weisheit, Intelligenz und Macht.

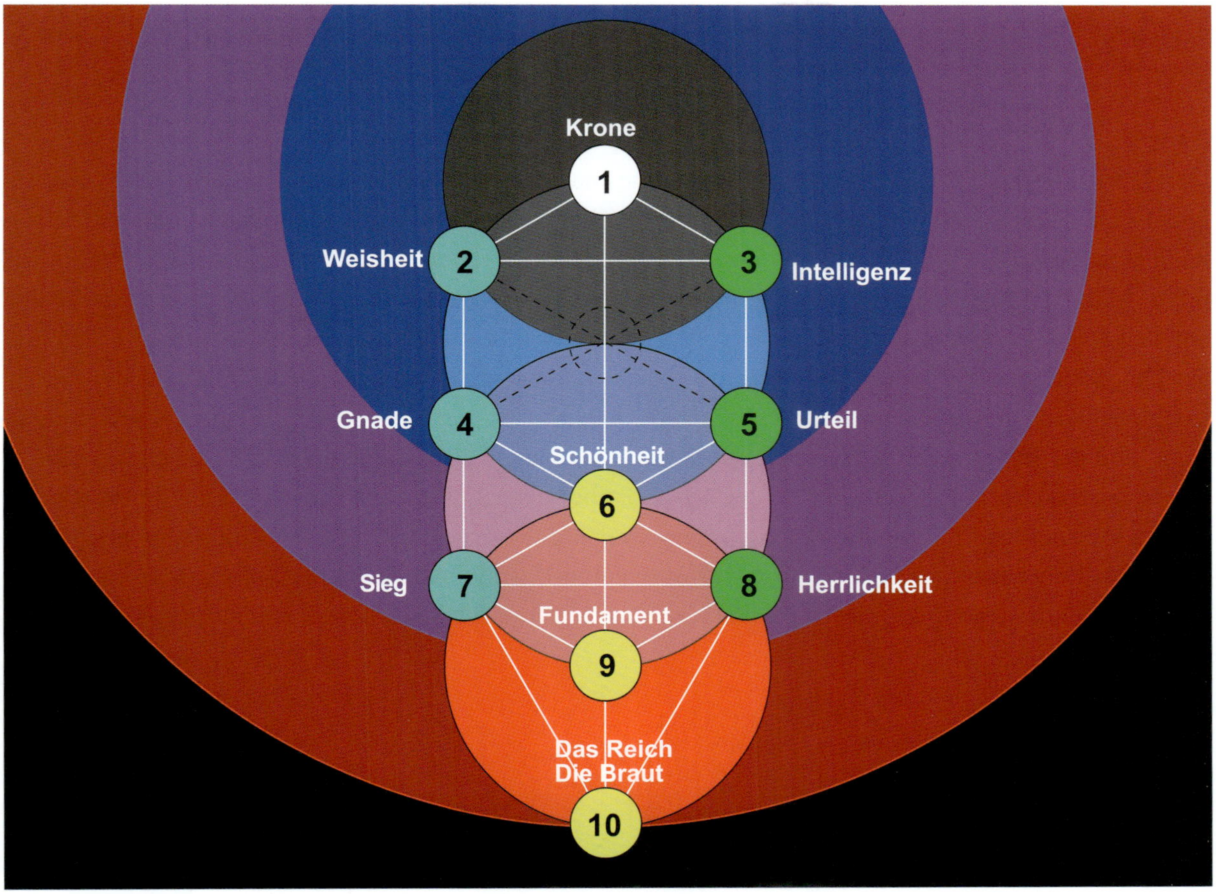

Die vier Welten, der Lebensbaum und die zehn Sephirot

Gnade ist auch als Mitgefühl bekannt und enthält Großzügigkeit. Sie geht mit Freiheit einher. Urteil/Unterscheidung ist dasselbe wie Wahrnehmung, aber ebenfalls bekannt als Strenge, Kraft, Durchsetzungsfähigkeit und Rechtschaffenheit, welche auch mit Disziplin zusammenhängen. Beide, sowohl Gnade als auch Urteil, oder Freiheit und Disziplin, braucht man im Gleichgewicht miteinander. Die Großzügigkeit von Gnade kann ausufernd, selbstzerstörerisch, blind und kraftlos sein ohne die Stärke, die ihr durch klares Urteil und richtige Disziplin zukommt. Urteil andererseits kann kalt, hart und im Ganzen zu streng sein ohne die Wärme und Gebefreudigkeit von Mitgefühl. Herz und Geist/Gemüt müssen zusammenarbeiten. Daraus ergeben sich Harmonie und Schönheit. Dieser Ausgleich der Gegensätze wird durch das dargestellt, was man die Großen Säulen nennt.

Die Großen Säulen

Die drei vertikalen Achsen des Lebensbaumes nennt man „Säulen“ oder „Pfeiler“. Die Macht befindet sich an der Spitze der mittleren Säule, der zentralen Achse. Weisheit nimmt die Spitze der rechten Säule und Intelligenz die Spitze der linken Säule ein. Diese drei Säulen heißen in der genannten Reihenfolge „Mahabone“, „Jachin“ und „Boaz“ und werden durch den sechs-strahligen Davidsstern, die Sonne und den Mond symbolisiert. Die Sonne gibt Licht, der Mond empfängt und reflektiert dieses Licht, und der Davidsstern zeigt das vollkommene Gleichgewicht zwischen beiden. Die Sonne bedeutet die erleuchtete Weisheit, der Mond stellt den Geist/das Gemüt dar, der durch diese Weisheit erhellt werden kann, und der Davidsstern ist das Zeichen der vollkommenen Verschmelzung oder Hochzeit beider in einem Zustand höchster Liebe. Diese drei Symbole beziehen sich hauptsächlich auf die Sephiroth von Macht, Weisheit und Intelligenz, die den Baum krönen. Sie werden dann in den beiden folgenden Dreiheiten des Lebensbaumes zu weiterem Ausdruck geführt, wobei zum Beispiel Gnade als Gottes rechte Hand, Urteil als seine linke angesehen werden. Gnade gibt und vergibt; Urteil hält zurück und schränkt ein.

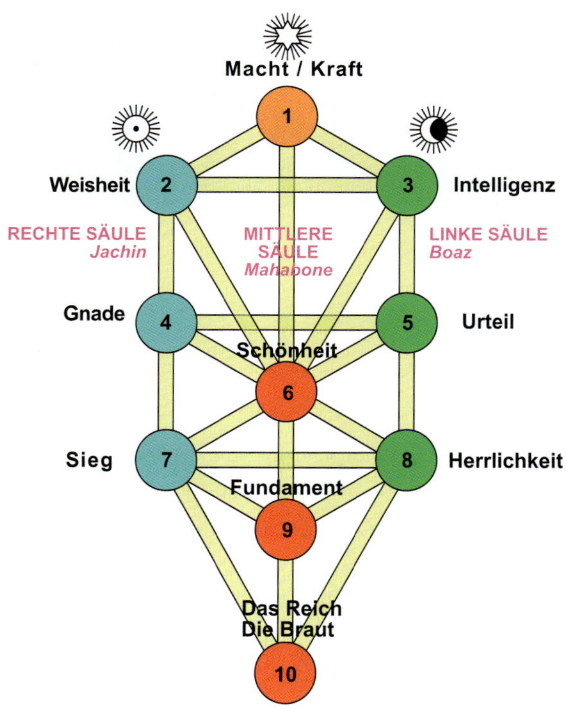

Der Lebensbaum: Die Großen Säulen

Der „Sonnenpfeiler“ zur Rechten hängt mit dem Tag und dem Tageslicht zusammen, der „Mondpfeiler“ mit Nacht und Dunkelheit. Aus diesem Grunde wird die Weisheitssäule zur Rechten manchmal dargestellt mit der Erdkugel auf ihrer Spitze. Das bezieht sich auf die uns umgebende Welt, die im Tageslicht sichtbar ist, während der linke Pfeiler der Intelligenz vom Himmelsglobus gekrönt wird, um den Nachthimmel mit dem Mond und den Sternen anzuzeigen.

Titelseite von Francis Bacons „Instauratio Magna" 1620

Diese Titelseite zu einer kurzen Beschreibung der Großen Instauration wurde zusammen mit Bacons „Novum Organum" („Neue Methode") veröffentlicht. Hier werden klassische, frei stehende Säulen gezeigt, welche die Säulen des Herkules darstellen. Die hier gewählte dorische Ausführung der Architektur wird traditionell benutzt, um das Fundament von Dingen darzustellen, das, im Hinblick auf den Lebens- und Einweihungsprozess, symbolisch für Vertrauen und den ersten Einweihungsgrad steht.

Titelseite zu „Advancement and Proficience of Learning (Fortschritt und Fertigkeit des Lernens) von Francis Bacon, 1640

Auf dieser ganz tiefsinnigen Titelseite sind die Großen Pfeiler als Tetraeder dargestellt, die das Feuerelement symbolisieren. Jede wird von drei kleinen Kugeln getragen, die ihrerseits auf einer doppelten Sockelplatte ruhen, welche drei aufeinander gestapelte Bücher einschließt. Diese insgesamt sechs Bücher repräsentieren die sechs Teile von Bacons „Instauratio Magna“, die „Große Instauration“ (die Erneuerung der Wissenschaft durch methodische Anwendung des Denkens und Forschens, A. d. Ü.), die nach dem Muster der sechs Tage währenden Schöpfung angelegt ist. Bacon sieht hier die Großen Pfeiler als die Säulen des Herkules, zwischen denen wir wie die Argonauten hindurch segeln sollen zu fernen Ländern, um das Goldene Vlies des erleuchteten Wissens zu suchen. Daher versteht sich auch das Motto unter dem Schiff: „Multi pertransibunt et augebitur Scientia“ = „Viele werden hindurch fahren und Wissenschaft wird vergrößert werden.“

Wie man sieht, hat die rechte (vom Standpunkt in dem Bild aus gesehen) Säule die Sonne an ihrer Spitze, während die linke den Mond zeigt. Darüber befinden sich zwei Kugeln, von denen die rechte den „Mundus Visibilis“, die sichtbare Welt, und die linke den „Mundus Intellectualis“, die „intellektuelle“ Welt zeigen. Dies bezieht sich auf das „offene Tageslicht“ der Wahrheit und die eher schattenhafte Welt des Geistes/Gemütes, welcher versucht, die Wahrheit zu reflektieren und zu verstehen. Aus diesem Grund sind die linke Säule und die Kugel der Verstandeswelt schattiger dargestellt als die rechte Säule. In anderen, ähnlichen kabbalistischen Darstellungen wird manchmal anstelle der intellektuellen Welt eine himmlische Sphäre benutzt. Beide bedeuten aber dasselbe. Wenn solch eine Himmelskugel dargestellt wird, zeigt sie einen Nachthimmel mit Sternen, ein Bild, das mit demjenigen des Mondes Hand in Hand geht. Wenn aber die Sonne aufgeht, verschwinden Nacht und Sterne im weiten Licht des Tages und man kann die Erde in all ihrer Schönheit klar erkennen – daher die Assoziation Sonne – Erde.

Die beiden Hände, die aus den Kugeln heraus gestreckt sind, ergreifen einander in einer Geste des Händereichens aus dem Freimaurertum. Das weist auf Freundschaft oder Geschwisterschaft hin. Im Zusammenhang von Bacons Lehre stellt dies ebenfalls die Vereinung von Herz und Haupt, oder Gefühl und Vernunft, sowie zusätzlich das Zusammengehen von Gedanke und Tat dar, so dass wir in Wirklichkeit unsere liebevollen Gedanken in die Tat umsetzen, um Gutes hervor zu bringen. Auf diese Weise werden wir wirkliches Wissen erwerben, das, wenn es auf Wahrheit beruht, Erleuchtung bringen, und einen Paradieszustand auf der Erde aufbauen wird. Das Motto über den verschränkten Händen erklärt dies zum Höhepunkt oder Ziel des Fortschritts und der Fertigkeit beim Lernen: „Ratione et Experientia Foederantur“ = „Durch Vernunft und Erfahrung wurden sie vereinigt“.

Die beiden Pfeiler werden außerdem mit Wissenschaft und Philosophie in Verbindung gebracht. Philosophie bedeutet, etwas theoretisch zu verstehen, bis es durch Praxis bewiesen ist. Wissenschaft ist dagegen tatsächliches Wissen als Ergebnis davon, dass Vorstellungen in die Tat umgesetzt und durch Erfahrung bewiesen wurden. Das Schiff Argo wird nicht so sehr im Durchgang zwischen den Säulen als vielmehr auf dem Weg von Philosophie zu Wissenschaft gezeigt. Damit drückt es aus, dass Gedanke in die Tat umgesetzt und die Seele (das Schiff) aus Dunkelheit zum Licht fortschreitet.

Diese Symbolik zeigt weiterhin die Wirklichkeit auf, dass Wahrheit gleichermaßen offenbart und verschlossen ist. Tageslicht offenbart, die Dunkelheit der Nacht verschließt. Während des Tages kann überall Licht gesehen werden, während der Nacht sind nur kleine Lichtpunkte bemerkbar, die in der Dunkelheit scheinen. Wie der heilige Paulus so schön sagte:

„Für jetzt sehen wir wie durch Glas verdunkelt, dann aber schauen wir von Angesicht zu Angesicht. Jetzt erkenne ich unvollkommen, dann aber werde ich ebenso erkennen, wie ich selbst erkannt werde".[15]

Das gilt ebenso für Klang und Stille und für Sprechen und Zuhören – die Weisheit oder das Wort ist Klang und Intelligenz oder Geist/Gemüt ist Stille, in der der Klang widerhallen und gehört werden kann. Die Wirklichkeit besteht aus beidem, und wir brauchen beides, am besten in vollkommenem Gleichgewicht und Harmonie.

Das moderne Freimaurertum kennt die drei Säulen als diejenigen von Weisheit, Stärke und Schönheit – Weisheit, um zu entwerfen, Stärke, um zu unterstützen, und Schönheit, um auszuschmücken. Manchmal vertauscht das moderne Freimaurertum die Symbolik der Seitenpfeiler, so dass der Mond den rechten Pfeiler Jachin und die Sonne den linken Pfeiler Boaz repräsentiert. Das mag daher kommen, dass im 18. Jahrhundert, als es zwei große Logen gab, eine Verwirrung entstand, in deren Verlauf eine Loge ganz bewusst die Symbolik der Pfeiler umkehrte, um sich von der anderen Loge zu unterscheiden. Aber die Konfusion in dieser Hinsicht kann auch bis ins 16. oder 17. Jahrhundert zurückverfolgt werden und hat möglicherweise ihren Ursprung in einem Missverständnis, das daraus resultiert, dass der Lebensbaum entweder von vorne (= Paneem, A. d. Ü.) oder von der Rückseite angeschaut werden kann. Stärke ist ein anderer Name für die göttliche Intelligenz und hat eine Beziehung zu „den Wassern" oder der Materie des Universums, sowie dem Disziplinaspekt von Urteil. Hand in Hand mit dieser Beschreibung geht die Aussage:

„In Stärke will ich dieses mein Haus aufbauen, so dass es für immer fest steht".[16]

Das bringt die Bedeutung der hebräischen Namen für die Säulen zusammen: Boaz bedeutet „in Stärke", Jachin hingegen „Jah (Weisheit) wird aufbauen", und Mahabone meint „der Große Eine", der durch das Haus oder den Tempel Gottes symbolisch dargestellt wird. Das hat insgesamt dieselbe Bedeutung wie die biblischen Aussagen:

„Auf diesen Felsen will ich meine Kirche bauen",17
und: „Er ist weisen Sinnes im Herzen und stark an Macht".18
und „Nur der Herr gibt Dir Weiheit und Einsicht".19

---

15 I Korinther xiii, 10

16 Henderson´s MS of William Preston

17 Matthäus 16, 18

18 Job 9, 4; 36, 5.

19 I Chronik 22,12)

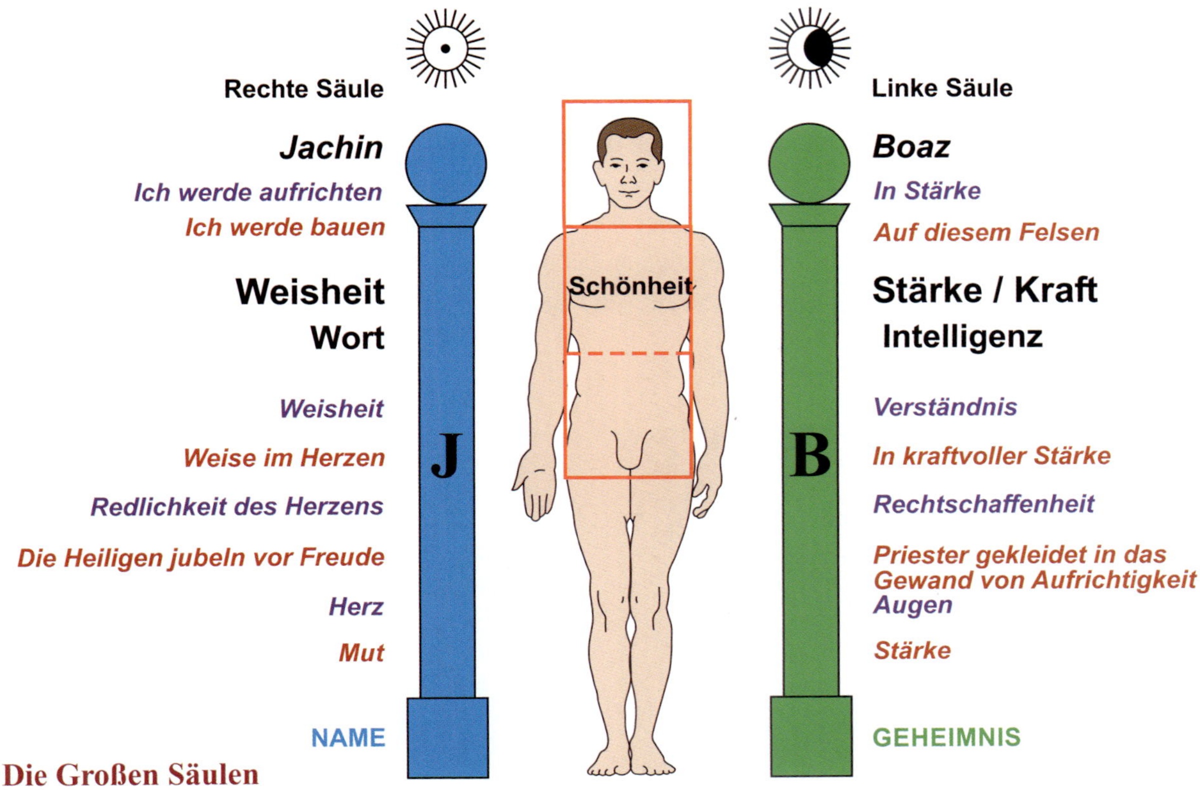

Die Großen Säulen

Die Pfeiler sind auch bekannt als diejenigen der Gnade, der Strenge und der Güte. Dabei nimmt man ihre Namen aus der zweiten Dreiheit von Sephiroth, in denen Strenge eine andere Bedeutung der Sephira 5, Stärke, ist und Güte für die Sephira 6, Schönheit. Sie geben Hinweise auf die drei hauptsächlichen Pfade, die wir im Leben wählen können und das Verhalten, das wir dabei annehmen können. Die zeitlose Weisheit sagt, dass der mittlere Pfad der beste ist – eine Lehre, für die uns die Großen Säulen Symbole sind, da wir zwischen ihnen hindurch gehen müssen, um auf unserem Entwicklungsweg hin zu voller Erleuchtung und Freude weiter zu kommen. Wir können sie aber nur dann in vollkommener Balance und Synthese passieren, wenn wir das, was sie jeweils bedeuten, in unser Leben und unsere Verhaltensweise eingebaut haben.

Es sind die beiden seitlichen Pfeiler – der rechte der Weisheit und der linke der Stärke oder Intelligenz, welche gewöhnlich als die „Großen Pfeiler oder Großen Säulen“ bekannt sind. Man nennt sie auch die Säulen des Atlas oder die Säulen des Herkules. In der Architektur werden sie traditionell als zwei große Säulen, Pfeiler oder Türme dargestellt, die vor dem Tempeleingang stehen. Das berühmteste Beispiel dafür war Salomons Tempel, in dem die Großen Pfeiler aus Messing bestanden und freistehend waren. Der mittlere Pfeiler dagegen wurde durch den Rauchopfer-Altar und die Bundeslade im Innern des Tempels repräsentiert. In der Architektur der christlichen romanischen und gotischen Kathedralen stellen die beiden Westtürme die Großen Pfeiler dar, zwischen denen sich der Haupteingang befindet. Der Hochaltar im Osten des Chores, der Mittelgang, der durch das Kirchenschiff zum Hochaltar hinführt und bei bestimmten Gelegenheiten der zentrale Altar unterhalb der Vierung bezeichnen den mittleren Pfeiler.

Die Westfront der Karlskirche in Wien, Österreich

Die Westfront der Kathedrale von Santiago de Compostela, Spanien

Kirchenschiff und Chor der Kathedrale von Bourges, Frankreich

Hochaltar der Kirche von Klosterneuburg, Österreich

Die klassischen Weisheitsschulen nannten die Großen Pfeiler „die Himmlischen Zwillinge", Gemini, oder Venus und Adonis, wie auch Venus und Mars. Die letztere Bedeutung leitet sich von der symbolischen Zusammengehörigkeit von Sonne, Mond und den Planeten mit den Sephiroth ab, wobei die Erde das Königreich darstellt, der Mond das Fundament, Merkur die Herrlichkeit, Venus den Sieg, die Sonne Schönheit, Mars Urteil/Unterscheidungskraft, Jupiter Güte/Barmherzigkeit und Saturn das Wissen. Manchmal symbolisiert Saturn die Intelligenz, aber letztere wird auch durch die Sternkonstellationen dargestellt. Weisheit zeigt sich als der Tierkreis und die Krone als das „Primum Mobile" oder „die Erste Bewegung".

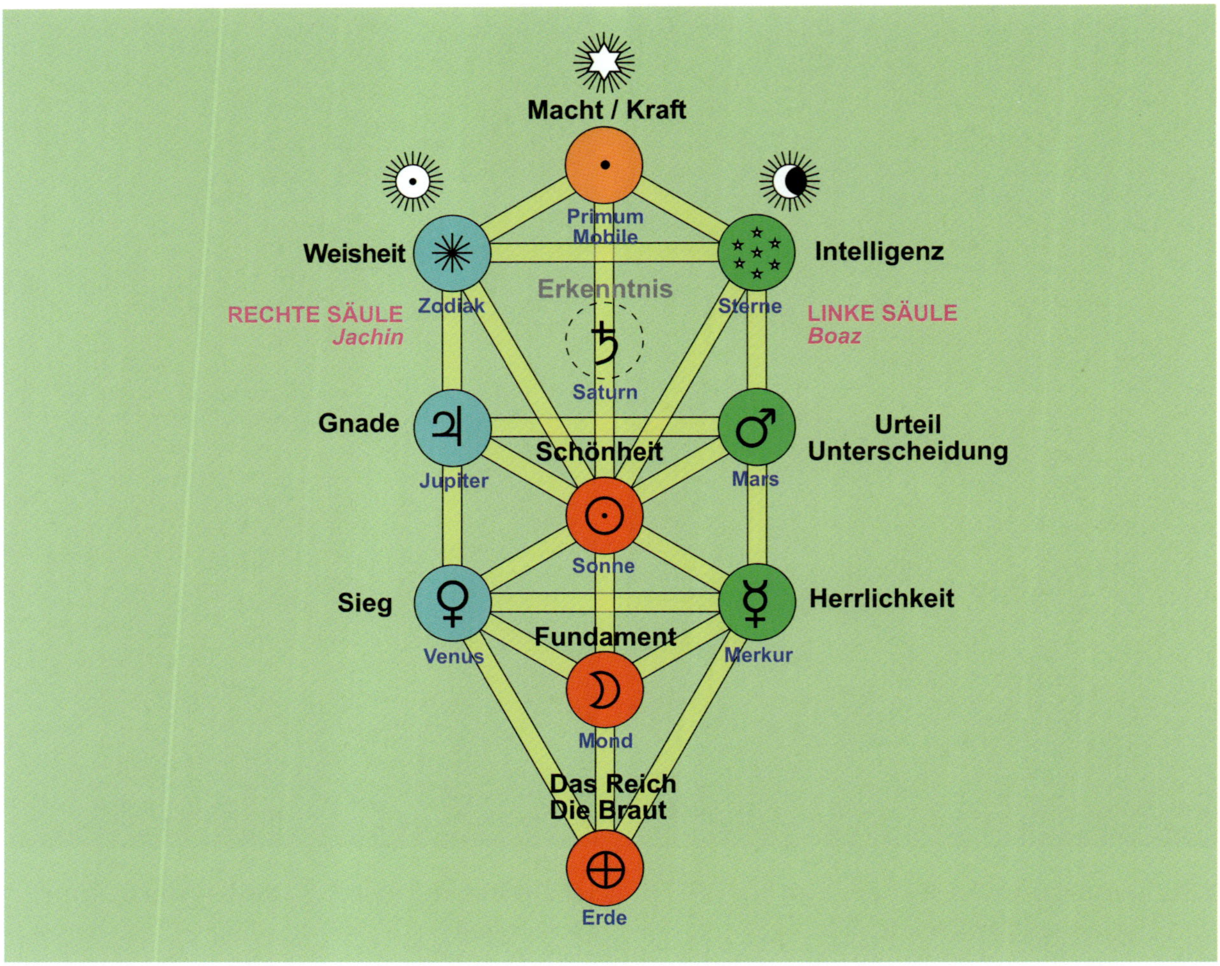

Der Lebensbaum: Planetare Symbolik

In der Symbolik von Venus und Mars bedeutet dieser Streben und jene Freundschaft. Das sind die beiden einander entgegen gesetzten natürlichen Kräfte, die wir lernen müssen zu entwickeln und in uns selbst und in der Gesellschaft zum Ausgleich zu bringen. Keine von beiden ist schlecht, aber ihr Fehlen oder ihre Pervertierung führt zu Krieg und Feindschaft. Streben ist nicht Krieg, aber ohne Freundschaft kann dieser daraus entstehen. Streben ist Anstrengung, Bemühung. Wer wirklich nach etwas strebt, gibt sein Bestes im Angesicht von Schwierigkeiten und Herausforderungen. Genauso gibt es keine wahre Freundschaft ohne das Bemühen, einander zu helfen. Es bedarf sogar schon einiger Anstrengung, eine Freundschaft aufzubauen. Jeder von uns ist nicht einmal sich selbst ein wahrer Freund, wenn wir nicht danach streben, das Rechte und Gute für unser eigenes Leben und Wohlergehen zu tun. Gäbe es kein Streben und keine Freundschaft, würden wir einfach in einem apathischen Sumpf von bedeutungsloser Existenz versinken, in einer Art von Nichts. Wenn wir jedoch lernen, in Freundschaft miteinander zu streben, können wir am Ende alles gut und wahrhaftig vollbringen. Das ist die Bedeutung, welche der Mythos uns zu vermitteln sucht.

Venus und Mars
Titelblatt von: Das ganze Buch der Psalmen (1583)

THE
Whole Booke
of Psalmes:
Collected into english meeter by *Thomas Sternhold, Iohn Hopkins* & others: conferred with the Hebrue, with apt Notes to sing them withall.

IAMES V.
¶ If any man bee afflicted let him pray: and if any be mery, let him sing Psalmes.

LONDON
Imprinted by Iohn Day,
1583.
Cum gratia & priuilegio Regiæ Maiestatis

Die Göttin Venus ist auf der rechten Seite des Bildes dargestellt: Halb nackt und mit einem Kind, das zu ihren Füßen kniet. Sie hält einen Stab in der rechten Hand. Dieser lehnt schräg über ihre rechte Schulter, und die rechte Hand liegt nahe an ihrem Herzen. Ihr linker Arm schmiegt sich an ihrem Körper abwärts, wo sie mit der linken Hand ihr Gewand aus Blüten, Blättern und Früchten über ihren mons veneris rafft.

Mars, auf der linken Bildseite, schaut zu Venus hinüber. Er hält eine Hellebarde in seiner Rechten, während er die Linke so in die Taille stützt, dass sein linker Arm einen rechten Winkel bildet. Er trägt volle Rüstung und einen mit Federn geschmückten Helm auf dem Kopf.

Die Üppigkeit, Nacktheit und Sinnlichkeit von Venus sind dazu angetan, die Vorstellung des mehr gefühlsbetonten, auf Herz und Zuneigung bezogenen rechten Pfeilers des Lebens wach zu rufen, während die Anwesenheit des Kindes der Venus die zärtliche Fürsorge von Mutterliebe andeutet. Das Kind ist im klassischen Mythos Cupido, der Liebesgott. Die Nacktheit repräsentiert die Wahrheit, welche „ein nacktes und offenes Tageslicht" ist im Vergleich zu dem, was wir als Wahrheit wahrnehmen und was verschleiert ist und eher dem Licht einer Kerze ähnelt.

Mars, die natürliche Polarität zu Venus, ist demgegenüber vollständig bekleidet mit seiner Rüstung, die seinen Körper fast ganz verdeckt. Seine aufrecht gehaltene Hellebarde bedeutet Aufrichtigkeit oder Rechtschaffenheit, was auch seine Körperhaltung widerspiegelt. Er steht da streng, aufgerichtet und diszipliniert. Sein rechtwinkeliger linker Arm deutet hin auf das Quadrat, Symbol der rationalen Fähigkeiten. Der Helm auf seinem Kopf betont das rationale Denken, während die Federn auf erleuchtete Gedanken hindeuten. Sein geradliniger, unentwegter Blick zu Venus symbolisieren zusammen mit der aufrechten disziplinierten Haltung gleichfalls klare Wahrnehmung und Erkenntnis, die Erleuchtung bringen, und seine Schutzfunktion dafür.

Mars und Venus lieben einander und bekommen ein Kind, das „Harmonie“ ist. Darüber hinaus bleiben Mars und Venus auch stets Liebende in der Liebe zueinander. Das bedeutet das Ausgleichen, Harmonisieren und liebevolle Vereinigen der beiden Seitenpfeiler – von Herz und Geist, Wunsch und Gedanken, Gnade und Urteil – in einem Akt der Liebe. Harmonie signiert die Sephira 6, da aus ihr Schönheit wie eine Rose erwächst. Die Rose ist ein Symbol für Schönheit, ebenso wie für Venus. Schönheit ist im Lebensbaum symbolisch mit der Sonne verbunden, so dass die Rose der Schönheit als „Sonnenrose“ bekannt ist.

Die Kabbala fasst dies kurz und bündig sinngemäß zusammen: „Um Gott zu erkennen, muss der Mensch die Heiligen Namen und Mysterien von Jachin und Boaz vereinigen“.

Alchemistische Elemente

Die alchemistischen Elemente sind symbolisch mit den Großen Säulen verbunden, aber es gibt verschiedene Arten, wie diese Symbolik benutzt wird. Der grundlegende Gebrauch der Elemente in Bezug auf die Großen Pfeiler wird von der Idee abgeleitet, dass das Universum aus Geist und Materie oder aus Energie und Materie besteht. Geist oder Energie, die schöpferisch sind, werden durch das Feuer symbolisiert und mit Weisheit und dem rechten Pfeiler verbunden. Materie, die empfänglich ist, wird durch Wasser dargestellt und steht in Verbindung mit Intelligenz und dem linken Pfeiler. Die Verbindung der beiden produziert Äther, was ein alchemistischer und kabbalistischer Name für Licht ist. Dieser Symbolismus geht Hand in Hand mit dem von Sonne und Mond, da die Sonne ihrer Natur nach heiß und feurig, der Mond jedoch kalt und mit Wasser verbunden ist, weil er die Gezeiten auf unserem Planeten bestimmt.

Die beiden anderen Elemente Luft und Erde kommen dadurch hinzu, dass die Luft üblicherweise mit dem linken Pfeiler und die Erde mit dem rechten in Verbindung gebracht wird. In diesem Gebrauch der vier Elemente wird Luft als das gegenüber dem Wasser höhere Element betrachtet, ebenso, wie es Feuer gegenüber dem Erdelement ist. Wenn also die vier Elemente mit den Großen Pfeilern in Verbindung gebracht werden, so hat das Feuer seinen Platz auf der Spitze und die Erde am Fuße der rechten Säule. Daraus ergibt sich eine Assoziation mit der Idee, dass die schöpferische Energie das Wort Gottes ist, das durch den Heiligen Geist oder Heiligen Atem getragen wird. Dabei wird das Wort Gottes durch das Feuer und der Heilige Geist durch die Luft symbolisiert. Ergänzend dazu tragen „die Wasser“ des Universums, auf denen sich der Heilige Geist bewegt, nämlich atmet, das Erdelement. In dieser Symbolik wird der linke Pfeiler als Träger des rechten Pfeilers gezeigt: Luft trägt Feuer, und Wasser trägt Erde. Luft und Feuer sind geistig, leicht und fein und befinden sich daher oberhalb von Wasser und Erde, die im Gegensatz dazu materiell, schwer und dicht sind.

Die Großen Pfeiler/Säulen
Titelblatt von: Monas Hieroglyphica von John Dee (1564)

In diesem Emblem werden die beiden Pfeiler als Träger eines Türsturzes und Bogens dargestellt, so dass sie zusammen ein Tor bilden. Es ist ein sowohl kabbalistisches als auch freimaurerisches Bild, und der Bogen ist der „Königliche Bogen", der den Himmel symbolisiert und mit Sternen übersät ist. Auf dem rechten Pfeiler strahlt die Sonne und die linke trägt den Mond. Die vier alchemistischen Elemente sind in Worten und Zeichen abgebildet. Das Feuerelement, auf Latein als „IGNIS" geschrieben, befindet sich auf dem Kapitell am oberen Ende der rechten Säule. Das Luftelement, geschrieben als „AER", ist auf dem Kapitell der korrespondierenden linken Säule zu sehen. Das Wasserelement wird durch die Abbildung eines Schiffes dargestellt, das auf dem Meer auf dem Sockel der linken Säule dahin segelt. Der Sockel der rechten Säule zeigt das Erdelement in Form von Feldern und Hügeln.

In der Mitte finden wir das „Ei des Philosophen" (entspricht im Deutschen dem „Stein der Weisen", A. d. Ü.) und in seinem Zentrum das, was John Dee „Monas Hieroglyphica" – die Hieroglyphe der Monade – nennt: Die Einheit, welche dem gesamten Universum unterliegt und in der alle Wirkkräfte und Formen enthalten sind. Die Hieroglyphe symbolisiert all diese Wirkkräfte und Formen. Wie man sehen kann, ist diese Hieroglyphe im Grunde das Zeichen des göttlichen Merkurs, jedoch mit dem Symbol des Widders unter dem Fuß des Kreuzes verbunden. Dies repräsentiert das Feuer, das benötigt wird, damit die alchemistischen Prozesse stattfinden können. Das Feuer kann man als den Eifer der Liebe oder des Wunsches betrachten, als den Willen, welcher die kreative, antreibende Lebenskraft ist.

Es gibt aber Gelegenheiten, bei denen die Elemente Feuer und Luft mit der rechten Säule in Verbindung stehen, wobei das Feuer über der Luft rangiert, während die Elemente Wasser und Erde zum linken Pfeiler gerechnet werden, wobei das Wasser über der Erde ist. Diese Anordnung wird normalerweise benutzt, wenn man die Kreativität, Spiritualität und frei fließende Natur der rechten Säule im Gegensatz zur Empfänglichkeit, materiellen Form und Festigkeit der linken Säule herausstellen will und diese zur übergeordneten Schöpferkraft des Heiligen Geistes in Beziehung setzt. Er trägt in dieser Symbolik das Wort Gottes durch auf die Empfänglichkeit der Wasser des Universums, welche von der Erde geboren oder gehalten werden.

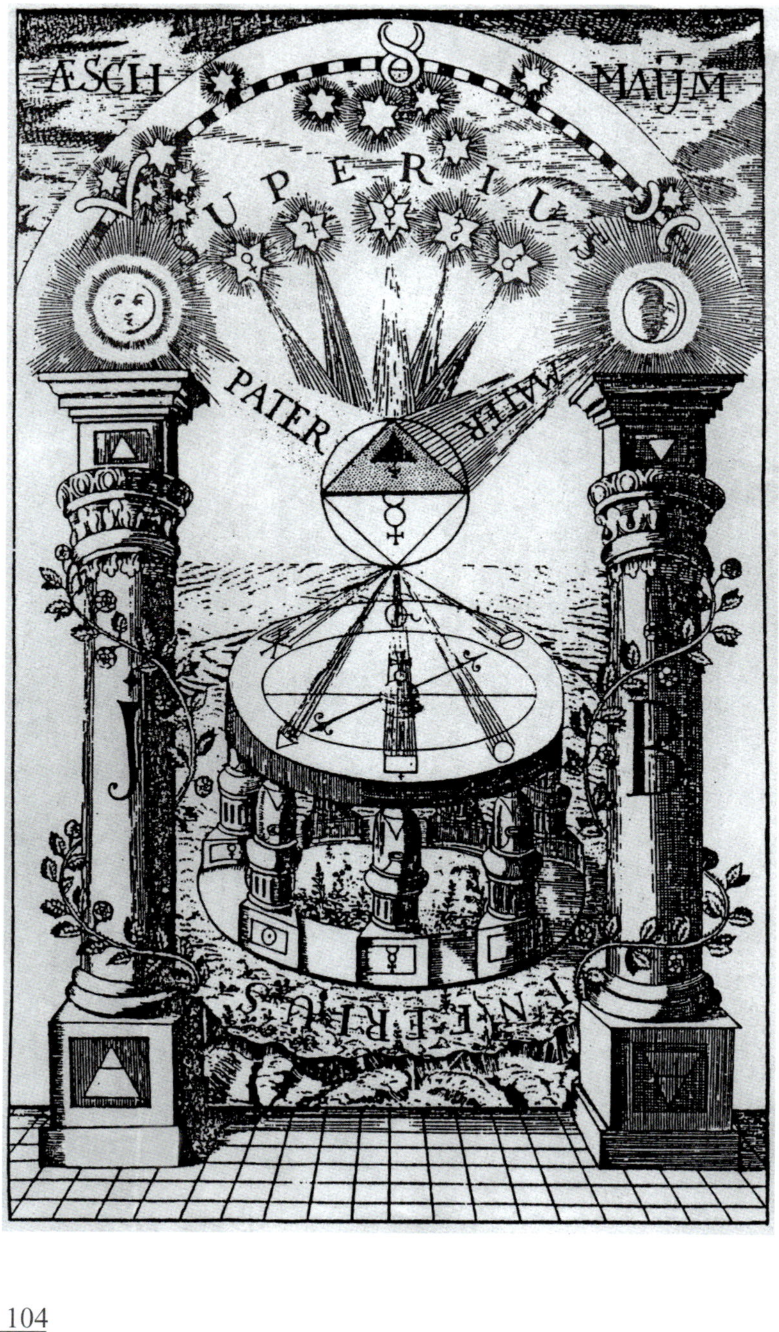

Die Alchemistischen Großen Säulen
Emblem vom „Zirkel des Weisen“, Berlin, Anonymus (1779)

Dies tiefsinnige kabbalistische und alchemistische Bild ähnelt in vielerlei Hinsicht dem Titelblatt zu John Dees „Monas Hieroglyphica“ (s. Bild S. 103). Wie das Bild von John Dee zeigt dieses die Zwillingssäulen – die Großen Säulen – überspannt vom Bogen der Himmel. Aber dies Bild ist in seiner Symbolik detaillierter. Hier gibt es beispielsweise zwei Bögen, nicht nur einen. Der untere, in der Form des „catenarischen Bogens“ (des „Königlichen Bogens“) zeigt fünf der Planeten und weist somit auf die Ekliptik, den Pfad der Sonne, hin. Der höhere Bogen trägt drei Tierkreiszeichen und weist auf den Zodiak hin. Aber die Anordnung der Zeichen ist ungewöhnlich, und das aus einem bestimmten Grund: Der Schlusstein dieses Zodiakbogens trägt das Zeichen von Taurus, dem Stier. Aries, der Widder, liegt rechts über der Sonne und die Fische links über dem Mond. Der Widder, ein Feuerzeichen, beherrscht den Kopf und die Krone, die Fische, ein Wasserzeichen, herrschen über die Füße. Sie bilden natürliche Gegenpole zueinander. Der Stier ist in der Tradition bekannt als das Alpha, das erste Zeichen des Tierkreises, weshalb er auf die Krone des Bogens platziert ist, in die Position des Schlussteines, der die Göttliche Quelle und den Beginn von allem bedeutet – die Erste Ursache.

Der rechte Pfeiler, mit einem „J" für „Jachin" beschriftet, wird von der Sonne gekrönt, während der linke „B" für „Boaz" und den Mond trägt. Sie strahlen ihr Licht zum mittleren Kreis, in dem die alchemistischen Symbole für Sulphur (Schwefel) und Merkur (Quecksilber) dargestellt sind. Jedes davon liegt in seiner eigenen dreieckigen Hälfte des Quadrates, welches dem Kreis eingeschrieben ist. Das weiße Licht, das von der Sonne ausgeht, hat die Aufschrift „PATER", lateinisch für „Vater", und bezieht sich auf Gottvater oder den männlichen Aspekt des Göttlichen. Das dunkle Licht, das vom Mond ausströmt, heißt „MATER" für „Mutter", und bedeutet Gottmutter oder den weiblichen Aspekt des Göttlichen. Das weiße Licht bedeutet ausstrahlendes Licht und das dunkle Licht reflektiertes. Das eine steht in Beziehung zur Göttlichen Weisheit, das andere zur göttlichen Intelligenz – Sephiroth 2 und 3 im Lebensbaum.

Der quadrierte Kreis mit Sulphur und Merkur versinnbildlicht die nicht nummerierte Sphäre oder das Prinzip von Wissen, Daath, auf dem Lebensbaum.

Die Anordnung der alchemistischen Elemente unterscheidet sich hier von Dees Bild. Über dem rechten, dem Sonnenpfeiler Jachin, befindet sich ein aufwärts zeigendes Dreieck als Symbol des Feuers. In Ergänzung dazu wird der linke, der Mondpfeiler, von einem abwärts weisenden Dreieck als dem Symbol für Wasser überragt. Auf den Basen der Pfeiler sind die Symbole der beiden anderen Elemente zu sehen: Luft rechts und Erde links. In dieser Anordnung sind die höheren, leichteren und daher spirituelleren Elemente mit dem rechten Pfeiler verbunden und die niederen, schwereren und materielleren Elemente mit dem linken.

Die Platzierung von Feuer und Wasser auf den oberen Abschlussplatten der Pfeiler reflektiert „Aesch" und „Maijm" (hebräisch für „Feuer" und „Wasser"), was in der rechten und linken oberen Ecke des Bildes geschrieben steht.

Diese beziehen sich auf das göttliche Feuer und Wasser, die in der Kabbala für die fundamentalen Begriffe Geist und Materie stehen, für die dem Göttlichen selbst innewohnende Polarität, die das Göttliche Licht oder die Manifestation Gottes erschafft. Daher heißt es: „Der Geist Gottes bewegte sich auf dem Antlitz der Wasser"; und Gott sprach: „Es werde Licht" und es ward Licht.", Gen.I,2,3. Dieses Göttliche Licht ist auch bekannt als das aesh-maijm oder shamayim – das „Feuer-Wasser" oder der Äther. Aus diesem kommt alles andere, wie es in dem Bild dargestellt ist.

Die Göttliche Familie

Durch alle Zeitalter hindurch wurden menschliche Beispiele und Geschichten dazu benutzt, um den Lebensbaum und die Bedeutung der Heiligen Dreifaltigkeit zu erklären. So wird zum Beispiel die Weisheit der rechten „Sonnen-Säule" „Abba", was „Vater" heißt, genannt, während die Intelligenz der linken „Mond-Säule" als „Aima" mit der Bedeutung von „Mutter" bezeichnet wird. Somit sind diese beiden, Weisheit und Intelligenz, der Göttliche Vater und die Göttliche Mutter. Sie bilden die Pole der Existenz, sind aber vollständig eins in Liebe, denn sie sind Liebe. Sie und ihre Liebesbeziehung zueinander bilden die Heilige Dreifaltigkeit – „die Drei in Einem und der/die/das Eine in Drei".

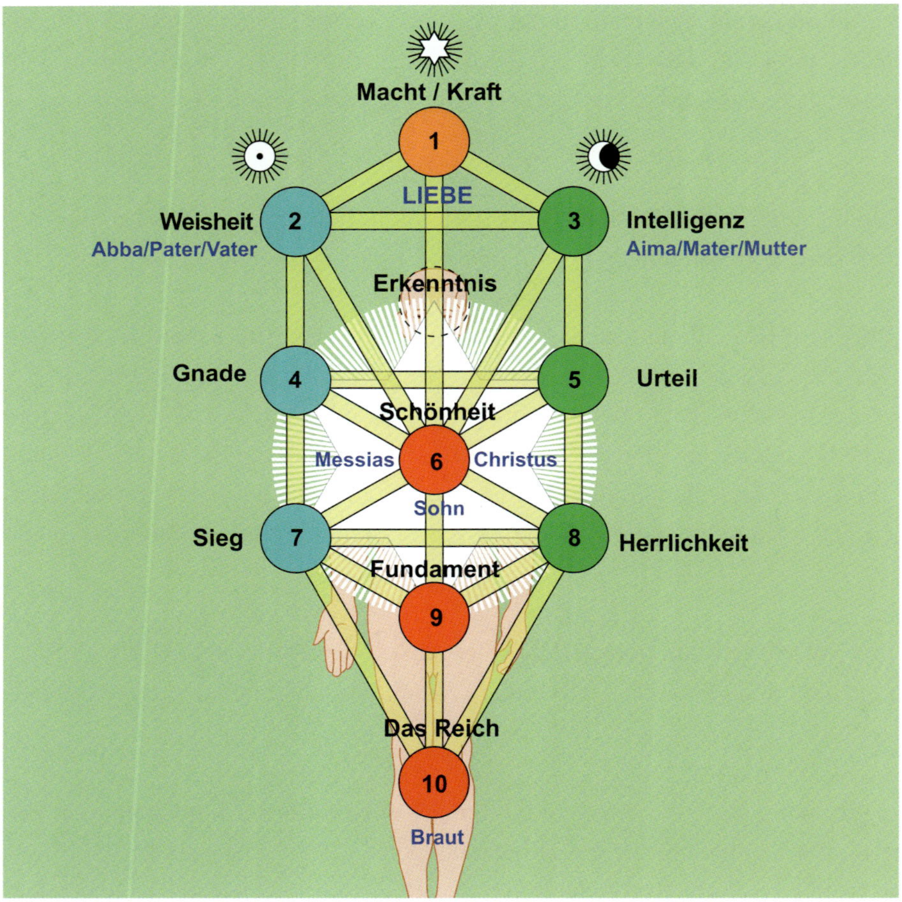

Der Lebensbaum:
Die göttliche Familie

Die beiden Göttlichen Eltern, Weisheit und Intelligenz, beziehen sich jeweils auf Aesch (Feuer) und Maijm (Wasser) des Universums. Die Verbindung beider ist bekannt als Shamaijm („Feuer-Wasser"), nämlich der strahlende „Äther" des vollendeten Lichtes. Das ist dasselbe, was der biblische Text der Genesis beschreibt mit den Worten: „Der Geist Gottes bewegte sich über dem Antlitz der Wasser", eine schöpferische Liebeshandlung der Göttlichen Eltern, die Licht hervorbrachte.

Dieses Licht, das der „Sohn“ oder „Erstgeborene“ der Beziehung der Göttlichen Eltern ist, wird als erstes durch die Sephira 6, Schönheit, dargestellt. Um die Schönheit sind die Sephiroth 4 (Mitgefühl), 5 (Urteil), 7 (Sieg), 8 (Herrlichkeit) und 9 (Fundament) angeordnet, die die Schale oder den Thron bilden, in der oder auf dem die Schönheit sitzt. Sie sind alle Aspekte von Schönheit und enthalten zusammen die Fülle des Sohnes oder Lichtes des Universums.

Geometrisch bilden die Sephiroth 4-5-7-8-9 fünf der Spitzen eines sechs-strahligen Sternes, eines Hexalpha oder Davidsternes, der auch Christusstern heißt. Die nach oben zeigende Spitze dieses Sternes wird durch die nicht benannte Sphäre im Lebensbaum markiert, das Zentrum der Welt der Schöpfung. Dieser Punkt heißt Daath („Wissen“) und repräsentiert die bewusste Kenntnis des ganzen Lebensbaumes, die man Schritt für Schritt, Grad um Grad, erworben hat. Im Eigentlichen repräsentiert diese Sphäre die Vereinigung der Sephira 3, der göttlichen Intelligenz, mit Sephira 2, der göttlichen Weisheit, denn sie trägt die Bedeutung des erleuchteten Geistes/Gemütes oder der Seele, erfüllt von Weisheit – das Wesen Mensch, das wahrhaftig Gott oder seine/ihre eigene Göttlichkeit kennt und diese in allen Welten manifestiert.

Das Königreich ist auch bekannt als die Braut. Sie ist die Tochter Gottes, genau, wie das Licht der Sohn Gottes ist. Nachdem Licht die Manifestation der Sephira 1 darstellt, wird diese, die Krone, gemeinhin als Bräutigam der Braut angesehen. Dennoch kann der Bräutigam auch als Sephira 6 verstanden werden, und zwar gemeinsam mit den diese umgebenden Sephiroth. Wenn die so genannte mystische Hochzeit sich vollzieht, treffen sich Alpha, d.h. Nummer 1, und Omega, d.h. Nummer 10, vereinigen sich und werden Eines.

Thron und Wagen

Es gibt eine Vielzahl von Möglichkeiten, wie man den Lebensbaum verstehen kann. So ist zum Beispiel jede Welt aus einem vollständigen Lebensbaum zusammengesetzt und ebenso auch jede Sephira. Dieses Muster setzt sich ins Unendliche fort. Es ist ein archetypisches Muster, das überall und in Allem existiert. Es ist todlos, unveränderlich, ewig und all-weise, während es aber doch gleichzeitig Sterblichkeit, Veränderung, Zeit, Unvollkommenheit und begrenztem Verständnis in sich und als Teil von sich zu existieren erlaubt. Man kann danach den Lebensbaum auch in Begriffen wahrnehmen, die als der Thron und Wagen Gottes bekannt sind. Die Sephiroth 4-5-6-7-8-9 zusammen enthalten diesen „Thron“, auf dem Gott seinen Sitz hat. Gott wird hier durch die Heilige Dreifaltigkeit von Macht – Weisheit – Intelligenz, den Sephiroth 1-2-3, dargestellt. Seine so genannte „Fußbank“ ist die Sephira 10, das Königreich. Wenn sich der Thron in Bewegung befindet, d.h. im aktiven Modus, wird er Wagen (Merkabah) genannt. Manchmal wird der Thron auch zum Kosmos in Beziehung gesetzt, denn es gibt einen Weg, auf dem man die Sephiroth mit den Hauptrichtungen des Raumes, d.h. oben-unten-vorne-hinten-rechts-links oder oben-unten-ost-west-süd-nord in Beziehung setzt.

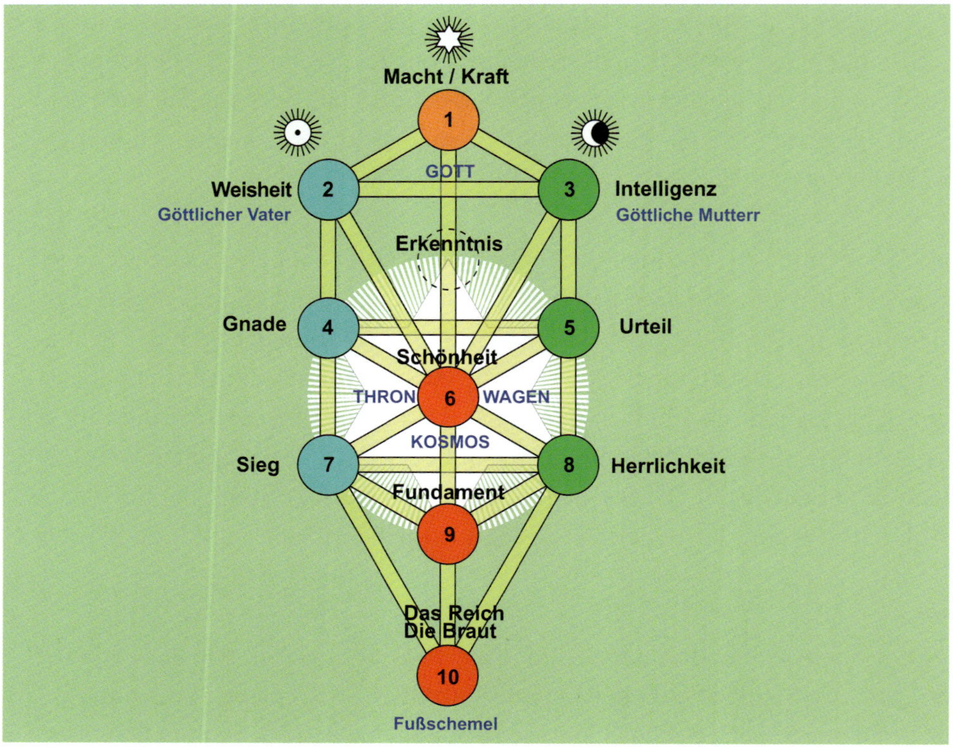

Der Lebensbaum:
Der Thron Gottes

In der Lehre der Kabbala bedeutet der Wagen das Mittel, durch welches wir zum Himmel oder zu unserer göttlichen Quelle aufsteigen. Das kann man so deuten, dass wir dann, wenn unsere spirituelle Natur, die Seele und unsere psychologische Natur miteinander in ausreichender Weise abgestimmt und ver-eint sind, den „Thron" bilden, auf den sich unser göttliches Selbst setzen und die Herrschaft übernehmen kann. Wenn wir dieses Bewusstsein durch unsere Bestrebungen hin zum höchsten Guten und zur höchsten Wahrheit in Bewegung setzen, dann wird der „Thron" zum „Wagen", mit dem wir in stets höhere Himmel des Bewusstseins aufsteigen. Während wir uns erheben, steigen wir auf durch Daath, das Wissen, um die Göttliche Quelle zu erreichen. Das bedeutet, dass wir das Wissen der Wahrheit erwerben, welches Erleuchtung ist.

Natürlich bedeutet das, dass wir in einem harmonischen Zustand von Mitgefühl und klarem Urteil, bzw. deutlicher Wahrnehmung, liebender Freundschaft und voll zielgerichteter, aufstrebender Gedanken sein müssen und auch die Reinheit des Geistes und die Schönheit des Herzens haben, welche alle durch die Sephiroth versinnbildlicht werden, die den Thron Gottes umgeben. Dies repräsentiert die wirkliche Bedeutung und das Ziel dessen, was man Meditation nennt, die zur Erleuchtung führt. Wenn wir gleichzeitig diesen Kosmos von Seele und Geist mit unserem „Königreich" oder Körper, der „Fußbank", vermählen können, dann kann der Körper zusammen mit unserer Seele und unserem Geist erhoben werden. Dies wurde der Überlieferung nach zuerst von Enoch fertig gebracht, dann später von Elijah, dessen Zeuge Elisha war, und schließlich von Jesus vor den Augen seiner Jünger als Zeugen. Im Osten, in Indien, wurde dieser Aufstieg von Geist, Seele und Körper in das unsterbliche Licht ebenfalls von Babaji vor einer innersten Gruppe seiner Schüler demonstriert.

Die Blume des Lebens

Die Geometrie, die dem Thron zugrunde liegt, trägt ebenfalls die Blume des Lebens. Dieses geometrische Muster erhält man, wenn man einen Kreis durch sechs andere, gleich große Kreise in sechs Teile teilt. Die Mittelpunkte der sechs äußeren Kreise liegen auf dem Umkreis des ersten und der nächst liegenden Kreise. Das ergibt die Grundlage der Blume des Lebens. Das Zentrum dieser „Blume“ fällt zusammen mit der Sephira 6, Schönheit, und die sechs Mittelpunkte der umgebenden Kreise sind die Sephiroth 4, 5, 7, 8 und 9, zusammen mit dem nicht bezifferten Punkt Daath. Diese wunderschöne Geometrie hat die Form einer Blüte mit sechs Blütenblättern, die man symbolisch als sechs-blättrige Lilie sieht. Man nennt sie den „Lotos des Herzens“, in dem das Göttliche Lichtwesen weilt – der Buddha, Christus oder welchen Namen auch immer wir für dieses herrliche göttliche Wesen gewählt haben, das die Darstellung oder Manifestation der Sephiroth 1-2-3, der Heiligen Dreifaltigkeit, ist. Wir selbst als Schauende sind „die Braut“. Er ist der Liebende, wir sind die Geliebten.

Die Blume des Lebens:
Archetypische Geometrie

Wenn wir die Schönheit einer Lotosblüte oder einer anderen Blume betrachten und ihren Duft mit Wertschätzung und Hingabe aufnehmen, bringt uns dies durch Erfahrung und erkannte Symbolik näher an das Verständnis der Liebeshandlung zwischen dem Liebenden und dem Geliebten. Dann müssen wir diesen Akt auf alles Leben, in der Natur und im Menschen, anwenden, im Wissen, dass alle Lebensformen ihrem Wesen nach Blumen des Lebens sind, selbst dann, wenn ihre äußere Bekleidung auf der physischen und psychologischen Ebene nicht immer ganz unserem Geschmack entspricht.

Der Himmel

Der Archetyp des Lebensbaumes beschreibt auch verschiedene Bewusstseinsebenen, die als „Himmel“ bekannt sind, in denen wir wohnen und die wir erfahren können, wenn wir für sie erwacht sind. Die grundlegenden Bewusstseinsebenen werden als die Vier Welten beschrieben: göttlich, geistig, seelisch und physisch.

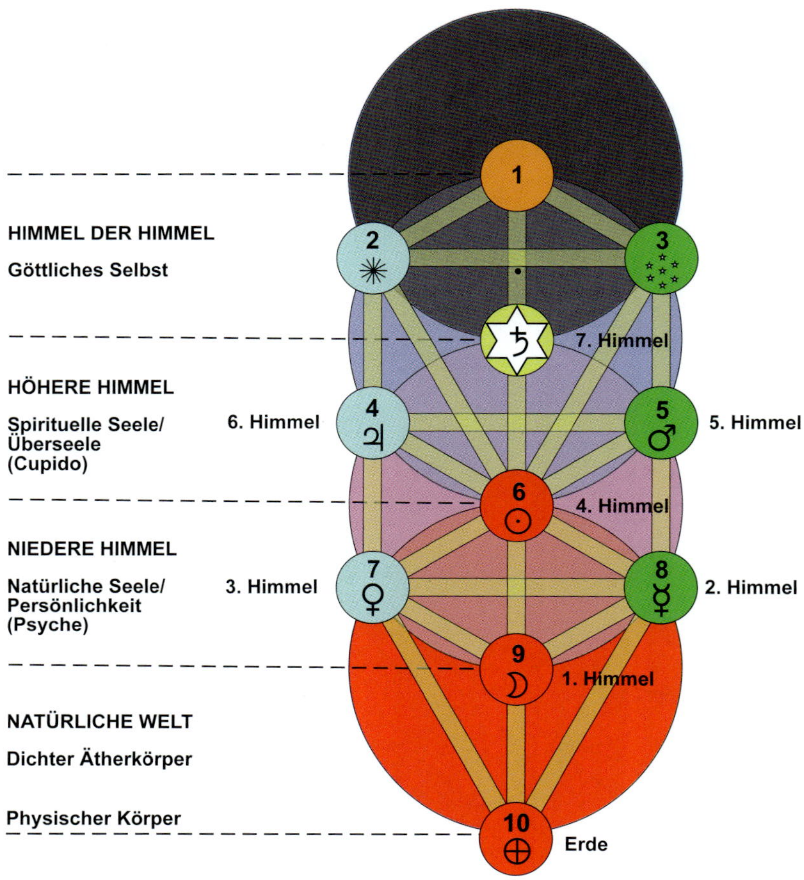

Der Lebensbaum:
Die Himmel

Die Sephira 10 repräsentiert das körperliche Bewusstsein, das wir vom physischen Universum haben und das wir aus den Erfahrungen unserer körperlichen Sinne gewinnen, während die Sephiroth 9-8-7 unser psychisches Bewusstsein bedeuten. Dies letztere hat drei hauptsächliche Ebenen oder Bewusstseinstypen, die durch den Mond, Merkur und Venus symbolisiert werden. Dabei ist das Mondbewusstsein das niedrigste und das venusische Bewusstsein das höchste.

Die dem Mond zugeordnete Bewusstseinsebene ist bekannt als das Zwischenreich – ein „Ort“ oder Zustand der Reinigung oder das „Fegefeuer“. Es heißt „Zwischenreich“, weil es zwischen dem physischen und psychischen Reich liegt und eine Brücke zu beiden bildet. Manchmal nennt man es auch den „Schleier", weil es die höheren Bewusstseinsebenen verdunkelt oder sogar verbirgt. Dort wird unsere ganze Auswahl an seltsamen und ungelösten Gedanken, Ideen und Erinnerungen gelagert, sortiert, erkannt und von ihren Unreinigkeiten und Verzerrungen gesäubert. Es ist zum Beispiel die Ebene, durch die unser Ego unmittelbar, bevor wir aus dem Schlaf aufwachen, hindurch geht, und häufig haben wir daran die einzige Erinnerung unserer Träume. Wenn wir uns die Mühe machen, kann uns diese Erinnerung nützlich sein, da wir die scheinbar verdrehten und oft unreinen Gedanken und Wünsche während unserer wachen Zeiten bearbeiten können, um so den Klärungs- und Säuberungsprozess zu beschleunigen. Alles, was gereinigt ist, wird auf eine höhere Bewusstseinsebene angehoben und ist dadurch nützlicher für uns, weil es das Wachstum und Wissen unserer Seele erhöht.

Die Bewusstseinsebene von Merkur wird manchmal auch „Bereich der Illusionen" genannt, aber ebenso auch „Bereich der Verfeinerung". Diese Ebene kann mit Lernen und Lehren gleichgesetzt werden, sie ist ein „Ort" für Verstehen. Manche Menschen nennen sie das „astrale Sommerland".

Die der Venus zugeordnete Bewusstseinsebene ist ein Bereich von Weisheit, Liebe und Erfreuung. Es ist die höchste Ebene, welche die Psyche erreichen kann. Wenn wir weiter oder höher im Bewusstsein gehen, bedingt der Fortschritt des Prozesses, dass die Psyche stirbt, um dadurch in einen unsterblichen, spirituellen Zustand von Bewusstsein, Form und Sein zu transmutieren. Das bedeutet, dass unsere Psyche oder natürliche Seele, welche sterblich, veränderlich und unvollkommen ist, von ihrem höchsten venusischen Bewusstseinszustand aus in etwas Unsterbliches und Vollkommenes verwandelt werden kann. Allegorisch wird dies beschrieben in der Geschichte von Venus, die Cupido zur Welt bringt. Cupido steht dabei für die spirituelle oder Geistseele mit ihren spirituellen Bewusstseinsebenen.

Die spirituellen Bewusstseinsebenen, die über den psychischen liegen, werden von den Sephiroth 6-5-4 dargestellt. Ihre Symbole sind Sonne, Mars und Jupiter, und es sind die Bereiche, die derjenige Aspekt von uns voll Freude bewohnt, der als spirituelle Seele, Geist-Seele oder einfach „Geist" (engl.: spirit) bezeichnet wird. Das ist der wirklich unsterbliche und vollkommene Teil von uns. Dieser stirbt niemals, aber er wächst, und dieses Wachstum ist eine Ausweitung unserer Erkenntnis von Wahrheit, nämlich unserer Erleuchtung. Da Wahrheit Liebe ist und Liebe Licht oder Weisheit ist, bedeutet das Wachsen der Geist-Seele eine Zunahme an Form und Ausdruck von Licht und Schönheit und Freude.

Dafür gibt es kein Ende. Da sie unsterblich ist, lebt die Geist-Seele jenseits der Persönlichkeit und ohne die Beschränkungen von Zeit, Raum oder Tod. Sie nimmt vielmehr an Licht zu durch das, was jede Transmutation der Psyche in den geistigen Seinszustand ihr hinzufügt. Allegorisch wurde dies immer beschrieben am Beispiel eines Steines, der gebrochen, behauen, geformt, poliert und schließlich empor gehoben wird, um in der Höhe in den Lichttempel eingebaut zu werden. Der Stein bedeutet die Psyche oder Persönlichkeit, während der Tempel die Geistseele ist. Viele Steine werden gebraucht, um den Tempel zu bauen, und es liegt an der Bemühung, die jede Persönlichkeit oder Inkarnation von uns aufwendet, wie schön der jeweilige Stein wird und wie hoch er erhoben werden kann, um Teil unseres unsterblichen Selbstes zu werden.

Die sechs Bewusstseinsebenen, die über dem physischen Niveau liegen, enthalten die ersten sechs Himmel. Es gibt jedoch sieben Himmel, wie es die Tradition versteht. Der siebente Himmel krönt die anderen sechs und wird von der nicht nummerierten Sphäre, Daath, das Wissen, dargestellt. Deren Symbol ist Saturn, der Einweihungspriester und Torhüter der Mysterien des Lebens. Saturn ist auch das Tor oder die Tür selbst, die sich in das Reich des göttlichen Bewusstseins hinein öffnet. Eine andere Art, dies zu verstehen, besagt, dass die ersten drei Sephiroth, 1-2-3, gemeinsam den siebenten Himmel bilden, während sie gleichzeitig die transzendenten „Himmel der Himmel", nämlich die Wohnstatt Gottes, der Göttlichen Liebe, sind.

Wenn wir die Fähigkeit entwickeln, jeden dieser Himmel bewusst wahrzunehmen, indem wir unsere eigenen Talente vervollkommnen und den Lebensprozess gut durchlaufen, können wir lernen, sie bei vollem Bewusstsein zu erforschen und uns daran zu erfreuen. Hier jedoch ist eine Warnung angebracht! Nur zu leicht wird die menschliche Psyche arrogant und übermäßig stolz auf ihre scheinbaren Erfolge im Bereich des Geistes/Gemütes. Deshalb ist es unabdingbar, dass wir alle die Tugend der Demut entwickeln. In dieser Hinsicht ist es hilfreich, wenn wir uns an die Tatsache erinnern, dass das archetypische Muster des Lebensbaumes innerhalb jeder Welt und jeder Sephira ad infinitum wiederholt wird. So ist beispielsweise jeder der oben beschriebenen Himmel selbst wieder aus sieben Unterebenen des Bewusstseins zusammengesetzt, und diese haben wieder ihre darunter geordneten Bereiche, welche ihrerseits aus sieben Unterbereichen bestehen, usw. Es ist deshalb sehr wohl möglich – um ein Beispiel zu geben – dass wir denken, wir hätten die siebente Ebene der vollen Erleuchtung erreicht, wo wir mit Herrlichkeit gekrönt und gepriesen werden, wenn wir in Wirklichkeit lediglich die siebente Unterebene des zweiten Himmels erreicht haben, wo die Forderung auf uns wartet, dass wir hart arbeiten, um unser Verständnis dieser Erfahrung zu verfeinern und eine klarere Wahrnehmung zu entwickeln.

Die Hölle

Über das, was man Hölle nennt, sollte auch ein Wort gesagt werden. Es gibt keinen Zweifel daran, dass die Hölle, wie wir sie normalerweise verstehen, existiert. In der Lehre des kabbalistischen Lebensbaumes ist die Hölle ein Bewusstseinszustand, der zur dunklen oder Schattenseite des ersten Himmels gehört.

Tatsächlich haben alle Sephiroth, die sich noch mit der Psyche beschäftigen, eine Schattenseite. Hätten sie diese nicht, hätten wir keinen freien Willen, um zwischen richtig und falsch oder gut und böse zu wählen. Die Schattenseite ist eine Art und Weise, um jede Sephira zu beschreiben, wenn sie entweder aus dem Gleichgewicht mit den anderen Sephiroth geraten ist oder sich auf eine unreine, verzerrte oder lieblose Art in unserem Leben und Bewusstsein ausdrückt.

Die wirkliche Hölle ist jedoch mit der Sephira 9, dem ersten Himmel oder der ersten Bewusstseinsebene unserer Psyche verbunden. Genau, wie dieser Himmel sieben Ebenen des Fegefeuers oder der Reinigung hat, so hat er auch sieben Höllen oder wirklich dunkle Bewusstseinszustände. Es ist wohl nicht nötig, diese zu beschreiben, da wir alle sie uns wahrscheinlich sehr gut vorstellen können. Die meisten von uns können mit diesen Schatten in sich selbst arbeiten und das transmutieren, was dafür ansteht. Manche Menschen jedoch finden dies schwieriger als andere. Einige geraten in der einen oder anderen Hölle in eine Falle und finden Gefallen daran, in solch einer Bewusstseinslage zu sein. Solche Seelen, die in einer dieser lebendigen Höllen festsitzen, sind als „erdgebundene“ Seelen bekannt und können sich sowohl innerhalb als auch außerhalb eines physischen Körpers befinden. In beiden Fällen brauchen sie Hilfe.

Nachdem der erste Himmel der Schleier zwischen den himmlischen Welten und der physischen Welt ist, beschäftigt sich dessen Bewusstsein sehr mit den körperlichen Belangen, berührt aber auch höhere Ebenen. Genauso, wie wir viele unserer Träume und Fantasien wie auch Gedanken und Visionen auf der Bühne der physischen Erde ausagieren, können auch der Hölle zugehörige Gedanken und Wünsche in die Tat umgesetzt werden. Letztere jedoch können auch wie Kleister an körperlichen Gefühlen und Bewusstsein kleben. Aus diesem Grunde sagt man, dass auch Sephira 10, das physische Universum, sieben Höllen oder Unterwelten hat – und man braucht nicht viel Fantasie, um sie rund um unsere planetare Welt manifestiert zu sehen.

Dies ist jedoch nur die dem Licht und dem Guten abgewandte Schattenseite. Niemals sollten wir diese Tatsache vergessen oder aus dem Blickfeld verlieren, da es ebenso auch die sieben „niederen Eden“ oder irdischen Paradiese auf unserer Welt gibt, deren jedes für sich ein Grund des Entzückens und der Anerkennung wert ist. In jedem Zeitkreislauf gibt es eine Saison, in welcher die Schattenseite vorzuherrschen scheint. Dann aber kommt der Sommer, und das Licht überwiegt alles. Solche Sommer nennt man „goldene Zeitalter“.

Rechts und links

Die Großen Säulen des Lebensbaumes helfen uns, die Polaritäten in uns selbst zu verstehen. So gibt es beispielsweise neben der vertikalen Polarität in unserer menschlichen Form auch eine horizontale zwischen rechts und links, die zu betrachten wichtig ist. Außer für Linkshänder, welche die Ausnahme von der Regel bilden, ist die rechte Hand mit Geben und Kreativität verbunden, die linke jedoch mit Annehmen und Feinfühligkeit. Dies scheint ein archetypisches Muster zu sein, und es wurde von den Weisen durch die Bilder von Sonne und Mond dargestellt: Die Sonne steht dabei für die rechte Seite und der Mond für die linke Seite, ebenso, wie es bei den Großen Pfeilern des Lebensbaumes der Fall ist. Diese sind auch die alchemistischen Symbole, die im Zeichen für Merkur verwendet werden, wo sie zusammen mit dem Kreuz das ganze Menschenwesen repräsentieren. Indem die gleichen merkurialen Symbole benutzt werden, um diese Polarität von rechts und links aufzuzeigen, werden gleichzeitig ihre Beziehungen zu den anderen Bereichen des Menschenwesens angegeben.

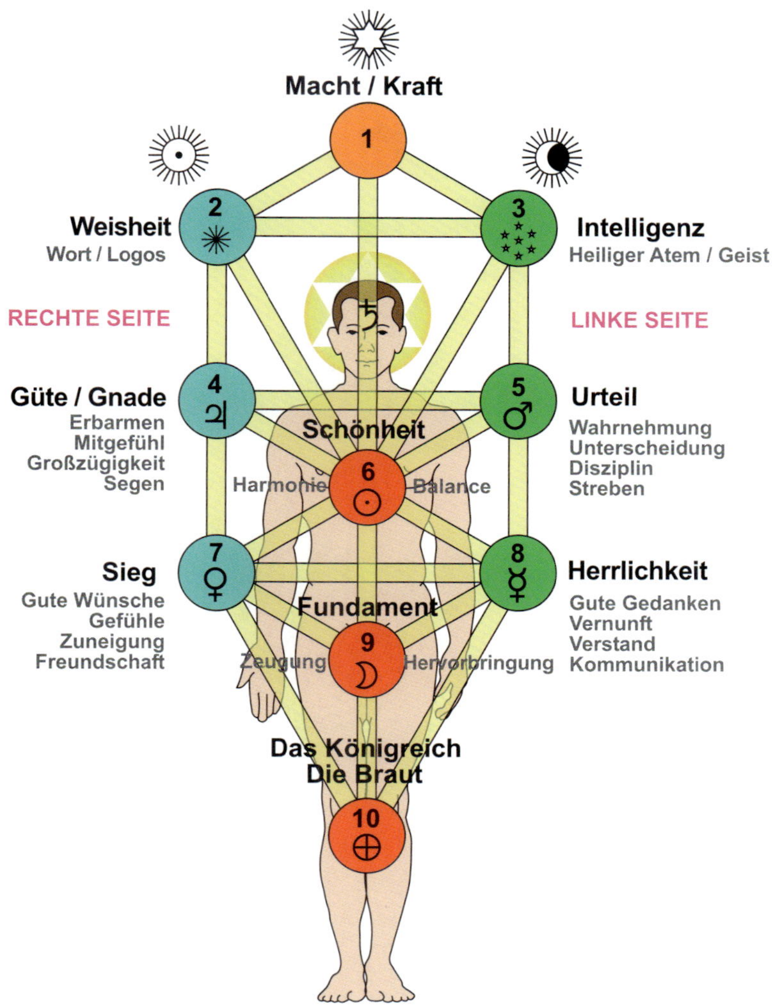

Der Lebensbaum: „Paneem“
(„Gegenüber-Ansicht“)

Die Sonne hängt mit der rechten Hand und der ganzen rechten Körperseite zusammen, da sie die Energie gibt und Licht ausstrahlt. Die linke Hand und die linke Körperhälfte werden durch den Mond dargestellt, der die Energie aufnimmt und das Licht widerspiegelt. Die rechte Hand gibt, die linke Hand empfängt. Die rechte Hand ist die aktivere Arbeitshand, die linke Hand ist die empfänglichere, unterstützende Hand.

Die Empfänglichkeit eines Menschen ist mit Gefühl und Sensibilität verbunden und ebenfalls mit dem denkenden Geist oder Intellekt, der auf Emotionen antwortet und das Licht des Herzens widerspiegelt. Daher steht die linke Hand auch mit dem Geist und dem Kopf in Verbindung, deren Sinnbild ebenfalls der Mond ist. Dem gegenüber wirken sich die schöpferischen Fähigkeiten eines Menschen in kraftvoller Abgabe von Energie in Form von Emotion oder Wunsch aus und hängen so mit dem Herzen und der innersten Seele zusammen, welche Liebe ausstrahlen und die Wahrheit auf schöpferische Weise zur Sprache bringen. Dadurch gehören die Geistseele und das Herz zur rechten Seite, deren Symbol die Sonne ist.

Sonnenkönig und Mondkönigin
Emblem aus Rosarium Philosophicum, 1530

Wie in der Illustration des „Zirkels des Weisen“ (s.Bild S. 104) ist die rechte Seite oder Säule (von einem Standpunkt innerhalb des Bildes aus gesehen) mit der Sonne und dem männlichen Prinzip verbunden, das hier als König dargestellt ist. Die linke Seite steht entsprechend mit dem Mond und dem weiblichen Prinzip, hier als Königin, in Beziehung.

Mit den Begriffen des Lebensbaumes ausgedrückt, personifiziert der Sonnenkönig die Sephira Gnade, in der Kabbala als Jupiter, Vater des Lichtes und König der Könige bekannt. In der ägyptischen Kabbala steht Osiris auf diesem Platz. Seine Königin, Isis, personifiziert dagegen die Sephira Urteil oder Wahrnehmung. Sie ist der Geist (engl. mind), der die Teile des Körpers von Osiris, welcher von Seth zerrissen worden war, suchen und wieder zusammenfügen muss. Dann benutzt sie das magische Wort, das sie gefunden hat, um Osiris zum Leben zurück zu bringen. Sie ist die Mondkönigin. Sie ist ein alternatives Symbol für Mars für die Sephira Urteil und demonstriert dasselbe Prinzip, das die chinesische Philosophie als yin-yang beschreibt: Da nämlich das Universum relativ und in sich zusammenhängend ist, hängt die Bestimmung dessen, was männlich (yang) oder weiblich (yin) gilt, davon ab, was der ergänzende Pol in der Beziehung gerade darstellt.

Der Sonnenkönig und die Mondkönigin reichen einander einen blühenden Zweig als Geschenk, den sie je in ihrer rechten Hand halten. Gleichzeitig fassen sie sich an den linken Händen. Sie sind der/die Liebende und der/die Geliebte. Sie werden Braut und Bräutigam, Mann und Frau, denn dies Bild ist das zweite in einer Serie von 20 Bildern, und der Zustand der Ehe und was damit zusammenhängt, ist hier noch nicht erreicht. Die Taube, die sich von oben herabsenkt und der Sechsstern bei ihr sind Zeichen des Heiligen Geistes, des Geistes der Liebe. Das ist die Liebe, welche das Paar nach und nach in ihrer ganzen Fülle zum Ausdruck bringen wird.

Die gleiche Symbolik lässt sich auch anwenden, um die Polarität innerhalb des Herzens sowie innerhalb des Kopfes zu erklären. Im Herzen gibt es die Pole von Weisheit und Intelligenz – den inneren Lehrer und die Intuition – repräsentiert durch die Sonne, bzw. den Mond. Die Polarität innerhalb des Kopfes besteht in Vorstellungskraft gegenüber Vernunft oder Konzeptbildung gegenüber Strukturierung, Analyse eingeschlossen. Sie werden ebenfalls durch Sonne und Mond dargestellt. Aber das ganze Herz und die Seele sind eine „Sonne“ im Gegensatz zur Gesamtheit des Kopfes und Geistes, welche ein „Mond“ gegenüber der „Herz-Sonne“ sind.

Der Hermetische Rebis Emblem aus „Viatorum spagyricum“ von Heinrich Jamsthaler, 1625

Dies Emblem beschreibt den „Hermetischen Rebis“ (von lat: res bina = „dual“ oder „doppeltes Ding“), ein alchemistisches Symbol für das Göttliche Androgyne.

Man bemerkt, dass sich die männliche Hälfte auf der rechten Seite befindet, einen Zirkel in der rechten Hand hält und mit der Sonne verbunden ist. Dagegen sieht man die weibliche Hälfte links mit einem rechten Winkel in der linken Hand und verbunden mit dem Mond.

Zirkel und Winkel, die Schlüsselsymbole des Freimaurertums, sind die Werkzeuge, die man braucht, um einen Kreis und ein Quadrat zu zeichnen. Kreis und Quadrat beziehen sich jeweils auf den spirituellen oder himmlischen beziehungsweise materiellen oder irdischen Lebensraum. Zirkel und Winkelmaß als Werkzeuge stehen mit den Zwillingsfähigkeiten des Intellektes im menschlichen Bewusstsein in Verbindung, nämlich mit Konzeptbildung und Verstand, die jeweils in der rechten beziehungsweise linken Gehirnhälfte ihren Sitz haben. Mit Begriffen des Herzensbewusstseins ausgedrückt, stellen sie die Sinnbilder für die Weisheit beziehungsweise die Intelligenz des Herzens dar, wobei erstere als männlich und sonnenhaft angesehen wird, letztere dagegen als weiblich und mondhaft.

Sonne und Mond bedeuten die göttliche Weisheit und Intelligenz, welche gleichzeitig universal und im Herzen zentriert sind. Der sechsstrahlige Stern in der Mitte über den beiden Köpfen repräsentiert die Krone der Vollendung sowie auch die Quelle von allem. Hier hat der Künstler den Stern freihändig

gezeichnet, aber traditionell besteht er in seiner Idealform aus zwei gleichseitigen Dreiecken. Diese bedeuten, dass der männliche und der weibliche Aspekt vollkommen vereint und „vermählt“ sind in einem Zustand perfekter Liebe und Erleuchtung. Das Merkurzeichen in der Mitte des Sterns deutet ebenfalls auf diesen ursprünglichen und vollkommenen androgynen Seinszustand hin und vermittelt die Vorstellung des Individuellen (Merkur) innerhalb des und vereint mit dem Universellen (Stern). Hierin liegt der kabbalistische wie auch der hermetische Gebrauch der Bildersprache (siehe Kap. 6).
Der Rebis steht auf einem Feuer speienden Drachen, der seinerseits auf einer Kugel liegt. Diese ist geflügelt und trägt ein Dreieck und ein Quadrat, bezeichnet mit den Zahlen 3 für das Dreieck und 4 für das Quadrat. Die Kugel steht auch für einen Kreis, in den ein Kreuz eingeschrieben ist, und der Dreieck und Quadrat enthält.
Die Dreigliederung des Bildes in den Rebis, den Drachen und die Kugel weist auf die dreifältige Natur des Menschseins hin – nämlich Geist, Seele und Körper. Während der Rebis den spirituellen Archetyp darstellt, symbolisiert der Drache die vier Elemente der Psyche: Erde, Wasser, Luft und Feuer und den Lebensprozess, den er durchläuft, um eine Lichtform zu werden. Dieses Licht ist das spirituelle Wissen, welches er als Geschenk der Seele zum Rebis „zurück atmet“. Die Kugel, die die natürliche Welt oder den Körper darstellt, ist mit Flügeln ausgestattet um anzudeuten, dass sie sich im Flug oder Aufstieg zum Himmel befindet, nachdem die mystische Hochzeit aller Gegensätze im Universum des „Steins des Weisen“, der im Englischen „Ei des Philosophen“ heißt (daher die Eiform des Gesamtbildes) vollzogen ist.
Die Geometrie von Kreis, Dreieck und Quadrat in der Kugel bezieht sich ebenfalls auf die dreifache Natur des Lebens. Dabei stellt der Kreis die spirituelle Natur dar, das Quadrat die materielle und das Dreieck die Natur der Seele, welche zwischen beiden vermittelt, sie vereinigt und das Ergebnis der Interaktion der beiden anderen ist.

Um diese Polaritäten zu erklären, werden auch noch andere Symbole verwendet, zum Beispiel ein Herz für die rechte Seite und ein Auge, das Kopf und Geist darstellt, für die linke.

Sapientia Simplex – Einfache Weisheit

Emblem Nr. XXV aus dem Buch der Embleme von Daniel Cramer: „Societas Iesu et Rosae Crucis Vera – Emblematum Sacrorum", 1617

Das Kreuz stellt den Menschen mit seitwärts ausgestreckten Armen dar. Es hat auch Bezüge zum kabbalistischen Lebensbaum, welcher dem menschlichen Körper unterliegt und sich durch ihn manifestiert. Auf der Spitze des Kreuzes sitzt eine Taube mit einem Olivenzweig im Schnabel. Ferner wird eine Schlange gezeigt, die sich am Kreuzesstamm hochwindet, um die Taube zu erreichen. Diese beiden symbolisieren die Polarität von „oben" und „unten", die im Menschen vorhanden ist, den spirituellen und materiellen Pol. Sie sind auch Sinnbilder für den Gott, Shiva, und die Göttin, Shakti, der hinduistischen Tradition, wonach die Anziehungskraft, die dem Gott (Taube) innewohnt, die Göttin (Schlange) dazu veranlasst, sich das Kreuz hinauf zu bewegen, um sich mit ihrem Geliebten zu vereinen. Sie ist auch bekannt als „Kundalini", die Schlangen- oder Drachenenergie.

Am rechten Ende des Querbalkens befindet sich ein Herz, am linken ein Auge. Diese repräsentieren die Weisheit und das Mitgefühl des Herzens bzw. die Intelligenz und Wahrnehmungskraft des Geistes/Gemütes.

Dies Emblem ist Ausdruck der Bibelstelle Matthäus 10,16: „Seid darum klug wie die Schlangen und arglos wie die Tauben". Der sinnbildliche Text, der damit einhergeht, lautet: „Der, dessen Herz durch Einfachheit und dessen Auge durch Weisheit gerettet ist, wird für Gott sowohl Schlange als auch Taube sein".

In der hebräisch-christlichen Symbolik steht Moses, der Prophet, für die rechte Seite und Aaron, der Hohe Priester, für die linke. Der eine spricht und offenbart das Wort der Weisheit, der andere empfängt die Lehren und bringt sie in eine Form, in welcher sie praktisch umgesetzt werden können. Der eine bringt Inspiration und Vision, der andere prüft diese auf akademische Weise und setzt sie in die Tat um.

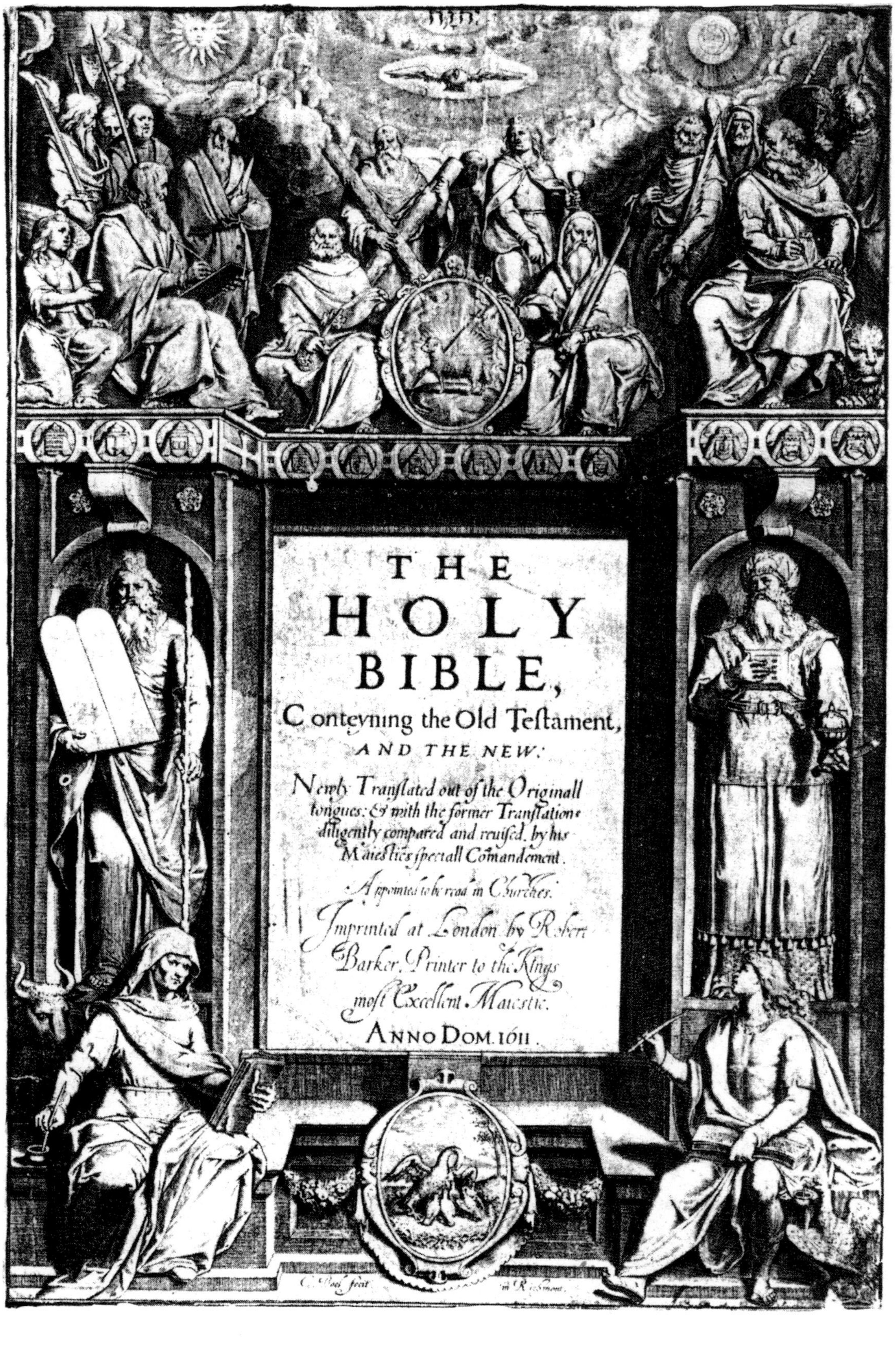
THE
HOLY
BIBLE,
Conteyning the Old Testament,
AND THE NEW:
Newly Translated out of the Originall
tongues: & with the former Translations
diligently compared and reuised, by his
Maiesties speciall Comandement.
Appointed to be read in Churches.
Imprinted at London by Robert
Barker, Printer to the Kings
most Excellent Maiestie.
ANNO DOM. 1611.

Die Heilige Bibel
Titelblatt der von König James autorisierten Bibelversion, 1611
(British Library, Ref. C 35.L.13 (1))

Auf dieser kabbalistischen Titelseite sind die Großen Pfeiler mit Nischen dargestellt, in denen Moses im rechten Pfeiler und Aaron im linken stehen. Moses, als Prophet, erteilt das Gesetz oder die Weisheitslehren, welche Gesetze der Liebe sind („Du sollst den Herrn deinen Gott, lieben ..."). Aaron, als Hoherpriester, empfängt das Gesetz, um es zu verstehen und zu verwalten und um sicher zu stellen, dass es in die Tat umgesetzt wird. Hoch über den Pfeilern, am oberen Bildrand, grüßen die Sonne und der Mond – die Sonne als Symbol Göttlicher Weisheit über dem rechten Pfeiler und der Mond als Sinnbild der Göttlichen Intelligenz über dem linken.

Anstelle eines Bogens tragen die Pfeiler, die das Alte Testament darstellen, die himmlische Welt des Neuen Testamentes, symbolisiert durch die Apostel Christi. Die vier höchsten Apostel sind in der Mitte rund um eine ovale Tafel angeordnet, welche das Lamm Gottes, das Emblem Christi, des Sohnes Gottes, trägt. Auf die Gruppe senkt sich der Heilige Geist in Form einer Taube in einer Lichtaureole herab. Unmittelbar über der Taube befindet sich das hebräische Tetragrammaton, der Heilige Name für Gott Vater, „JHVH" (Jehova). So ist die christliche Heilige Dreifaltigkeit auf diese Weise auf dem mittleren „Pfeiler" dargestellt, während gleichzeitig das Tetragrammaton, die Sonne und der Mond ebenfalls die Heilige Dreifaltigkeit als Krone, Weisheit und Intelligenz in der Waagrechten repräsentieren.

Der Heilige Petrus, der die Schlüssel des Hierophanten, d.h. des Sprechers und Einweihenden, hält, wird zur Rechten der Tafel mit dem Lamm Gottes sitzend gezeigt. Sein Gegenbild ist der Heilige Jakobus mit einem Schwert in der Hand auf der linken Seite. Das Schwert ist nicht nur Sinnbild für sein Martyrium, sondern auch für den Geist und Intellekt. Hinter Petrus steht sein Bruder Andreas, der das Andreaskreuz, Symbol seines Martertodes, hält, und hinter Jakobus steht sein Bruder Johannes, der den Gralskelch trägt. Dies Symbol weist darauf hin, dass Jesus ihn zum Beschützer der Jungfrau Maria machte, die der Heilige Gral in menschlicher Form ist. Zwischen ihnen steht eine schattenhafte Skelettfigur, die den Tod (engl.: death) bzw. die Sephira Daath darstellt, denn wahres Wissen oder Erleuchtung gewinnt man erst nach dem Tod von allem, was nicht wahr ist.

Anstatt die Elemente auf den Pfeilern darzustellen, zeigt dieses Titelblatt die vier Evangelisten, jeden mit dem Cherub, mit dem er und sein Evangelium verbunden ist. Auf dem rechten Pfeiler sitzen der Heilige Matthäus und der Cherub in Menschengestalt. Auf dem linken Pfeiler finden wir den Heiligen Markus mit dem Löwencherub. Am Fuß des rechten Pfeilers sind der Heilige Lukas und der Stiercherub, unten an der linken Säule der Heilige Johannes mit dem Adlercherub abgebildet. Obgleich es oft anders erklärt wird, stehen diese vier als Gleichnis für die Tierkreiszeichen Skorpion, Löwe, Stier und Wassermann und damit der Reihe nach für die Elemente Wasser, Feuer, Erde und Luft. Das bedeutet, dass der Künstler dieses Blattes absichtlich Wasser und Erde mit dem rechten, dem Sonnenpfeiler, assoziiert hat und Feuer und Luft mit dem linken Mondpfeiler. Dies geschah aus einem bestimmten Grund – ist aber ungewöhnlich.

Das Gleiche drückt die Ikonografie des Christus aus, der seine rechte Hand segnend erhebt, während er in der linken ein Buch, das Gefäß der Weisheit, hält. Auch wir benutzen unsere rechte Hand auf eine ähnliche Weise, wenn wir einander segnend zuwinken oder uns die Hand reichen oder einander heilend berühren.

Christus in Herrlichkeit
Tympanon der Mitteltür des Westportals der Kathedrale von Chartres

Christus wird auf dem Thron dargestellt, mit einem Heiligenschein gekrönt und von einer Aureole der Herrlichkeit umgeben. Seine rechte Hand ist zum Segen erhoben, während seine Linke ein Buch auf seinem linken Knie festhält. Die rechte Hand bedeutet Gnade, die linke Urteil. Das Buch ist das „Buch der Aufzeichnungen“ und symbolisiert den Göttlichen Geist (engl.: mind), der alles sieht und alles weiß. Die Ikonografie dieses Bildes wird manchmal „Christus als Weltenrichter“ genannt. Jedes Göttliche Gericht wird jedoch immer durch Gnade im Gleichgewicht gehalten.

Um Christus sind die vier Cherubim der Zwischenhimmelsrichtungen gruppiert: Rechts von ihm der Cherub in Menschengestalt oben und der Löwencherub unten, links der Adlercherub oben und der Stiercherub unten. Nachdem die Krone des Hauptes in der Tradition als Nordpol des Menschen und seine Füße oder das untere Ende der Wirbelsäule als sein Südpol betrachtet werden, zeigen die Cherubim in ihrer jeweiligen Position die festen Tierkreiszeichen zur Zeit Jesu. Der Adler, Wassermann – ein Luftzeichen, ist im Nordosten, der Stier, Taurus – ein Erdzeichen, im Südosten, der Löwe, Leo – ein Feuerzeichen, im Südwesten und der Mensch, Skorpion – ein Wasserzeichen, im Nordwesten. Die Krone von Christi Haupt ist im Norden und markiert Mittwinter und Weihnachten. Seine Füße im Süden bezeichnen Mittsommer. Dadurch sind die Pole des Jahres, Mittwinter und Mittsommer, die dem Heiligen Johannes, dem Lieblingsjünger, bzw. Johannes dem Täufer zugeordnet sind, eins mit den Polen Christi, nämlich Krone und Füße. Der Heilige Johannes der Täufer ist mit der Taufe durch Wasser in Verbindung, Johannes der Lieblingsjünger mit der Taufe durch Feuer und Atem, den Heiligen Geist. Auf diese Weise wird die Idee dargelegt, wonach sich der Geist Gottes über das Antlitz der Wasser bewegt – der Geist oben und die Wasser unten.

In der Symbolik von Pallas Athene hält die griechische Göttin einen Speer oder ein Schwert in der rechten und einen Schild in der linken Hand. Das gleiche bringt die Symbolik des Erzengels Michael und des Ritters des Rosenkreuzes St. Georg zum Ausdruck. Der Speer stellt jeweils den Lichtstrahl dar, während der Schild, blank wie ein Spiegel, den reflektierenden Geist wiedergibt.

Gleichbedeutend sind König oder Königin, die das Zepter der Macht in der rechten Hand und den Erdball oder Reichsapfel der Herrschaft in der linken halten.

Pallas Athene
Skulptur über dem Haupteingang zum Herzogspalast (jetzt Rathaus) in Dijon, Frankreich

Queen Anne
Statue der Königin Anna vor der St. Paul's Kathedrale in London

Das Kreuz, welches Tat bedeutet, vereint die beiden Pole. Herz und Geist, Sonne und Mond, werden zusammengebracht und „vermählt", wenn Liebe und Verständnis gemeinsam in dienende Handlung umgesetzt werden.

Auch das Gegensatzpaar „Streben und Freundschaft“ kann als Geist und Herz verstanden werden: Der Geist bemüht sich und strebt nach Verständnis, während das Herz wie ein Freund liebt. Miteinander in Gleichgewicht verbunden, erschaffen sie Harmonie. Diese bringt dann Schönheit hervor, und Schönheit erweckt die höchste Manifestation der Liebe als Freude. Dies vermag das Kreuz des Dienens hervorzubringen.

Die menschliche Gesellschaft hat die Tendenz, sich in einer ähnlichen Weise zu unterteilen, die wie ein Echo dieses Musters erscheint: Einige Menschen sind mehr vom Herzen bestimmt, während andere zum Intellekt neigen und wieder andere das Tun vorziehen. Vom Herzen bestimmte Menschen sind gewöhnlich eher poetische und intuitive Leute, die sich berufen fühlen, zum Beispiel als Heiler, Ärzte, Krankenschwestern, Lehrer und Künstler zu dienen. Kopfbestimmte Menschen sind meist gut im Organisieren und Verwalten, im Umgang mit Tatsachen, Zahlen und Berechnungen. Aus ihren Reihen kommen die Politiker, Industriellen, Bankleute, Rechtsanwälte, Buchhalter und Manager.

Heutzutage erleben wir eine sehr nachdrückliche Neigung zur linken Seite der Gesellschaft, in der den intellektuellen, organisatorischen und verwaltenden Fähigkeiten größere Bedeutung beigemessen wird als den heilenden und lehrenden Berufen und in der der wirkliche Wert von Kunst, Poesie, sowie von Intuition weitgehend ignoriert wird. Wenn wir uns jedoch Harmonie und Schönheit in der Allgemeinheit und in unserem Leben wünschen und die daraus erwachsende Freude erleben möchten, müssen wir in uns selbst und in unserer Gesellschaft das Gleichgewicht wieder herstellen.

Kapitel 7

Archetypische Architektur

Der Mensch ist der lebendige Tempel Gottes,
und das Herz ist das innerste Heiligtum dieses Tempels. [20]

Die großen Architekten vergangener Zivilisationen hatten ein Verständnis für die kosmischen Muster und die Auswirkungen von Energie und Form oder Raum auf Bewusstsein und Verhalten der Menschen. Sie wussten, wie man solche Kenntnisse anwenden konnte, um in Gebäuden sowie in der Umwelt Harmonie zu gestalten. In alter Zeit war Architektur eine geheiligte und tiefgehende Wissenschaft, welche alle anderen Wissenschaften und Künste umfasste und miteinander in Gleichklang brachte, indem sie alles, was existiert, als lebendig und intelligent anerkannte. Vollständige Städte und sogar ganze Länder wurden oft aufgrund der Erkenntnisse über korrekte Platzierung und über die Chakren in der Landschaft ausgelegt und belebt.

Die sakralen Gebäude und Tempel der verschiedenen Traditionen der Welt wurden bewusst so entworfen, dass sie die gleichen schönen Energiemuster verkörperten, die nicht nur im menschlichen Körper, sondern auch in der gesamten Natur zu finden sind. So waren zum Beispiel die vorreformatorischen christlichen Kirchen und Kathedralen, sowie die Moscheen des Islams, in diesem Bewusstsein errichtet. Das hatte zur Folge, dass eine geheiligte und für Eingebung des Geistes offene Atmosphäre nicht nur in diesen Gebäuden sondern im ganzen umliegenden Land erzeugt wurde.

Kathedralen

Wenn man das Grundmuster einer Kathedrale im Licht dieser Kenntnisse betrachtet, kann man ganz klar sehen, dass es den menschlichen Körper und sein Energiesystem nachzeichnet. Wie die Abbildung zeigt, hat der Grundriss einer klassischen Kathedrale die Form eines Menschen, der auf dem Boden mit ausgestreckten Armen auf dem Rücken liegt und zum Himmel aufschaut. Wie der menschliche

20 Manly P Hall, Man, the Grand Symbol of the Mysteries, ch.xi,

Körper, besteht die Kathedrale aus drei Hauptteilen, dem Chor, dem Schiff und der Vierung, welche das Haupt, den Bauch und die Brust darstellen. Im Kopfbereich, dem Hochchor, wird das Halszentrum durch den Chorherrenraum und das Stirnzentrum durch das Presbyterium dargestellt, wo der Bischofsthron, die „Cathedra", steht. Das Scheitelchakra ist das Allerheiligste, in dem sich der Hochaltar befindet. Wenn es eine Apsis gibt, stellt diese das Schädelgewölbe des Hauptes dar. Eine Trennwand, ursprünglich die Kanzel tragend, von der das Wort Gottes gepredigt wurde, trennt den Kopf- vom Brustbereich.

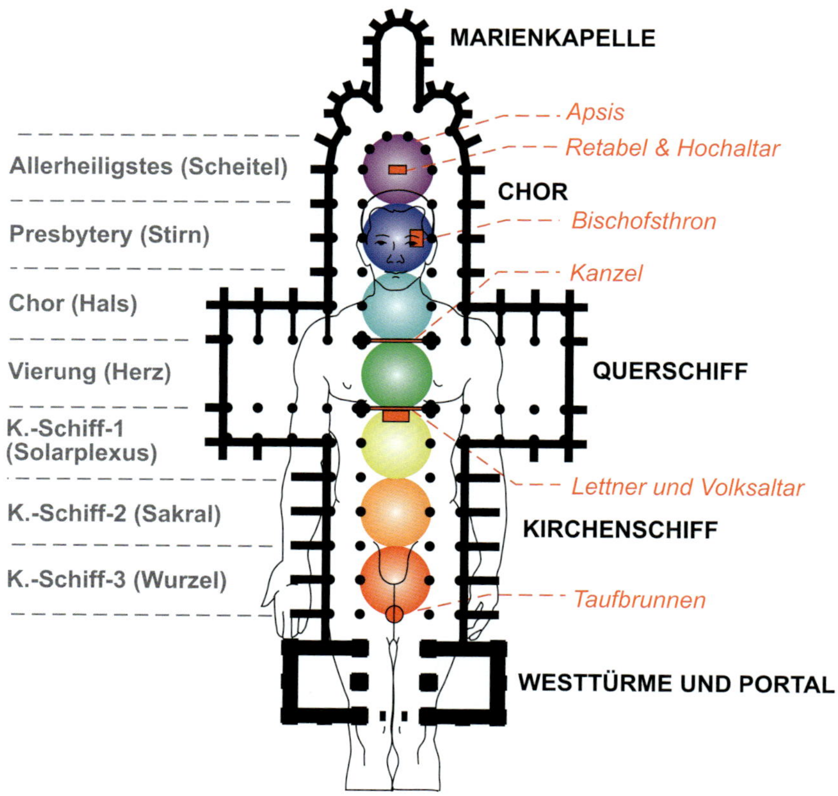

Archetypischer Plan einer gotischen Kathedrale

Der Ort, an dem die Querschiffe das Längsschiff kreuzen, die zentrale Vierung, im Brustbereich, ist der wichtigste Platz in jeder Kathedrale oder Kirche. Im Archetyp der Kathedrale befindet sich dort das Herzzentrum. Der Vierungsturm, die Laterne oder Kuppel, oft getragen von vier großen Bögen, überspannt die Vierung. Der Besucher, der im Zentrum darunter steht, befindet sich gleichsam im Herzen eines kosmischen Kreuzes, dessen Balken sich jeweils nach Osten und Westen, Süden und Norden erstrecken, mit dem Turm, der in den Himmel aufragt, und den Fundamenten, die tief in der Erde verankert sind. Das kosmische Kreuz repräsentiert den Kosmos selbst.

Im Bauchbereich, dem Kirchenschiff, liegen die drei unteren Chakren. Im ursprünglichen Plan der Kathedrale gab es normalerweise einen Altar für das Volk am Ostende des Solarplexusbereiches mit einem Lettner dahinter, der das Kirchenschiff vom Herzen der Kathedrale trennte. Der Lettner stellt das

Zwerchfell zwischen dem Bauch- und dem Brustbereich dar, ebenso wie die Zwischenwand der Kanzel, das Pulpitum, die zweite Membran anzeigt, die die Brust vom Haupt trennt. In der Tradition heißt diese: „Vorhang des Tempels". Die Laienmitglieder der Gemeinde saßen im Bauchraum, und die höheren Chakren – der Herzbereich und darüber – waren der Priesterschaft und den Mönchen vorbehalten, wobei letztere gewöhnlich ihre Plätze im Kopf oder Chor der Kathedrale hatten.

Der Taufbrunnen am Westende befindet sich üblicherweise im Wurzelchakra der Kathedrale, obgleich man ihn auch manchmal im Sakralchakra findet. (In manchen Ländern, wie Dänemark, steht er jedoch im Herzchakra, was dort besondere Gründe hat.) Das Element, das den Taufbrunnen füllt, ist Wasser, welches die zusammengerollte Erdenergie symbolisiert, die darauf wartet, aufgeweckt und durch die „Wirbelsäule" der Kirche hinaufgezogen zu werden. Das steinerne Taufbecken und das Wasser darin repräsentieren Erde und Wasser der biblischen Tradition. Als Gegengewicht dazu finden wir im Scheitelchakra den von Kerzen erleuchteten Hochaltar mit seinem ewigen Licht, dem Kreuz und dem Weihrauch, welche die spirituelle Energie repräsentieren – Feuer und Luft, den feurigen Atem der biblischen Tradition. Diese Polaritäten, welche den Geist Gottes und die Wasser des Universums bedeuten, sind wesentlich für das Leben der Kathedrale; denn Schöpfung ereignet sich, wenn der Geist Gottes sich über das Antlitz der Wasser bewegt.

Der volle Plan einer gotischen Kathedrale zeigt aber noch mehr als dies: Er ist eine architektonische Darstellung der gleichen Wahrheit, die in den Bildern der Mutter Maria mit ihrem Jesuskind zu finden ist: Maria sitzt mit dem Christuskind auf ihrem Schoß und hält das Kind, so dass sein Kopf am Herzen seiner Mutter liegt.

Madonna mit Kind

Skulptur der Jungfrau Maria mit dem Jesuskind in der Basilika St. Maria Magdalena in Vézelay, Frankreich

Wie im westlichen Portikus von Chartres, hat Christus hier seine rechte Hand zum Segen erhoben, während seine Linke ein Buch auf seinem linken Knie hält. Das Alta-Major-Chakra seines Hauptes schwingt mit dem Herzchakra seiner Mutter im Einklang, was die innere Verbindung beider zeigt. In Begriffen der Architektur ausgedrückt, ist sie die äußere Kirche, er jedoch die innere. Sein Haupt ist der Chor der inneren Kirche, ihr Haupt die Marienkapelle.

Diese Darstellung einer tiefen Wahrheit bildet den architektonischen Grundplan der Kathedrale, die eine innere und eine äußere Kirche hat. Die innere Kirche, die oben beschrieben wurde, stellt das Christuskind dar. Die äußere Kirche wird durch die Seitenschiffe, den Umgang, die beiden Westtürme und die Marienkapelle im Osten gebildet und symbolisiert die Göttliche Mutter. Dabei stellt die Marienkapelle ihr Haupt und die Westtürme ihre Beine dar. Häufig gibt es ein Kreuz oder Denkmal irgendeiner Art an einem bestimmten Platz außerhalb des Westportales in der Mitte des Eingangshofes. Dadurch wird das Wurzelchakra der Mutter markiert.

Wer eine Kirche oder eine Kathedrale am westlichen Eingang betritt, fühlt sich ganz von selbst wie von einem Magneten zum Ostende hingezogen, genauso, wie die Erdenergien natürlicherweise durch die Strahlen der spirituellen Energie aufgeweckt und die Wirbelsäule hinaufgezogen werden. Christliche Allegorie, die sich ihrerseits aus früheren Weisheitslehren entwickelt hat, erklärt diese Anziehung als von dem Speer des Großen Fischers, nämlich des Christus, ausgehend, der uns aus den Wassern des Lebens auffischt und in die Luft und das Feuer, d.h. den feurigen Atem des Heiligen Geistes, versetzt. Die Geschichte des Fischers entspricht in ihrer Symbolbedeutung derjenigen des Heiligen Georg. Jeder Jünger erscheint symbolisch als Fisch, der eine alternative Form zum Drachen ist. Der Bischof selbst, sowohl Jünger als auch Vertreter des Christus, kleidet sich auf symbolische Art so, dass er sowohl den Fisch als auch den Fischer darstellt: Seine Mitra hat nämlich die Form eines Fischkopfes, während sein Stab ein aus einem Hirtenstab und einem Fischerspeer zusammengesetztes Symbol ist. Der Weg aufwärts durch das Kirchenschiff ist eine Reise die Wirbelsäule der Kirche hinauf durch jedes Chakra, bis schließlich am Scheitelchakra die Heilige Kommunion oder Verschmelzung mit dem Licht erreicht wird. Wenn man diese Reise mit bewusstem Gewahrsein in ihrer tiefen Bedeutung erlebt, kann sie eine kraftvolle spirituelle Wirkung entfalten.

Wenn die Gläubigen in der Kirche durch den Mittelgang nach vorne zum Hochaltar und in den Seitengängen wieder zurückgehen, etwa in einer Prozession oder bei der Heiligen Kommunion, folgen sie dem Fluss der Erdenergie durch die Chakren aufwärts und zu beiden Seiten wieder hinab und helfen so mit, die glitzernde Fontäne der Lebenskraft und himmlischen Form der Kirche zu erschaffen und zu verstärken. Außerdem regen sie den gleichen Prozess in sich selbst an, während sie ihn in der Kirche vollziehen.

Stonehenge

Eine solche Idee, wie man Architektur auf diese Weise schaffen und damit arbeiten kann, hat ihren Ursprung schon in weit zurückliegenden Zeiten und bildet eine der großen Weisheitserkenntnisse der Menschheit. So stellt zum Beispiel Stonehenge, der megalithische Steinkreis in der Ebene von Wiltshire in Südengland, eine Ausdrucksform des Wissens der Menschen in der so genannten „Steinzeit" dar. Die aufrecht stehenden Steine selbst bilden nur den inneren Teil des Tempels, dessen äußere Begrenzung durch einen Erdwall und Graben umschrieben wird, die den Steinkreis in einigem Abstand umgeben. Der Haupteingang zu diesem Tempel ist nach der Mittsommersonne ausgerichtet, wenn sie am nordöstlichen Horizont aufsteigt. Ein Damm mit parallelen Uferbegrenzungen und Gräben an beiden Seiten bildet eine Art Prozessionsstraße und erstreckt sich vom Tempeleingang in Richtung auf diesen nordöstlichen Punkt am Horizont. Wenn die Sonne dort zur Mittsommer-Sonnenwende aufsteigt, verlaufen ihre Strahlen auf diesem Damm entlang in den „Henge“, das Herz des Tempels.

Dieses bestand aus zwei Kreisen und zwei Hufeisen aus zwei Arten von Stein: großen Sandsteinblöcken und Blausteinen. Von den beiden Kreisen, die die Hufeisen umgeben, besteht der äußere Kreis aus gewaltigen, aufrecht stehenden Sandsteinblöcken, die mit geringen Zwischenräumen von einander aufgestellt und durch quer darüber liegende Stürze aus Sandstein zu einem fortlaufenden Kreis verbunden sind. Der innere dieser beiden Kreise ist erbaut aus freistehenden Blausteinen, die sehr viel kleiner als die Sandsteinblöcke sind. Die Hufeisen aus Steinen sind nach Nordosten geöffnet, um das Licht der aufgehenden Mittsommersonne in das innere Heiligtum des Steinkreises hinein zu leiten. Das äußere Hufeisen besteht aus fünf Paar aufrecht stehenden Sandsteinblöcken, von denen jedes Paar durch einen darüber liegenden Deckstein verbunden ist. Sie bilden ein Trilithon – die Form des griechischen Buchstabens pi (π), das Symbol der Archimedischen Konstante, das ist die mathematische Konstante 3,14159, die in der Euklid`schen Geometrie das Verhältnis des Kreisumfangs zum Durchmesser angibt. Das innere Hufeisen besteht aus freistehenden Blausteinen. Die Verbindung von Sandsteinblöcken mit den Blausteinen ergibt eine Paarung von männlichen und weiblichen Elementen, die auch durch das Ineinandergreifen von Kreisen und Hufeisen angezeigt wird.

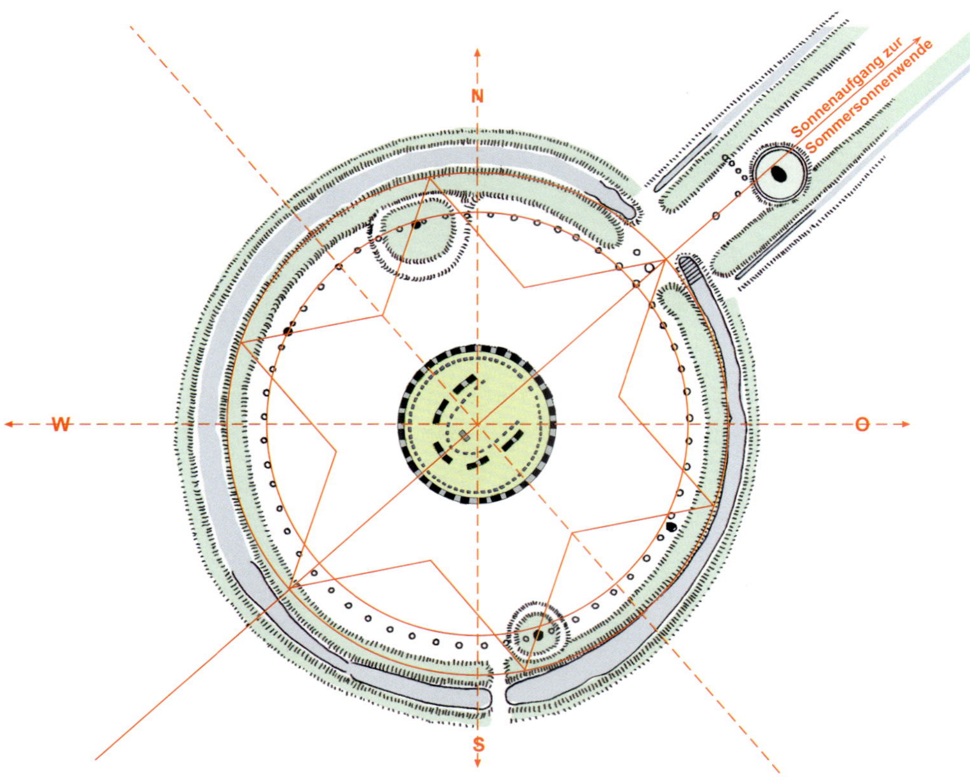

Stonehenge

Der zeremonielle Weg in den Hauptraum von Stonehenge, auf dem die Menschen in Prozession entlang gingen, beginnt am Fluss und windet sich von dort aus nach Norden, um die Straße in einiger Entfernung vom Kreistempel zu erreichen. Der letzte Teil dieses Zeremonienweges läuft entlang dieser Straße und führt durch den nordöstlichen Eingang in den Tempel. Im aufsteigenden Morgenlicht des Mittsommer-Sonnwendtages muss dies eine Prozession von Menschen und dem Sonnenlicht gemeinsam gewesen sein. Die Menschen schritten auf einem Pfad aus Licht in den Tempel hinein. Dies unterscheidet sich nicht allzu sehr von der Zeremonie, die noch heute in den Kathedralen stattfindet, wenn die Gläubigen zur Heiligen Kommunion schreiten.

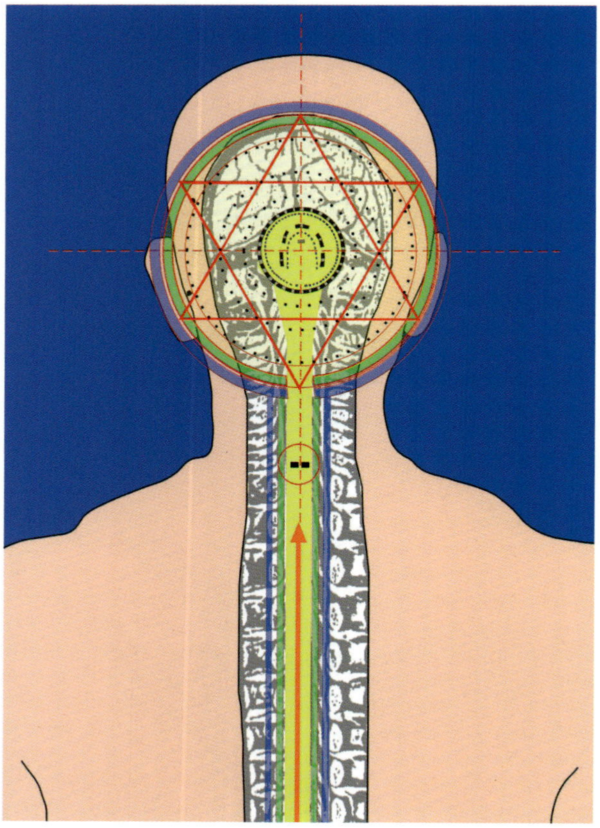

Die Anlage von Stonehenge ist besonders hervorragend, weil sie sehr klar zum Ausdruck bringt, was Sinn und Zweck von Architektur überhaupt ist. Genau, wie der Chor einer Kathedrale das Haupt des Christus repräsentiert, stellt der Rundtempel von Stonehenge ebenfalls einen Kopf dar. Der umgebende Wall mit Graben bezeichnet genau den Schädel eines gewaltigen Kopfes, der sozusagen auf dem Boden liegt und bei dem die Reihe der Steine im Zentrum exakt mit dem zerebralen Stamm oder Stammhirn übereinstimmt, während die zeremonielle Straße die Wirbelsäule und das Rückgrat darstellen. Die Bewegung der Menschen und des Sonnenlichtes diese Straße hinauf und in den Tempel hinein, korrespondiert mit der Bewegung der Kundalini oder Erdenergie, welche die Wirbelsäule hinauf steigt, um Erleuchtung in den Kopf zu bringen.

Stonehenge: Der Heilige Gral

Nachdem Stonehenge weiterhin so deutlich kreisförmig angelegt und als Observatorium benutzt wurde, um die Bewegungen von Sonne, Mond, Planeten und Sternen zu markieren, von denen einige auch im architektonischen Entwurf und der Anlage wiedergegeben sind, zeigt dieser bemerkenswerte Tempel auch, wie sakrale Architektur dazu dienen soll, den Archetyp des Lebensrades zu verkörpern und die genaue Verbindung mit dem größeren Kosmos herzustellen. Seine Ausrichtung offenbart, dass sein erster ritueller Zweck mit der Feier der Sommersonnenwende zusammenhängt. Andere Aspekte der Architektur verbinden die Stätte jedoch ebenfalls mit den Vierteltagsfesten und dem Mondzyklus. Seine zugrunde liegende Geometrie weist sich nicht nur als Kreis, sondern ebenfalls als sechsstrahliges Hexagramm oder Salomons Siegel, Grundlage des Christus- oder Davidsterns, aus, was den Zweck des Tempels noch weiter hervorhebt: Nämlich als Hilfe zur Erlangung der Erleuchtung zu dienen.

Kapitel 8

Archetypische Stadtlandschaften

Es ist ohne Lüge wahr, sicher und vollständig wahrhaftig, dass das, was unten ist, dem gleicht, was oben ist, und dass das, was oben ist, dem gleicht, was unten ist, um die Wunder des einen einzigen Dinges zu vollbringen.[21]

Städte, sogar große Hauptstädte, können als Tempel in weiträumigem Maßstab mit vollständigen Chakrasystemen angelegt sein und waren das auch in der Vergangenheit oft. Soweit dies in vollem Bewusstsein getan wurde, sind die Chakren der Stadt sorgfältig mit denjenigen der natürlichen Umgebung, also den Chakren der Landschaft, in Übereinstimmung gebracht. In der ganzen Welt gibt es zahlreiche Beispiele für Städte, in denen herausragende Gebäude, wie Tempel, Paläste, Marktplätze, Regierungsgebäude und dergleichen an denjenigen Plätzen errichtet wurden, an denen sich schon die passenden Energiezentren befanden, welche befruchtend auf die Art von Aktivität wirken konnten, die in dem betreffenden Gebäude vor sich gehen sollte. Zusätzlich wurden auch die Gebäude sehr oft entsprechend den kosmischen Prinzipien konstruiert, um die jeweilige Art der Chakraenergie zu verstärken.

Eine harmonisch und energetisch richtig angelegte Stadt kann sich auch ganz natürlich entwickeln und entlang ihres Chakrasystems organisch wachsen, wenn man den Einwohnern erlaubt, intuitiv, sorgfältig und entsprechend ihrer Eingebung zu bauen. Auch hierfür gibt es viele Beispiele. Die Achse oder Wirbelsäule einer Stadt muss nicht immer eine gerade Linie bilden, aber das Vorhandensein von Polaritäten ist unerlässlich. Je größer die Polarität ist, desto mehr kann der Platz energetisiert werden – beispielsweise dann, wenn der Kopfbereich auf einem Hügel erhöht liegt, während sich die Wurzelzone tief, etwa in einem Tal, ausbreitet und Verbindung mit Wasser, einem See, Fluss oder Meer hat.

In einer ideal angelegten Stadt sollte der Herzbereich ein Zentrum für Frieden, Harmonie und Schönheit sein, um auf diese Weise die Funktion des Herzens widerzuspiegeln. Es sollte ein Ort sein,

21 Auszug aus den Smaragdtafeln des Hermes Trismegistus nach der Übersetzung ins Englische von Isaac Newton.

wohin die Menschen von sich aus gerne hingehen, um sich dort friedlich zu treffen und die Schönheit zu genießen. Dazu kann eine Brunnenanlage, eine Skulptur oder ein schöner Baum im Mittelpunkt helfen, die dann sowohl einen zentralen Fokus bilden als auch das vertikale Element hinzufügen, so dass sich daraus ein dreidimensionales kosmisches Kreuz bildet (wie in der Vierung mit ihrem Turm in einer Kathedrale). Ein Springbrunnen ist besonders gut, da er die Atmosphäre reinigt und die natürliche Aufwärtsbewegung der Erdenergie nachahmt, die den himmlischen Körper und die Aura bildet.

Kirchen können in jedem Chakra einer Stadt gebaut sein, jedoch benutzt man traditionsgemäß dazu häufiger die Bereiche Herz, Hals, Stirn, Scheitel und Wurzel.

Das Halschakra, Zentrum für Intelligenz, Sprechen und Hören, bietet eine sehr gute Lage für Lehre und Kultur, sowie für Schulen, Theater, Konzertsäle und dergleichen. Schulen für jüngere Kinder sind am besten in dem dem Herzen zugewandten Bereich des Kehlkopfes untergebracht, während sich der zur Stirn gerichtete Teil des Halschakras gut für Hochschulen, Universitäten, Büchereien und alle Zentren höherer Bildung eignet. Verwaltungsgebäude funktionieren besonders gut im Stirnchakrabereich, welcher der Platz für Behörden, Rathäuser, usw. ist. Es ist ebenso eine gute Lage für Universitäten und Forschungsstätten. In das Stirnchakra baute man auch bevorzugt Burgen, um die beherrschende, kontrollierende Energie auszunutzen, welche das Stirnchakra kennzeichnet.

Marktplätze und Einkaufsbereiche, die großen Handels- und Wirtschaftszentren, funktionieren am besten im Solarplexusbereich. Dort sind auch Restaurants, Gaststätten und Geschäfte, die Essen anbieten, gut aufgehoben. Es bekommt dem Solarplexuszentrum besonders gut, wenn es einen Markt mit einem Straßenkreuz oder einer ähnlichen Struktur als Fokus enthält, um den herum dann die sozialen Treffpunkte und Aktivitäten angeordnet sind. Industrie und Gewerbe machen sich besonders gut im Sakralchakra (was auch für die Etablissements mit roter Laterne gilt), während alle Aktivitäten, die mit Lagern und Verteilen zu tun haben, natürlicherweise in den Bereich des Wurzelchakras gehören.

Die Innenstadt von London

Ein hervorragendes Beispiel für eine Stadtlandschaft mit einem kompletten Chakrasystem, das auch mit offensichtlicher Kenntnis eines solchen Systems gebaut wurde, ist die Innenstadt von London. Obwohl sich London bis heute zu einer der weltweit größten Kapitalen im Bereich internationaler Finanzen und Kultur entwickelt hat, sind seine Ursprünge doch sehr alt. Sie liegen in dem, was die Innenstadt von London mit ihrem Spitznamen, „die Quadratmeile" („The Square Mile"), ausmacht. Damit unterscheidet sich dieser Bereich von der weiteren Großstadt London, die darum herum gewachsen ist. Die Innenstadt von London ist das Herz von Groß-London. Deren legendäre Geschichte ist es wert, kurz erzählt zu werden, da dies hilft, Alter, Anlage, Entwicklung und den kontinuierlichen Gebrauch ihres Chakrasystems zu erhellen.

Die Geschichte von London beginnt mit Brutus, dem Enkel oder Urenkel des trojanischen Helden Äneas. Sein keltischer Name war Brit oder Bryttys (welsch), was soviel bedeutet wie „der Auserwählte“. Er war der Gründer und erste König von Britannien, wie es die alten Legenden berichten. Britannien erhielt seinen Namen von ihm, ebenso wie die Einwohner, die Bretonen oder Briten. Brutus wird nachgesagt, dass er ca. 1100 v.Chr. die Stadt Caer Troja („Sitz Trojas“) gegründet hat, die auch als Trinovantum oder Troja Nova („Neues Troja“) bekannt ist und später London wurde. Der Stein, der als Londoner Stein bekannt ist, wurde von Brutus als Grundstein von Caer Troja im Herzen der Stadt aufgerichtet.

Caer Troja wurde ca. 450 v.Chr. durch Molmutius, den großen Gesetzgeber, wieder gegründet, den man wegen seiner Weisheit als den britischen Salomon bezeichnet. Seine Gesetze, die auf dem Kodex des Brutus basierten, gaben den Menschen in Britannien grundlegende Freiheiten, wie das Recht der freien Rede, sowie die Unschuldsvermutung bis zum Beweis der Schuld – Gesetze, welche der britischen Verfassung zugrunde liegen und im Wesentlichen bis heute in Gebrauch sind. Sein Sohn, König Belinus, führte dies fort, indem er die Stadt ca. 400 v.Chr. neu erbaute. Der Name Belinus stammt von dem keltischen Gott Bel oder Bèal, was soviel bedeutet wie „Universales Wesen“.

Belinus zeichnet verantwortlich für die Erbauung des ersten Hafens und der ersten Uferbefestigungen an der Themse. Das war ein ausgedehnter, hölzerner Kai aus Pfosten und Planken, vervollständigt durch ein Wassertor, das Belinus' oder Belin's Tor heißt. Heute lebt die Erinnerung daran weiter im Namen von Billingsgate, dem ersten Hafen von London. Als Belinus starb, wurde die Asche seines Körpers nach der Kremation in einer bronzenen Urne auf dem Tor angebracht. Jahrhunderte später bauten die Römer die ursprünglich hölzerne London Bridge über den Themsefluss zu diesem Tor hin, das etwa 100 Meter flussabwärts von der heutigen Brücke lag.

Caer Troja wurde ein drittes Mal neu gegründet im Jahr 73 v.Chr. von Lud, dem ältesten Sohn von Heli und Bruder von Cassibelanus. Lud wurde während seiner Regierungszeit berühmt dafür, dass er im ganzen Königreich Britannien Städte baute und erneuerte, deren wichtigste eben Caer Troja war. Hier soll er rund um die Stadt massive Türme erbaut haben. Wenn man den Geschichtenerzählern glaubt, erweiterte und erneuerte er die bäuerlichen Häuser, so dass daraus großzügige Gebäude wurden, vergleichbar den größten Wohnhäusern in der Welt, und arrangierte riesige Feste für das Volk. Man sagt auch, dass er in Caer Troja die ersten Straßenzüge auslegte. Die Stadt wurde dann in Caer Lud (Stadt des Lud) umbenannt, was entweder durch das Volk zur Ehre ihres Königs geschah oder von letzterem selbst zur Ehre des Gottes Lud, dessen Namen er trug. Als König Lud starb, wurde er in Caer Lud nahe an dem Tor begraben, das „Ludgate“ heißt.

Die keltische Hauptstadt wurde auch bekannt als „Llandin“ oder „Llyndin“, was entweder „Heiligtum des Herrn“ oder „Seefestung“ bedeutet. Von diesem Wort wurde dann ein weiterer keltischer Name für die Stadt abgeleitet, nämlich „Caer Llundain“, der noch im 6. Jahrhundert n.Chr. benutzt wurde. Von Llundain leitet sich der römische Name Londinium ab und davon wiederum der Name, den wir immer noch benutzen, London.

Als die Römer 43 n.Chr. in Britannien einfielen, übernahmen sie die alte keltische Hauptstadt und benutzten sie, wie die Briten es schon gemacht hatten, als wichtigen Hafen und Handelszentrum. Boudicca, Königin der Icenier, brannte sie während ihrer Revolte gegen die Römer im Jahre 61 n.Chr. bis auf den Grund nieder. Aber nach ihrer Niederlage wurde die Stadt schnell wieder in einer veränderten Form und mit erweiterten Grenzen aufgebaut. Sie wuchs während des nächsten Jahrhunderts immer weiter an Größe und Pracht. Die Verteidigungsmauer um die Stadt wurde ca. 200 n.Chr. erbaut, obwohl einige sagen, dass dies unter Kaiser Constantius Chlorus (ca. 250 – 306), dem Vater Kaiser Konstantins, geschah. Durch diese römische Mauer war weit über ein Jahrtausend lang die Größe und Gestalt Londons festgelegt. Es ist dieser Bereich innerhalb der Mauern, den man als „City von London" oder „Londoner Innenstadt" bezeichnet. Im 2. Jahrhundert n.Chr. besaß London, das sich inzwischen von einer unbefestigten „oppidum" (Stadt) in eine von Wällen und Mauern umgebene „colonia" entwickelt hatte, die größte Basilika nördlich der Alpen, einen Gouverneurspalast, ein Forum, zwei Tempel, ein Mithraeum, Badehäuser und eine große Festung (Cripplegate Fort) für die städtische Garnison. Wahrscheinlich wegen ihrer Großartigkeit, ebenso wie wegen ihrer Wichtigkeit, wurde sie von den Römern Colonia Augusta und Augusta Trinobantum genannt, Hauptstadt von Britannien und Sitz des Vicarius Britanniarum, (Vikar von Britannien) sowie des Verwalters des kaiserlichen Schatzhauses.

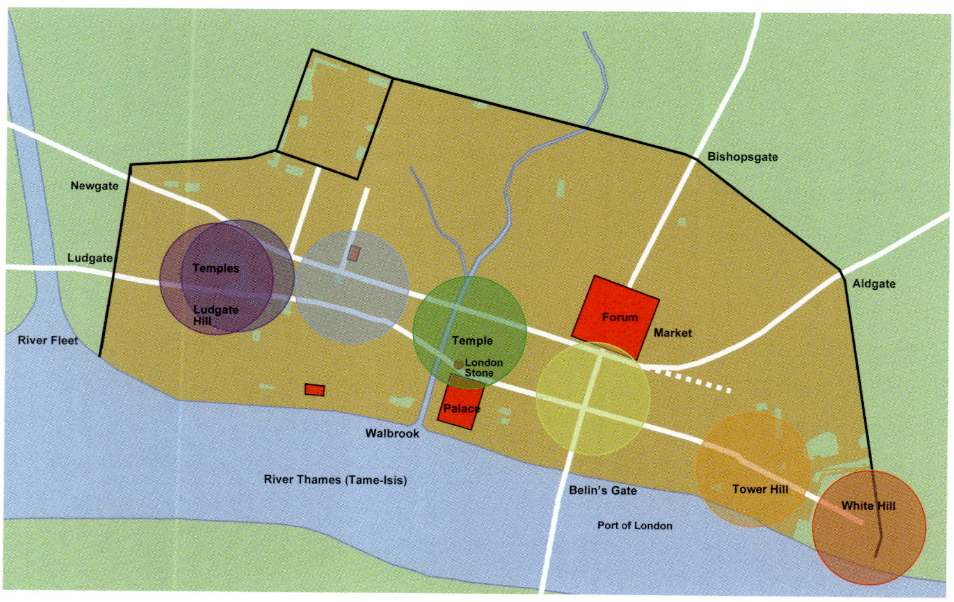

Das keltisch-römische London

Das keltische Caer Troja oder Troja Nova, das unter der römischen Stadt liegt, wurde auf den Standort einer früheren Siedlung gebaut. Das weit in prähistorische Zeiten zurückreichende Alter des Ortes wird durch zahlreiche archäologische Funde bestätigt, die nicht nur aus der Steinzeit und frühen Bronzezeit, sondern sogar bis zurück in die Alte Steinzeit datieren. Die Stadt befand sich anfänglich auf Ludgate Hill und dessen hochgelegener Ausdehnung nach Osten, wie es auch heute noch der Fall ist. Die Wasser der Themse strömen an seiner steil abfallenden Südseite vorbei. Die Westseite der Stadt wird durch den Fluss Fleet bestimmt, der von Hampstead Heath südwärts und in die Themse durch einen Bereich fließt, der einst ein tiefes Tal und ein Becken mit Marschland zur Aufnahme hoher Fluten war.

Dies erstreckte sich über 100 Meter breit bis zur Mündung der Themse. Jetzt ist der Fluss unterirdisch verrohrt, und Farringdon Street und New Bridge Street führen darüber hin.

Die Ostseite der Stadt wird bestimmt von Tower Hill und einem heiligen Hügel, der als Bryn Gwyn (weißer Hügel) bekannt ist und von den keltischen Bretonen errichtet wurde. Die Normannen bauten im 11. Jahrhundert n.Chr. ihren „weißen Turm", nämlich den Tower von London, auf diesen Hügel. Später wurde die unmittelbare Umgebung des weißen Hügels und Towers mit einer Burg mit doppeltem Wall und Graben bebaut, die noch heute ihren ersten Namen trägt: Tower von London. In nordsüdlicher Richtung durchquert ein kleiner Fluss die Mitte der Stadt, der Wall Brook. Das ist der Herzfluss der Stadt. Er läuft jetzt durch Rohre unterirdisch, mit Gebäuden darüber und mit Wallbrook Street und Towgate Street daran entlang.

Von allem Anfang an in der Geschichte der Londoner Innenstadt hat sich dort ein komplettes Chakrasystem entwickelt. Dieses läuft von Osten nach Westen, und die Fokuspunkte der Hauptchakren sind durch wichtige historische Gebäude bezeichnet, deren jedes reich an Tradition ist, was den Londonern und Briten generell sehr viel bedeutet, da sich darin ein wesentlicher Teil des britischen Erbes und seiner Psyche niederschlägt. Diese Orte und Gebäude gehören ebenfalls zu den meist besuchten Plätzen in London, Britannien und der Welt.

London ist eine „Drachenstadt", was sie mit ihrem heraldischen Wappenwesen, einem Drachen, kundgibt. „Drache" war der Titel, den man den keltischen Königen der Bretonen gegeben hatte, und der Rote Drache sowie das Rote Kreuz waren die originalen Embleme des keltisch-britischen Königtums. Der Rote Drache war ebenfalls das Wappentier der ganzen britischen Rasse und wird heute noch von den Walisern geführt, welche direkte Abkömmlinge der keltischen Bretonen sind.

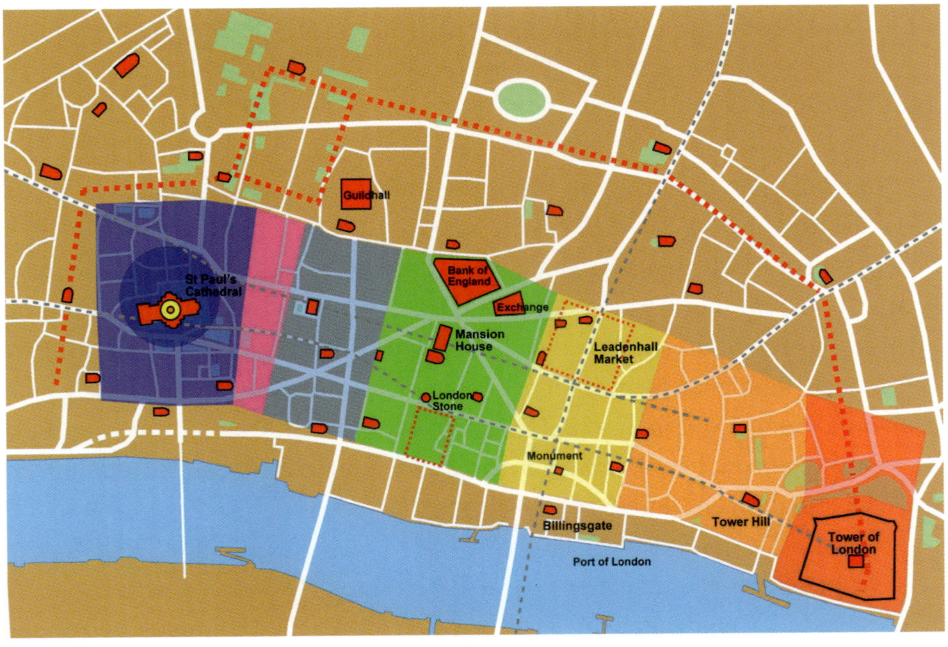

Die Innenstadt von London heute

Der rote Drache ist ein goldener Drache, denn rot ist die heraldische Farbe des Metalls Gold, die symbolisch auf die Sonne, den König und den männlichen Lebensaspekt hinweist. Seine Ergänzung ist der weiße oder silberne Drache, symbolisch verbunden mit dem Mond, der Königin, dem Land und dem weiblichen Lebensaspekt. Letzterer ist es, der die Innenstadt von London als heraldisches Geschöpf darstellt. Der Drache bezieht sich ebenfalls auf die Kundalini oder Drachenenergie, die durch die Chakren der Stadt und des Landes fließt.

Das Haupt des Landschaftstempels von London ist Ludgate Hill, auf welchem die St. Paul's Kathedrale steht. Der Hügel leitet seinen Namen von Lud, dem keltischen Vater-Gott, ab, der bei den Römern Jupiter heißt. Dies kommt vom Lateinischen „Iu-pater" und bedeutet „Vater des Lichts". Die alten Bretonen erbauten auf dem Gipfel ein Heiligtum, das der Göttin Ceridwen geweiht war. Sie ist die Gattin von Hu, dem Sohn des Lud, und wir kennen sie heute unter ihrem anderen Namen: Britannia. Hu (dessen Namen man ebenfalls als Hugh, Lugh oder Lug schreiben kann) und Ceridwen – ein Sonnengott und eine Mondgöttin – sind die spirituellen Archetypen für Arthur und Guinevere, den Gralskönig und seine Königin. Die Römer erbauten anstelle des keltischen Tempels solche für Diana und Jupiter. Die St. Paul's Kathedrale soll auf dem Platz von dem einen oder anderen dieser Tempel stehen, während das St. Paul's Kreuz, das unmittelbar außerhalb des Chores der Kathedrale steht, den Platz bezeichnet, auf dem der Heilige Paulus den Bretonen gepredigt haben soll.

Im Hauptpunkt des Halschakras der Innenstadt liegt die Kirche St. Mary-le-Bow. Das ist eine der Kirchen von Christopher Wren, welche die Stelle einer früheren Kirche einnimmt, die das große Feuer von London zerstört hatte. Auf ihrem Turm sieht man einen goldenen Drachen. Die Kirche, die in ihrem Glockenturm die berühmten „Bow Bells" (Glocken von Bow) beherbergt, wird gemeinhin für das spirituelle Zentrum des alten Londons gehalten, das man nicht so sehr der St. Paul's Kathedrale zuschreibt. Ein echter Londoner, bekannt als ein „Cockney" (der Name leitet sich ab von cockernay oder cock's egg = Ei eines Hahnes), ist nach allgemeiner Ansicht jemand, der innerhalb des Klangbereiches der Glocken von St. Mary-le-Bow geboren ist. Beide, der krähende Hahn und die Glocken, sind Symbole für das Wort Gottes, das vom Hals aus ertönt.

Der Fokus des Herzchakras von London wurde ursprünglich durch Brutus, den legendären Gründer Britanniens, mit dem Londoner Stein markiert. Diesen legte er auf das östliche Ufer der Walbrook (Wall-Bach) als Gründungsstein oder Omphalos. Man sagt, dass Brutus diesen Stein aus dem ursprünglichen Troja herbringen ließ, da London als das Neue Troja gegründet wurde. Die Römer achteten den Stein in diesem Sinne und benutzten ihn als Milliarium oder Zentralstein, von dem aus alle Entfernungen auf sämtlichen Straßen durch Britannien gemessen wurden. Dies ist eine Gewohnheit, die sich noch bis ziemlich weit in unsere Zeit hinein erhalten hat. Die Legende sagt, solange der Stein gesichert ist, wird London blühen. Die Bürger von London pflegten ihn als Schutzstein zu betrachten, dessen Besitz Obhut und Macht für die Stadt sicherte.

Während der Jahrhunderte musste der Stein von London verschiedene Veränderungen über sich ergehen lassen. Unter anderem wurde er in den letzten drei Jahrhunderten dreimal versetzt, so dass jetzt nur noch ein Fragment davon übrig ist. Dies wurde jetzt in eine Nische in der Wand eines Gebäudes hineingesetzt, das den Platz von St. Swithin London-Stone einnimmt. Diese Kirche wurde im Zweiten Weltkrieg zerbombt und nicht wieder aufgebaut. Der jetzige Ort des Steines ist nur ein paar Meter von seinem ursprünglichen Standort entfernt.

Die Römer bauten im 2. Jahrhundert einen Tempel für Mithras, unmittelbar nördlich des Steins von London und ebenso an das Ostufer des Wall-Baches. Als man diesen Mithrastempel während Bauarbeiten im 20. Jahrhundert entdeckte, wurden seine Überreste weiter westlich aufgebaut, um sie zu erhalten und dennoch das neue Gebäude auf dem vorgesehenen Platz zu errichten.

Die Sachsenkirche St. Stephen Walbrook wurde unmittelbar an den Mithrastempel angebaut. Nach dem großen Feuer von London entwarf und baute Sir Christopher Wren eine neue Kirche. Gut passend zum Herzchakra Londons, basiert der Entwurf auf einem großen, kreisförmigen, kuppelgekrönten Raum und ist eine der schönsten Kirchen Wrens. Es ist die Pfarrkirche des Lord Mayor von London.

An St. Stephen Walbrook anschließend, findet sich etwa 100 Meter nördlich das aus dem 18. Jahrhundert stammende Mansion House, der offizielle Sitz des Lord Mayor von London. Nördlich davon sieht man die Bank von England mit der nahe gelegenen Royal Exchange.

Ausgehend vom Stein von London im Süden, erstreckt sich diese Folge wichtiger Gebäude von dem Stein aus nach Norden, entlang dem Ostufer des Wall-Baches, und bildet ein vollständiges, eigenes Chakrasystem, das zum größeren Chakrasystem der Innenstadt von London einen rechten Winkel bildet. Es stellt ein mikrokosmisches System innerhalb des Herzens, des makrokosmischen Systems der Londoner Innenstadt, dar. Die Bank bildet den Kopf, das Mansion House den Hals, die Kirche St. Stephen Walbrook das Herz, der Stein von London den Solarplexus (oder den Nabel bzw. Hara) und Cannon Street Station, wo einst ein römischer Palast stand, das Sakral- und Wurzelchakra.

Das Solarplexus-Chakra der Londoner Innenstadt, in einer Stadtlandschaft üblicherweise das Hauptzentrum für Einkaufen, Handel und Märkte, war früher der Platz der alten keltischen und römischen Märkte. Daneben hatten die Römer ihr Forum mit der großen Basilika oder Gerichtshalle gebaut. In späteren Jahrhunderten wurde der Leadenhall Markt an diesem Ort errichtet. Grace Church Street folgt dem Verlauf der römischen Straße, die von der Mitte des Forums über das Wasser- oder Belin's Tor zu der ursprünglichen hölzernen London Bridge führte.

Billingsgate, der erste Hafen von London mit seinem Fischmarkt und Zollhaus, gehört ebenfalls noch zum Sakralchakra der Londoner Innenstadt. Der Fokus dieses Chakras, das alte Handels- und Handwerkszentrum der Stadt, wird hauptsächlich durch die Kirche von All-Hallows-by-the-Tower auf dem Towerhügel markiert, obwohl der neue und sehr moderne Schweizer Re Tower mit dem Spitznamen „Erotic Gherkin" (Gurke) der Kirche jetzt Konkurrenz macht, indem er ein sehr dominantes männliches Symbol des Sakralchakras aufstellt.

Das Wurzelchakra wird vom Tower von London bestimmt, bzw. genauer gesagt, vom keltischen Bryn Gwyn („weißer Hügel"), auf dem der normannische White Tower steht und der dies Chakra schon aus früherer Zeit her markierte. Unter diesem Hügel ist nach der Legende das Haupt des großen Gottes Bran begraben. Dieses Haupt ist ein altes britisches Symbol für den Heiligen Gral. Da der Rabe Brans wesentliches Tiersymbol ist, wurde seine Anwesenheit an diesem Ort von keltischer Zeit her durch die Raben repräsentiert, die in dem Turm gehalten werden. Sie werden immer noch zum größten Teil in Anglesey, der traditionellen Heimat Brans, aufgezogen und den ganzen Weg nach London gebracht, wenn einer der dort lebenden Vögel stirbt. Damit hält man symbolisch noch immer die alte Pilgerstraße auf dem königlichen Weg des Allerheiligsten Haupts des Bran aufrecht.

Die Köpfe oder Körper von Brutus, dem legendären Gründer Londons und Britanniens und dem großen Gesetzgeber Molmutius, dem zweiten Gründer Londons und dem ersten, der eine goldene Krone trug und sich selbst König nannte, sollen auch hier unter der Erde liegen. Damit ist der Weiße Hügel ganz wörtlich ein alter keltischer oder eisenzeitlicher Grabhügel, in den die Leichname der beiden großen Gründer Londons und Britanniens zur Ruhe gebettet wurden. Als Gründer repräsentieren sie das „Fundament", sowohl für die Stadt als auch für das Land. Die Benutzung ihres Grabhügels als Wurzelchakra der Stadt ist vollständig korrekt, da das Wurzelchakra das Fundament der Wirbelsäule und des ganzen Chakrasystems ist.

Wilhelm der Eroberer wusste ganz genau, was er tat, als er seinen stark befestigten normannischen „Weißen Turm" auf den weißen Hügel baute und zu seiner Residenz machte. In seiner Zeit und noch lange danach musste jemand, der das Land als Souverain beherrschen wollte, den Tower in seinem Besitz haben, da er die ursprüngliche Basis der königlichen Macht in der Stadt London und eine Befestigung darstellte, in welche sich die königliche Familie in Zeiten ziviler Unruhen zurückziehen konnte.

Noch heute enthält der Tower einen wichtigen Brennpunkt der britischen Herrschaft und Macht, obgleich nur symbolisch: Er beherbergt die Kronjuwelen, und das allein deutet bereits auf die Wichtigkeit des Towers hin, dessen offizieller Name lautet: „Der Tower von London, königlicher Palast und Festung ihrer Majestät" (Her Majesty's Royal Palace and Fortress the Tower of London). In unserer modernen Zeit soll der Tower der meistbesuchte Ort in London und sogar im ganzen Land sein.

Edinburg

Ein weiteres gutes Beispiel einer Stadt, die gleichzeitig „Tempel" und Hauptstadt ist, zeigt uns Edinburg, die Kapitale von Schottland. Wie in London, ist ihr Herz die Altstadt, die in diesem Fall neben einen Hügel gebaut wurde, der als „Burgberg" bekannt ist. Dieser Hügel war vor vielen Millionen Jahren ein aktiver Vulkan und wurde durch die Gletschererosion der letzten Eiszeit zu seiner heutigen Form modelliert. Er hat seinen Namen von der Burg, die auf einem steil abfallenden Felsen thront, der den

Gipfel des Berges bildet. Der Felsen ist ein vulkanischer Block, der ursprünglich in der Mitte des Hügels lag, bevor der Gletscher alles weichere Material an drei Seiten abtrug. Die alte Stadt Edinburg wurde an die übrig gebliebene östliche Seite des Hügels gebaut. Durch das Zentrum dieser früheren mittelalterlichen Stadt führt eine Straße, die als die Royal Mile, die „Königsmeile“, bekannt ist. Diese Straße verläuft von der Burg ostwärts den Hügel hinab zu den Toren des Palastes von Holyrood am Fuß des Burgbergs. Die Royal Mile ist die Wirbelsäule der Stadt. Sie trägt ein vollständiges Chakrasystem und bildet die Hauptzugangsstraße zur Burg.

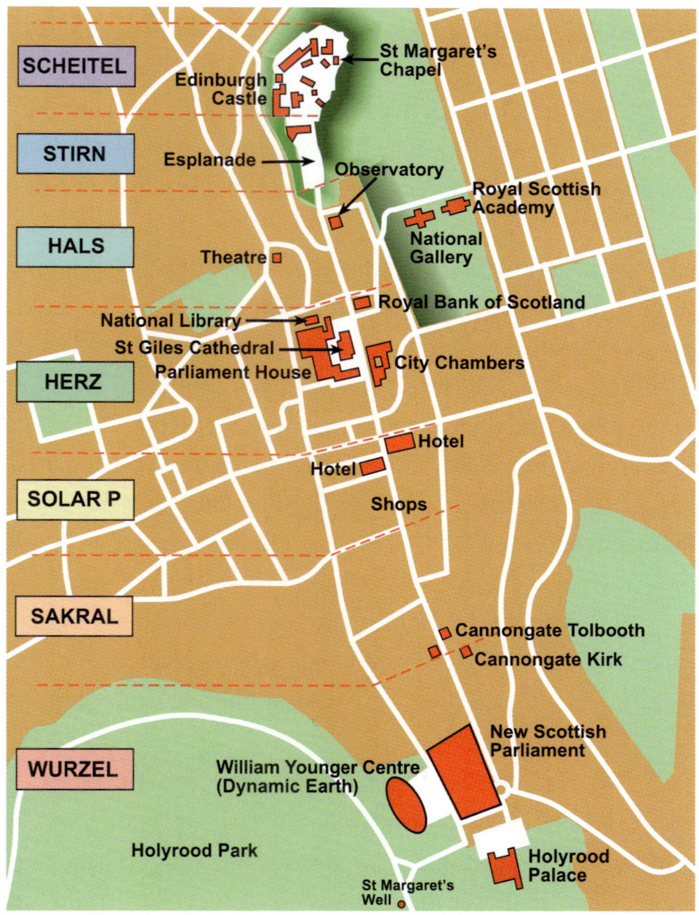

Edinburg:
Die Altstadt und die „Royal Mile“

Der Palast von Holyrood, der ursprünglich ein mittelalterliches Kloster war, liegt an einem Energiezentrum unmittelbar außerhalb des Chakrasystems der Stadt und bildet, geomantisch gesehen, ein Äquivalent zu dem Kreuz oder der Mariensäule, die häufig außerhalb des Westportals einer Kathedrale stehen. Wenn Sie am Palast von Holyrood den Weg von einer Meile Länge aufwärts zur Edinburger Burg beginnen, wandern Sie zuerst Canongate entlang, wie das Ostende der Royal Mile heißt. Canongate ist die Hauptstraße der gleichnamigen Stadt, die bis ins 19. Jahrhundert eine eigene Gemeinde (Burgh) neben der Gemeinde von Edin (Edinburg) war. Letztere lag oberhalb und westlich von Canongate. Das Wort „Gate“ (Tor), bedeutete ursprünglich „Straße“ und wurde erst später mit der Bedeutung eines Eingangs zu einer Straße, Stadt oder Burg belegt.

Ursprünglich betrat man die mittelalterliche Stadt Edinburg am oberen westlichen Ende von Canongate an der Kreuzung, wo St. Mary's Street und Jeffrey Street die Royal Mile schneiden. Diese beiden Straßen verlaufen außerhalb und entlang der alten Stadtmauer, welche die Bürger von Edinburg schnell errichteten, um ihre Stadt nach der vernichtenden Niederlage der Schotten durch die Engländer in der Schlacht von Flodden, 1513, zu schützen. Die Mauer erhielt den Namen „Flodden-Mauer". Am Ende dieses ursprünglichen Eingangs zur alten Stadt Edinburg steht das Gasthaus World's End, das auf den Fundamenten der Mauer an der Südseite des Stadttores steht. Für die damaligen Bürger von Edinburg war dies das Ende der Welt. Die Hauptstraße von Edinburg verläuft von diesem Stadttor aufwärts zu den Burgtoren, die das westliche Ende der Royal Mile bilden.

Das Wurzelchakra dieser Stadtlandschaft der königlichen Meile liegt am östlichen Ende von Canongate, am Fuße des Burghügels. Das neue schottische Parlamentsgebäude wurde in diesem Bereich errichtet, auf der Südseite von Canongate und nahezu gegenüber dem Eingang zum Palast von Holyrood.

Das Sakralchakra erstreckt sich von hier, Canongate, aufwärts zum ursprünglichen Eingangstor in das mittelalterliche Edinburg, d.h. zum Kreuzungspunkt der Royal Mile mit Jeffrey und St. Mary Street. Dieser Bereich war im 16. und 17. Jahrhundert die bevorzugte Wohngegend der Adligen und gebildeten Klassen. Im frühen 20. Jahrhundert wurde Canongate jedoch in das vergrößerte Edinburg einbezogen und degenerierte zu einem der Rotlichtbezirke der Stadt, ein Schicksal, das die Sakralchakrabereiche von Städten häufig ereilt. Derzeit befindet es sich im Prozess einer vollständigen Säuberung, Restaurierung und Verjüngung, um eine passende Umgebung für das schottische Parlament abzugeben.

Der Bereich des Solarplexus erstreckt sich vom alten Stadttor an der Jeffrey und St. Mary's Street hinauf bis zum Parlamentsgebäude. Hier befinden sich die meisten Geschäfte und Restaurants, und hier ist es auch, wo sich die meisten Menschen versammeln.

Das Herzchakra umfängt die Kathedrale St. Giles, das Parlamentsgebäude und die „City Chambers" (Räume der Rechtsanwälte und Richter) der Stadt. Hier ist ein herzförmiger Stein, der „das Herz von Lothian" genannt wird, in das Pflaster eingelassen an dem Ort, wo einst das alte Tolbooth Gefängnis stand. Obwohl dieser Stein ursprünglich dort zur Erinnerung an viele gebrochene Herzen und hingerichtete Menschen eingesetzt wurde, bildet er doch ein passendes Symbol zur Kennzeichnung des Herzzentrums von Edinburg.

Oberhalb der Kathedrale und des Parlamentsgebäudes führt die Hauptstraße in den Lawnmarket. Dies ist der Bereich des Kehlkopfchakras, der auch das Traverse Theater und die Nationalbibliothek sowie etwas weiter bergab nördlich die Nationalgalerie umfasst.

Das Stirnchakra ist der vordere Teil des Burgfelsens, direkt unterhalb der Burg. Hier gibt es eine genau am richtigen Platz befindliche Kamera Obscura, durch die man ganz Edinburg sehen kann. Auf dem daran anschließenden offenen Platz vor der Burg findet jedes Jahr das große Schauspiel des Edinburger Zapfenstreiches statt. Zu anderen Zeiten im Jahr bietet diese offene Terrasse einen großartigen Ausblick über Edinburg, bis zu den Pentland Hügeln im Südwesten und zum Firth of Forth im Norden.

Die Burg selbst liegt noch höher im Scheitelchakra – und sie ist wirklich die Krone Edinburgs. Ganz oben wird der Schlosskomplex abgerundet durch die St. Margarethen-Kapelle, dem ältesten Gebäude in Edinburg, das eine wundervolle, friedliche Atmosphäre ausstrahlt. Interessanterweise bedeutet Margarete „Perle", und „die Perle von höchstem Wert" zierte traditionsgemäß die höchste Zacke der königlichen Krone.

Stein am Rhein

Ein besonders interessantes Beispiel einer mittelalterlichen Stadt mit vollständigem Chakrasystem, die noch gut erhalten und außergewöhnlich schön ist, findet sich in Stein-am-Rhein, das am Ufer des Hochrheins liegt. Im Gegensatz zu Edinburg erstreckt es sich nicht aus einem Tal hinauf zur Krone eines Hügels. Stattdessen wurde das Chakrasystem dieser hübschen Stadt entlang des Flusses auf ebenem Boden dergestalt angelegt, dass der Rhein von Osten nach Westen auf der Südseite der Stadt entlang fließt und ein Wassergraben ursprünglich die Stadtmauern auf den Landseiten schützte.

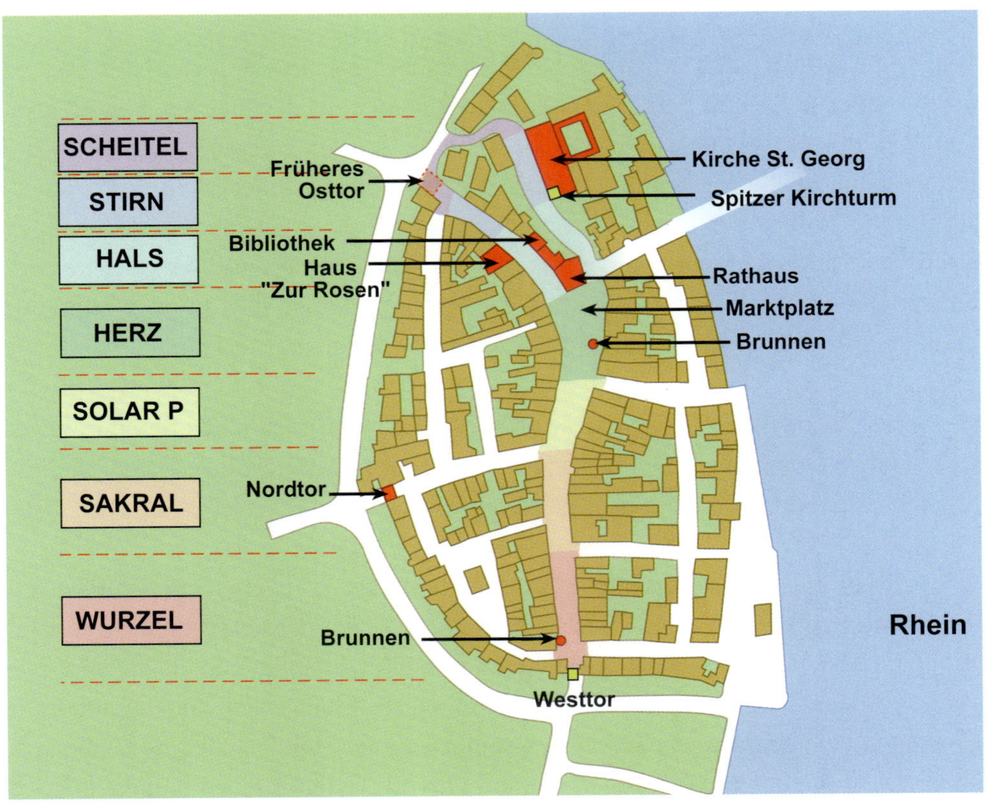

Stein am Rhein

Der Gesamtentwurf der Stadt ist sehr interessant und außergewöhnlich. Während sich in Edinburg die Royal Mile wie eine Schlange den Berghang hinauf windet und so den Verlauf der Drachenenergie nachahmt, ist Stein am Rhein in der Form eines „Y" angelegt, welches das seit Zeitaltern benutzte Zeichen für Hingabe und Erleuchtung ist. Das heißt, dass die Hauptstraßen der Stadt nach der Form des am Kreuze hängenden Helden gebaut sind, der seine Arme erhoben hat, um mit seinem Körper das Zeichen des „Y" zu formen – dasselbe Zeichen, das sich im Felsen der Externsteine findet (siehe Seite 180ff.). Die Gleichheit geht so weit, dass bei beiden der Kopf in Richtung auf die rechte Schulter geneigt und dadurch der Augenblick des Todes und der Erleuchtung angedeutet ist.

Dieser Plan ist nicht einzigartig, es gibt vielmehr auch andere Orte, die so entworfen sind, doch sie sind nicht häufig. Eine derartige Anlage kennzeichnet eine Stadt als vom Gewöhnlichen abgehoben, und möglicherweise liegt ein Hinweis auf ihr Geheimnis in ihrem Namen „Stein". Wenn nämlich ein Stein einer Stadt den Namen geben soll, muss es sich schon um einen besonderen Stein, um einen Markstein von erheblicher Bedeutung, handeln. Steine wurden traditionsgemäß zur Bezeichnung besonderer Plätze als Altarsteine oder Stelen, sowie als „Kopfsteine" benutzt, die man an heiligen Orten aufstellte, an denen sich bedeutungsvolle Träume oder Visionen gezeigt hatten. Wenn Steine dieser Art auf besonderen Kraftplätzen aufgestellt werden, helfen sie, die Strahlen spiritueller Energie, die vom Kosmos auf die Erde fließen, zu fokussieren. Diese Strahlen stechen sodann die Drachenenergie der Erde an den Schlüsselchakren der Landschaft an, so dass Transformation und Transmutation stattfinden können. Einer der Gründe, weshalb man die Hierophanten der Mysterienschulen „Steine" nannte, lag darin, dass sie fähig waren, als Menschen dasselbe zu tun.

Die Lage der Stadt im Landschaftstempel des Hochrheins ist wirklich bedeutungsvoll, da sie sich im Solarplexus-Chakra befindet. Der Solarplexus ist der Ort der Kreuzigung des niederen Egos oder Drachenselbstes, was durch die gleiche Stellung des gekreuzigten Mannes am Solarplexus-Felsen der Externsteine, sowie am Kruzifix über dem Lettner einer Kathedrale, gezeigt wird. Mit anderen Worten stimmt die Anlage der Hauptstraßen der Stadt und ihres Chakrasystems genau mit ihrer Position im Landschaftstempel Hochrhein überein, dessen Wurzelchakra auf der Insel Reichenau liegt und dessen Krone vom Rheinfall bei Schaffhausen gebildet wird. Ob all dies auf sorgfältiger menschlicher Planung beruht oder sich einfach „so ergab", werden wir wohl niemals erfahren.

Das Chakrasystem von Stein am Rhein beginnt am westlichen Stadttor, wo das Wurzelchakra unmittelbar im Durchgang am Anfang der Unterstadt liegt. Dieses westliche Stadttor ist gleichbedeutend mit dem Westportal einer Kathedrale, deren Haupt, wie das dieser Stadt, nach Osten weist.

Die Wirbelsäule der Stadt biegt sich auf anmutige Art leicht nach Osten wie eine Schlange, ähnlich der künstlerischen Darstellung von Jesus am Kreuz oder der gekreuzigten gnostischen Schlange. In bestimmten Abständen münden Seitenstraßen an Schlüsselpunkten in die die Wirbelsäule bildende Hauptstraße ein, von denen zwei den Übergang von einem Chakra zum anderen markieren. Das Solarplexus-Chakra und die wichtigsten Geschäfte beginnen an der Stelle, an der die Unterstadt in den Rathausplatz übergeht. Dort sind alle Gebäude über und über mit symbolischen Wandgemälden und Skulpturen geschmückt. Einige dieser Symbole stellen in bemerkenswerter Weise den Bezug zu dem Chakra der Stadt her, in dem sich das Gebäude befindet. Der Rathausplatz ist der alte Marktplatz, gesäumt von Geschäften, Cafes und Restaurants. Das Herzchakra liegt auf der östlichen Hälfte des Rathausplatzes. Ein schöner Springbrunnen mit einer Skulptur von St. Georg und dem Drachen bezeichnet die Trennungslinie zwischen Solarplexus und Herzbereich. Auch hier folgt die Darstellung wieder der alten Weisheitstradtion, indem die Tötung des Drachen im oberen Teil des Solarplexus-Chakras der Stadt dargestellt wird, nämlich im „Schleier", der ins Herz überleitet. Das Rathaus befindet sich am östlichen Ende des Rathausplatzes. An diesem Punkt münden von Norden und Süden zwei Straßen in das Herz der Stadt ein, deren eine vom nördlichen Stadttor und die andere über die südlich gelegene Rheinbrücke kommt. Sie treffen sich im Herzen auf dem Rathausplatz und bilden dort die beiden Arme des kosmischen Kreuzes der Stadt. Nach Osten teilt sich jetzt die Hauptachse der Stadt in zwei Straßen, deren eine südlich und die andere nördlich des Rathauses weiterführt. Diese beiden, der Chirchhofplatz und die Oberstraße, bilden die beiden erhobenen Arme der Mysteriengestalt von Stein.

Unmittelbar hinter dem Rathaus liegt auf dessen östlicher Seite die Stadtbücherei, nützlicherweise platziert im Halschakra der Stadt. Weiter östlich führt der Chirchhofplatz zur alten Kirche und dem Kloster von St. Georg, die im Stirnchakra liegen, aber mit dem linken Arm des symbolischen Musters der Stadt verbunden sind. Das Gleichgewicht zur Georgskirche bildet, verbunden mit dem rechten Arm und dem Halschakra der Stadt, ein bemerkenswertes Gebäude in der Oberstraße, das früher ein Zunfthaus war und mit symbolischen Portraits der Rosenkreuzer geschmückt ist. Daran ist zu erkennen, dass dieses Gebäude das esoterische Gegenstück zur priesterlichen Kirche von St. Georg bildet, denn dieser ist der christliche Rosenkreuzer-Ritter. Das Haus heißt „Zunfthaus zur Rosen" und trägt auf seiner der Straße zugewandten Außenmauer ein ausdrucksvolles Gemälde von Christian Rosenkreutz. Er wird hier von zwei seiner Gefährten begleitet, die in einer Weise dargestellt sind, welche die Symbolik des „dreifachen A" zum Ausdruck bringt. Dies ist ein altes Zeichen für esoterische Gemeinschaften und Mysterienschulen, das mindestens bis ins Alte Ägypten zurückreicht.

Die Kirche des Heiligen Georg ist verbunden mit dem Stirnchakra und dem linken Arm, und das Zunfthaus von Christian Rosenkreutz mit dem Halschakra und dem rechten Arm, was beides genau der traditionellen Symbolik entspricht. Danach enthüllen die wahren Rosenkreuzer, gleich Propheten in inspirierter und visionärer Schau, die inneren Lehren des ewig lebenden Christus, des Wortes, während sich die klerikale und priesterliche Kirche hauptsächlich mit der Organisation und Verbreitung dieser Lehren in schriftlicher Form und ihrer Weitergabe an das Volk befasst. Sie sind für einander wie die Sonne und der Mond, obgleich selbstverständlich jede dieser Gemeinschaften auch etwas von der anderen in sich trägt. Damit entsprechen sie dem Prinzip, auf das sich die Chinesen als Yin und Yang beziehen.

Das Osttor der Stadt ist jetzt zerstört, und der östliche Stadtausgang, das Scheitelchakra, ist der einzige Teil, der ein wenig traurig darnieder liegt und im Augenblick nicht seinen vollen Wert zum Ausdruck bringt.

Bad Pyrmont

Bad Pyrmont, eine viel besuchte Badestadt in Norddeutschland, liegt inmitten einer schönen Landschaft, ungefähr 55 km südwestlich von Hannover. Sie ist ein gutes Beispiel nicht nur für ein Chakrasystem einer Stadt sondern ebenso für ein Lebensrad, das sich noch im Prozess seiner Ausformung befindet, während sich die Stadt entwickelt. Außerdem liegt Bad Pyrmont nur 26 km nordöstlich der Externsteine, einer bemerkenswerten Felsformation im Teutoburger Wald, die für den Sitz der germanischen Volksseele gehalten wird und das Zentrum eines wichtigen Landschaftszodiaks, genannt „Exterland", bildet. Bad Pyrmont liegt in diesem Tierkreis als Sakralchakra des Chakrasystems desjenigen Landschaftstempels, der den Zodiak als dessen Hauptachse kreuzt und dessen Herzchakra durch die Externsteine markiert wird (siehe mehr dazu unter „Landschaftstempel" auf Seite 169 u. 180ff.).

Das Herz von Bad Pyrmont hat sein Zentrum über dem Hylligen Born, dem ursprünglichen Fokus der Stadtgründung und einer seiner zahlreichen Heilquellen. Über dieser heiligen Quelle erhebt sich ein Tempel mit einem von zwölf Säulen getragenen Kuppeldach, das die zentrale Wichtigkeit noch unterstreicht – der Brunnentempel. Dieser steht auf dem Brunnenplatz, welcher einen quadratischen Bereich um den kreisförmigen Tempel abgrenzt. An der Nordseite des Brunnenplatzes schließt sich die Wandelhalle an den Brunnentempel an.

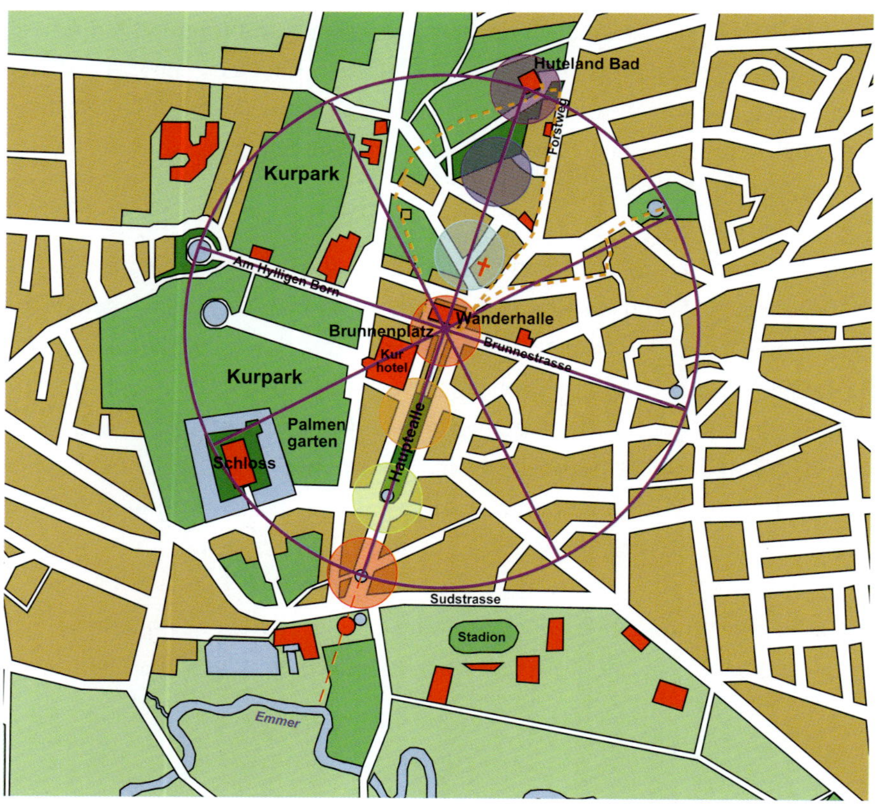

Bad Pyrmont

Eine von alten Bäumen gesäumte Straße, die Hauptallee, erstreckt sich vom Brunnenplatz südwärts auf den Fluss zu und bildet damit die Hauptachse der Stadt, auf der sich ein natürliches Chakrasystem gebildet hat. Darin markieren Hylliger Born, Brunnentempel und Brunnenplatz das Herzchakra. Wie üblich, schließen sich die Chakren des Bauchbereiches die Hauptallee hinunter zum Fluss an, während die höheren Chakren des Kopfes sich nach Norden in Richtung der Hügel ausdehnen. Eine kreuzende Achse, die über den Brunnenplatz im Herzzentrum führt, erinnert an die Querschiffe einer Kirche. Das östliche linke Querschiff wird von der Brunnenstraße und das westliche rechte von der Straße Am Hylligen Born gebildet. An ihren Enden sieht man jeweils einen Springbrunnen, wobei derjenige an der rechten Seite hoch hinauf in den Himmel schießt und dadurch starke männliche Qualitäten ausdrückt. Im Vergleich dazu sprudelt der Brunnen zur Linken sanft in einen Teich und zeigt sich im Gegensatz sehr weiblich.

Ferner sind auch die verschiedenen Eigenschaften und Zwecke, die mit den Aspekten von rechts und links in einem Tempel verbunden sind, in der Stadtlandschaft stark ausgeprägt. Der Archetyp der rechten Hand hat mehr mit spirituellen und kulturellen Aktivitäten zu tun, während der Aspekt der linken Hand sich auf die mehr materiellen und weltlichen Tätigkeiten bezieht. In Bad Pyrmont liegt an der rechten Seite der Hauptachse nach Westen zu der Kurpark zusammen mit den hauptsächlichen kulturellen, Erholung bietenden- und Badehäusern, während auf der linken östlichen Seite sich die Haupteinkaufsstraße mit Behörden, Schulen und Wohnhäusern erstreckt.

Außer durch das Kreuz ist die archetypische Form eines Tempels auch durch einen Kreis definiert (oder in drei Dimensionen durch eine Kugel). Der Umfang dieses Kreises wurde an seinen Kreuzungspunkten mit den horizontalen Achsen bereits intuitiv durch die verschiedenen Bauplaner von Bad Pyrmont erkannt. Auf der Erde sind diese Kreuzungspunkte markiert durch den Springbrunnen am westlichen Ende der Straße Am Hylligen Born, den Springbrunnen am östlichen Ende der Brunnenstraße und die Skulptur am Südende der Unteren Hauptallee. Das Nordende der „unsichtbaren" Erstreckung der Hauptachse nach Norden ist ebenfalls markiert, allerdings mehr zufällig als geplant, nämlich durch das Hufeland-Bad. Diese vier Punkte bezeichnen die grundlegende Struktur eines Kreuzes im Kreis des Lebensrades der Stadt. Es handelt sich hier um ein griechisches Kreuz innerhalb eines Kreises. Die vier Punkte bezeichnen darüber hinaus noch die Haupthimmelsrichtungen Nord, Süd, Ost und West, wie im kosmischen Archetyp des Lebensrades.

Das Andreaskreuz, das die Zwischenrichtungen anzeigt, befindet sich noch im Prozess der Ausbildung. Im Nordosten war die Dunsthöhle der erste Punkt, der sorgfältig angezeigt und herausgehoben wurde, indem ein besonderer Fußgängerweg dorthin gelegt wurde. Nachdem Nordosten die Position darstellt, die mit der Widmung und der Setzung des Grundsteines zusammenhängt, sollte dies auch die erste Zwischenrichtung sein, die klar herausgehoben wird. Dies hat sich glücklicherweise und bemerkenswerterweise in Bad Pyrmont so ereignet. Die übrigen drei Zwischenrichtungspunkte auf dem Kreis müssen noch markiert werden, was hoffentlich im Verlaufe der Zeit stattfinden wird. Wenn sie nämlich in einer angemessenen und schönen Art dargestellt werden, die für den Sinn und Zweck der Stadt Bad Pyrmont passend ist, wird die ganze Stadt nahezu sicher ein noch viel stärker energetisiertes Chakra heilender Energie in der Landschaft des Exterlandes sein.

Berlin

Die Hauptstadt von Deutschland, Berlin, ist ein Beispiel für eine Großstadt, deren mittelalterliches Herzstück jetzt weitgehend zerstört ist, die aber im Zuge ihres Wachstums ein späteres, größeres Chakrasystem entwickelt hat, das die Überbleibsel der alten Stadt einbezieht. Aus verschiedenen Gründen ist der höhere Teil dieses Chakrasystems sehr klar und anscheinend bewusst entworfen, während die unteren Chakren im Dunkeln bleiben. Die Wirbelsäule dieses Chakrasystems folgt dem Spreefluss, der mit seinen Mäandern an die gerade Linie der von Menschen erbauten Stadtachse angrenzt und diese ergänzt.

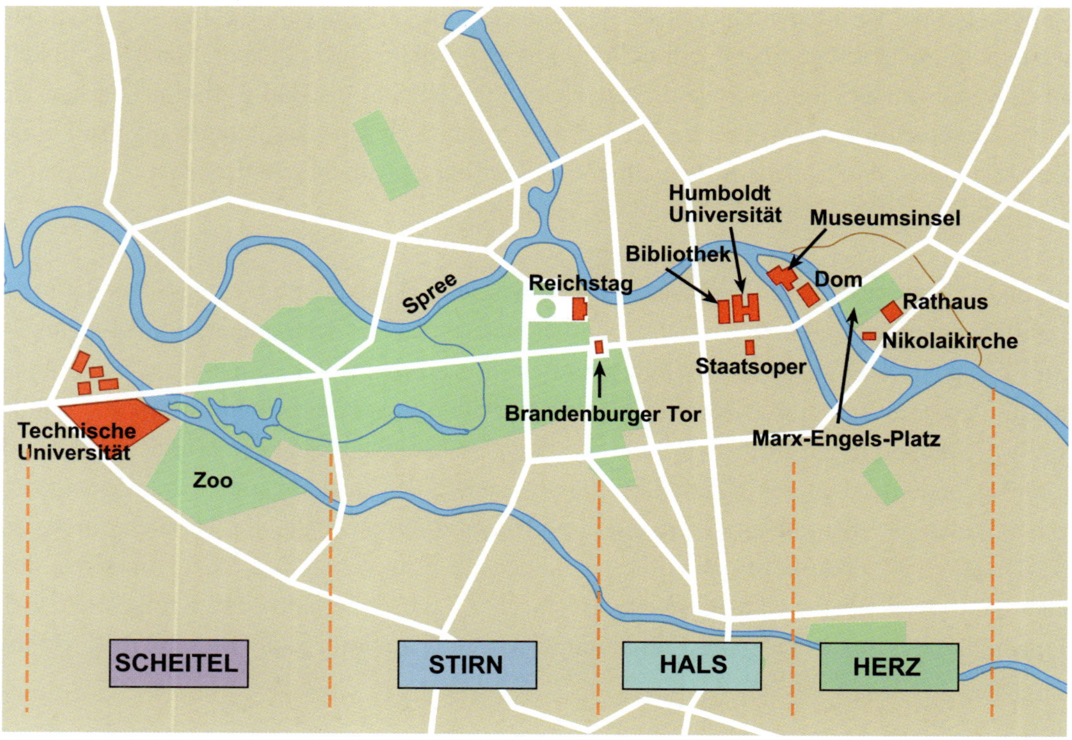

Berlin

Das Herz Berlins wird von dem Bezirk gebildet, in dem die mittelalterliche Stadt lag und der sich westwärts vom Roten Rathaus aus dem 19. Jahrhundert, dem Marx-Engels-Forum und der romanisch-gotischen Nikolaikirche am Ostufer der Spree hinzieht, die weltberühmte Museumsinsel umschließt und den Marx-Engels-Platz an der Stelle des alten Stadtschlosses (dessen Wiederaufbau geplant ist), den Palast der Republik (der seit 2006 schrittweise abgerissen wird) und den Berliner Dom umfasst, die alle auf einer Insel, umgeben von den Wassern der Spree, zu finden sind.

Von diesem großen Herzzentrum ausgehend, ist die berühmte Straße Unter den Linden als ausdrucksvolle Ost-West-Achse der Stadt konzipiert und verläuft vom Herzzentrum durch die höheren Chakren, um schließlich durch das Scheitelchakra hinauszuschießen unter den Namen Bismarckstraße, Kaiserdamm und Heerstraße. Diese Linie kanalisiert in machtvoller Weise die Erdenergie der Stadt von Osten nach Westen, der Fließrichtung der Spree folgend, und die spirituelle Energie von Westen nach Osten in das Stadtzentrum hinein. Das Herzzentrum der Stadt auf seiner Insel erfüllt seine Funktion, indem es die Wasserenergie des Flusses, gemeinsam mit der Drachen- oder Erdenergie der Natur, auffängt und in den Kanal der Straße Unter den Linden in Richtung auf das Scheitelchakra und den Westen einspeist.

Berlins Halschakra liegt zu beiden Seiten der Straße Unter den Linden und enthält die Deutsche Staatsbibliothek, die Humboldt-Universität, die St. Hedwig's Kathedrale, die Deutsche Staatsoper, die Komische Oper, sowie weitere Museen, Bibliotheken und Theater.

Die Straße Unter den Linden führt zum Pariser Platz, auf dem das berühmte Brandenburger Tor, das Sinnbild Berlins, steht. Nahe dabei befinden sich das alte Reichstagsgebäude und die moderne Kongresshalle am Platz der Republik. Dieser Bezirk ist das Stirnchakra, der Ort, wo Politik diskutiert, Entscheidungen getroffen und Anweisungen erteilt werden. Es ist interessant zu sehen, dass die Teilung Berlins in Ost und West über den Pariser Platz führte und somit genau das „dritte Auge", die Kommandozentrale der Stadt, durchschnitt.

Weiter nach Westen hin wird Unter den Linden zur Straße des 17. Juni und durchläuft pfeilgerade den Tiergarten zum Ernst-Reuter-Platz, von wo ab sie Bismarckstraße und dann Kaiserdamm heißt. Dieser Tiergarten mit seinen geschwungenen Wasserläufen und Seen ist eine erfreuliche Ausdrucksform des Stirn- und Scheitelchakras, welches am westlichen Ende des Tiergartens mit der Technischen Universität und dem Zoologischen Garten den Höhepunkt der Kronenchakraenergie erreicht.

Bismarckstraße, Kaiserdamm und Heerstraße führen die Stadtachse noch weiter nach Westen. Dort kreuzt sie die westliche Stadt-Autobahn und ergießt ihre Energiefontäne in den Bezirk von Charlottenburg und die anderen westlichen Stadtteile.

Washington DC

Die Hauptstadt der Vereinigten Staaten von Amerika, Washington DC, hat ein bemerkenswertes Stadtzentrum, das reizvoll angelegt und mit wunderschönen Gebäuden geziert ist. Die Stadt wurde geplant, entwickelt und gebaut auf einem Boden, der noch vor 200 Jahren eine Mischung von Sümpfen und Gestrüpp trug. Sie entstand während der turbulenten Zeit, in der sich die Vereinigten Staaten formten, und stellt den Architekten, Führern und dem Volk der Vereinigten Staaten ein passendes Zeugnis der Hochachtung aus. Errichtet mit dem Zweck, die Zentren der drei Regierungszweige der Nation – Exekutive, Legislative und Justiz – zu beherbergen, verkörpert das Stadtzentrum diese drei im Weißen Haus des Präsidenten, dem Capitol und dem Höchsten Gericht und verbindet sie durch eine landschaftlich schön angelegte Promenade und ein Netzwerk von Straßen.

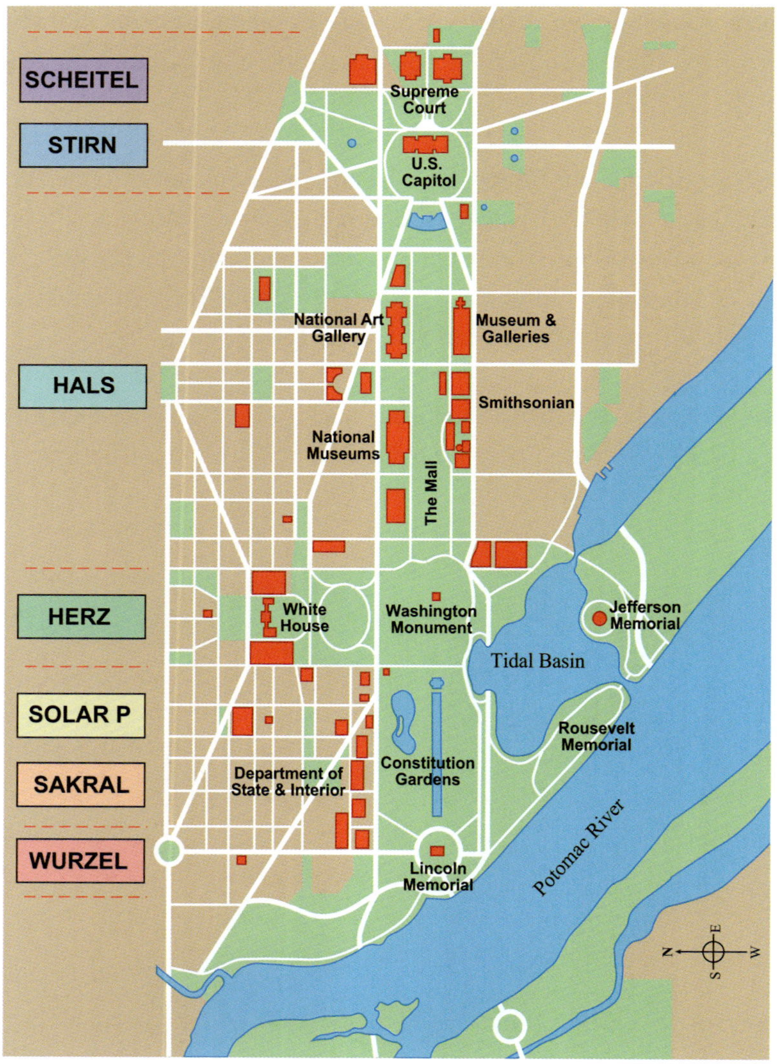

Washington D.C.

Der ursprüngliche Plan des französischen Ingenieurs, Pierre Charles L'Enfant, ist im Laufe der Zeiten verändert und erweitert worden, jedoch kann man das originale Konzept noch gut wahrnehmen. Tatsächlich haben die Veränderungen dazu beigetragen, dass ein klares Chakrasystem erkennbar wurde, dessen ost-westlich ausgerichtete Wirbelsäule die Mall bildet. In Bezug auf die gesamte Stadt ist dieses Regierungszentrum ein Kopfchakra, was wirklich gut zu seinem Zweck passt, sowohl für die Regierung der Stadt, als auch der ganzen Nation. Die Art der Gebäude in diesem Stadtzentrum, ihr Zweck und ihre Chakrenverbindung zu einander spiegelt deshalb die Tatsache wider, dass es sich um ein Regierungszentrum, das „Haupt" der Nation, handelt.

Der Plan des Stadtzentrums hat als Basis Jenkins' Hill, die höchste Erhebung des ganzen Bereiches, auf welcher das Capitol als Sitz des Kongresses errichtet wurde. Von den Stufen und Terrassen des Capitols an läuft die große Promenadenstraße, die Mall, nach Westen auf den Potomac-Fluss zu, wo sie ihren Höhepunkt im Denkmal für Abraham Lincoln erreicht. Dieses „Memorial" wurde nach Art eines griechischen, dorischen Tempels mit flachem Dach errichtet. Ein steinernes Testament für den 16. Präsidenten der Vereinigten Staaten von Amerika, der die Union bewahrte, und damit das Ideal einer dauerhaften und demokratischen Republik verkörpert. Die großartige Statue von Lincoln in dem Tempel, wo er auf seinem gewaltigen Stuhl sitzt, schaut machtvoll nach Osten zum Capitol. Diese Statue und das Denkmal befinden sich am Flussufer und bilden dort architektonisch und symbolisch ein kräftiges und passendes Wurzelchakra, als Gegengewicht zum Scheitelchakra, das durch das kuppelüberwölbte Capitol auf seinem Hügel dargestellt wird.

Zwischen Capitol und Lincoln Memorial erstreckt sich die Mall als Wirbelsäule der Stadtlandschaft, und enthält eine weite Fläche von zwei Meilen mit Rasenflächen, Bäumen und Gewässern. Darunter sind zwei große, als Spiegel dienende Teiche, die Hauptelemente der formalen Anordnung des Wassers; einer unterhalb des Capitol-Hügels und der andere vor dem Lincoln Memorial. Neben dem langen Teich, in dem sich das Lincoln Memorial spiegelt, befindet sich ein See. Beide liegen im westlichen Teil der Mall und sind zusammen als „Constitution Gardens" (Gärten der Verfassung) bekannt. Sie bilden einen guten Fokus für das Sakral- und Solarplexus-Chakra der Mall. Die Ministerien des Äußeren und des Inneren, sowie die Federal Reserve Buildings (frühere Münze) stehen in passender Verbindung zu diesem Bereich, nördlich entlang der Constitution Gardens.

Im Herzen der Mall steht ein hoch aufstrebender Obelisk, 555,5 Fuß (168 m) hoch und aus Marmor erbaut als Denkmal für George Washington, den ersten Präsidenten, der für die Entstehung der Nation kämpfte und sie durch die erste Zeit führte. Dieses Denkmal ist sehr passend im Herzchakra der Stadtlandschaft, am Platz der spirituellen Geburt. Eine Erweiterung der Mall nach Norden und Süden kreuzt den Herzbereich wie die Querschiffe einer Kathedrale. Und ebenso bilden die Mall, die „Querschiffe" und der Obelisk zusammen das Symbol eines dreidimensionalen kosmischen Kreuzes. Das nördliche „Querschiff" enthält das Weiße Haus in seinem Garten mit dem Park, der als die „Ellipse" bekannt ist und davor liegt. Das südliche „Querschiff" besteht hauptsächlich aus Wasser, dem „Tidal Basin", an dessen Südufer das Jefferson Denkmal zum Andenken an den dritten Präsidenten und Haupturheber der Unabhängigkeitserklärung errichtet wurde.

Dieses Denkmal für Thomas Jefferson ist ein Kuppelbau im klassischen Stil eines Pantheons. Es schaut über das Tidal Basin nach Norden zum Washington Monument und weiterhin zum Weißen Haus. Die Vorderfront des Weißen Hauses blickt nach Süden über die Rasenflächen und Bäume der Ellipse zum großen Obelisken und weiter zum Jefferson Memorial. Nicht weit von letzterem finden wir das gewaltige Denkmal für Theodor Roosevelt aus Granit und Wasser, ebenfalls an der Seite des Tidal Basin. Diese Denkmäler der beiden Präsidenten bilden eine passende Polarität zueinander und stehen an der linken Seite des Stadttempels in Verbindung mit Wasser, während das Haus des lebenden Präsidenten der Vereinigten Staaten von Amerika auf der rechten Seite auf einem erhöhten Platz errichtet ist. Obwohl man eine solche Anordnung nicht immer in der Landschaft findet und sie auch nicht unbedingt notwendig ist, reflektiert sie doch säuberlich die traditionelle Idee, welche die Weisheit mit der rechten Seite und dem Feuer, Verständnis jedoch mit der linken Seite und Wasser, verbindet. Ebenfalls passt es zu dieser traditionellen Symbolik, dass die rechte Seite an das Leben und die linke an den Tod erinnert.

Östlich des Washington Monumentes ist die Mall auf beiden Seiten von Museen und Kunstgalerien gesäumt, die zumeist durch philanthropische Stiftungen ermöglicht wurden. Darunter befindet sich auch das weltberühmte Smithsonian Institut und die National Gallery of Art. Dieser östliche Teil der Mall kulminiert im Osten am Fuße des Capitolhügels in dem geschwungenen Teich, der das Capitol reflektiert. Dieser gesamte östliche Bereich der Mall bildet das Halschakra der Stadtlandschaft. Er nimmt deren längstes Stück ein. Die dortigen Gebäude sind eine sehr gute Manifestation der Art kultureller Aktivitäten, die besonders kräftig in den Energien des Kehlkopfchakras gedeihen.

Ebenso ist das aus weißem Marmor und Sandstein errichtete Capitol auf seinem Hügel vollkommen passend für die natürlichen Funktionen des Stirn- und Scheitelchakras. Seine Stufen führen hinauf zu Terrassen mit prächtigen Ausblicken über die Mall und andere Alleen, die vom Capitol ausstrahlen. Die Teilung des Capitolsgebäudes in zwei Flügel zu beiden Seiten der überwölbten zentralen Halle, welche Funktionen des Parlaments und Senates aufnehmen, ist ein Ausdruck für die beiden Hälften des Gehirns. Dabei ist das Repräsentantenhaus mit der linken Gehirnhälfte im Südflügel und der Senat mit der rechten Gehirnhälfte im Nordflügel verbunden. Der Oberste Gerichtshof, der früher auch im Capitolgebäude untergebracht war, hat jetzt ein eigenes Haus auf Jenkins' Hill in der Nähe.

Die große Kuppel, die sich über der zentralen Halle des Capitols erhebt, bildet eine eindrucksvolle, visuelle Manifestation eines Kronenchakras in einem Stadtzentrum. Gekrönt von einer großen Bronzestatue der personifizierten Freiheit, verkündet sie das begeisternde Ideal und erstrebte Ziel der ganzen Nation.

Kapitel 9

Archetypische Landschaften

All das sind Teile eines Ganzen nur: Gott ist die Seele, Körper die Natur.[23]

Die großen Archetypen sind nicht nur Leitbilder und Blaupausen für Menschen und was sie konstruieren, sondern auch für die Natur selbst. Die Archetypen unterliegen der gesamten Natur, einschließlich der Landschaft der Welt, mit ihren Tierkreisen, Chakrasystemen und Lebensbäumen, groß und klein. Die archetypischen Muster existieren im Ätherbereich, aber sie haben die Kraft, die Entwicklung der physischen Landschaft zu bestimmen, indem sie sie in einem bestimmten Ausmaß so modellieren, dass Landschaftsformen den jeweiligen Archetyp ausdrücken können. Wenn wir als menschliche Wesen diese Muster in der Landschaft erkennen können und daran arbeiten, sie anzuerkennen und zu verstärken, so hilft das nicht nur uns, das Richtige am rechten Ort und zur rechten Zeit zu tun, sondern ebenso der Entwicklung der Natur.

Wie wir sehr wohl wissen, hat die Menschheit einen großen Einfluss auf die natürliche Umgebung, und scheinbar können wir tun, was wir wollen, vorausgesetzt, wir haben die passende Technologie dazu. Viele Menschen nehmen aber einfach nicht die Kraft und den Einfluss wahr, die häufig auf subtile Weise von der natürlichen Umgebung auf uns ausgeübt werden, und sie erkennen auch nicht die Intelligenz der Natur. In Wirklichkeit hat die Natur, und zwar ganz besonders in ihrer Ausprägung als Landschaft, eine sehr viel machtvollere Auswirkung auf uns, als wir auf sie. Wenn wir zur Ruhe kommen und darüber nachdenken würden, könnten wir erkennen, was Alexander Pope erkannt hat, und demütig werden und entdecken, dass wir jeder und jede unseren Platz wie auch unsere Rolle zu spielen haben.

Das Wissen darum, wie man das Richtige am richtigen Platz zur richtigen Zeit tut, ist der Schlüssel zur praktischen Wissenschaft des Lebens in Harmonie in und mit unserer Welt. Die Welt ist die Architektur der Natur. Sie ist für uns und unsere Mitgeschöpfe gemacht worden – als Geschenk. Wenn wir lernen, sie recht zu nutzen, für sie zu sorgen und sie angemessen zu fördern, hilft sie uns über alle Ma-

23 Alexander Pope, Vom Menschen, Brief I, Zeilen 267-268, übers. V. E. Breidert, Meiner Vlg., Hamburg 1993

ßen, da die Welt die körperliche Form eines lebendigen, intelligenten Wesens ist. Es ist möglich, einen Dialog mit der Welt zu entwickeln und in der Kunst des Lebens als Partner mit ihr zusammen zu arbeiten. Außerdem kann Erkennen, Verstärken und Arbeiten mit den Chakren und Zodiaks in der Landschaft Energien und Elemente der Natur, sogar einschließlich des Wetters, ins Gleichgewicht bringen und harmonisieren. Dies wirkt ganz genau so, wie die Erschaffung eines Mandalas des Lebensrades die Energien der Umgebung, in welcher das Mandala ausgelegt wird, ausgleichen und in Einklang bringen kann.

Landschaftstempel

Der ganze Planet ist selbst ein Tempel – eine wohlgeordnete Energieform, in der Leben und Bewusstsein vibrieren. Er hat seine größeren und kleineren Chakren, die die Lebenskräfte und die Intelligenz des Planeten nach einem großartigen Entwurf ausbreiten.

Genau wie im menschlichen Körper, gibt es auch in der Landschaft Bereiche, die alle Chakren aufweisen und denen eine Energiestruktur unterliegt, ganz ähnlich derjenigen unseres physischen Körpers. Dies sind in ihrer Auswirkung „Landschaftstempel“. Es gibt ihrer große und kleine, wobei die Kleinen innerhalb der Größeren liegen. Jedes Chakra eines weiten Landschaftstempels ist in sich selbst ein kleinerer Tempel mit seinem eigenen Chakrasystem – Mikrokosmen in Makrokosmen.

Da sich Landschaftstempel oft meilenweit über das Land erstrecken können, ist es nicht immer einfach, ihr Konzept zu erfassen. Wenn man aber seine Intuition zusammen mit den normalen Sinnesorganen benutzt, kann man sehr wohl diejenigen Bereiche einer Landschaft erkennen, die als Tempel arbeiten. Das erste, wonach man suchen muss, ist ein Gefühl von Polarität und ein Energiefluss zwischen beiden Polen (vielleicht in Form eines Flusses oder als ein Weg, der einen Hügel von seinem Fuß bis zum Gipfel hinauf führt). Halten Sie auch immer nach dem Herzbereich Ausschau. Ist ein Landschaftstempel gesund und gut im Gleichgewicht, muss das Herz ein Sammelbecken für Harmonie und Frieden sein. Wenn das Energiemuster tatsächlich vorhanden ist und Sie sich dann gut auf den Geist des Ortes einstimmen, wird sich der Rest wahrscheinlich von selbst für Sie entfalten.

Das Alte Ägypten

Einer der ersten Landschaftstempel, den ich mir für eine gründliche Untersuchung vornahm, war das Alte Ägypten. Ich wollte, wenn möglich, nicht nur das Konzept der Landschaftstempel, sondern auch die Tatsache beweisen, dass die Menschheit diese gekannt und mit solchem Wissen seit den ältesten

Zeiten gearbeitet hat. Ein guter Zugang dazu wird im Corpus Hermiticum gegeben, in dem Hermes Trismegistus dem Asklepius erzählt, dass „Ägypten eine Kopie des Himmels oder besser, ein Ort ist, auf den hier unten alle Operationen vermittelt und projiziert werden, welche die himmlischen Kräfte regieren und antreiben; und mehr noch, wenn man die ganze Wahrheit sagen wollte, so ist unser Land der Tempel der ganzen Welt".

Ägypten verdankt seine Existenz als bewohnbares Land, das eine blühende Zivilisation hervorbringen und unterhalten kann, dem Fluss Nil. Dieser große Fluss, der aus dem Viktoria-See und zahlreichen anderen Zuflüssen kommt, fließt 4.000 Meilen weit (6.400 km) nach Norden, wobei er sich ein langes und schmales Tal durch große Wüstenebenen gräbt. Wenn er dann im Norden aus der Einengung der dürren Hochlandgebiete hervortritt, breitet er sich wie ein Fächer in mehrere Zweige aus, die über das tief liegende Gebiet von Unterägypten zum Mittelmeer fließen. Dieser Bereich ist das Nil-Delta, das aus dem Schlamm und Treibmaterial besteht, welche der Fluss über viele tausend Jahre hin angeschwemmt hat. Aufgrund der alljährlichen Überschwemmung des Nils enthalten das Flusstal und das Delta ungewöhnlich fruchtbaren alluvialen Boden. Allerdings erlebt der Nil heute, nachdem der Assuan-Staudamm genau oberhalb des ersten Kataraktes an der Südgrenze Ägyptens gebaut wurde, seine jährlichen Überschwemmungen nicht mehr, und das bedeutet, dass der fruchtbare Schlamm nicht mehr wie früher auf die Felder gebracht wird.

Der kultivierte und zivilisierte Teil Ägyptens, der auch seinen Landschaftstempel bildet, liegt im Niltal und seinem Delta. Der Fluss bildet die Wirbelsäule und „Kundalini" des Landes, indem er Wasser, Nahrung und Fruchtbarkeit für das ganze Land herbeibringt, von seiner Wurzel im Süden bis zum Scheitel im Norden.

Die geschichtliche Periode des Alten Pharaonischen Ägypten begann ca. 3.200 v.Chr. und dauerte bis zu dem Zeitraum, den man die Vereinigung der „Beiden Länder", nämlich der Königreiche von Unter- und Oberägypten nannte. Seine Zivilisation entfaltete sich über die nächsten 2.500 – 3.000 Jahre. Das Land war gleich von Anfang an mit einem architektonischen Meisterentwurf gesegnet, der mit der ägyptischen Kosmologie arbeitete und diese zum Ausdruck brachte – ihre auf der Mythologie beruhende Wissenschaft und Philosophie über das Leben und den Kosmos.

Die Ägypter hatten vier hauptsächliche Kosmologien, deren jede einzigartig war und ihr jeweils eigenes Pantheon von Göttern und ihre Schöpfungsgeschichte hatte. Diese vier Kosmologien waren mit den vier hauptsächlichen Lehrstätten verbunden, die entlang des Flusslaufes erbaut wurden: Hermopolis, Memphis, Heliopolis und Theben. Diese vier Orte markierten der Reihe nach das Herz-, Kehlkopf-, Stirn- und Sakralchakra des ägyptischen Landschaftstempels. Die jeweilige Kosmologie war nicht nur mit der Funktion dieser vier Chakren verbunden, sondern ebenso mit den vier Welten der Kabbala – Ausgießung, Erschaffung, Formung und Handlung. Ihre Sequenz, wie sie hier dargestellt wird, entspricht auch dem Lebensprozess.

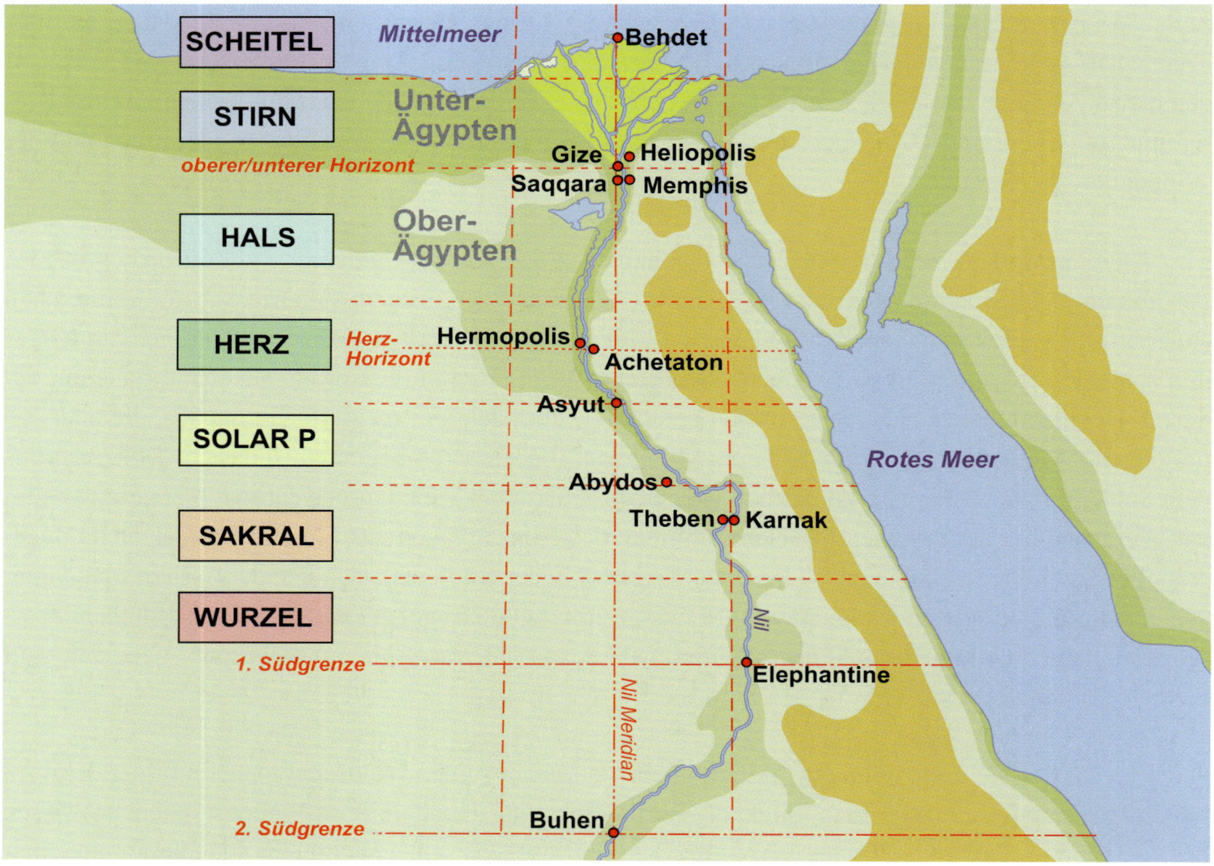

Das Alte Ägypten

Hermopolis (Herz), „Stadt des Hermes", war der griechische Name für die ägyptische Stadt Un, was „reines Sein" bedeutet. Hermes hieß bei den Griechen der ägyptische Gott Tat oder Thoth, „das Fundament aller Dinge", auf den die Kosmologie von Un ihr Zentrum aufbaute. Tat war bekannt als der Herr der Maât (Wahrheit) und der göttlichen Worte. Man bezog sich auf ihn als „das Herz von Atum-Râ". Atum ist das „All" oder „Nichts" – die göttliche Quelle und Ursprung aller Dinge. Die Stadt lag am Westufer des Nils und in etwa im geografischen Zentrum des Landes. Man sagt, dass die ägyptische Zivilisation dort geboren wurde. Dieser Ursprung ist in Mysterium gehüllt und lag Jahrhunderte vor der Vereinigung der beiden Länder. 1.500 Jahre nach der Vereinigung baute der Pharao Echnaton seine „Stadt des Echnaton" ganz in der Nähe, etwas weiter südlich und am Ostufer des Nils, mit dem Anspruch, dass dieser Platz noch genauer das Zentrum markierte als die frühere Stadt, was in der Tat stimmte.

Memphis (Hals), dessen ursprünglicher Name Men-Nefer lautete, war die Stadt von Ptah, dem „Öffner der Wege" oder der Stimme Gottes, den man auch als die „Zunge von Atum-Ra" bezeichnete. Die Lage von Memphis markierte die Grenze zwischen Oberägypten im Süden und Unterägypten im Norden, wobei das erstere den Körper und das letztere den Kopf des ägyptischen Landschaftstempels bildet. Memphis, mit seiner Lage zwischen den beiden, bezeichnete den oberen Kehlkopf und Mund, aus welchem die Stimme Gottes das Wort Gottes sprach. Die von weißen Mauern umgebene Stadt war auf einer von Menschen gemachten Insel mitten im Niltal erbaut, und man hatte den Fluss sorgfältig so umgeleitet, dass er sie von allen Seiten umgab. Die dazu gehörige Nekropole Saqqara, in der die ersten ägyptischen Mastabas und Pyramiden gebaut wurden, wurde auf dem felsigen Wüstenplateau westlich der Stadt am Westufer des Niltales errichtet.

Heliopolis (Stirn), die „Stadt des Helios“ (der Sonne), war der griechische Name für die ägyptische Stadt An, was „das Allerhöchste“ bedeutet. Mit dem Namen Helios bezeichneten die Griechen den ägyptischen Gott Râ, den „Ordner der Welt“ oder Sonne/Licht Gottes. Die beiden Hauptaspekte Râ's, bekannt als Shu und Tefnut, nannte man „die Augen von Atum-Râ“. Von ihnen kamen sieben weitere Götter und Göttinnen. Râ eingeschlossen, bilden diese Zehn die ägyptische Version der zehn Sephiroth des kabbalistischen Lebensbaumes. Die Stadt, errichtet am Beginn oder der Basis des Nil-Deltas, ist heute größtenteils in der modernen Stadt Kairo aufgegangen. Ihre Nekropole Gizeh besteht aber immer noch auf einem höher gelegenen Ort über dem Westufer des Nils, wo sich die weltberühmte große Pyramide und die Sphinx befinden.

Theben (Sakral) wurde von den alten Ägyptern ursprünglich „Waset“ genannt. Es lag in der Südhälfte von Oberägypten, und sein Hauptgott war A-Min, „der Verborgene“, den wir heute als Amen, Amun oder Amon kennen. Der Name leitet sich ab von Min, dem ithyphallischen Fruchtbarkeitsgott. Die auf dem Ostufer des Nils gelegene Stadt enthält die großen Tempel von Luxor und Karnak. Ihre Nekropole auf der anderen Seite des Flusses am Westufer des Nils gruppiert sich um das berühmte Tal der Könige mit unterirdischen, in den Felsen gehauenen Gräbern. Sie enthält nicht so viele oberirdisch gebaute Pyramiden, die sich mehr im Hals- und Stirnchakra Ägyptens befinden.

Die anderen Hauptchakren des ägyptischen Landschaftstempels liegen bei Philae (Wurzel), Abydos (Solarplexus) und Behdet (Scheitel). Die Insel von Philae befindet sich im ersten Nil-Katarakt, der die Südgrenze des Alten Ägypten bezeichnete. Man nannte sie „die Insel der Zeit von Râ“, und ihr Haupttempel war ein solcher der Isis. Abydos, weiter nilabwärts gelegen, war zu Beginn der frühen dynastischen Periode die hauptsächliche Begräbnisstätte in Ägypten. Es entwickelte sich zu einem der wichtigsten religiösen Zentren im Zusammenhang mit dem ägyptischen Gott Osiris, wo die Mysterien von Tod und Auferstehung des Osiris ausagiert wurden. Behdet, das seit langem untergegangen ist, lag auf der äußersten Spitze des Nil-Deltas, wortwörtlich die wirkliche Krone Ägyptens.

Der Längengrad, der durch Behdet, Gizeh, Memphis und Asyut verläuft, bildete die geografische und geomantische Achse des Alten Ägypten. Man nennt ihn noch heute den „Nil-Meridian“, weil sich der Fluss auf ihm „aufwärts“ bewegt, wie die Schlange auf dem Merkurstab, von seinem Ursprung am Äquator im Viktoria-See bis zu seiner Mündung durch das Nildelta ins Mittelmeer. Der Nil-Meridian schneidet nicht nur das Delta exakt in zwei Teile, sondern der Nil ist auch der einzige große Fluss der Welt, der von Süden nach Norden fließt, und man sagt, er sei von Menschen angelegt. Der Nil-Meridian ist Teil dessen, was die modernen Kartografen den „primären oder Null- Meridian“ des Planeten nennen, da er derjenige Längengrad ist, der die meiste Landmasse der Erde berührt und die geografische Achse der Landmassen der Erde definiert. Heute ist er mit 31° 14' östlicher Länge berechnet, weil man die Messung vom Meridian von Greenwich mit 0° beginnt. Es gibt aber sehr viele Hinweise darauf, dass der primäre Meridian zu einer früheren Zeit als Null-Meridian des Planeten gedient hat, von dem aus alle Entfernungen und die Zeit gemessen wurden. Auf jeden Fall ist er von immenser geomantischer Bedeutung für den Planeten.

Das Alte Israel

Israel oder Palästina ist ein sehr kraftvoller Landschaftstempel. Das liegt an dem starken Kontrast seiner Polaritäten. Deshalb eignet sich das Land auch gut als Lehrbeispiel. Je größer nämlich die Polaritäten in einem System sind, desto schwieriger ist zwar einerseits die Herstellung eines Gleichgewichtes zwischen ihnen, andererseits nehmen die Energien und das kreative Potenzial aber ebenso zu. Dieses gewaltige Energiepotenzial hilft nicht nur zu erklären, warum Israel so begehrt war und ist. Daraus ergibt sich auch der Grund dafür, dass es in der Geschichte eine solch dramatische Bühne für menschliche Verstrickungen war. Da es nämlich selbst dermaßen stark polarisiert ist, hat das Land die Tendenz, die Menschen ebenso zu polarisieren. Als das Land der großen Verheißung war es allen Strebens wert. Die Segnungen jedoch, die dem Patriarchen Abraham versprochen wurden, hängen ausschließlich von der Freundschaft zwischen den verschiedenen Völkern ab, die in diesem und den angrenzenden Ländern leben. Streben und Freundschaft oder gemeinsam in Freundschaft streben, ist der einzige Weg, um in den Genuss der Segnungen des gelobten Landes zu gelangen, was tatsächlich auch auf jeden anderen Ort zutrifft.

Was die machtvollen Pole angeht, ist zunächst die hauptsächliche Nord-Süd-Polarität zwischen dem Berg Hermon, dem Scheitelchakra im Norden, und dem Toten Meer im Süden, welches das Wurzelchakra enthält, zu erwähnen. Der Berg Hermon ist so hoch, dass er stets seine Schneekappe behält. Er speist die Quelle des Jordans, des großen Stromes, der südwärts entlang der ganzen Wirbelsäule des Landes hinunter fließt, von den eisigen Höhen des heiligen Berges bis zu den heißen Tiefen des Toten Meeres. Das Tote Meer liegt so tief unter dem Meeresspiegel, dass es wegen der starken Wasserverdunstung in der großen Hitze ungewöhnlich salzig ist.

Zusätzlich hat Israel eine sehr starke Ost-West-Polarität. Die Wirbelsäule des Landschaftstempels ist doppelt ausgeprägt, wobei der Jordan in seinem Flussbett als der eine Pol wirkt. Der andere wird von der Bergkette gebildet, die sich auf dem westlichen Ufer des Jordans entlang zieht. Auf diesem Westufer liegen die menschlichen Ansiedlungen, die die Chakren des Heiligen Landes markieren. Auf diese Weise enthält die Wirbelsäule Israels in sich selbst die kraftvolle Polarität zwischen einem Flusstal und einer Hügelkette, die sich nord-südlich erstrecken. Außerdem ist das Land westlich der Wirbelsäule in Richtung auf die Küste des Mittelmeers relativ fruchtbar, während die Ostseite aus dürrer Wüste besteht. Diese beiden Teile werden von den Wassern des Mittelmeers einerseits und der trockenen Landmasse der arabischen Wüste andererseits begrenzt, wodurch die Ost-West-Ausdehnung des Landschaftstempels festgelegt ist.

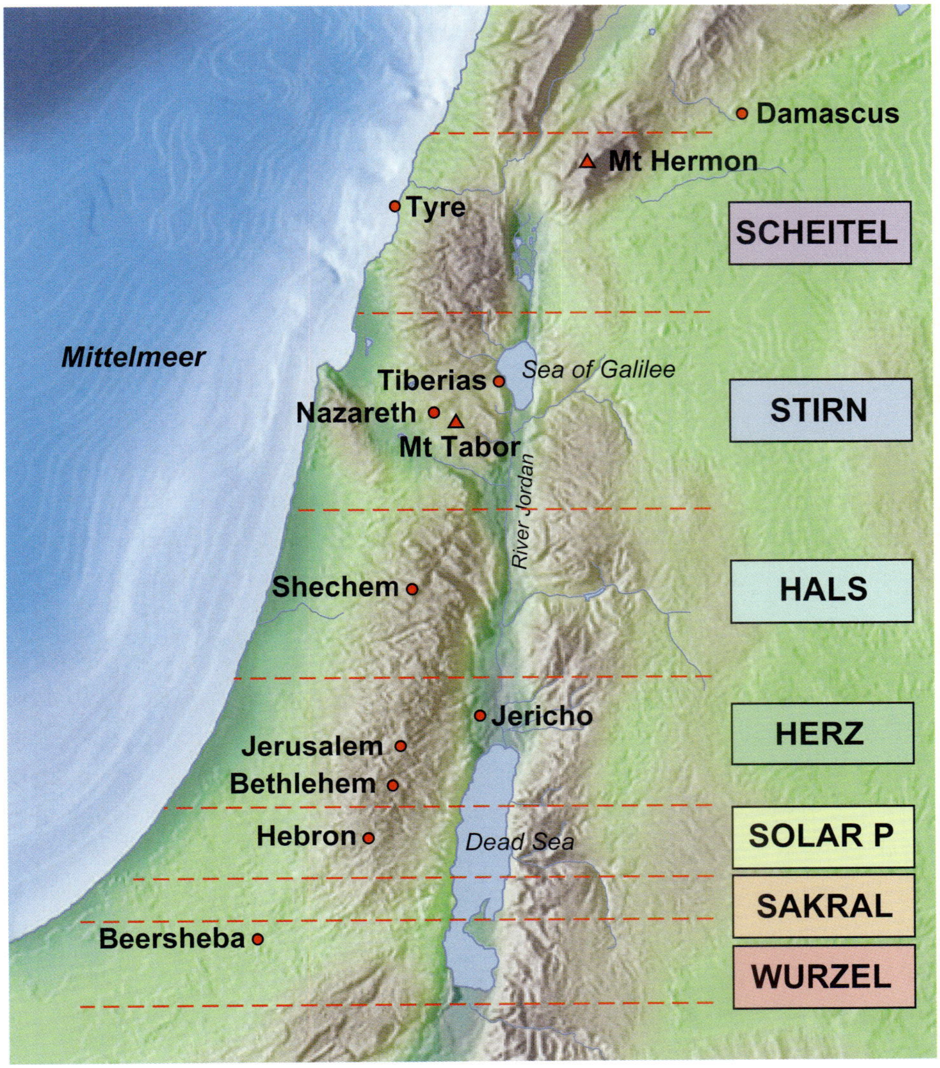

Das Alte Israel

Die Reihe der Chakren des Landschaftstempels beginnt an der Wurzel am südlichen Ausgang des Toten Meeres und wird von Beer-Sheba („die sieben Brunnen“) eingeleitet, das an den Ausläufern der die Wirbelsäule bildenden Hügelkette liegt. Traditionsgemäß wird hier die südlichste Begrenzung des Heiligen Landes angenommen. Das Tote Meer, das ursprünglich und korrekter als das „Salzmeer“ bekannt war, ist ein passendes Synonym für die göttliche Mutter Maria, deren Name „Salzsee“, die „Wasser“ der biblischen Tradition, bedeutet. Die sieben Brunnen stellen ein weiteres zutreffendes Symbol dar für diesen Pol der Materie im Gegensatz zum luftigen Berg Hermon, der für den Göttlichen Vater, den „Geist“ der biblischen Tradition, steht.

Zwischen Beer-Sheba und Hebron liegt der Sakralbereich. Hebron, was „der Freund“ bedeutet, bildet das Solarplexuschakra, den Hauptsitz des niederen Egos und Fokus der persönlichen Machtausübung, von wo aus David zunächst als König über Judäa herrschte.

Im Herzen liegt Jerusalem („der große Friede"), das weltliche und religiöse Zentrum des Landes, wo der berühmte Tempel Salomons mit dem daran angrenzenden Palast König Davids erbaut wurde, damit die Gegenwart Gottes dort Wohnung nehmen könne. Von diesem Herzzentrum aus herrschten sowohl König David als auch König Salomon jeweils zu ihrer Zeit über ganz Israel. Hier war es auch, wo der große Priester und Prophet Melchizedek zu Abrahams Zeiten als König wirkte. Um dieses großartige königliche und religiöse Zentrum im Herzbereich waren die jeweiligen Territorien der zwölf Stämme Israels kreisförmig über den Rest des Landes so angeordnet, dass jeder Stamm ein Zeichen oder Geschöpf des Tierkreises darstellte.

Südlich von Jerusalem liegt Bethlehem, nach der Überlieferung der Geburtsort des Messias, der später (von seinem Volk) in Jerusalem als rechtmäßiger König anerkannt werden sollte. Bethlehem („Haus des Brotes" oder „Haus der Weisheit") nimmt die Stellung ein, die im östlichen Chakrasystem das „geheime Herz" genannt wird. Dies ist der Ort, an dem der göttliche Liebesimpuls zuerst geboren wird, bevor er sich in das Haupt-Herz-Chakra hinein ausdehnt und dieses erfüllt. Diese Geburt im verborgenen Herzen wird geheimnisvoll beschrieben als „der Klang des Klatschens einer Hand".

Das Halschakra, nördlich von Jerusalem, liegt in der alten Stadt Sichem, was „Grat" oder „Wasserscheide" bedeutet. Diese Ansiedlung liegt auf einem Sattel zwischen zwei Bergen, dem Berg Ebal im Norden und dem Berg Garizim im Süden, welche an die beiden Schilddrüsen im Hals erinnern. Gemäß den von Moses vermittelten Anweisungen sollten sich die Israeliten einmal im Jahr an diesem Platz versammeln, um das Gesetz zu verkünden. Sechs der Stämme sollten sich auf dem Berg Ebal einfinden und die anderen sechs auf dem Berg Garizim. Zwischen ihnen auf dem Sattel wurde die Bundeslade aufgestellt. Die auf dem nördlichen Berg versammelten Stämme sollten die Verwünschungen verkünden, die denjenigen treffen sollten, der das Gesetz missbrauchen würde, während diejenigen auf dem südlichen Gipfel den Lobpreis derer singen sollten, die das Gesetz halten würden. Zu Zeiten Jesu war Sichem die Hauptstadt von Samaria. Es ist der einzige Ort, von dem berichtet wird, dass Jesus dort gesagt hätte, er sei der Christus. Dies geschah, als er zu der Samariterin am Brunnen sprach.

Weiter nördlich wird das Stirnchakra vom Berg Tabor gebildet, dessen eindrucksvolle konische Gestalt von einer alten Zitadelle gekrönt wird. Diese Form spiegelt die im Kopf gelegene Zirbeldrüse wider, die mit dem Stirnchakra in Verbindung steht. Der Berg war früher von einigen kleineren Städten umgeben, deren eine Nazareth war. Nicht weit davon liegt das Galiläische Meer, als Teil des Flusssystem des Jordans, ebenfalls im Stirnbereich.

Kaparnaum, am Nordufer des Galiläischen Meeres, und der angrenzende „Berg der Glückseligkeit", bilden den machtvollen „Blitzpunkt", den Mittel- und Ausgangspunkt des das Haupt umgebenden Heiligenscheines, zwischen dem Stirn- und Scheitelchakra. Hier erteilte Jesus, der Christus, den Menschen seine hauptsächlichen Lehren, und es ist noch heute ein Ort, der von großem Licht und intensiver spiritueller Energie erfüllt ist. Für die Juden ist dieser Bereich und das nördlich angrenzende Gebiet das Hauptzentrum für die Lehre der Kabbala.

Im Scheitelchakra bilden die drei schneegekrönten Häupter des Berges Hermon eine Dreifaltigkeit. Gemäß der hebräischen Kabbala repräsentieren sie den „Alten der Tage", ein Synonym für den dreifachen männlichen Aspekt der Gottheit, die Heilige Dreifaltigkeit. Außer vielen weiteren bedeutenden Ereignissen fand hier die Verklärung Jesu statt, und die drei engsten Jünger erlebten hier die Vision der drei Meister (und viel mehr).

Nordamerika

Nordamerika wird durch die großen Ebenen des Missouri und Mississippi mit ihrer Nord-Süd-Erstreckung in eine westliche und eine östliche Hälfte geteilt. Umfangen von den Bergketten im Osten und Westen, die eine „Schale" bilden, welche den zentralen Teil enthält, bildet es ein herrliches Beispiel für einen kontinentalen Landschaftstempel. Es ist nicht nur in seiner Gesamtform einer Schale ähnlich, sondern die Ost- und Westseite bilden auch starke Polaritäten zueinander. Die drei Säulen des Lebensbaumes zeigen sich klar in den Landschaftsformationen, während ein Chakrasystem von Süden nach Norden über den Kontinent verläuft.

Das Hauptmerkmal der Westseite von Nordamerika ist die mächtige Kette der Rocky Mountains, die sich über die ganze Länge von Alaska bis Neu-Mexiko erstreckt und sich von dort weiter nach Süden in den hohen Sierras von Mexiko fortsetzt. In dem zu den Vereinigten Staaten gehörenden Teil des Kontinents sind die Sierra Nevada und der Great Basin mit den Rockies verbunden. Diese Landschaft ist nicht nur höher als ihr östliches Gegenstück, sondern große Teile davon sind auch Wüste, im Feuer der Sonne gebrannt.

Als Gegengewicht erscheinen auf der Ostseite von Nordamerika die Appalachen Berge, an welche sich nördlich die großen Seen und im hohen Norden die Hudson Bay anschließen. Im Gegensatz zur Wüste oder den Hochgebirgsbedingungen der Westseite sind das Appalachengebirge und die Ostküste von dichtem Wald bedeckt und voller Quellen, Bäche, Flüsse und Seen. Die Polarität dieser Ostseite Nordamerikas zur Westseite wird durch den Kontrast der großen Seen zum hochgelegenen Great Basin und den südlichen Rockies gut illustriert.

Feuer und Wasser sind natürliche Polaritäten, ebenso wie hoch und tief gelegene Orte, Berge und Seen, spitze und abgerundete Gipfel, Wüste und Wald, Wildnis und Gärten. Die Westseite von Nordamerika ist klar eine „Feuerseite", während der Osten die „Wasserseite" darstellt. Dies wird noch weiter hervorgehoben durch die Kulturen, die sich auf jeder Seite des Kontinents gebildet haben. Die Ostküste hält noch immer ihre starke Verbindung zu Europa aufrecht und bringt eine intensive Hinwendung zu Handel, Organisation, Verwaltungs- und Regierungsfähigkeiten sowie sozialen Bezügen zum Ausdruck, die alle mit der linken Gehirnhälfte und der linken Säule im Lebensbaum zusammenhängen. Im Gegensatz dazu ist die Westseite Amerikas weit mehr mit Pioniergeist und Ausdrucksfreiheit verbunden und hat die Tendenz, als Wiege von Kreativität, neuen Vorstellungen, leidenschaftlicher Energie und Freiheitsdrang zu fungieren, welche alle mit der rechten Gehirnhälfte und der rechten Säule des Lebensbaums zusammenhängen.

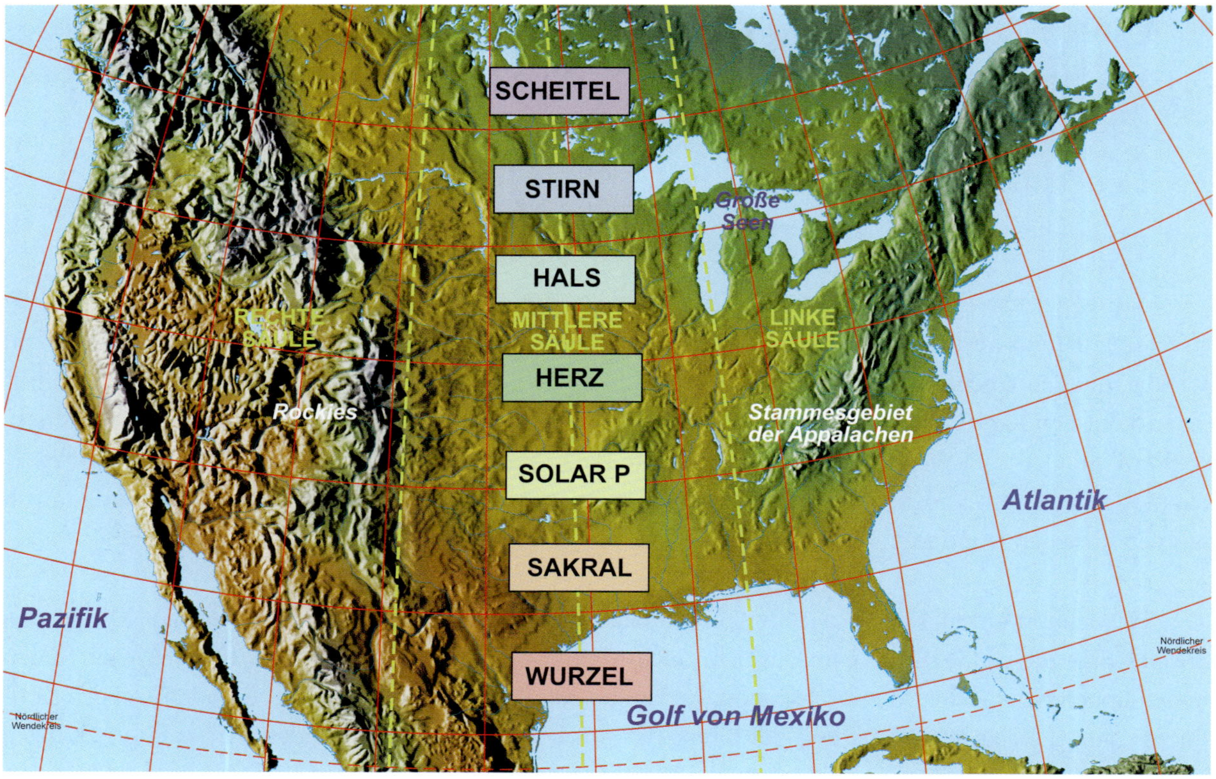

Nordamerika
Schematische Darstellung, die annäherungsweise die Bereiche der drei „Säulen" und der Chakren von Nordamerika zeigt.

Diese Polarität wird durch die Gegensätze der großen Städte gut nachgezeichnet: Auf der einen Seite befindet sich als herausragendes Beispiel Los Angeles, die Heimat der Film-Industrie von Hollywood und Disneyland und der Bereich um die San Franzisko Bay mit Silicon Valley und dem Mikrochip. Auf der anderen Seite gibt es Washington CD, wo die Regierung der Vereinigten Staaten ihren Sitz hat, und New York, die Stadt der Bänker, Rechtsanwälte und aller Arten von Handel. Diese Unterschiede können in einem großen symbolischen Beispiel zusammengefasst werden, nämlich dem der Vereinten Nationen, welche in San Franzisko geschaffen, aber von New York aus organisiert und durchgeführt werden.

Sogar die unausgeglichene Tendenz der Zivilisation, die „rechte" Seite" durch die „linke" zu dominieren, zu kontrollieren und in Besitz zu nehmen, wird in der Landschaft ausdrücklich gezeigt, indem große Teile des Landes im Westen der Vereinigten Staaten sich im Besitz oder unter der Kontrolle der Gesamtregierung im Osten befinden. Auch die gemäß dem Denken der linken Gehirnhälfte gitterförmig aufgeteilten Grundstücke und die daraus folgende Anordnung der Straßen in den Städten des Westens, wurden ohne Rücksicht auf Konturen und Merkmale der Landschaft von Planern aus dem Osten ausgelegt, die niemals den Westen auch nur gesehen hatten. San Franzisko ist ein krasses Beispiel dafür.

Die beiden Seiten oder Pole brauchen einander. Sie brauchen ihre Gegensätzlichkeiten, wie in allen anderen Lebensformen auch. Gleichzeitig müssen sie diese Unterschiede aber auch miteinander ausgleichen und harmonisieren. Wenn sie in Harmonie zusammen arbeiten, erschaffen sie wahren Wohlstand. Die Basis dieses Wohlstandes im materiellen Sinne kann in den weiten, fruchtbaren Ländereien der zentralen Ebenen Amerikas gesehen werden, die stets der Brotkorb nicht nur für die Vereinigten Staaten, sondern auch für viele weitere Teile der Welt waren, die in Not geraten waren. Symbolisch wird das Herz in der klassischen Tradition von Demeter (Ceres) und ihrer Tochter Persephone (Core) repräsentiert, den großen Göttinnen der Natur und der reifenden Ernten. Dieser zentrale Bereich von Nordamerika manifestiert diesen spirituellen Archetyp auf wunderschöne Weise.

Ebenso, wie Mississippi und Missouri die Wirbelsäule und den „mittleren Pfeiler" des nordamerikanischen Landschaftstempels markieren, bildet eine Linie, die sich von San Franzisko nach New York erstreckt, den Ost-West-„Herzhorizont". Diese Energielinie verläuft durch den zentralen Herzbereich in der Nähe von Mound City, zwischen Omaha und Kansas City, wo sie den Missouri kreuzt. Diese Energielinie kann man auch erkennen, wenn sie durch den zentralen und höchsten Teil der südlichen Rockies verläuft, welche in der Landschaft die Gestalt eines Bogens zeigen. Der nördliche Teil dieses Bogens wird sogar „Medicine Bow Mountains" genannt. Dieser Bogen erstreckt sich von Santa Fe in New Mexiko nach Elk Mountain in Wyoming. Sein Griff wird von den höchsten Gipfeln, wie Mount Massive, Mount Elbert und andere daran anschließende Berge dargestellt, die sich nach Süden erstrecken. Der Bogen ist ein altes Symbol des Herzens. Die Energielinie des Herzhorizontes dagegen gleicht seinem Pfeil.

Südlich von diesem Herzhorizont liegen die unteren Landschaftschakren, der Solarplexus, das Sakral- und das Wurzelchakra. Darüber findet man dann die höheren Chakren, den Kehlkopf, das Stirnchakra und das Scheitelchakra. Die beiden letzteren, die den Kopf des kontinentalen Landschaftstempels bilden, scheinen in Kanada zu liegen, während das Halschakra seinen Platz im Nordteil der USA hat. Die Halswunde des Gralskönigs – oder der Halshorizont, vergleichbar mit Memphis in Altägypten, je nachdem, welchen Standpunkt man einnimmt – zeigt sich in der Landschaft als die teilende Grenze zwischen Kanada und den Vereinigten Staaten und trennt so den Kopf von Nordamerika vom restlichen Körper ab.

Texas und Louisiana beherbergen das Sakralchakra von Nordamerika, während das Wurzelchakra im Golf von Mexiko liegt. Es ist wichtig zu wissen, dass eines der beiden geomantischen Zentren von Nord- und Südamerika, wie sie traditionell von der indigenen Bevölkerung wahrgenommen wurden, im südöstlichen Teil von Texas liegt. Es ist auf einem Hügel etwas nördlich von Houston, wo sich zwei große geomantische Linien treffen: Die St.-Jakobs-Linie und die St.-Germain-Linie, wie ich sie nenne. Der andere als geomantisches Zentrum gerühmte Ort der beiden Amerika ist der Tikal See in Guatemala.

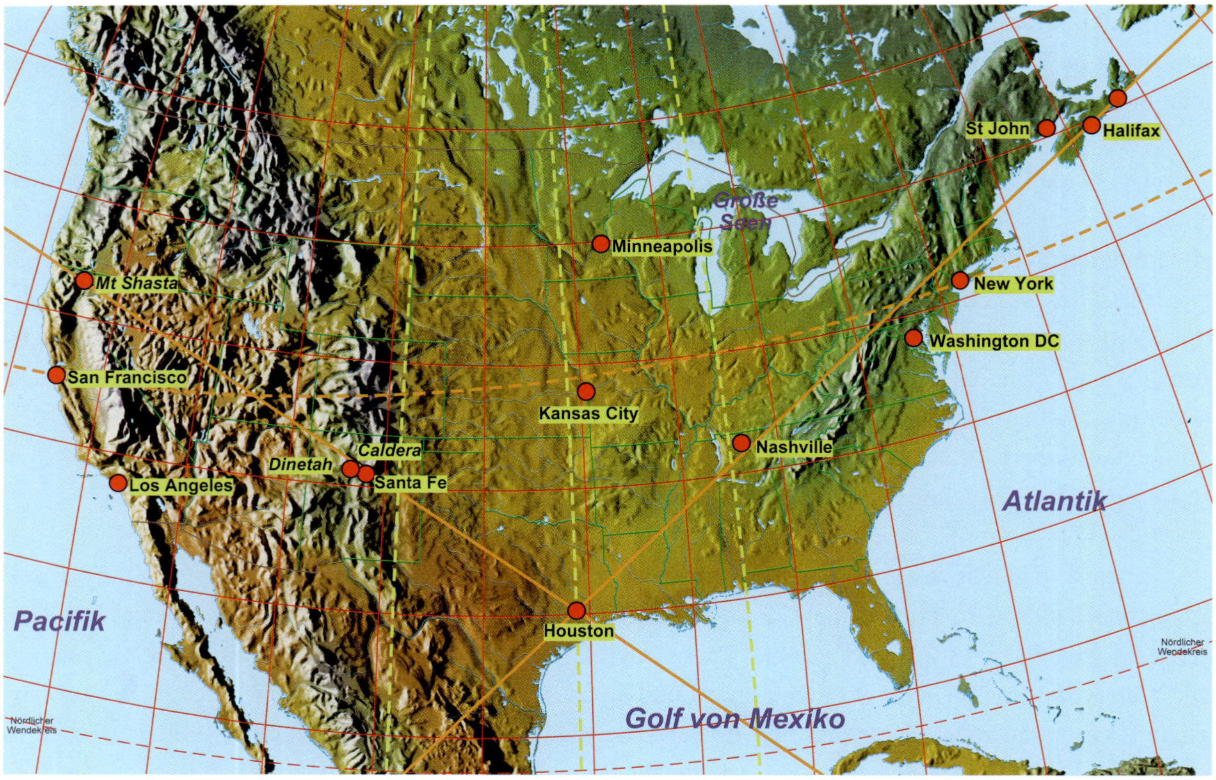

Nordamerika
Schematische Darstellung.

Der Einfachheit halber, und um einen besseren Begriff davon zu geben, sind die St.-Jakobs- und St.-Germain-Linien auf dieser Karte gerade eingezeichnet, obgleich sie in Wirklichkeit leicht gebogen erscheinen sollten – wegen der Verzerrung durch die Kartenprojektion, d.h. dadurch, dass diese die gekrümmte Erdoberfläche flach zeigt. In der Landschaft selbst sehen diese Linien tatsächlich gerade aus, obwohl sie sich in großen globalen Kreisen um den ganzen Erdball ziehen.
Alle Energielinien setzen sich zusammen aus einer geraden Achse – die bei Hauptlinien aus mehreren parallelen Strängen bestehen kann – und zwei gewundenen „Schlangenlinien", wie auf dem Merkurstab.

Die St.-Jakobs-Linie ist ein „großer Kreis“, der den Atlantischen Ozean überquert und die gebetsträchtige Energie des berühmten Pilgerzentrums Santiago de Compostela aus Spanien herüberbringt. Die St.-Germain-Linie, ebenfalls ein „großer Kreis“, verläuft über Land via Santa Fé, die stark vulkanischen Valles Caldera und die nördlichste Spitze des heiligen Landes Dinetah oder „vier Ecken“, verbindet dann das texanische geomantische Zentrum mit Mount Shasta. Dieser ist berühmt als einer der heiligsten Berge der Erde und derjenige Ort, an dem Mr. G.W. Ballard, dem Gründer der weltberühmten Saint-German-Foundation, 1930 der aufgestiegene Meister Saint German begegnete. Das texanische geomantische Zentrum bildet den Fokus der Sephira Fundament (Mond) in einem Lebensbaum, der sich in Form eines Kelches auf dem Kontinent manifestiert. Die gebogene und kelchförmige Gestalt beschreibt der Kontinent bereits durch seine geographischen Formen. Die St.-Jakobs- und St.-Germain-Energie-Linien bilden dem gegenüber ein Dreieck.

Der Große St. Jakobskreis

Die Kelchform des nordamerikanischen Kontinents passt vollkommen zu der Tatsache, dass es sich um ein Stirn- oder Kopfchakra des Planeten handelt. (Vgl. „Weltchakren und Zodiak“ S. 208) . Traditionsgemäß wird nämlich der Kopf als der Gral betrachtet, der zum „Heiligen Gral“ wird, sobald er fähig ist, das Licht und die Weisheit des Herzens mit Reinheit und Klarheit aufzunehmen. Dann erstrahlt er im

Licht und bringt dieses als Kranz oder Heiligenschein zum Ausdruck – die spirituelle Krone der Erleuchtung. Außerdem zeigt die gebogene Form der physischen Gestalt des Kontinents mehr den weiblichen, die Dreiecksform der Energielinien mehr den männlichen Aspekt dieses Gralskelches. Dieser könnte zum Heiligen Gral des Planeten werden, wenn wir alle hart daran arbeiten und einander dabei unterstützen, das zu vollbringen.

Die anderen Sephiroth des nordamerikanischen Lebensbaumes, mit Bezug auf die St.-Jakobs- und St.-Germain-Linien, scheinen ihren Fokus wie folgt zu haben: Mount Shasta im nördlichen Kalifornien als Jupiter/Gnade, die Valles Caldera and Santa Fé in New Mexiko als Venus/Zuneigung, die Region um Nashville, Tennessee als Merkur/Vernunft und die Catskill Mountains im Norden von New York als Mars/Urteil.

Die Catskill Mountains liegen im ursprünglichen Stammesland der Irokesen, das einst nahezu das ganze Gebiet umfasste, das heute den Staat New York ausmacht. Das Herzgebiet dieses Landes lag südlich und östlich des Ontariosees, in der Region der Fingerlakes und der Adirondack Mountains. Es gab eine Zeit, in der die Irokesen mit den „Alten“ (jetzt die Navaho und die Hopis) der Dinetah auf ätherischer oder überbewusster Ebene zusammen arbeiteten, um Gleichgewicht und Harmonie in den Gegenden aufrecht zu erhalten, die sie als „Feuer- und Wasser Bereiche“ von Nordamerika bezeichneten.

Gleichgewicht und Harmonie sind überaus wichtig. In Begriffen der griechischen Mythen und des kabbalistischen Lebensbaumes wird ein derartiger Dienst allegorisch als Liebesakt zwischen Mars und Venus gesehen, der zur Geburt oder Hervorbringung von Harmonie führt. Harmonie ihrerseits gebiert Schönheit. Sie bezeichnen das liebende, blühende Herz, welches im Lebensbaum die zentrale Sonnensephira Schönheit ist.

Daraus kann man ersehen, wie wichtig die Arbeit war, die diese Völker der amerikanischen Ureinwohner leisteten und vielleicht einige von ihnen immer noch leisten, und wie wichtig es für die Amerikaner ist, eine derartige Tätigkeit wieder aufzunehmen. In dem, was vielleicht das ursprünglichste Chakrasystem des Planeten ist, bildet Nordamerika das Stirnchakra. Dies ist das Chakra der Vorstellungs-, Wahrnehmungs- und Befehlskraft sowie des rationalen Denkens. Solange Liebe es intensiv erwärmt und durchdringt, kann dieses Chakra großen Segen und Erleuchtung in die Welt bringen. Ohne den Ausgleich durch harmonische Herzliebe jedoch, kann sich das Stirnchakra in Kälte und Tyrannei verkehren.

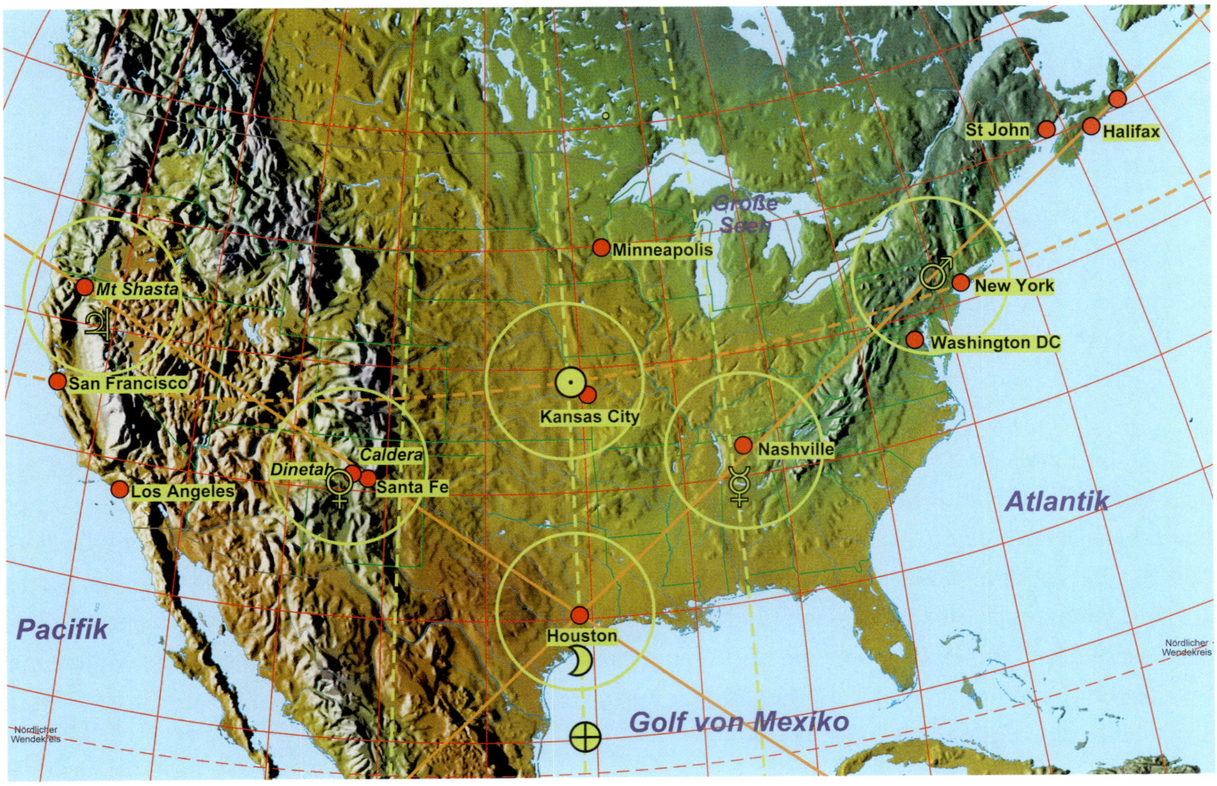

Nordamerika

Schematische Darstellung mit Planetenzeichen / Lebensbaum

Der Landschaftstempel der Irokesen

Die Irokesen waren das Volk der amerikanischen Ureinwohner, das im Marsbereich von Nordamerika lebte und daran arbeitete, die Wasserenergie dieser Gegend mit der Feuerenergie des Venusbereiches ins Gleichgewicht zu bringen. Ihr Territorium, das sie ganz bewusst als Landschaftstempel benutzten, bestand seinerzeit aus dem größten Teil des Staates New York und erstreckte sich von den Niagarafällen im Westen zu den Adirondack Mountains im Osten. Es war im Norden vom Ontario-See und St. Lawrence River begrenzt und im Süden von den Allegany und Catskill Mountains.

Diese Landschaft ist besonders interessant als Geburtsort und Heimat eines Staatenbundes, der als die Liga der Fünf Nationen bekannt ist. Diese, die früher miteinander im Krieg lagen, kamen unter einer bemerkenswerten, demokratischen Verfassung zusammen, welche bis zu einem gewissen Grad das Vorbild für die Verfassung der Vereinigten Staaten und des „Völkerbundes" bildete, welch letzterer später als die „Vereinten Nationen" neu gegründet wurden. Außerdem stellte die Verfassung der Irokesen gleiche gesetzliche Rechte für Frauen zur Verfügung, zusammen mit einzigartigen Verantwortlichkeiten und Privilegien, lange bevor weder die Frauen der europäischen Siedler noch die Frauen in Europa selbst ähnliche Rechte erhielten.

Die Landschaft der Irokesen

Als der „Große Friede“, die Konföderation der Irokesen, von dem Friedensbringer Deganawida und seinem Sprecher Hiawatha gebildet wurde, lebten die fünf irokesischen Nationen, welche die ursprüngliche Liga bildeten, bereits in dieser Landschaft. Diese fünf Stämme waren von West nach Ost die Seneca, die Cayuga, die Onondaga, die Oneida und die Mohawk. Die Seneca waren der am westlichsten angesiedelte Stamm, dessen Territorium bis ganz zu den Niagarafällen und dem Eriesee reichte. Die Mohawk bildeten den östlichsten Stamm, dessen Stammesgebiet im Osten bis zum Hudson River und im Norden bis zum St. Lawrence River reichte und nicht nur die Adirondacks, sondern auch das strategisch wichtige Mohawk Valley einschloss. Dieses Tal ist eines von zwei Einfallstoren und die einzige Wasserstraße durch die „endlosen Berge“, nämlich die Appalachen-Kette. Die Onondaga waren von den Fünfen der mittlere Stamm und hatten ihr zentrales Gebiet um ihren heiligen See, dort, wo jetzt die Stadt Syrakus liegt.

Eines der Hauptmerkmale der irokesischen Landschaft sind die „Finger Lakes“ – längliche Wasserflächen, die von nordwärts fließenden Bächen gebildet werden, die die vereisten Täler der Allegany Mountains in den Lake Ontario entwässern. Die Legenden der Irokesen beschreiben, dass diese Seen durch die Hand des großen Gottes Manitu gebildet wurden, der sie formte, als er das himmlische Paradies auf die Erde herunter schob, um das irokesische Paradies zu erschaffen. Als er dies tat, rutschte Manitus Hand aus, und so entstanden sechs statt fünf Seen. Die drei östlicheren Fingerseen – Canandaigua, Keuka und Seneca – liegen im Stammesgebiet der Seneca. Der längste See, Lake Cayuga, liegt auf dem Gebiet der Cayuganation, und die beiden westlichsten Seen, Owasco und Skaneateles, gehörten den Onondagas. Die Onondagas hatten auch noch einen anderen See, nämlich Lake Onondaga, während die Oneidas mit dem großen, runden und wunderschönen Oneidasee weiter im Osten gesegnet waren.

Die Liga der Fünf Nationen wurde entsprechend dem Muster eines irokesischen Langhauses gebildet, und der irokesische Name der Konföderation war Ko-no-shi-oni, was soviel heißt wie „das große Langhaus“. Das Langhaus aus Ulmenrinde war die Hauptwohnung der Irokesen, und jedes davon konnte bis zu zehn Familien beherbergen. Jede Familie teilte ein Feuer mit einer anderen Familie, jeweils eine auf der einen und die andere auf der gegenüber liegenden Seite des Hauses. Das ideale Langhaus sollte deshalb fünf Feuer entlang seiner mittleren Achse und zehn „firesides“ („Feuerseiten“) oder Familien- bzw. Wohneinheiten besitzen.

Die Langhäuser waren in Ost-West-Richtung angelegt, mit je einer Tür im Osten und einer im Westen. Die firesides, die diesen Türen am nächsten lagen, wurden als Hüter des Ost- bzw. Westtores bezeichnet. Das zentrale Feuer war das Herzfeuer, und die Familien, die dafür sorgten, waren die Hüter dieses Herzfeuers oder allgemein die „Feuerhüter“ im Langhaus (das bedeutet gleichzeitig die „Richter“ bei jeder Beratung). Die firesides in Verbindung mit den dazwischen liegenden Feuern hatten symbolische Beziehungen zu den anderen Hauptrichtungen – das Feuer im Osten des Zentralfeuers stand in Verbindung mit dem Norden und das Feuer im Westen des Zentralfeuers mit demjenigen im Süden.

Diese Kosmologie des Langhauses wurde als symbolisches Bild auf die gesamte Liga der Fünf Nationen und ihr gemeinsames Territorium übertragen, so dass die Mohawks Hüter des Osttores, die Seneca

Hüter des Westtores wurden, während die Oneida Wächter an den Nord-"Wänden" und die Cayuga Wächter an den Süd-"Wänden" waren. Unter diesen hatten die Mohawks Vorrang. Die Onondagas wurden als Hüter des Feuers oder „Richter" in der Mitte bestimmt und waren verantwortlich dafür, das zentrale Feuer, das Symbol des Herzens der Liga, zu hüten und bei allen Treffen des Rates den Vorsitz zu führen.

Diese Kosmologie beschreibt sowohl den Kreis des Horizontes mit seinen vier Hauptrichtungen und dem Mittelpunkt, als auch ein Chakrasystem, das mit seinem Haupt nach Osten und seiner Wurzel nach Westen ausgerichtet ist. Die Toreingänge selbst, über welchen in den Langhäusern die Embleme der Clans angebracht waren, bilden das Scheitel- bzw. Wurzelchakra, während die fünf Feuer die anderen fünf Chakren der Wirbelsäule darstellen. Die Feuerplätze der Ratsversammlungen der Stämme für die Fünf Irokesischen Nationen und die Orte, an denen sie angelegt wurden, repräsentierten dieselben Chakren in Bezug auf das „große Langhaus" der irokesischen Landschaft mit dem Hauptfeuerplatz des Großen Rates der Konföderation als Herzfeuer, das von der Nation der Onondaga gehütet wurde.

In der irokesischen Landschaft werden Krone und Wurzelchakra machtvoll markiert durch die Niagarafälle (Wurzel) und Mount Marcy (Krone), den höchsten Gipfel der Adirondacks. Die Seneca besaßen das Gebiet rund um das Sakralchakra, und es ist bemerkenswert, dass eine ihrer wichtigsten Traditionen eine Insel (Squaw Island) betrifft, die im Canandaigua Lake liegt und als Geburtsort der Senecanation bezeichnet wird. Diese Insel, die früher einer raschen, jetzt aber gestoppten Erosion, unterlag, ist einzigartig in allen Finger Lakes. Die anderen Türhüter, die Mohawks, hatten ihr Land im „Kopf" der Landschaft, und ihr Feuer am Ort der Ratsversammlung bezeichnete das Stirnchakra. Sie bewachten die Krone, die hohen Gipfel der bewaldeten Adirondacks und auch das Mohawk Valley. (Die Region Adirondack ist jetzt ein wunderschöner und einzigartiger Nationalpark, der ein Drittel des Staates New York einnimmt.).

Der von den Cayuga bewohnte Bezirk steht in Verbindung mit dem Solarplexus-Chakra dieser irokesischen Landschaft, während die Gegend, die einst Heimat der Oneida war, sich auf das Kehlkopfchakra bezieht. Den Oneida gehörte der heilige Oneida-Stein, ein Wahrzeichen für gute Rede (vgl. griechisch „petra", lateinisch „petrus", der Stein, Name für den Heiligen Petrus, den Sprecher der Apostel Jesu.). Das Territorium der Onondaga, der Feuerwächter der Liga, denen das Privileg übertragen war, das Ratsfeuer der ganzen Liga zu hüten, gehört zum Herzchakra. Dieses zentrale Feuer war auf einem Hügel, nahe am Onondaga Lake, entzündet worden und repräsentierte die göttliche Flamme, die ins Herz der ganzen Schöpfung strahlt.

Die Feuer der Fünf Nationen wurden durch den Ambassador's Trail (Weg der Botschafter) der irokesischen Hauptstraße verbunden, der die Achse des Landschaftstempels darstellt. Dieser alte Überlandweg läuft über die Nordenden der Finger Lakes, wo die wichtigsten Stammesdörfer der Seneca und Cayuga standen, und das Südende des Onondaga Lake, wo die Hauptdörfer und der Feuerhügel der Onondaga ihren Sitz hatten. Vom Herzzentrum der Fünf Nationen erstreckte sich dieser Hauptweg zum Feuerzentrum der Oneida, direkt östlich des Oneida Lake und verlief dann das Mohawk Valley entlang durch das Tor der Appalachen Berge. Eine Abzweigung von dieser Hauptstraße führte statt hinunter durch das Mohawk Valley in die Adirondacks hinauf zu dem Ort, der jetzt Heart Lake (Herz-See), nahe am Mount Marcy, genannt wird, der Krone des irokesischen Landschaftstempels und das geografische Zentrum der Adirondacks.

Europa

Ein weiteres faszinierendes Beispiel für einen Kontinent, der einen Landschaftstempel bildet, und zwar einen von einzigartiger Bedeutung für die heutige Welt, ist Europa. Es leitet seinen Namen von dem griechischen Mythos von Europa und dem Stier ab. Dieser Mythos bestimmt nicht nur den Landschaftstempel, sondern vermittelt auch tiefes Wissen über die Rolle Europas in der Welt, seinen Entwicklungsweg und seine letzte Bestimmung. Durch ihn erfahren wir, in welcher Weise die den Landschaftstempel bewohnenden Völker davon beeinflusst werden. Wir können auch feststellen, dass dieser Mythos in der gegenwärtigen Zeit mit großer Intensität, sowohl politisch als auch ökonomisch und kulturell, ausgelebt wird.

Von diesem tief bedeutungsvollen Mythos gibt es mehrere Versionen, die uns durch die Griechen überliefert wurden. Die zugrunde liegende Geschichte erzählt, wie Zeus in Liebe zu Europa, der schönen Tochter des Phoenix, König von Phoenizien und Atlantis entbrannte. Aber um sich ihr zu nähern und erfolgreich um Europa zu werben, musste der große Gott die Gestalt eines Stieres annehmen und sich unter die Herden des Königs Phoenix mischen.

Eines Tages, als Europa mit ihren Gefährtinnen am Ufer des Meeres spielte und dort Blumen pflückte, sah sie den außergewöhnlich schönen und strahlend weißen Stier. Sie fühlte sich von seiner sanften, doch majestätischen Schönheit angezogen und näherte sich ihm spielerisch. Sie streichelte das Tier, band Blumengirlanden um seinen Hals und seine Hörner und empfand immer stärker eine zärtliche Liebe zu dem wunderschönen Geschöpf. Schließlich kniete der Stier nieder, und Europa kletterte auf seine gewaltigen Schultern, woraufhin sich der Stier in die Lüfte erhob, seine Flügel ausbreitete und durch den großen Ozean des Raumes davonflog.

Zeus in der Form des Stiers trug Europa zu einem geheimen Ort auf der Erde, und dort vollzogen sie ihre Liebe. Als Ergebnis davon gebar Europa Merkur, das goldene Kind, und ein goldenes Zeitalter der Weisheit, des Friedens und Wohlstands entfaltete sich daraufhin. In volkstümlichen Sagenbüchern wird jedoch eine andere Version des Mythos erzählt. Darin ist Zeus von Begierde nach der schönen Europa erfüllt, statt sie wirklich zu lieben. Europa wird von dem Stier angezogen, und nachdem sie auf seinen Rücken geklettert ist, schwimmt der Stier durch das Universum zur Erde und trägt Europa gegen ihren Wunsch mit sich fort. Dieses Mal hat der Stier keine Flügel, und das Ergebnis ist mehr eine Vergewaltigung als eine Liebesbeziehung. Kein goldenes Kind läutet ein goldenes Zeitalter ein, vielmehr bleiben nur Verletzung und dürres Land übrig.

Diese beiden alternativen Versionen des Mythos – einmal eine Liebesbeziehung, das andere Mal ein Raub – sind sehr wichtig und wurden offensichtlich von den Schöpfern des Mythos absichtlich so komponiert. Wenn man nämlich in einem Mythos eine Allegorie menschlichen Verhaltens unter bestimmten Umständen erblicken will, so zeigen die beiden Versionen die beiden Möglichkeiten auf, die jeder Situation immanent sind. Welche davon sich verwirklicht, hängt von uns ab: Wir haben die Wahl. Eine spätere und besser bekannte griechische Version des Mythos schreibt Europa drei Kinder zu: Minos, Sarpedon und Rhadamanthis und bringt die Geschichte mit bestimmten Orten im Ägäischen Meer, vor allem Kreta, in Verbindung, sowie auch mit bestimmten historischen Persönlichkeiten und Ereignissen. Aber die frühere Version zeigt etwas Archetypisches, das die ganze Landschaft des Kontinents Europa betrifft.

So wie Zeus sich hier als Stier darstellt, ist das Symbol der Königstochter Europa die Taube, die in der Kunst oft als auf den Schultern des Stiers sitzend dargestellt wird. Am Sternenhimmel zeichnet sich der Mythos in der Konstellation von Taurus, dem Stier, ab, auf dessen Nacken oder Schultern die Sterngruppe der Plejaden sitzt. Auf alten Sternenkarten, ebenso wie auf Münzen, Bildern, Skulpturen und Gefäßen sind die Plejaden insgesamt als eine Taube dargestellt, die auf dem Nacken des Stiers hockt. Die sieben Hauptsterne, welche die Sternengruppe der Plejaden bilden, nennt man auch die Sieben Schwestern oder Tauben, die jungfräulichen Töchter von Phoenix, dem König von Phoenizien, und seiner Gemahlin Plejone. Außer durch eine einzige Taube werden diese sieben Sterne oder „Schwestern" auch gemeinsam oft durch einen einzelnen Stern dargestellt, der der strahlendste und schönste in allen Himmeln sein soll und Maja, die Mutter, genannt wird, wovon der Name Maria abgeleitet ist.

Diese Geschichte hat ihre Ausprägung in der europäischen Landschaft gefunden. Wenn man zum Beispiel mit empfänglichen Sinnen eine Europakarte anschaut, sieht man, dass die britischen Inseln, zusammen mit Irland, die Europa repräsentieren, welche Maja ist. Der Name Britannia ist ein Synonym für Maria, und die britischen Inseln heißen in der katholischen Legende auch „Mitgift Marias". Demgegenüber stellt der europäische Kontinent den gewaltigen Stier dar, der mit gesenktem Haupt nach Westen losstürmt.

Europa, die Taube, besteht aus drei Ländern: Britannien, Schottland und Irland. Jedes dieser drei hat ein Herzzentrum, das der Mittelpunkt eines Landschaftszodiaks ist. Die Zentren bilden miteinander ein gleichseitiges Dreieck, und die Umkreise eines jeden Zodiaks berühren diejenigen der beiden anderen dergestalt, dass eine Dreiheit entsteht. Das Zentrum dieser Dreifaltigkeit, welches das Zentrum der Europa ist, liegt im Irischen Meer, nicht weit von der Isle of Man. Daher repräsentiert diese letztere als besonders heilige Insel und Heimat des großen Gottes Mananaan das Herz der Europa. Das Wappen der Insel besteht aus drei Beinen, die von einem Mittelpunkt ausstrahlen und auf die Dreifaltigkeit hinweisen, die Europa, die Taube, ist.

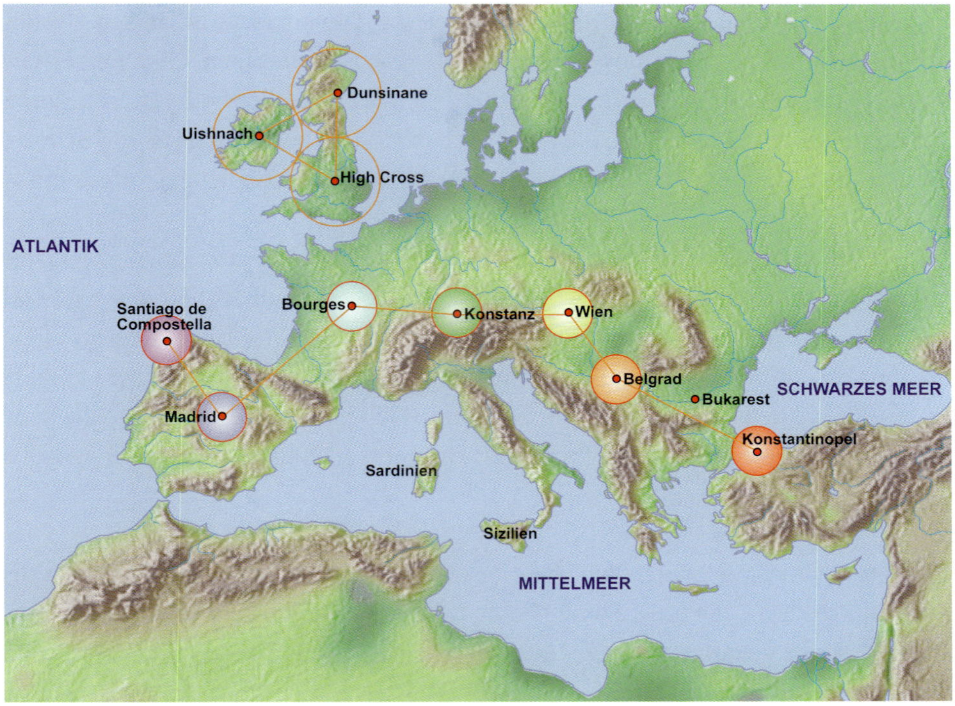

Europa: Das europäische Festland als der Stier und die britischen Inseln als „die Europa“
Schematische Darstellung

Die Europa: Britannien – Irland – Schottland
Schematische Darstellung

Das schottische Zentrum ist der Hügel von Dunsinane, auf dessen Gipfeln Macbeth und andere schottische Könige ein Schloss oder eine keltische Burg besaßen. Geografisch ist dies nicht das Zentrum von Schottland, aber geomantisch gesehen, ist es der Sitz des heiligen Königtums. In der Nähe befindet sich der Palast von Scone, wo die schottischen Könige auf dem Stein von Scone gekrönt wurden, der zu diesem Zweck auf einem für Volksversammlungen benutzten Hügel aufgestellt worden war.

Das irische Zentrum ist der Hügel von Uisnech, der ganz nahe am geografischen Mittelpunkt Irlands liegt. In druidischer Zeit wurde auf seinem Gipfel alljährlich das große Beltainefeuer entzündet, von dem der Hochkönig, die Könige der Provinzen und alle Hausväter eine Flamme erhalten konnten, um ihre Feuer überall im Land zu entzünden. Manche sagen, dass auf dem Hügel ein ständig brennendes Feuer unterhalten wurde. An einer Seite des Hügels stand der große Aill na Mireann (Stein der Teilungen), wo alle fünf irischen Provinzen zusammentreffen, während der Hügel selbst die mittlere Provinz bildet.

Das britische Herzzentrum liegt bei High Cross, wo sich zwei große keltische (später römische) Straßen kreuzen – die Sarn Fosse (Fosse-Weg) und die Sarne Wydellin (irischer Weg), später Englisch Watling Street genannt. Letztere, die von Anglesey nach London und dann weiter nach Dover verläuft, war auch bekannt als die Straße des Allerheiligsten Hauptes des Bran. Das war die ursprüngliche Gralsroute, an der auch die keltischen Gralsburgen stehen, von denen sich die originalen Legenden um König Arthur und den Heiligen Gral ableiten.

Das Haupt des europäischen Stiers wird von Spanien gebildet, während Frankreich seinen mächtigen Nacken und die Schultern darstellt, auf denen Europa, die Taube, sitzt. Die Hörner des Stiers senden die Energie aus dem Scheitelchakra seines gesenkten Kopfes auf den Atlantik hinaus. Dieses Scheitelchakra hat sein Zentrum in dem berühmten Pilgerort Santiago de Compostela, zu dem Pilger aus allen Teilen Europas entlang der Energielinien des Kontinents seit Jahrhunderten hierher zogen.

Das Stirnchakra, dargestellt durch das Auge des Stiers, wird von Spaniens Hauptstadt Madrid, markiert, während das Zentrum des Halschakras in Bourges, dem „Herzen" Frankreichs, liegt. Wien bildet den Hauptfokus für das Solarplexus-Chakra und Belgrad für das Sakralchakra. Die Wurzel liegt im Schwarzen Meer, und die Bergketten Rumäniens und Bulgariens spielen die Rolle des Beckens des Stiers. Sie bewachen den Eingang in den europäischen Landschaftstempel. Von einem anderen Standpunkt aus jedoch kann das Wurzelchakra auch in Istanbul, früher bekannt als Konstantinopel, gesehen werden.

Wenn man in Begriffen dessen denkt, was das „größere Europa" genannt werden könnte, das den Nahen Osten einschließt, würde das Sakralchakra in Bulgarien liegen, wo die Orphischen Mysterien ihren Ursprung haben, während das Wurzelchakra sein Zentrum in Ephesus hat. Ephesus und Santiago de Compostela sind offenbar perfekte Polaritäten zueinander, was sowohl in christlichen, wie auch älteren Traditionen, anerkannt wurde. Der christlichen Überlieferung zufolge befinden sich die Gräber der beiden Brüder Jakobus und Johannes, der Söhne des Zebedäus und führenden Apostel Jesu, in Santiago bzw. Ephesus. In älteren Traditionen erscheint das Cap Fisterra (Ende der Welt), der westlichste Punkt Europas an der Atlantikküste genau im Westen von Santiago und traditionell mit diesem verbunden, als Haupttempel des Sonnengottes Apollo, während Ephesus die Heimat von Apollos Schwester, der Göttin Artemis (Diana), war.

Europa und der Stier

Das größere Euopa: Die Hauptchakren, schematische Darstellung

Das große Herz des Stiers liegt am Bodensee, wo die Grenzen Deutschlands, Österreichs und der Schweiz zusammenlaufen, mit den Schweizer Alpen auf der einen und dem Schwarzwald auf der anderen Seite. Der Rhein hat seinen Ursprung auf den weißen Häuptern der schneebedeckten Alpen, fließt von dort in den Bodensee und dann zuerst west-, dann nordwärts, um sich schließlich im Ärmelkanal mit den Wassern der Themse zu vereinen. Der Rhein und die Themse sind wie die Blutströme zweier Herzen, derjenigen des Stiers Zeus und der Taube Europa, die im Zusammenfließen eins werden.

Das Gegengewicht zum Rhein bilden die Wasser der Donau, die aus den unterirdischen Tiefen des Schwarzwalds hervortreten und nach Osten durch den hinteren Teil des europäischen Stiers ihrer Mündung im Schwarzen Meer zuströmen. Außerdem ist die Donau aber auch durch ein unterirdisches Höhlensystem, aus dem eine „Quelle“ bei Aach am Westende des Bodensees als der Fluss Aach auftaucht, mit dem Rhein verbunden. Weiße Wasser und schwarze Wasser – sie bilden die beiden Lebensströme, die aus dem großen Herzzentrum des Stiers durch den Kontinent Europa fließen.

Es ist faszinierend zu sehen, dass das Zwerchfell des Stiers genau dort liegt, wo bis 1990 die politische und militärische Trennungslinie zwischen Ost- und Westeuropa verlief. Die Vorderbeine des Stiers, die in der Legende als knieend oder unter ihn gebeugt beschrieben sind, werden von Italien einerseits und den Inseln Korsika, Sardinien und Sizilien andererseits dargestellt. Cicero beschrieb den Stier als „mit gebeugtem Knie“ und Manilius noch genauer als „vorwärts strebend“ – entweder in dem Sinn, dass er den Pflug zog, wozu man den Stier eingespannt haben soll, oder in dem Sinn, dass er mit Europa auf dem Rücken durch das Universum stürmt und alle Ungerechtigkeiten der Welt hinwegfegt.

Der gebogene Rücken des Stiers wird von Norddeutschland und Polen nachgezeichnet, während die osteuropäischen Länder Rumänien und Bulgarien seinen Rumpf bilden. Aber genau wie beim Sternbild Taurus, ist das Hinterteil des europäischen Stiers nicht fest bestimmt. Die Sternensagen erklären das damit, dass der Stier mit Europa auf seinen Schultern aus den Wogen des großen Meeres auftaucht, so dass seine Hinterbeine noch bedeckt und verborgen sind von den Wellen – in diesem Fall denjenigen des Schwarzen Meeres.

Als „Echo“ des Sternbildes Taurus am Himmel, hat der europäische Stier seinen Kopf gesenkt und seinen Rücken gebogen, während er zum Angriff ansetzt. Diese Stellung bedeutet traditionsgemäß, dass der Stier alle Ungerechtigkeiten aus der Welt hinwegfegt. Dadurch wird er zusammen mit der Europa auf seinem Nacken zum „Bringer der Erleuchtung“. Die biblische Beschreibung, die sich auf den Stier bezieht, lautet: *„Das Kommen des Herrn zum Gericht, um über Himmel und Erde zu herrschen“.*[24]

Das ganze astrologische Zeichen von Taurus und den Plejaden, in dem sich die kosmologische Geschichte von Europa und dem Stier abspielt, hängt mit dem Beginn eines Goldenen Zeitalters von Friede und Erleuchtung auf Erden zusammen – einem Seinszustand, den Europas erstgeborener Sohn, Merkur, personifiziert. Nachdem der Name „Merkur“, abgeleitet vom ägyptischen „Maa Kheru“, „das Wahre Wort“ bedeutet und Wahrheit als Liebe und das Wort als Weisheit verstanden wird, ist dies ein möglicher Hinweis auf den zugrunde liegenden Zweck, die Entwicklungslinie und zukünftige Vollkommenheit von Europa als Ganzem sowie auch für jedes seiner Länder. Es ist sicherlich interessant, dass eine der großen Sprachen der Welt, nämlich Sanskrit, welches tiefe Weisheit und eine Wissenschaft dieser Weisheit verkörpert, zuerst in Europa entwickelt worden ist, bevor sie von den Indo-Europäern (das sind die „Indo-Arier“) vor mehreren tausend Jahren auf den indischen Subkontinent gebracht wurde.

24 Matthäus 24,30 / Markus 13,26 / Lukas 21,27)

Die europäische Herzlinie

In der Landschaft des europäischen Stiers gibt es viele untergeordnete Landschaftstempel oder Chakrasysteme. Eines davon ist besonders bedeutungsvoll und könnte etwas damit zu tun haben, dass der Stier seine Schwingen entfalten und fliegen kann.

In der guten Version des Mythos ist es so, der Stier hat Flügel und fliegt. Denn Taurus ist einer der geflügelten Cherubim, welche die Paradiestore bewachen. Flügel hängen mit dem Heiligen Gral der Erkenntnis und Erleuchtung zusammen. Shakespeare fasste dies zusammen, als er schrieb: *„Unwissenheit ist der Fluch Gottes, Erkenntnis jedoch ist der Flügel, mit welchem wir zum Himmel fliegen“.*[25] Auch uns wachsen Lichtflügel und tragen uns in die Lüfte, aber nur dann, wenn wir den Zustand der Freude und Erkenntnis erreicht haben, der das Ergebnis von Liebe, Verständnis und Dienen ist. In Bezug auf die Landschaft scheinen die Flügel des europäischen Stiers sich in Dänemark, Schweden und Norwegen zu befinden.

Längs des 9. Längengrades durchzieht eine kräftige Energielinie den Kontinent von Konstanz nordwärts durch Deutschland, Dänemark bis zur Spitze Norwegens, und südwärts durch die Schweiz, Norditalien, Korsika und Sardinien. Auf dieser Linie liegen einige sehr bedeutende Orte. Diese bilden ein Chakrasystem auf der Energielinie, dessen Herzchakra sein Zentrum bei Konstanz, im großen Herzen des Stiers, hat. Das ist der Grund, warum man dieser Energielinie den Namen „Herzlinie von Europa“ gegeben hat.

Europa und der Stier Landschaftstempel
Hauptchakren und Herzlinie

25 Heinrich IV., 2.Teil, IV, 7

Mit seinem Mittelpunkt auf dem Riesenberg, einem Hügel nördlich der mittelalterlichen Stadt und des Rheinflusses, und mit seinem Umkreis um Konstanz herum, liegt ein Landschaftszodiak, der das Herzchakra der Herzlinie bildet und gleichzeitig das innerste Herz des europäischen Stiers. Seine Hauptachse – das ist die Achse zwischen den Berührungspunkten von Zwillingen und Stier einerseits, sowie Schütze und Skorpion andererseits – ist ost-westlich ausgerichtet und erstreckt sich zwischen Diessenhofen und Tettnang auf einer Strecke von ca. 64 km. Der alte, als Tingplatz aufgeschüttete Hügel auf der Insel Reichenau, markiert den Stern Arkas. Dieser ist der Schwanzstern der Konstellation des Kleinen Bären und bildet heute unseren Polarstern. Reichenau selbst ist in einer solchen Art ausgelegt, dass es dieses Sternzeichen en miniature darstellt: Drei seiner Sterne werden von den drei Kirchen der Insel – St. Peter und Paul auf der Westspitze, dem Marienmünster, welches in einer Phiole etwas vom Blut Christi in sich birgt, und der Kirche St. Georg gebildet, die Ruhestätte des Schädels dieses Heiligen ist.

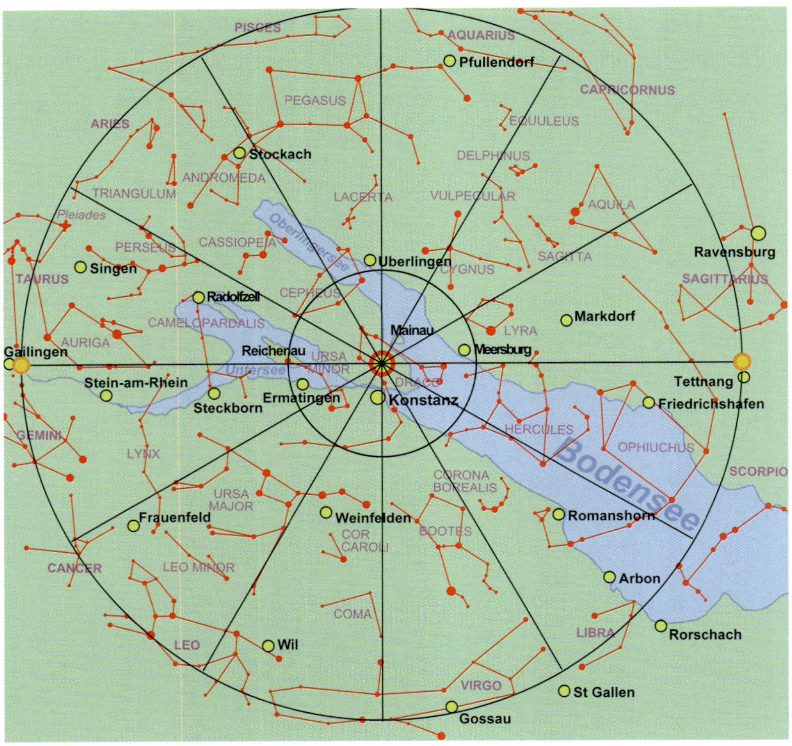

Der Konstanzer Tierkreis

Das Kehlkopfchakra der Herzlinie des Stiers hat seinen Fokus an den Externsteinen in Norddeutschland. Sie sind das Zentrum eines weiteren Landschaftszodiaks – das Halschakra der Herzlinie, dessen Achse sich etwa 70 km lang von Nordosten nach Südwesten, zwischen Hameln und Geseke, erstreckt. Die alte Handelsstraße, jetzt Bundesstraße 1, aber früher bekannt als Reichsstraße 1, die zwischen Königsberg, das seit 1945 Kaliningrad heißt, und Aachen verläuft, folgt dieser Achse durch den Landschaftstierkreis. An seinem nordöstlichen Eingang liegt Hameln dort, wo die Straße den Fluss Weser kreuzt. Die Geschichte des Rattenfängers von Hameln ist eine Einweihungslegende, die sich auf den Eintritt in die heilige Landschaft bezieht. Ihre Bedeutung liegt in dem Hinweis, dass man ein reines Herz wie ein Kind haben muss, um in das Königreich des Himmels eingehen zu können.

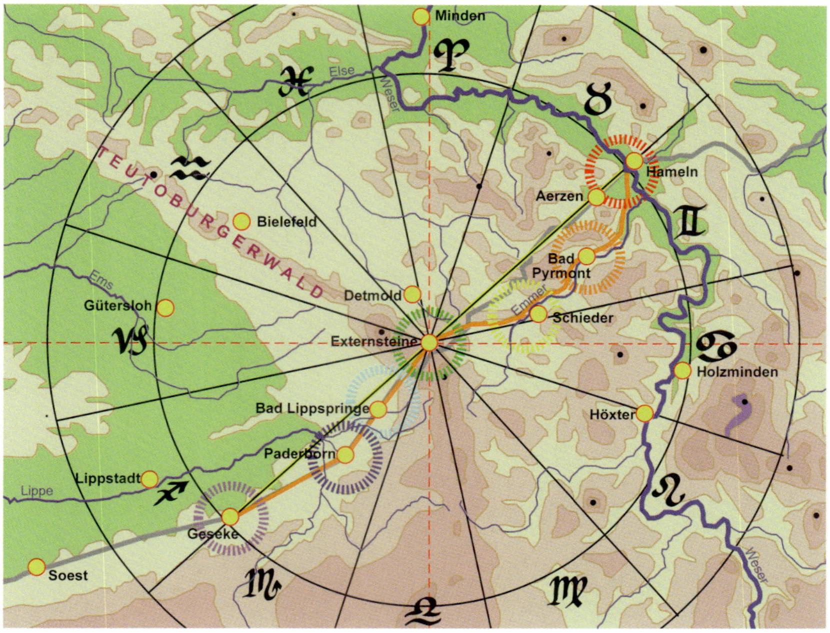

Der Tierkreis im „Exterland“
Schematische Darstellung

Der Landschaftstempel von Jütland
Schematische Darstellung

Weiter nördlich verläuft die Herzlinie entlang der Achse des Landschaftstempels von Jütland, dem mächtigen Stirnzentrum der Herzlinie des Stiers. Von dort brachten die Wikinger ihre Verehrung von Thor und dem Stier mit sich durch ganz Europa und sogar bis nach Amerika. Der Landschaftstempel von Jütland hat sein eigenes vollständiges Chakrasystem, und innerhalb der Reihe der sieben Chakren manifestiert die herrliche Landschaft des Herzchakras einen weiteren Landschaftszodiak, der vollständig mit einem Chakrasystem und einem Lebensbaummuster ausgestattet ist.

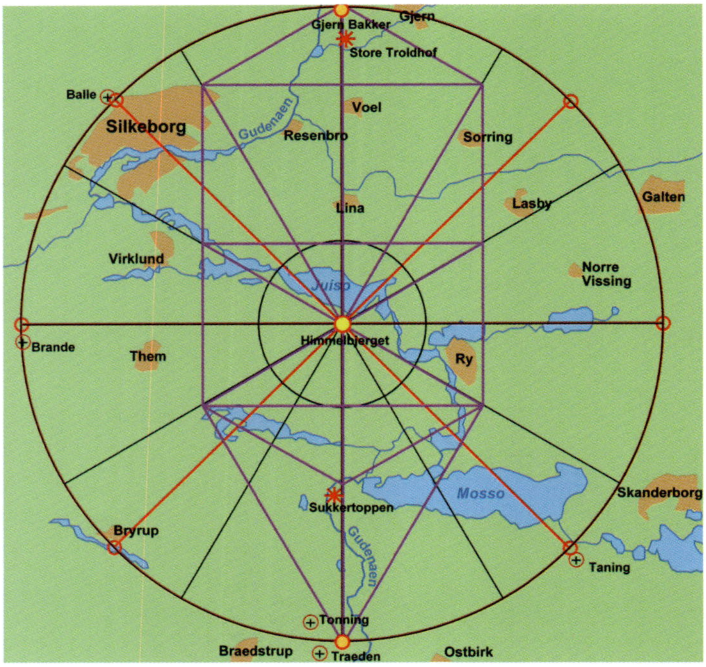

Der Herzzodiak von Jütland
Schematische Darstellung

Herzzodiak von Jütland: Der „Landschaftsengel von Himmelbjerget".
Die lebendigen Energien des Ortes drücken sich hier in diesem Landschaftsengel aus.

Mailand in Norditalien, das einst als das „Neue Athen“ bekannt war, als es das zentrale Hauptquartier der römischen Kaiser beherbergte, liegt im Solarplexus-Chakra, während sich das Sakralchakra mit seinem Fokus auf Sardinien befindet. Die Krone der Energielinie sitzt auf den schneebedeckten Bergen Norwegens, und als ihr sehr passendes polares Gegengewicht ist die Wurzel der Linie in den Gebirgen der tunesischen Wüste verankert. Dort lag das alte Karthago, das berühmte phönizische Handelszentrum, das ein Haupttor zu den Mysterien Europas bildete.

Mehr oder weniger entlang der Herzlinie, oder wenigstens ihrer nördlichen Hälfte, verläuft die berühmte Pilgerroute zwischen Rom in Italien und Trondheim in Norwegen in nord-südlicher Richtung. Diese wurde gemeinsam mit der Ost-West Route der Pilger von Konstantinopel (Istanbul) nach Santiago de Compostela benutzt, um die Ausdehnung der christlichen Kirche in Europa zu definieren. Diese beiden großen Pilgerwege, die sich in Konstanz kreuzen, bilden das „Kreuz von Europa“.

Das Herzkreuz von Europa: Europas Haupt-Pilgerrouten

Die Externsteine

Die Externsteine sind nicht nur berühmt als spektakulärer Fokus der germanischen Volksseele, sondern sie bilden auch ein faszinierendes Beispiel für einen natürlichen Tempel in der Landschaft. Sie sind eine monumentale Felsformation im Teutoburger Wald, nahe Detmold, in Norddeutschland. Diese außergewöhnliche Felsformation, von Naturgewalten aus dem Bergrücken herausgemeißelt, drückt das Chakrasystem auf dramatische Weise aus.

Der Name „Externsteine" bedeutet „Drachensteine", und diese Felsen, die aus dem nordwestlichen Ende eines lang gestreckten Hügelrückens auftauchen, vermitteln tatsächlich den Eindruck eines in der Landschaft liegenden Drachens, der sich mit felsbewehrtem Körper und langem Schwanz aus dem Hügelzug entlang des Tales der Wiembecke herauswindet, um deren Wasser zu trinken. Die Externsteine waren während tausender Jahre ein Kraftort, der viele Menschen anzog, die sich dort niederließen, und während einer langen Spanne dieser Zeit befand sich dort auch ein religiöses Zentrum irgendeiner Art, sowohl in vorchristlicher, als auch in christlicher Zeit. Jetzt sorgt die Forstverwaltung des Landschaftsverbandes Lippe dafür und hält den Platz zur Freude aller geöffnet.

Den besten Blick auf die Externsteine bekommt der Besucher von dem Weg aus, der vom Parkplatz auf die Felsen zu führt. An der Stelle, an der man aus dem Wald heraustritt, kann man die Steine in ihrer ganzen Ausdehnung sehen, und für den Betrachter, der mit intuitivem, empfänglichem Auge sorgfältig hinschaut, ist das den Felsen aufgeprägte Chakramuster, zusammen mit verschiedenen symbolischen Formen, die mit den Chakren verbunden sind, deutlich erkennbar. Manche dieser symbolischen Formen sind natürlich und andere von Menschen „nachgebessert", indem sie die natürlichen Ausprägungen verstärkten. Daraus wird ganz klar, dass schon viele Generationen in früherer Zeit das Chakrasystem in den Felsen erkannt und diese demgemäß als Tempel genutzt haben.

Am Leichtesten erkennt man wahrscheinlich diese Chakren, wenn man an der Wurzel der Externsteine beginnt, dort, wo der felsige Körper des Drachen am oberen Ende seines in der Erde vergrabenen Schwanzes aus dem Walde hervortritt. Ein gewaltiger Felsblock kennzeichnet das Wurzelchakra an der Stelle, wo der felsige Drachenkörper aus dem bewaldeten Hügel in die offene Landschaft herauskommt. Dieser Felsen verankert die Externsteine mit Macht und Kraft in der Erde. Die nächste Felsgruppe zeigt sehr klar das Symbol eines erigierten Phallus in einer Vagina, ein kraftvolles Merkmal für das Sakralchakra.

Das dritte Felsmassiv, ein gewaltiges Gebilde, kennzeichnet das Solarplexus-Chakra. Dieses ist der Sitz des niederen Egos, wo die meisten Wünsche der normalen Persönlichkeit zusammenlaufen. Dieses Ego ist es, das „sterben" muss, damit seine Natur in die höhere Form verwandelt werden kann, die auf das Herz ausgerichtet und spirituell erwacht ist. Die alten Ägypter und auch spätere Gesellschaften kennzeichneten die Leber als den Sitz des niederen Egos und das Herz als Thron des höheren Selbstes oder der Seele.

Die Externsteine Ansicht von Osten

In der kirchlichen Tradition wird das Opfer des Egos durch das Kruzifix dargestellt, welches über dem Lettner einer Abteikirche oder Kathedrale angebracht ist, so dass es über dem Volksaltar im Hauptschiff hängt. Dementsprechend befindet sich auf der Seite des Solarplexusfelsens der Externsteine, genau an der Stelle, die der Position des Volksaltars in einer Kathedrale entsprechen würde, eine gigantische Darstellung eines gekreuzigten Mannes, der sowohl Baldur als auch Jesus sein kann. Diese Darstellung ist größtenteils natürlich, hervorgerufen durch Sprünge und Spalten im Felsen, wurde jedoch später von Menschen verstärkt, um die Züge klarer hervortreten zu lassen. In Verbindung damit wurde auch ein Loch im unteren rechten Brustbereich angebracht, das den Ort bezeichnen soll, an welchem der Speer die Leber Jesu durchstach.

Zwischen diesem Solarplexus-Felsen und dem angrenzenden Herzfelsen befindet sich ein Durchlass, durch den die alte Reichsstraße 1 verlief. Sie ersetzte 1813 eine frühere Handelsstraße, welche ursprünglich weiter unten durch das Wiembecketal führte und den Kopf, d.h. die Vorderseite der Externsteine umrundete. Dieser Zwischenraum, den man für die Reichsstraße 1 benutzte, bildet natürlicherweise den „Schleier" oder das „Zwerchfell" zwischen den niederen und höheren Chakren der Externsteine.

Die Externsteine
Der Kreuzigungsfelsen

In der Oberfläche dieses Felsens ist eine Gestalt sichtbar, die dort hängt, als sei sie an ein Kreuz genagelt. Diese bemerkenswerte Figur wird größtenteils durch natürliche Sprünge im Felsen gebildet, nur einige Teile wurden mit der Hand ausgeschnitten, um die Symbolik klarer zu machen. In vorchristlicher Zeit würde man diese Gestalt als eine Darstellung Odins betrachtet haben, der sich opferte, indem er sich am Weltenbaum Yggdrasil aufhängte. Das von Menschen gemachte Loch an der Stelle der Leber des Hängenden wurde vermutlich von Christen dort angebracht, da es die Stelle markiert, an welcher der Centurio den Körper Jesu am Kreuz anstach. (Die römischen Soldaten waren dazu ausgebildet, die Leber anzustechen, weil das zum sofortigen Tod führt. Das „Blut und Wasser", das der Apostel Johannes aus der Wunde fließen sah, waren wahrscheinlich das Blut und die Gallenflüssigkeit aus der Leber). In beiden Fällen – bei Odin wie auch Christus – bildet der Körper die Form des Buchstabens Ypsilon, das Sinnbild sowohl für Opfer wie für Erleuchtung.

Die Externsteine: Die Felsen des Solarplexus, des Herzens und des Halses
Ansicht von Westen

Das Herzchakra wird von einem Felsen gebildet, der kleiner als die anderen ist und auf der anderen Seite des Straßendurchgangs liegt. Auf seinem Gipfel war ursprünglich eine kleine Kapelle, die aus dem lebendigen Felsen herausgehauen war. Sie ist jedoch seit langem zerstört, nur noch ihre Fundamente blieben übrig. An der Seite dieses Herzfelsens wurde eine gewundene Treppe in den Stein gehauen, die auf die Spitze des Felsens führt, von wo aus eine Brücke den nächsten schmaleren Abgrund zwischen den Felsen überspannt.

Diese Brücke führt zum oberen Bereich des anschließenden Halschakrafelsens, wo noch der größte Teil des ursprünglich aus dem Felsen gehauenen Raumes erhalten ist, von dem lediglich eine Seitenwand und das Dach herunter gebrochen sind. Dieser Raum hat ein kleines, kreisrundes Fenster, das die Ostwand des Felsens über einem Altar durchbricht. Genau gegenüber befindet sich an der Westwand des Raumes eine in den Stein gehauene Nische, in der ein Mensch aufrecht stehen kann. An beiden Seiten sind zwei Löcher als Fingerhalterungen angebracht, um seine Position in der Mitte der Nische zu fixieren. Von dieser Stelle aus kann ein 1,80 m großer Mensch am Tag der Sommersonnenwende die Sonne über einem heiligen Berg am Horizont aufgehen sehen.

Die letzte und größte Felsengruppe enthält beide Kopfchakren, Stirn und Scheitel. Wie ein Schädel ist der Kopffelsen innen teilweise ausgehöhlt und enthält eine von Menschen gemachte Höhle, deren ursprünglicher Eingang vom Halschakrabereich aus von einer Steinfigur des Heiligen Petrus mit den Schlüsseln bewacht wird. Der Apostel Simon Petrus ist mit dem Kehlkopf verbunden, da seine Rolle die des Hierophanten und Sprechers im Zodiakkreis der Apostel Jesu war. Er repräsentierte Vertrauen und intuitive Liebe, die die Grundlagen des Einweihungszyklus bilden. Seine beiden Namen Simon und Petrus bezeichnen die Funktion des Halses, da die Übersetzung des Namens Simon „der Hörende“ lautet und Petrus „der Offenbarende“ oder „Sprecher“. Er ist der Torhüter, welcher dem Geist (mind) die Türen des Herzens öffnet, damit das Licht gesehen werden kann – der Torhüter, der die Stelle des Stiercherubs einnimmt.

An der Seite des Stirnchakrafelsens befindet sich ein mit vielen Einzelheiten versehenes Halbrelief, das die Abnahme Jesu vom Kreuz zur Grablegung seines Körpers darstellt. Dieses Bild ist richtigerweise an die Außenwand der Golgatha-Höhle gemeißelt, da der Name „Golgatha“ „Schädel“ bedeutet. Die Höhle liegt im Felsen versteckt hinter der steinernen Darstellung. Es ist auch eine der ersten christlichen Monumentalskulpturen dieser Art und stellt möglicherweise das bedeutendste Beispiel dafür in ganz Nordwesteuropa dar.

Die Externsteine: Das Golgotha-Relief

Diese monumentale Darstellung ist kabbalistisch im Aufbau und zeigt symbolisch viele tiefe Geheimnisse. Sie basiert auf dem Archetyp des Lebensbaums und stellt den Augenblick dar, in dem der Körper Jesu nach der Kreuzigung vom Kreuz abgenommen wurde. Die Grundstruktur der Skulptur ist ein auf der Erde stehendes Kreuz. Der Querbalken des Kreuzes und die Bodenlinie, auf der es steht, teilen das Bild in drei Ebenen, eine obere, eine mittlere und eine untere. Damit sind die Himmel, die Welt und die Unterwelt der klassischen Tradition bezeichnet. Der vertikale Kreuzesstamm und die Personen rechts und links davon repräsentieren die drei Säulen, die rechte, mittlere und linke.

Die oberste Ebene enthält eine Figur, die Gottvater darstellt. Er hält die Seele Christi in den Armen als Kind, das das Siegesbanner trägt. Zu beiden Seiten des Vaters sind Sonne und Mond, die jede einen Engel in sich haben – die Sonne zur Rechten und der Mond zur Linken, jeweils über der dazu gehörenden „Säule“. Auf diese Weise wird die Heilige Dreifaltigkeit des Lebensbaumes ausgedrückt, wobei der Vater mit dem Heiligenschein die Krone (Sephira 1), die Sonne die Weisheit (Sephira 2) und der Mond die Intelligenz (Sephira 3) darstellen. Die beiden Engel halten jeder einen Schleier, was das Zerreißen des Schleiers zwischen Himmel und Erde andeutet, das sich als Ergebnis des Opfers Jesu ereignete. Im Gegensatz zum rechten Schleier hat derjenige auf der linken Seite einen Knoten, um den Form gebenden Aspekt der Intelligenzseite des Lebensbaumes anzudeuten.

Die mittlere Ebene ist von menschlichen Gestalten ausgefüllt: Derjenigen von Jesus und seiner Freunde und Familie, die bei der Kreuzigung anwesend waren und den Leichnam von Kreuz abnahmen. Der Körper Jesu ist über die Schultern Josefs von Arimathea gesackt, wohin er hinuntergereicht worden war von Nikodemus, der auf einer umgebogenen Irminsul (altsächsisch für „Große Säule“ oder „Irmins Säule“) steht. Hinter Josef, ganz rechts unter dem Mond, steht die Jungfrau Maria. Ihr Kopf, der jetzt fehlt, war ganz nah bei Jesu Haupt. Wahrscheinlich zeigte diese Anordnung, dass Maria das Haupt ihres Sohnes küsste. Hinter Nikodemus, ganz links außen unter dem Mond steht Johannes, der Lieblingsjünger. Er trägt sein Buch der Geheimen Offenbarung.

Einschließlich der Irminsul sind es sechs Figuren, welche hier die sechs mittleren Sephiroth des Lebensbaumes darstellen. Jesus, der bekannt ist als „das Große Herz“ und die „Sonne der Rechtschaffenheit“ ist mit der Sephira 6, dem Herzen des Lebensbaumes, symbolisiert durch die Sonne, verbunden. Josef von Arimathea, in der Überlieferung bekannt als Onkel Jesu und Beschützer der Heiligen Familie, wird in der Rolle der Sephira 4 (Jupiter) gezeigt. Sein Mitgefühl stützt den Leichnam Jesu und er ist bereit, ihn fürsorglich in sein eigenes Grab zu betten. Nikodemus, der Pharisäer oder Doktor der Rechte, stellt die Sephira 5 (Mars) dar. Sein Arm umfasst das Kreuz und sein Kopf liegt im Mittelpunkt des Kreuzes, an der Position von Daath (Wissen). Die Jungfrau Maria entspricht der Sephira 7, die von der Göttin Venus, der Mutter Cupidos (der auch als „Christos“ bekannt ist) versinnbildlicht wird. Johannes, der Lieblingsjünger, ergänzt sie als Sephira 8, symbolisiert durch Merkur. Diese beiden, die Sephiroth 7 und 8 (Maria und Johannes) bezeichnen die beiden ersten Einweihungsgrade: Liebe und Verständnis. Die Irminsul, auf der Nikodemus steht, repräsentiert die Sephira 9 und den dritten Grad des Dienens. Das ist Nächstenliebe oder Selbstaufopferung und deshalb wird die Irminsul gebeugt dargestellt, so dass sie Nikodemus trägt und mit einem ihrer oberen Zweige die Erde berührt.

Die Irminsul war ein Baum oder eine aus Holz geschnitzte Säule, welche den Weltenbaum darstellen sollte und von den Sachsen als solcher verehrt wurde. Sie ist ein Equivalent für Yggdrasil, die Eibe oder Esche, an welcher Odin, der Christus Norwegens, sich opferte. Die Irminsul wird auch als Palme und wie das Tierkreiszeichen Widder dargestellt. Die Palme ist das asiatische Symbol für den Lebensbaum, welcher der Weltenbaum ist, in dessen obersten Zweigen sich der Phönix opfert, um aus der Asche neu geboren wieder zu erstehen. Das Tierkreiszeichen Widder beherrscht den Kopf. Wenn es aber, wie in diesem Relief, bei den Füßen gezeigt wird, bedeutet es die Demut und Selbstaufopferung, die nötig sind, um Erleuchtung und Auferstehung zu erfahren. In dieser Symbolik ist das Widderzeichen als „Lamm Gottes“ bekannt. Es ist auf der linken Seite des Kreuzes dargestellt, da diese Seite zum Geist/Gemüt in Beziehung steht.

Auf der untersten Ebene des Reliefs, der Unterwelt, sieht man die natürliche oder physische Welt und Sephira 10 des Lebensbaumes, symbolisiert durch die Erde. Die hier lebenden Gestalten sind ein Mann, eine Frau und ein Drache, in dessen Windungen die beiden Menschen eingewickelt und gefangen sind. Nach der Prophezeiung des Zweiten Kommens Christi werden diese Menschen, die Repräsentanten der ganzen Menschheit sind, befreit und in den Himmel erhoben.

Etwas unterhalb an der Seite des Kopffelsens gibt es ein wirkliches Grab, nämlich einen aus dem Felsen gehauenen Sarkophag. Hoch darüber, auf der Spitze des Stirnchakrafelsens, wurde eine Plattform errichtet, von welcher der Besucher in der für diesen Platz angemessenen Weise einen weiten Blick über die umgebende Landschaft das Tal der Wiembecke auf- und abwärts erhalten kann. Auf der Spitze des daran angrenzenden Endfelsens, der über einen See in das Tal blickt, befindet sich die Krone der Externsteine, von der manche Leute glauben, dass dort einst ein Kreuz oder die Irminsul gestanden hätte.

Die Externsteine selbst sind Teil mehrerer größerer Landschaftstempel, von denen einer sich zwischen ihnen und dem großen Nationaldenkmal, dem Hermannsdenkmal, erstreckt, das sich auf der Grotenburg 7 km im Nordwesten erhebt. Hermann ist dort dargestellt in der gigantischen Gestalt des Heiligen Michael, der sein Schwert hoch über die Krone eines Hügels schwingt, welcher selbst wiederum das Scheitelchakra dieses größeren Landschaftstempels bildet. Die Externsteine, als der in seinem Wurzellager lauernde Erddrache bilden dazu die natürliche Polarität.

Das Hermannsdenkmal

Die europäische Gralslinie

Genau, wie eine Hauptenergielinie mit einem vollständigen eigenen Chakrasystem durch das Herzchakra des europäischen Stiers verläuft, so durchquert eine weitere, sehr große Energielinie das Halschakra des Stieres und enthält ebenfalls ihr eigenes Chakrasystem. Weil letzteres die Wirbelsäulenachse desjenigen Teiles von Europa bildet, der in der Tradition mit dem Gralsland in Verbindung gebracht wird, dem Königreich des legendären Königs Arthur und seiner Ritter vom Runden Tisch, habe ich diese Energielinie „Gralslinie" genannt. Das ist keiner der Längengrade der Erde, wie die Herzlinie, denn die Gralslinie hat eine andere Ausrichtung. Dennoch ist sie von großer Wichtigkeit für den Planeten. Die Herzlinie nähert sich einem Längenmeridian des Planeten an, und das bedeutet, dass sie direkt mit dem Nord- und Südpol der Erde und damit der Hauptachse der Welt, verbunden ist. Demgegenüber bildet die Gralslinie einen wichtigen Teil der ätherischen Struktur des Planeten, die schon Plato erwähnt, nämlich des planetaren Dodekaeders, des Lichtkörpers der Erde. Die Linie verläuft mehr oder weniger durch die Zentren von Schottland, England und Frankreich. Ihr Scheitelchakra befindet sich im Norden Schottlands und ihre Wurzel im Süden von Frankreich.

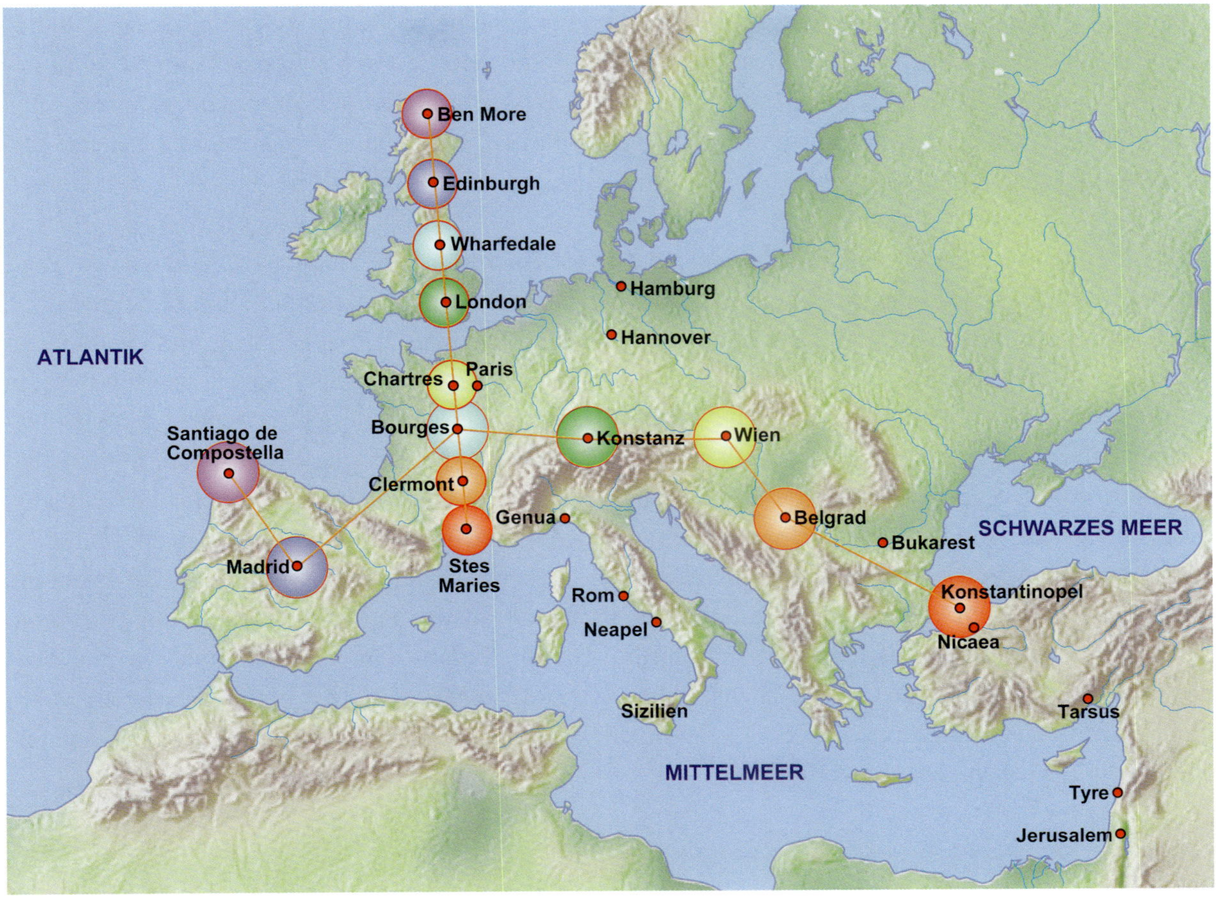

Die europäische Gralslinie

Jedes der sieben Chakren des Gralslandes kann in Form einer Blüte – einer Lotosblüte oder Rose aus Energie – visualisiert werden, oder man kann sie auch als Sprossen einer Leiter wahrnehmen. Sie identifizieren sieben Gegenden in Frankreich und Britannien, die sich auf bemerkenswerte Weise von einander unterscheiden. Jede von ihnen hat ihre eigene Kultur und Architektur, und jede bringt die Eigenschaften und den Zweck des jeweiligen Chakras zum Ausdruck.

So würden wir zum Beispiel auf dem Weg durch das Gralsland von der Wurzel zum Scheitel von der Südküste Frankreichs aus in die Täler und zu den vulkanischen Kuppeln des Zentralmassivs reisen. Von dort aus geht es in die weiten Ebenen von Nordfrankreich, dann über den Ärmelkanal in die sanften Hügel, Täler und Niederungen Südenglands, weiter dann in die zerklüfteten Moore und Berge von Nordengland, ferner durch das Grenzland hinein ins schottische Tiefland und die Berge von Südschottland, und schließlich erreichen wir die majestätischen Hochgebirge, Seen und weit geöffneten Täler von Nordschottland.

Diesen Landschaftstempel kann man sich intuitiv vorstellen als eine Frau, die auf dem Rücken liegt, ihren Kopf nach Norden gerichtet, getragen von der Erde und in den Himmel schauend. Sie ist die

Königin, die Göttin Guinevere, der „weiße Drache" oder „die weiße Dame" – der Heilige Gral selbst, der stets mit diesem Land verbunden war. König Arthur und seine Ritter hatten geschworen, sie zu lieben, zu schützen und ihr zu dienen. Ihre Liebe und ihr Wissen sind der Wein, der den Gral füllt – eine Liebe und ein Wissen, das in dem Land selbst verkörpert ist und darauf wartet, entdeckt, geehrt und genossen zu werden.

Im Süden sind die großen Gebirgsketten der Pyrenäen und Alpen wie ihre Beckenknochen. Zwischen diesen liegt der Eingang in ihren Schoß durch den Golf von Lyon, der das Wurzelchakra bildet. Der Fokuspunkt dieses Wurzelchakras ist das alte Stadtgebiet und große Pilgerzentrum von Les-Saintes-Maries-de-la-Mer, das in der Camargue an der Mündung der Rhône liegt. Die Stadt war ursprünglich ein römisches Fort, welches den ägyptischen Namen Râ trug. Später jedoch erhielt es seinen heutigen Namen von den drei Marien – Maria Magdalena, Maria Salome (die Mutter von Jakobus, dem Älteren, und Johannes, dem Lieblingsjünger) und Maria Cleopas (Mutter von Jakobus, dem Jüngeren, und Matthäus) – die dort gemeinsam mit anderen Jüngern Jesu etwa 44/45 n.Chr. mit ihrem Boot landeten. Maria Salome und Maria Cleopas ließen sich für den Rest ihres Lebens zusammen mit Marcella, ihrer Dienerin, und einer ägyptischen Freundin namens Sarah, an diesem Ort nieder und gründeten dort ein galloromanisches Heiligtum und christliches Gebetszentrum. Die Kirche aus dem 12. Jahrhundert wurde dann über ihren Gräbern errichtet und zunächst Notre-Dame-de-la-Mer (Unserer Lieben Frau vom Meer) geweiht. Sie trug diesen Namen bis ins 19. Jahrhundert, als sie zu Ehren der drei Marien in Les-Saintes-Maries-de-la-Mer umbenannt wurde.

Der Landschaftsengel von Les-Saintes-Maries-de-la-Mer

Als die Roma zwölf Jahrhunderte später in Europa ankamen, erkoren sie die „heilige Sarah" als ihre Schutzpatronin und „schwarzen Jungfrau" und wählten den Ort zu ihrem Hauptversammlungsplatz, an dem sie sich zweimal jährlich zu ihren großen Festen treffen. Diese Stämme kamen ursprünglich aus Nordwestindien und waren einer der Nomadenstämme, die in jener Region lebten. Sie sprachen Roma, eine Sprache, die sich aus dem Sanskrit ableitet, und dadurch erkannten sie Sarah sogleich als eine Personifizierung von Sarai oder Sri, auch bekannt als Saraswati, die Gemahlin oder Shakti Brahmas. Saraswatis besonderer Lebensraum ist das Muladhara oder Wurzelchakra. In der Tradition der Hindus ist sie auch bekannt als die Göttin Kundalini, die im Wurzelchakra wie eine Schlange aufgerollt schläft und darauf wartet, durch das Liebe-Licht Brahmas erweckt und zur Aktivität angetrieben zu werden. Sobald sie befreit ist, steigt sie als belebende und erleuchtende Energie die Wirbelsäule hinauf, bringt dabei die Chakren zum Blühen und Strahlen und dem betreffenden Menschen stets wachsendes Bewusstsein sowie immer größere Erleuchtung und Freude.

Nördlich von diesem Wurzelchakrabereich liegt das Zentralmassiv mit seinen Vulkankegeln. Es repräsentiert das Sakralchakra und den Mutterschoß der Landschaftsgöttin. Der zentrale Punkt dieses Chakras ist der Puy de Dôme, der älteste und mit 1.465 Metern der höchste und auch auffälligste Vulkankegel des nördlichen Teiles der Bergkette der Auvergne. Seit Tausenden von Jahren gilt er als heiliger Berg. Die Kelten bauten auf seinen Gipfel ein Heiligtum für den Gott Lug, welches einer der wichtigsten heiligen Orte in Gallien war. Im 1. Jahrhundert n.Chr. ersetzten die Römer dieses durch einen Tempel für Merkur, in der sich dessen berühmte, sagenumwobene Statue befand. Nach dem Bericht von Plinius dem Älteren, wurde diese Statue von dem griechischen Bildhauer Zenodoros ca. 60 n.Chr. hergestellt und war etwa 18 Meter hoch!

Der Landschaftsengel vom Puy-de-Dôme

Unmittelbar östlich des Puy de Dôme und geomantisch mit diesem verbunden, befindet sich die Stadt Clermont Ferrand mit ihrer großartigen gotischen Kathedrale aus schwarzem Vulkanstein. Zuerst die Druiden und später die Römer nutzten sie als die Hauptstadt der Auvergne, und zu einer Zeit erhielt sie sogar einen Status, durch den sie im Rang Rom ebenbürtig wurde. In christlicher Zeit wurde Clermont Ferrand zu demjenigen Ort, an dem die Doktrin von der jungfräulichen Mutter als der gesegneten Jungfrau Maria zuerst aufkam und die Idee der jungfräulichen Empfängnis und Geburt ausgearbeitet wurde. Es war auch der erste Ort der Christenheit, an dem es eine Statue der jungfräulichen Mutter mit dem Christuskind auf dem Thron sitzend gab, welche die alten ägyptischen Statuen von Isis und Horus imitierte. Clermont Ferrand war der Ausgangspunkt für ein großes Pilgernetz des Madonnenkultes, das sich über die ganze Auvergne hinzog. Die Hügel und Täler des Zentralmassivs sind bedeckt mit Kapellen, Kirchen und heiligen Orten, die dem Prinzip der jungfräulichen Mutter geweiht sind.

Weiter nach Norden zu, in den nördlichen Ebenen Frankreichs, liegt der Fokus des Solarplexus-Chakras des Gralskönigreiches. Dies ist Chartres im Land von Bélisima (Beauce). Hier ragt ein einzelner Hügel aus einer ringsum flachen Landschaft auf. Dieser Hügel mit dem Namen „Ort der Starken" ist aus Granit und erhebt sich aus einer Sandsteinebene, woraus sich eine starke Alchemie ergibt: Granit ist ein besonders hartes, feuriges, quarzhaltiges Felsgestein, während Sandstein sanft und aus den kalkhaltigen Überresten von Meerestieren gebildet ist. Ersterer bezieht sich auf das Feuerelement und das männliche Prinzip, während der letztere mit Wasser und dem weiblichen Prinzip verbunden ist. Dadurch bildet der Hügel von Chartres im umgebenden Land ein Gleichnis für das grundlegende Bild des Männlichen innerhalb des Weiblichen, wie der Lingam in der Yoni oder das männliche Kind im weiblichen Mutterschoß.

Der Name Chartres ist abgeleitet von Carnut-Is, dem antiken heiligen Zentrum der Carnuten, „der Hüter des Steines". In druidischen Zeiten stand ein heiliger Stein, der das Kind der Bélisima („der allerschönsten Dame") darstellte, in einem Eichenhain auf dem Gipfel des Hügels, den jetzt die gotische Kathedrale einnimmt. Neben dem Eichenhain und einem stehenden Stein war dort auch eine heilige Grotte mit einer Quelle. Während somit der Stein Bélisimas Kind bedeutete, stellte die Grotte und Quelle Bélisima selbst dar oder zumindest ihre Gebärmutter. Die Grotte wurde in die Fundamente und die Krypta der frühesten Kathedrale an diesem Ort einbezogen und lag unter ihrem Chor und Hochaltar. Ihre heilende Quelle wurde in einen von Menschen gebauten Brunnen geleitet, der als „Puits des Saints Forts" (Brunnen der starken Heiligen) bekannt war.

Der Landschaftsengel von Chartres

Während das Sakralchakra die Zeugungstätigkeit bestimmt, hat das Solarplexus-Chakra mit der Ernährung des Kindes im Mutterschoß (sowie mit Ernährung überhaupt) und mit dem Gebären zu tun. Ferner ist es der Ort, wo das persönliche Ego getestet und transmutiert wird, indem das niedere Selbst stirbt, um dem höheren Selbst zur Geburt zu verhelfen. Ein christliches Symbol dafür ist das Kreuz. Es ist daher bezeichnend, dass, während Süd- und Zentralfrankreich an allen Straßen und Wegen mit Bildstöcken der Madonna mit dem Kind übersät sind, man in Nordfrankreich stattdessen hauptsächlich Kruzifixe findet.

Zwischen dem Solarplexus und dem Herz liegt das Zwerchfell. Es wird im Ätherkörper durch den so genannten „Schleier“ dargestellt, der das Herz schützt. Dieser Schleier ist im Ärmelkanal manifestiert, während das Herzchakra sein Zentrum in Kingston-upon-Thames in den Außenbezirken von London hat. Allerdings sollte auch London selbst als Teil des Herzchakras im Gralsland betrachtet werden. Kingston-upon-Thames ist eigentlich das Herzchakra eines lokalen Landschaftstempels, der sich entlang der Themse erstreckt und von dem die Innenstadt Londons den Kopf bildet. Weiterhin ist Kingston-upon-Thames auch Zentrum eines lokalen Landschaftszodiaks. Dieser ist einer der zwölf Tierkreise, welche den innersten Bereich von Britannien umgeben und die zusammen den sehr viel größeren nationalen Landschaftszodiak von Britannien ausmachen.

Weiter nördlich dehnt sich in den sanften Senken und zerklüfteten Mooren von Yorkshire in Nordengland das Halschakra des Gralslandes aus. Der Hauptfokuspunkt liegt mit seinem Zentrum auf Great Whernside, der höchsten Erhebung in diesem Land voll wilder Schönheit. Aber entlang der westlichen Hänge dieses Berges zieht sich ein lokaler Landschaftstempel, der ebenfalls noch Teil des Halschakras ist und dessen Wirbelsäule sich durch ein enges Tal schlängelt, durch welches der Fluss Wharfe fließt. Dieses Tal, das „Wharfedale“ heißt, sieht einem gewaltigen Kehlkopf in der Landschaft nicht unähnlich.

Das Stirnchakra des europäischen Gralskönigreiches wird durch Edinburg markiert, das am Südstrand des Firth of Forth in Schottland aufragt. Edinburg ist eine königliche Stadt, die Hauptstadt von Schottland und Sitz der schottischen Könige. Ebenfalls ist dort der Sitz des Sonnengottes Arthur (d.h. Hu), ein besonders hervorstechender vulkanischer Hügel, der „Arthur's Seat“ genannt wird. Einst stand eine keltische Bergfestung auf seinem Gipfel. Der Ort liegt in Holyrood Park und sieht, von bestimmten Gesichtswinkeln aus betrachtet, wie ein gigantischer schlafender Löwe aus, der eine deutliche symbolische Verbindung zur Großen Sphinx von Gizeh im Stirnchakra Ägyptens aufweist.

Arthur's Seat ist der höchste aus einer Gruppe von sieben Hügeln, über die sich das moderne Edinburg ausdehnt. Sie bilden symbolisch die sieben Häupter eines gewaltigen „Drachentempels“ in der Landschaft. Der Rumpf dieses Landschaftsdrachens wird von den Pentland Hills gebildet, die sich von Edinburg aus nach Südwesten erstrecken. Sein Herz ist der hoch stehende Castlelaw Hill am Nordende der Pentlands, durch den die zentrale Achse der Gralslinie hindurchgeht.

Das Scheitelchakra des europäischen Gralslandes befindet sich im hohen Norden von Schottland, außerhalb der Grampian Mountains im so genannten Assyntbereich. Hier findet man eine mystische

Landschaft mit großen Bergen, die sich einzeln vom Meeresniveau erheben und wie einsame Wächter alleine dastehen, umgeben von weit geöffneten Tälern und spiegelnden Lochs (Seen) und Fjorden, welche die unsagbare Schönheit und die exquisiten Farben der Landschaft und des Himmels widerspiegeln. Hier öffnet sich das Land selbst hin zum größeren Kosmos. Das Gemüt kann sich weiten, und der Geist kann aufsteigen, hinaus ins Universum. Im Zentrum dieser Landschaft steht Ben More Assynt, ein grandioser Bergriese als majestätischer Fokus des Kronenchakras und passender Gegenpol zu Les-Saintes-Maries-de-la-Mer, das sich im Wurzelchakra am äußersten Ende des Rhône-Deltas an die Küste des Meeres schmiegt.

Der Landschaftsengel von Ben More Assynt

Außer diesen sieben Chakren des Gralslandes spielt das Harazentrum eine lebenswichtige Rolle in dem Schema. Das Hara des Gralslandes ist Bourges, das die Franzosen „le Coeur de la France“ (das Herz Frankreichs) nennen.

Gleich Chartres besteht Bourges im Wesentlichen aus einem Hügel, der aus der Mitte einer weiten, flachen Ebene hoch aufragt und von welchem Straßen wie die Speichen eines Rades ausstrahlen. Allerdings hat die industrielle Entwicklung der Moderne und die Ausbreitung der Wohnbebauung viel von der ursprünglichen Großartigkeit der Anlage der Stadt verdunkelt.

Der Hügel wird von einer gewaltigen gotischen Kathedrale gekrönt, die dem heiligen Etienne geweiht ist, und welche die ganze Gegend beherrscht. Die mittelalterliche von Wall und Graben umgebene Stadt erstreckte sich an einer Seite der Kathedrale den Hügel hinab. Ihr Straßensystem folgte demjenigen der früheren römischen Stadt.

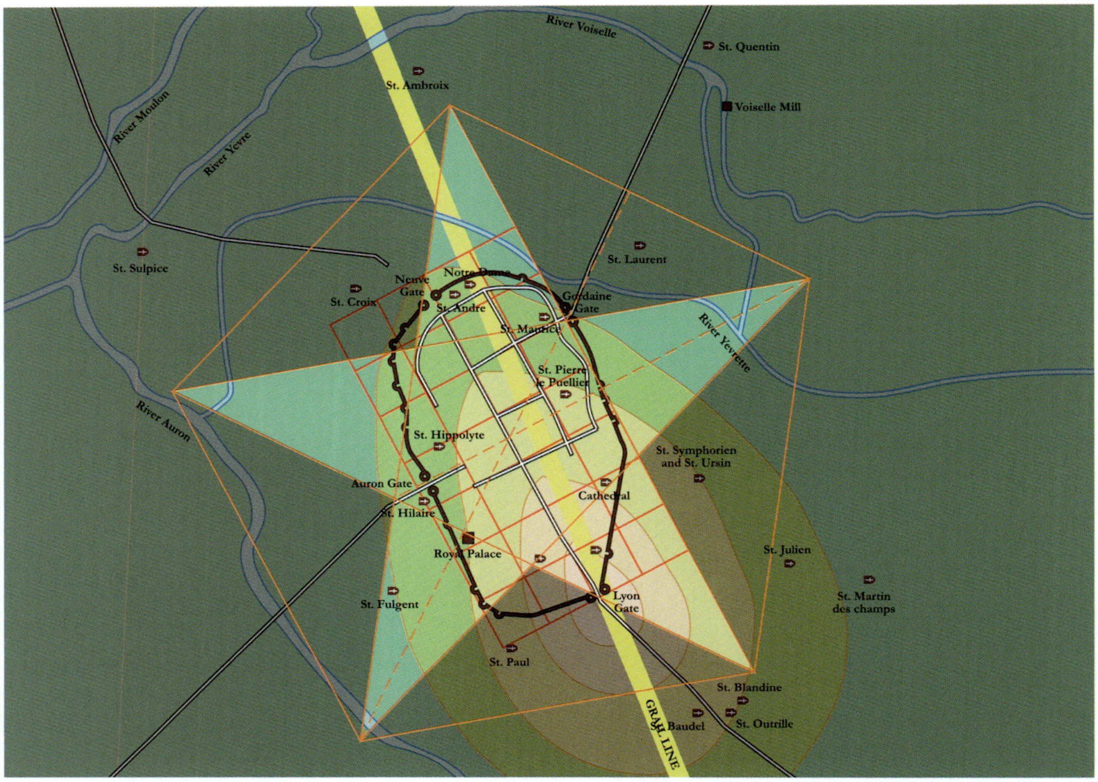

Bourges im 9. bis 10. Jahrhundert

In früheren Zeiten war Bourges die Hauptstadt eines keltischen Stammes, der Bituriger, von denen es hieß, dass sie von den sterblichen Repräsentanten des Königs der Welt, des Herrn der Zeitalter, regiert würden. „Bitu" bedeutet „Welt" oder „Zeit", und „Riger" bedeutet „Könige". Die Bituriger waren somit der Stamm der „Könige der Zeit" oder „Könige der Welt", deren Herrschaftsgebiet die zentrale Provinz Galliens war. Diesen Titel trugen ihre Hochkönige, die auf dem Hügel von Bourges gekrönt wurden, dem heiligen Mittelpunkt ganz Galliens. Damit verbanden sie sich bewusst mit dem spirituellen König oder Herrn der Welt, von dem gesagt wurde, dass er auf dem Gipfel des Weltenberges im Zentrum der Welt selbst residiere.

Bourges scheint ein altnordisches Wort zu sein, das soviel wie „Gipfel" oder „Scheitelpunkt" bedeutet. Vermutlich wurde die Stadt von den Normannen so genannt, um ihre traditionelle Rolle und geomantische Lage zu verdeutlichen: Denn Bourges ist tatsächlich das französische Gegenstück zum Berg Atlas oder Berg Meru, dem heiligen Berg und der Achse der Welt, die den Gipfel allen Strebens darstellt. Darüber hinaus ist Bourges das Zentrum, d.h. der okkulte Pol eines gewaltigen Landschaftszodiaks, der von Menschen ausgelegt ist und fast ganz Frankreich bedeckt. Das Wissen darüber wurde den Mönchen der frühen christlichen Kirche gemäß einer französischen Überlieferung von den Gefolgsleuten des heiligen Columba übermittelt. Dank dieser Kenntnisse und entsprechend diesem grundlegenden Plan, wurden in den folgenden Jahrhunderten Kirchen, Abteien und Kathedralen so gebaut, dass sie die Sterne der nördlichen Himmelshemisphäre darstellten. Damit folgte man in Bezug auf Architektur und Geomantie dem hermetischen Lehrsatz „wie oben, so unten, zum Vollbringen des großen Werkes". Das will besagen, dass Frankreich ganz bewusst als Abbild des Himmels auf Erden angelegt wurde – wie es tatsächlich in Ländern und Landschaften der ganzen Welt der Fall gewesen ist.

Der Name, den die Römer der Stadt Bourges gaben, war „Avaricum", was soviel bedeutet wie „Stadt, die reich an Wasser ist". Der Hügel von Bourges ist nämlich nicht nur ein reichlicher Wasserspender durch die zahlreichen Quellen, die unterhalb seines Gipfels entspringen, sondern er war auch von Flüssen und Marschen umgeben. Die Stadt hatte einen Hafen und war außergewöhnlich wohlhabend. Die Hauptstadt Galliens war an den Hängen des Hügels rund um den Gipfel gebaut und gut befestigt mit einer gewaltigen Stadtmauer. Cäsar beschrieb Avaricum als die schönste, mächtigste und reichste Stadt ganz Galliens. Um die Bituriger zu besiegen, zerstörte er dennoch im Jahre 52 v.Chr. diese herrliche Stadt und ermordete ihre 40.000 Einwohner. Danach wurde den unterworfenen Biturigern gestattet, ihre Hauptstadt wieder in Besitz zu nehmen. Die Stadt wurde dann im römischen Stil neu aufgebaut. Sie entwickelte sich zu einer reichen galloromanischen Großstadt und Hauptsitz der römischen Provinz Avaricum, eines Teils von Aquitanien.

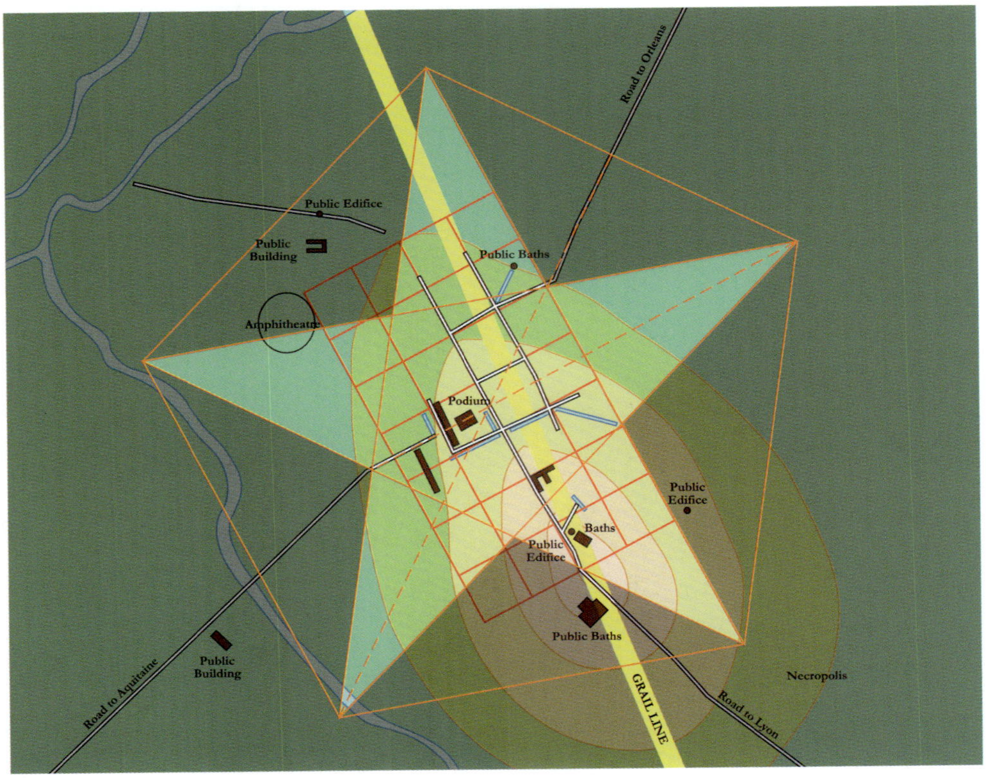

Bourges zur Römerzeit

Die neue Stadt folgte dem typischen römischen Gittermuster und erstreckte sich an der nordwestlichen Seite des Hügels vom Fluss und Marschland an dessen Fuß bis zu seinem Gipfel. Dabei benutzte man die vier keltischen Straßen, die strahlenförmig von der alten keltischen Stadt ausgegangen waren. Die Römer benutzten eine pentagonale Geometrie, um die Stadt mit dem ursprünglichen Straßensystem und der Landschaft zu verbinden.

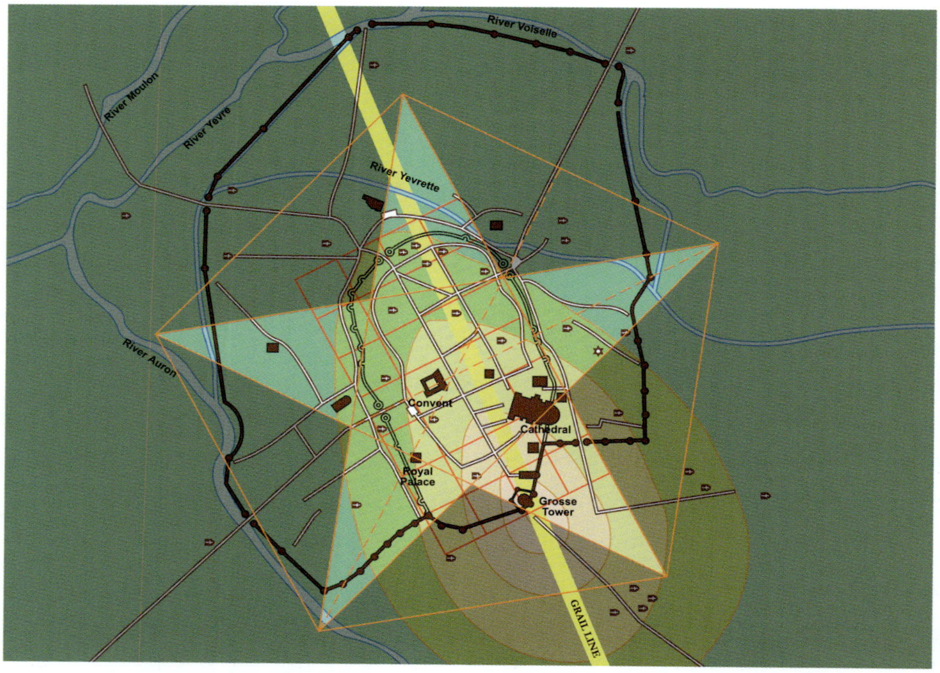

Bourges im 11. bis 13. Jahrhundert

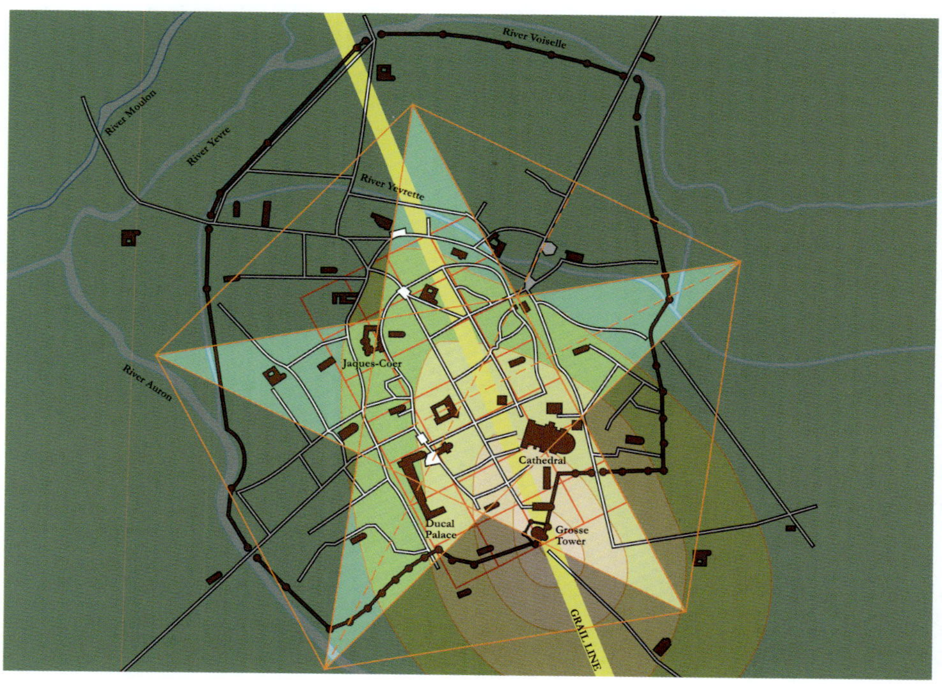

Bourges im 14. bis 16. Jahrhundert

Über 1.000 Jahre später wurde der Plan der gotischen Kathedrale aus dem 12. Jahrhundert ebenfalls auf pentagonale Geometrie gestützt. Die mittelalterliche Stadt entwickelte sich über dem römischen Straßenmuster, so dass man die Anlage noch heute sehen kann. Diese pentagonale Geometrie bildet einen integralen Teil des planetaren Dodekaeders.

Das planetare Dodekaeder

Die Gralslinie und das Gralsland sind ein Schlüssel zu dem, was man das „planetare Dodekaeder" nennt. Dieses ist ein sphärisches Dodekaeder, worauf zuerst Plato hingewiesen und es in geheimnisvollen Andeutungen beschrieben hat. Er ging davon aus, dass es sich um ein Geheimnis der Mysterienschulen handelte. Er beschrieb das sphärische Dodekaeder als eine Widerspiegelung der Himmel, des Lichtes und des Universums und das planetare Dodekaeder als die geometrische Grundlage des Lichtkörpers der Welt. Solch ein Körper ist ein wirkliches „Ding", da dunkler Äther in Licht verwandelt werden kann, wenn er fähig wird, Harmonie, Schönheit und Liebe so vollständig wie möglich zum Ausdruck zu bringen. Unser menschlicher Körper hat ein ätherisches Gegenstück, welches durch rechte Bemühung in einen Lichtkörper transformiert werden kann. Genau so verhält es sich mit dem Planeten.

Das Dodekaeder ist einer der fünf platonischen Körper, d.h. der fünf möglichen, gleichseitigen Polyeder. Sie sind nach Plato benannt, weil er sie als Erster in seinem Werk „Timaeus" aufgezählt und mit den fünf alchemistischen Elementen und ihrer Quintessenz in Verbindung gebracht hat. Sie waren jedoch auch schon den Menschen des Neolithikums mehrere tausend Jahre vor Plato bekannt, wie wunderschöne Beispiele von präzise in Stein gehauenen, sphärischen Formen dieser Körper zeigen, die man in Schottland gefunden hat. Die fünf platonischen Körper sind der sechsseitige Würfel (Erde), das zwanzigseitige Ikossaeder (Wasser), das achtseitige Oktaeder (Luft), das vierseitige Tetraeder (Feuer) und das zwölfseitige Dodekaeder (Äther). Das Ikossaeder und das Dodekaeder können auch sphärisch sein und, nachdem sich ihre Geometrie überschneidet und dieselbe Sphäre einnimmt, bilden sie das, was als „platonische Sphäre" bekannt ist. Jede der zwölf gleichen Seiten des Dodekaeders ist ein gleichseitiges Pentagon. Eine besondere Eigenschaft des Dodekaeders liegt darin, dass es in seiner pentagonalen Geometrie den Goldenen Schnitt verkörpert und dadurch göttliche Harmonie zum Ausdruck bringt.

In den frühen 1990er Jahren ergab sich eine Zusammenarbeit zwischen mir und dem deutschen Geomanten Siegfried Prumbach. Dadurch und durch dessen weitere Forschungen gelang es ihm, 1998 bekannt zu geben, dass er etwas entdeckt hätte, was das planetare Dodekaeder des Plato zu sein schien. Diese Entdeckung wurde dadurch angestoßen, dass Siegfried eine Erdenergie- oder Ley-Linie wahrnahm, die sich zwischen Ravenna in Italien und Leiden in Holland über die Insel Reichenau und Aachen erstreckte. Ferner erkannte er, dass diese Linie in einem Winkel von 18° zur Gralslinie und ihrem Chakrasystem verlief, welche ich zuvor entdeckt hatte. 18° ist die Hälfte eines Winkels in einem Pentagramm und ein Viertel eines solchen in einem Pentagon. Ein weiterer Anstoß, der zu einem Schlüssel in dieser Forschung wurde, bestand in der Erkenntnis, dass Bourges das Hara der Gralslinie sowie das Herz Frankreichs und der Fokus des Halschakras des Stiers von Europa war und dass es entsprechend einer pentagonalen Geometrie ausgelegt war. Indem er Bourges als hypothetisches Zentrum einer der zwölf Seiten eines möglichen planetaren Dodekaeders und die Gralslinie sowie die Linie Ravenna-Leiden als integralen Teil dieser Geometrie annahm, gelang es Siegfried, die vorgenannte Erkenntnis zu sichern.

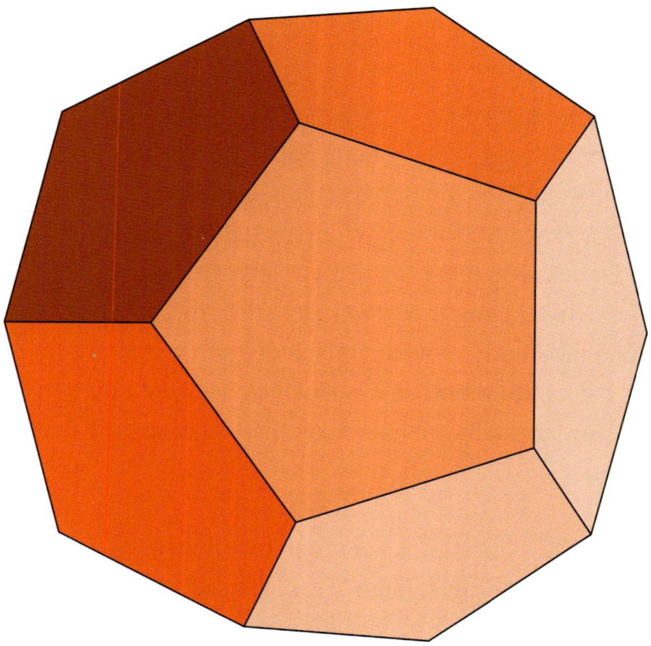

Dodekaeder

Die Entdeckung offenbarte, dass die pentagonale Form derjenigen Fläche des planetaren Dodekaeders, welche ihr Zentrum in Bourges hat, ganz Europa, den Nahen Osten und Nordafrika bedeckt, während ihre innere Geometrie säuberlich das Gralsland nachzeichnet.

Die Gralslinie bildet die Hauptachse des inneren Pentagramms dieser Seite und wird, wenn man sie weiter ausdehnt, zu einer der Hauptachsen der ganzen pentagonalen Fläche. In ihrer Ausdehnung ganz um die Erde herum bildet diese Achse einen großen Kreis, welcher eine der fundamentalen, geometrischen Linien des planetaren Dodekaeders ist, die auf der anderen Seite des Planeten durch Hawaii verläuft.

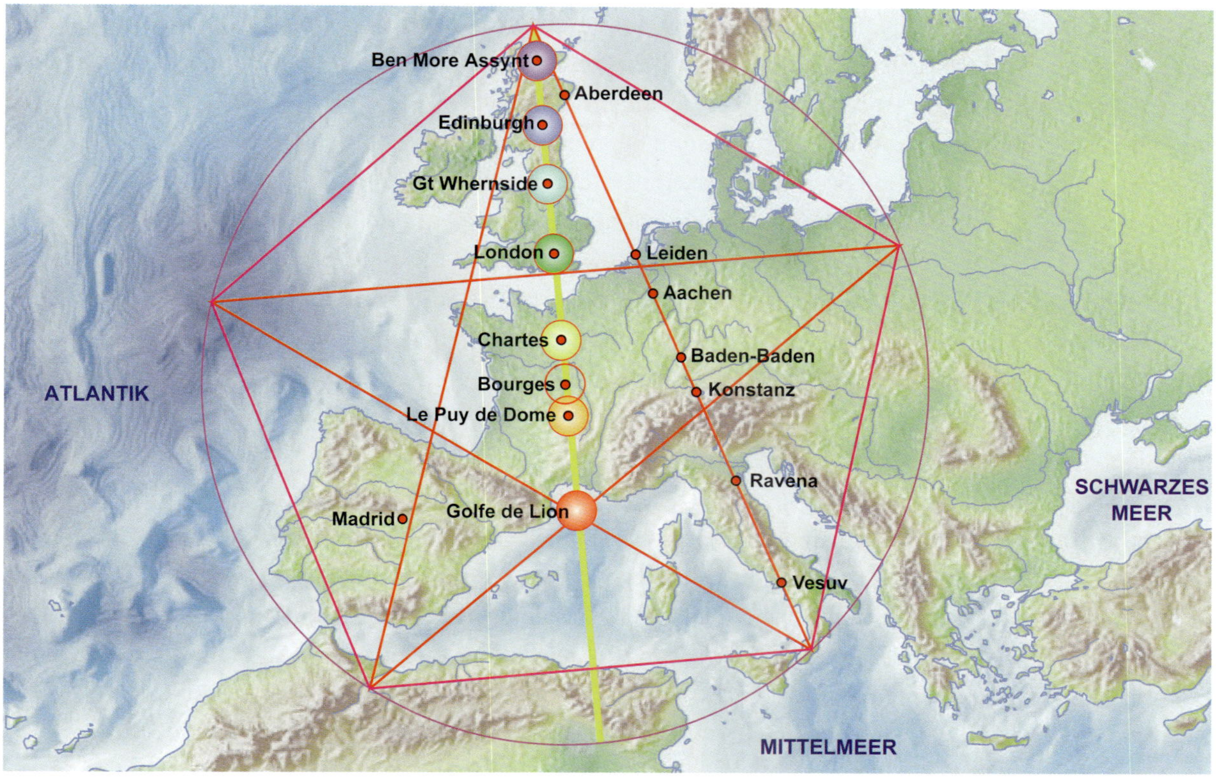

Das Gralskönigreich und die innere pentagonale Facette des planetaren Dodekaeders.
Schematische Darstellung

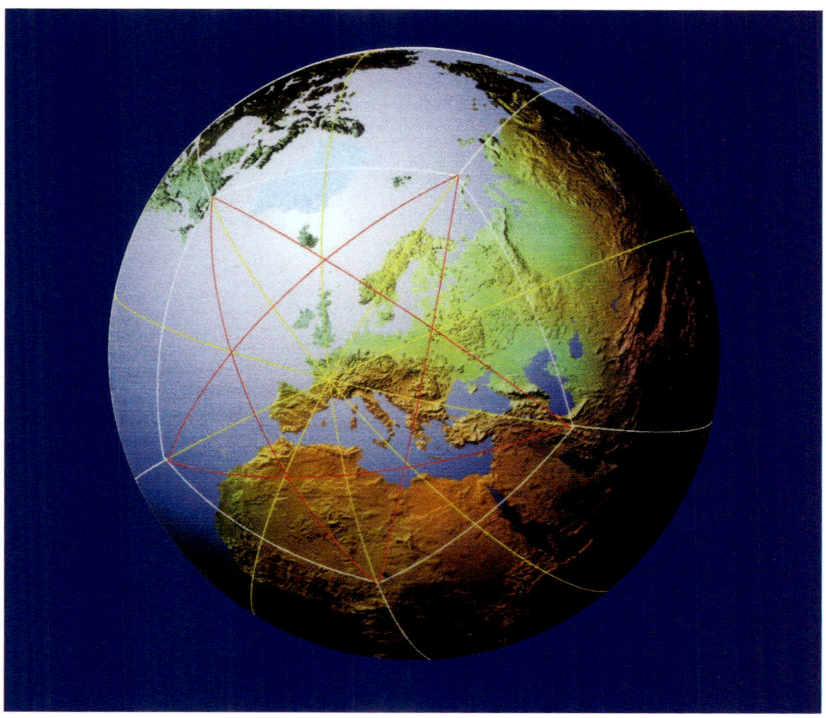

Das planetare Dodekaeder
Schematische Darstellung

Der nördliche Arm des inneren Pentagramms umfasst nahezu exakt die Landschaft von Großbritannien (England, Wales und Schottland), deren Küstenlinie der dreieckigen Form folgt. Spanien, Italien und Deutschland sind eng verbunden mit drei weiteren Armen des Pentagramms, und das Pentagon, das diesem Pentagramm eingeschrieben ist, umschließt genau die Landschaft von Frankreich. Da ein Pentagramm ein Symbol für das menschliche Wesen darstellt, kann dieses Pentagramm des Gralslandes mit der Gralsgöttin selbst gleichgesetzt werden, so dass die Chakren auf der Gralslinie ihre Chakren sind.

Ferner hat das Dodekaeder zwölf Facetten, die den zwölf Tierkreiszeichen entsprechen. Danach ist die europäische Fläche des planetaren Dodekaeders fast sicher diejenige von Taurus, dem Stier – die Schlüsselfläche oder das „Alpha" für alle anderen. Das Gralsland mit seinem Chakrasystem enthält das Herz dieser Fläche. Daraus folgt seine enorme Wichtigkeit für die ganze Welt, und es ist ganz offensichtlich nicht zufällig mit dem Heiligen Gral verbunden.

Dies wird durch die Tatsache bestätigt, dass das Dodekaeder den Äther repräsentiert und dass Äther (im Sanskrit Akasha) sowohl in der Alchemie wie auch in der vedischen Tradition mit dem Halschakra in Verbindung steht. Astrologisch gesehen, regiert Taurus den Hals, und Europa ist nicht nur das Halschakra des Planeten, sondern Frankreich ist auch das Halschakra von Europa, und Bourges der zentrale Fokuspunkt dieses Halschakras. Der Grund, warum Frankreich ursprünglich Gallien hieß, wird in diesem Kontext klarer; denn „gallus" bedeutet „Hahn" und der Hahn ist das Symbol des Hierophanten, der das Wort ertönen lässt, das den Aufgang des Lichtes heraufführt und der durch den kreativen Klang mit dem Hals in Verbindung steht.

Chakren und Tierkreis der Welt

Außer ihrer Dodekaederstruktur hat unsere Welt ein planetares Chakrasystem und einen Zodiak, die mit ihrer Landschaft verbunden sind. Sie gehören zu dem, was man den „Weltendrachen" nennt. Das ist ein anderer Name für die Kundalini des Planeten, die vor allem deshalb so heißt, weil sie sich über oder durch die Landschaft bewegt. Die alten Weisen wie beispielsweise die Druiden benutzten das Bild einer Schlange, die sich um ihr Ei gewunden hatte, um den Weltendrachen darzustellen. Dabei war die Welt selbst das Drachenei, das von den Windungen der Mutter umgeben war. Dies nahm man auch als symbolische Beschreibung des Kosmos und jedes Menschen, indem sich der Begriff „Welt" sowohl auf den Kosmos als auch auf das menschliche Wesen, bezieht.

Zum Beispiel heißt es in den Orphischen Lehren, dass Eros aus dem Ei der Nacht ausgebrütet wird, wobei sein Körper von einem Schlangendrachen umkreist und seine Lichtaura von den zwölf Tierkreiszeichen umgeben ist. In dem Prozess des Ausschlüpfens bricht Eros das Ei auf und teilt es in zwei Hälften: Die obere Hälfte über seinem Kopf stellt den Himmel dar und die untere Hälfte unter seinen Füßen die Erde.

Eros

Eros-Phanes, Basrelief, 2. Jahrhundert v.Chr., Galerie e Museo Estense in Modena, Italien

Im orphischen und griechischen Mythos ist Eros („Liebe") der Protogonos, der „Erst-Geborene", die anfängliche und universelle Manifestation des unmanifesten Göttlichen. Als solcher ist er sowohl „Logos", („das Wort") als auch Phanes („Licht, Manifester, Offenbarer"). Er ist ebenfalls „Aion" („Herr der Zeitalter"), der selbst zeitlos, aber Ursprung aller Zeit ist. Er ist das androgyne, uranfängliche Wesen, dessen Wunsch oder Wille (eros) zusammen mit seinem Denken (logos) alle Welten und Seinsformen in sich und als Teil seines Seins in geordnete Existenz bringt. Nach der orphischen Tradition wurde Eros aus einem Ei geboren, welches Nacht gelegt hatte und das von Dunkelheit empfangen worden war – genau wie in der hebräisch-christlichen Tradition das Licht aus der Tiefe geboren wird, über der Dunkelheit liegt.

In diesem Basrelief wird Eros als gold-geflügelter Protogonos dargestellt, in einem eiförmigen, von den zwölf Tierkreiszeichen umgrenzten Kosmos stehend. An den vier Ecken zeigen sich die vier Winde, die hier für die vier Cherubim stehen, welche die Paradiestore bewachen. Über seinen Haupt sieht man den oberen Teil und unter seinen Füßen den unteren Teil des Eis, das er im Augenblick seiner Geburt entzwei gebrochen hat. Flammen schlagen aus dem Inneren der Eierschalen, die sein Haupt und seine Füße umzingeln und die Feuernatur und Kraft der Liebe – des Wunsches oder Willens – darstellen, welche das Ei der Nacht aufbrechen und das Licht offenbaren.

In seiner rechten Hand hält Eros einen Donnerkeil, während er mit der linken einen Stab umfasst. Der Donnerkeil zeigt die Verbindung zu Jupiter und der Sephira Gnade oder Mitgefühl, der Stab diejenige mit Mars und der Sephira Urteil oder Rechtschaffenheit (Aufrechtsein). Er hält seine rechte Hand in Höhe des Herzens und zeigt so ihre Beziehung zum Herzen. Seine linke Hand ist auf der Höhe des Kopfes, der linke Arm dazu im rechten Winkel gebeugt. Das zeigt ihre Verbindung mit dem Kopf und weist besonders auf die Fähigkeit des Verstandes hin, welche die Wahrheit des Herzens „quadriert", um sie zu verstehen.

Über dem Herzchakra von Eros sieht man den Kopf eines Löwen, Sinnbild der Sonne, die ihrerseits das Symbol der Sephira Schönheit ist. Aus seiner rechten Seite kommt der Kopf eines Rehs hervor und aus

der linken Seite der eines Widders. Das Reh hat eine Verbindung zum Herzen und der Widder zum Kopf, aber in diesem Fall repräsentieren sie die Weisheit bzw. Intelligenz des Herzens.
Um Eros' Körper windet sich eine Schlange von seinen Füßen hinauf bis auf seinen Kopf. Der Kopf der Schlange, deren Auge betont ist, wird über der Krone von Eros' Haupt gezeigt. Die Schlange hat sich über die obere Hälfte des Eis gewölbt, das Eros als Kopfschmuck dient und erinnert an die Darstellung der Kobra, die das Haupt der Pharaonen schmückt. Sie ist eine Repräsentation der Kundalini-Energie, die von den Füßen zur Krone aufsteigt und Erleuchtung möglich macht.
Außer in seinen Füßen und Flügeln, ist Eros ganz in menschlicher Form dargestellt. Anstelle von Füßen hat er aber gespaltene Hufe wie ein Ziegenbock. Seine Flügel sind die eines Engels. Auf diese Weise werden die drei Welten der orphischen Kosmologie angezeigt – die engelhafte oder spirituelle, die menschliche oder psychische und die natürliche oder körperliche Welt. Es zeigt auch, dass Eros, der sowohl transzendent als auch immanent ist, in dieser innewohnenden Ausdrucksweise Pan ist, der schöpferische Geist, der sich in allen und als alle sich entwickelnden Formen der Natur und des Universums verwirklicht, um Selbst-Erkenntnis hervor zu bringen.

All dies wird in der Symbolik des Tierkreises (auf der nördlichen Halbkugel) dargestellt, wo Draco, der Drache, um den Okkulten Pol gewunden ist. Der Okkulte Pol, der allerdings für das bloße Auge nicht sichtbar ist, bildet das Ei des Drachen im druidischen Mythos und das Ei der Nacht im Orphischen Mythos.

Das Ei ist gleichbedeutend mit dem Heiligen Baum oder Berg, der in anderen Mythen als Symbol dient, wie zum Beispiel in der griechischen Allegorie des Goldenen Vlieses. Darin hängt das Vlies an einem Baum, der an seiner Basis von einem Drachen als Wächter umgeben ist. Oder im nordischen Mythos geht es um das Gold des Drachen, wobei dieses Gold in einer Höhle im Berg verborgen liegt und von einem Drachen bewacht wird. Aber diese anderen Mythen beschreiben den Drachen als ein Geschöpf, das besiegt oder überwunden werden muss, damit der Held das erlangen kann, was zu finden, wiederherzustellen oder zu stehlen er gekommen war, und das kann den Eindruck hervorrufen, dass der Drache nicht gut sei. In Wirklichkeit kann nichts weiter von der Wahrheit entfernt sein. Der Drache repräsentiert den Wächter des Eies, Vlieses oder Goldes und ist in den Mythen der Druiden und des Orpheus die göttliche Mutter, die dieses Ei gelegt hat und nun dabei ist, es auszubrüten, so dass das Kind darin leben, sich entwickeln und schließlich schlüpfen kann. Die Heldensagen, die scheinbar das Stehlen des Schatzes beinhalten, beziehen sich in Wirklichkeit auf die Suche, das Auffinden und Verkörpern der Wahrheit, welche „der Schatz" ist.

Nach Jahren der Vorbereitung und Erfahrungssammlung wurde mir die Vision dieses Weltendrachens zuteil, der den Planeten umkreist. Es ist vielleicht nicht die einzige Realität für unsere Welt, aber diese passt zu allen Forschungen, die ich in dieser Richtung zusammen mit vielen guten Freunden durchgeführt habe und macht darin Sinn. In dieser Vision oder Wahrnehmung einer ätherischen Wirklichkeit kann man das Chakrasystem der Welt als direktes Ergebnis der Weltendrachenmutter verstehen, die ihre Chakren der Landschaft des Planeten aufprägt. Die Weltendrachin umschließt die Erde in Spiralen 3- oder 3½-mal. Sie taucht aus dem Südpol des Planeten auf und bläst ihren Feueratem in den Nordpol.

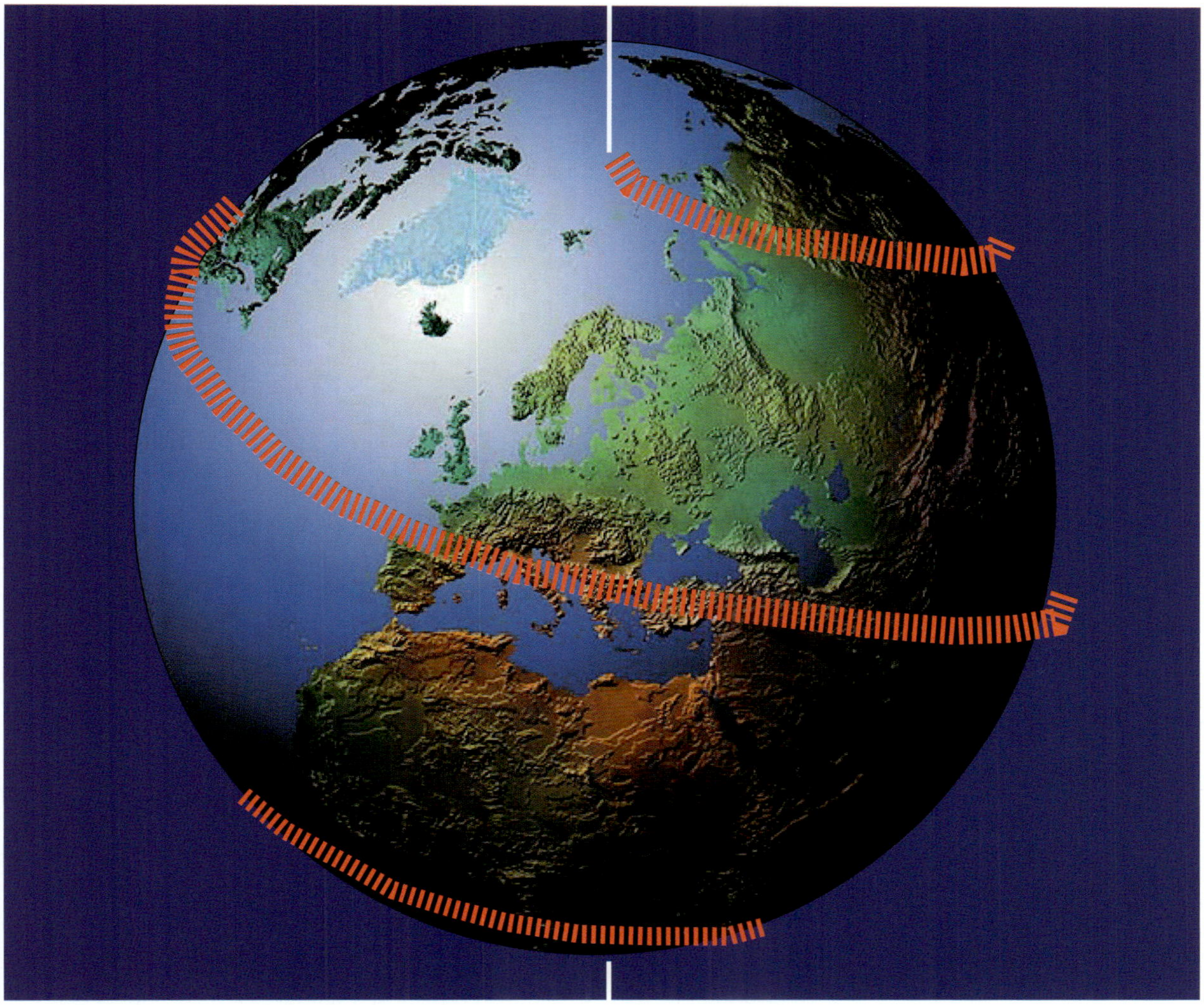

Die Weltendrachin: Schematische Darstellung

Als Folge davon wird das Chakrasystem der Welt und der damit verbundene Zodiak in einer Folge strukturiert, die ebenfalls in Spiralen um die Erde verläuft.

Die Weltendrachin ist natürlich nur ein Symbol für den schöpferischen und nährenden Fluss einer Art von Energie in ätherischer Form, die sich auf ihrem Weg von Süden nach Norden verwandelt. Es ist möglich, dass dieser spiralförmige Fluss eine Folge der Drehung des Planeten um seine Achse ist, gepaart mit der Bewegung, die die Erde auf ihrem Kreislauf um die Sonne durch den Raum durchführt, wobei noch die Polarität der Erde selbst hinzukommt. Da die Weltendrachin mit dem Nord- und Südpol der Erde in Verbindung zu stehen scheint, und nicht mit ihren magnetischen Polen, ist dies nicht ein Energiefluss, der unmittelbar mit dem Magnetfeld des Planeten zusammenhängt, sondern etwas viel Fundamentaleres.

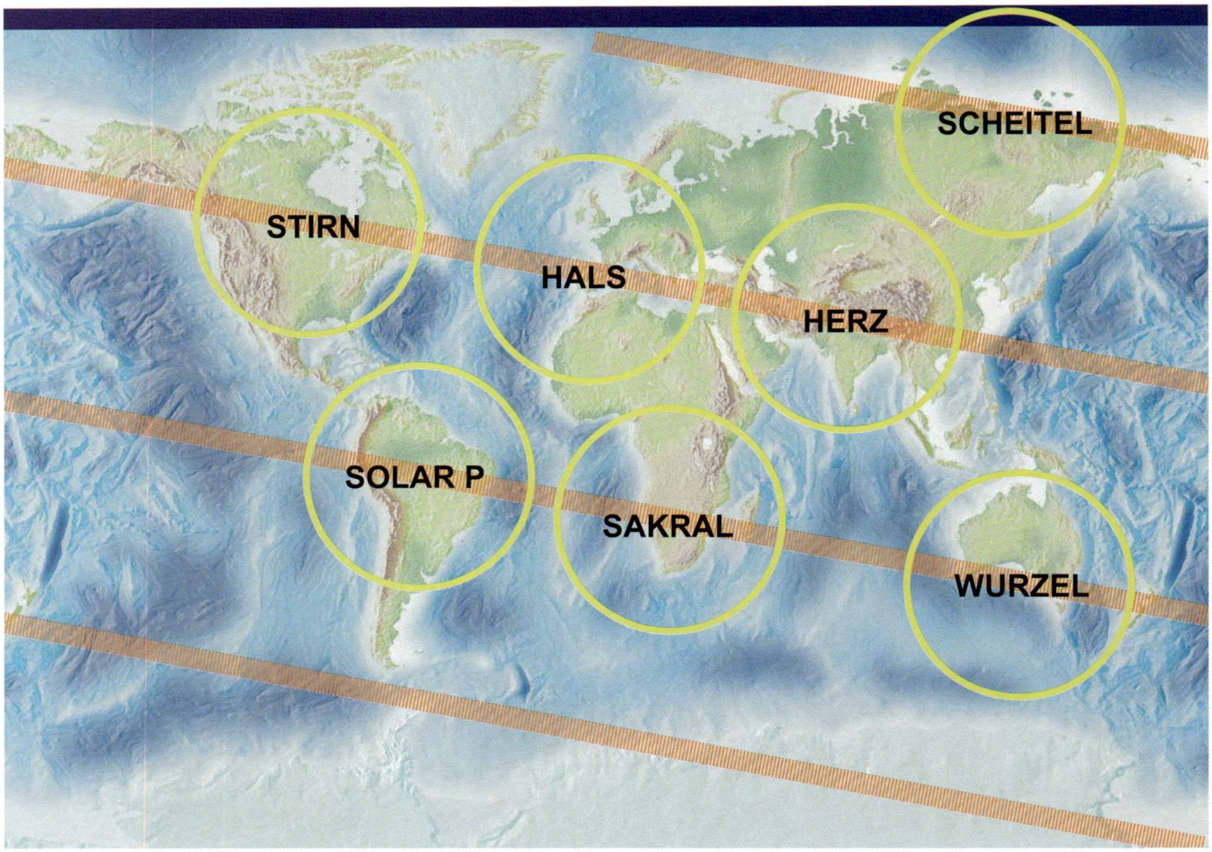

Die Weltendrachin – Chakren:
Schematische Darstellung

In diesem Schema tritt das Wurzelchakra des Planeten in Zusammenhang mit der Landschaft von Australien auf und wird durch diese manifestiert. Neuseeland scheint ebenfalls zu diesem Chakra zu gehören. Der zentrale Fokus wird vom innersten heiligen Berg Australiens, Uluru (Ayers Rock), markiert, einem großen hoch aufgerichteten Sandsteinblock, der im Kata Tjuta National Park in der Mitte Australiens liegt. Die Aborigines beschreiben diesen bergähnlichen Felsen als von einer gewaltigen, zusammengerollten Schlange umgeben, welche der Landschaft des australischen Outback unterliegt. Natürlich ist dies, wie die Aborigines sagen, von fundamentaler Bedeutung für den ganzen Planeten, wenn es sich dabei in der Tat um das planetare Wurzelchakra handelt, das Fundament oder die Stütze des gesamten Systems.

Das Sakralchakra der Erde ist vor allem mit der Landschaft Südafrikas verbunden, während das Solarplexus-Chakra mit Südamerika in Verbindung steht. Es sieht jedoch so aus, als gäbe es einen überschneidenden Einfluss des Solarplexus-Chakras mit den Philippinen, Indochina und dem südlichen China über den Pazifischen Ozean. Ich bin nicht sicher, wo der Hauptfokus des Sakralchakras in Südafrika liegt. Der Fokuspunkt des Solarplexus-Chakras in Südamerika jedoch ist der zentrale Heilige Berg Sao Jerômino. Er liegt nahe am geografischen Zentrum des Kontinentes und ist einer der höchsten Punkte im Mato Grosso.

Das Herzchakra des Planeten wird direkt vom indischen Subkontinent dargestellt. Diese Landschaft, wie sie von den Ozeanen geformt und von der Kette des Himalaya gekrönt wird, zeigt auf außergewöhnliche Weise das Aussehen eines Herzens. Der zentrale Fokus des Herzzentrums von Indien ist die heilige, wie ein OM-Zeichen = ॐ geformte Insel Omkareshwar, die an der Mündung des Kaveri in den Narmada liegt.

Das Halschakra der Erde steht sowohl mit dem Mittleren Osten als auch mit Europa in Verbindung, mit letzterem jedoch in besonderer Weise, nachdem es auch seinen Namen von dem Mythos von Europa und dem Stier ableitet und damit auf das Tierkreiszeichen Taurus hinweist, welches traditionsgemäß den Hals regiert. In der Tradition von Sakralarchitektur wird der Kehlkopf häufig in zwei Teilen dargestellt, einem höheren und einem unteren. Der obere Teil wird im menschlichen Körper als Mund, Zähne, Zunge und obere Halspartie gesehen, in deren Höhle man die innere Stimme hört. Der untere Teil enthält den Kehlkopf und die Stimmbänder. Obwohl die Astrologie lehrt, dass das Zeichen Taurus den gesamten Halsbereich regiert, während die Zwillinge über Schultern und Arme herrschen, kann man es in dieser architektonischen Perspektive so verstehen, dass Taurus die Herrschaft über den oberen Teil des Halses und die Zwillinge über dessen unteren Teil ausüben. Auf jeden Fall zeigt sich der Einfluss der Zwillinge sicherlich in der Landschaft und Geschichte des Mittleren Ostens, im Besonderen in den beiden großen Flusssystemen des Nils und des Euphrat, welche die Heimat der beiden großen antiken Zivilisationen von Mesopotamien und Ägypten sind, die wie Zwillinge gemeinsam aus dem Aufdämmern der Geschichte hervortraten.

Das Stirnchakra des Planeten wird von Nordamerika dargestellt, worüber wir schon gesprochen haben. Das Scheitelchakra liegt in Sibirien, das immer noch das große Geheimnis bleibt, das es immer war.

Die Alta-Major-Chakren haben auch ihre Plätze in der Landschaft der Welt: Das Alta-Major- oder Panchakra im Nacken ist „die Europa" (Schottland, Irland, Britannien), das Herz-Alta-Major ist der Bereich des Mt. Kailash in Tibet und das Alta-Major-Chakra des Bauchbereiches oder das Hara liegt im Mato Grosso in Brasilien.

Das Tierkreissystem, das mit diesem Chakrasystem verbunden ist und gleich diesem anscheinend durch den Weltendrachen in die Landschaft eingeprägt wird, ist auf der Karte als grobe Skizze dargestellt.

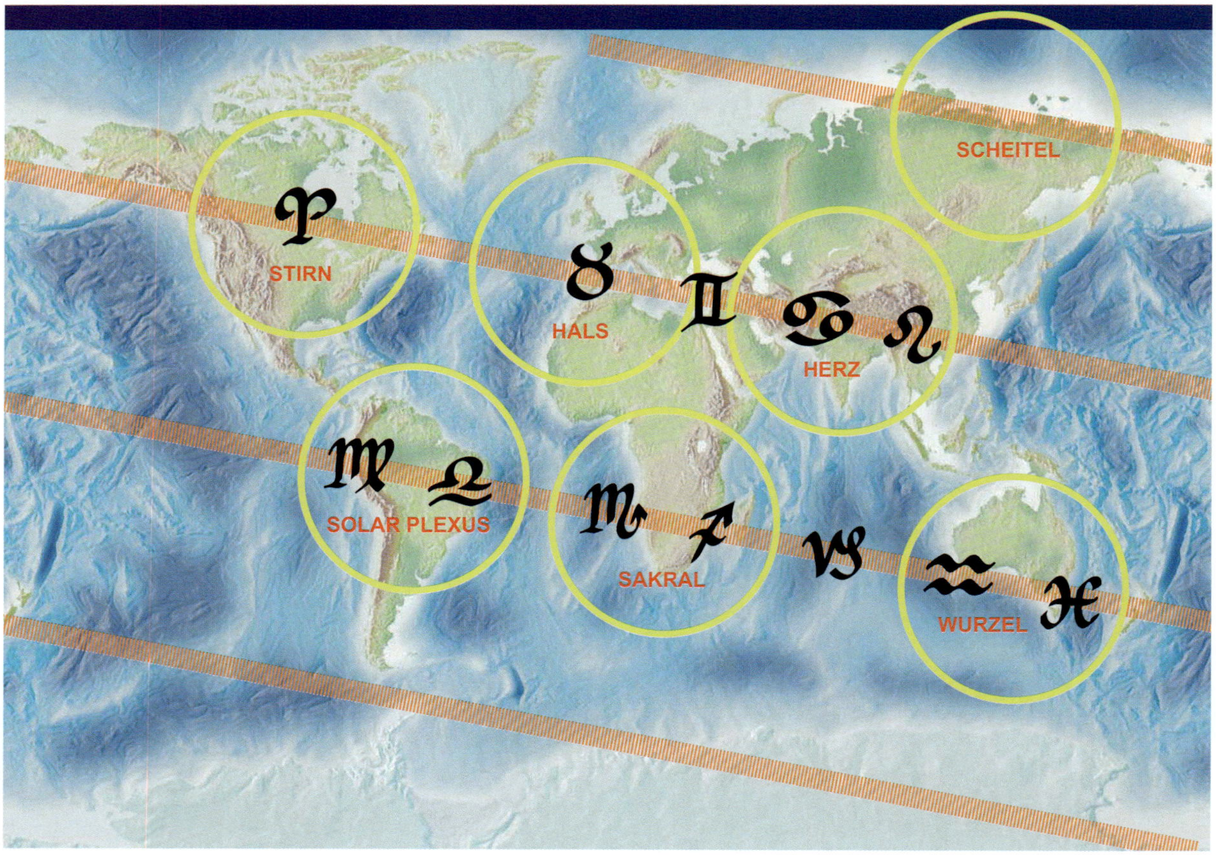

Die Weltendrachin – Chakren und Zodiak:
Schematische Darstellung

Die Anordnung der Tierkreiszeichen folgt der spiralförmigen Anordnung der Chakren und der ätherischen Energie der Wirbelsäule des Weltdrachens und ist somit kein wirklicher Kreis. Das bemerkenswerte Ergebnis davon ist, dass die Hauptachse des Zodiak, die sich zwischen den Berührungspunkten von Zwillinge/Stier und Schütze/Skorpion erstreckt, nun verbunden und gleichlaufend mit dem „Primären Meridian" der Welt ist, der durch die Große Pyramide von Gizeh verläuft und den Nil-Meridian oder die spinale Achse von Ägypten bildet, an welcher der Nil entlang fließt.

Dieser Meridian ist ebenfalls der Heilige Meridian Afrikas, was die afrikanischen Sanusi erkannt haben. Entlang dieses Meridians fließt der große unterirdische Fluss, den sie „Lulungwa Mangakatsi", („Fluss der Sterne"), nennen und von dem es heißt, dass er den afrikanischen Kontinent zusammenhält und auf eine geheimnisvolle Weise mit der Milchstraße in Verbindung steht. Der Meridian geht von der Südküste Afrikas bei 30° südlicher Breite aus, während sein nördlicher Punkt von der Großen Pyramide bei 30° nördlicher Breite markiert wird – dem idealisierten oder intellektuell festgelegten „Horizont" zwischen Ober- und Unterägypten. Der Mittelpunkt dieses Meridians liegt auf dem Äquator, der „idealen" Quelle des Flusses Nil.

Die Alten Ägypter verstanden diesen Meridian als „Linie der ersten Zeit", verbunden mit der Geburt eines großen Zeitalters, wenn die Götter auf Erden erscheinen, um einen neuen Zyklus einzuläuten. Interessanterweise liegt auf dem südlichen Teil dieses Meridians Baberton in Mpumalanga, Südafrika, eine Gegend, in der es einige der ältesten Sedimentfelsformationen auf dem Planeten mit einem Alter von 3,5 Mrd. Jahren gibt. Hier nimmt man den Geburtsort der ersten lebenden Organismen auf der Erde an, eines bakteriellen Mikrofossils „Archaeospheroides barbertonis", das man auf ein Alter von 3,2 Mrd. Jahren schätzt. Außerdem heißt es, dass das Rift Valley, dessen westlicher Arm mehr oder weniger an diesem Meridian entlang läuft, das von einigen der höchsten Berge Afrikas begrenzt ist und einige der tiefsten Seen der Welt enthält, der Geburtskanal der Spezies Mensch sei.

Die südliche Grenze des Alten Ägyptens war absichtlich mit dem Wendekreis des Krebses verbunden, der zur Zeit der Errichtung des zweiten geodätischen Systems in Ägypten bei 23°51' nördlicher Breite verlief. Das wurde aber von den Alten Ägyptern auf 24° aufgerundet und durch das obere Ende des ersten Nilkatarakts markiert. Ebenso wurde die Nordgrenze des Landes auf 31° vereinfacht, obgleich die Stadt Behdet am oberen Ende des Nil-Deltas bei 31°30' nördlicher Breite lag. Dadurch hatten die Alten Ägypter ein „tatsächliches" und ein „ideales" Lagesystem für ihr Land.

Meine Vision der Weltendrachenmutter zeigt sie 3½-mal um die Erde geschlungen. Dabei fällt der Berührungspunkt von Schütze und Skorpion mit Timbavati auf dem Nilmeridian zusammen. Timbavati ist eine Gegend, die an den Krüger-National-Park anschließt und die ursprüngliche Heimat der Weißen Löwen, von denen gesagt wird, dass sie als Herolde der Götter am Anfang eines großen Zeitalters erscheinen und die tatsächlich gerade jetzt auftauchen, während wir in solch ein neues Zeitalter eintreten. Der Zusammenstoß von Zwillinge und Stier liegt im Nahen Osten, an der Verbindung zwischen dem Mittleren Osten und Europa. Die Hauptachse des planetaren Tierkreises ist derjenige Teil des Nilmeridians, der zwischen diesen beiden Punkten verläuft. Das würde ich daher das „reale" Lagesystem nennen.

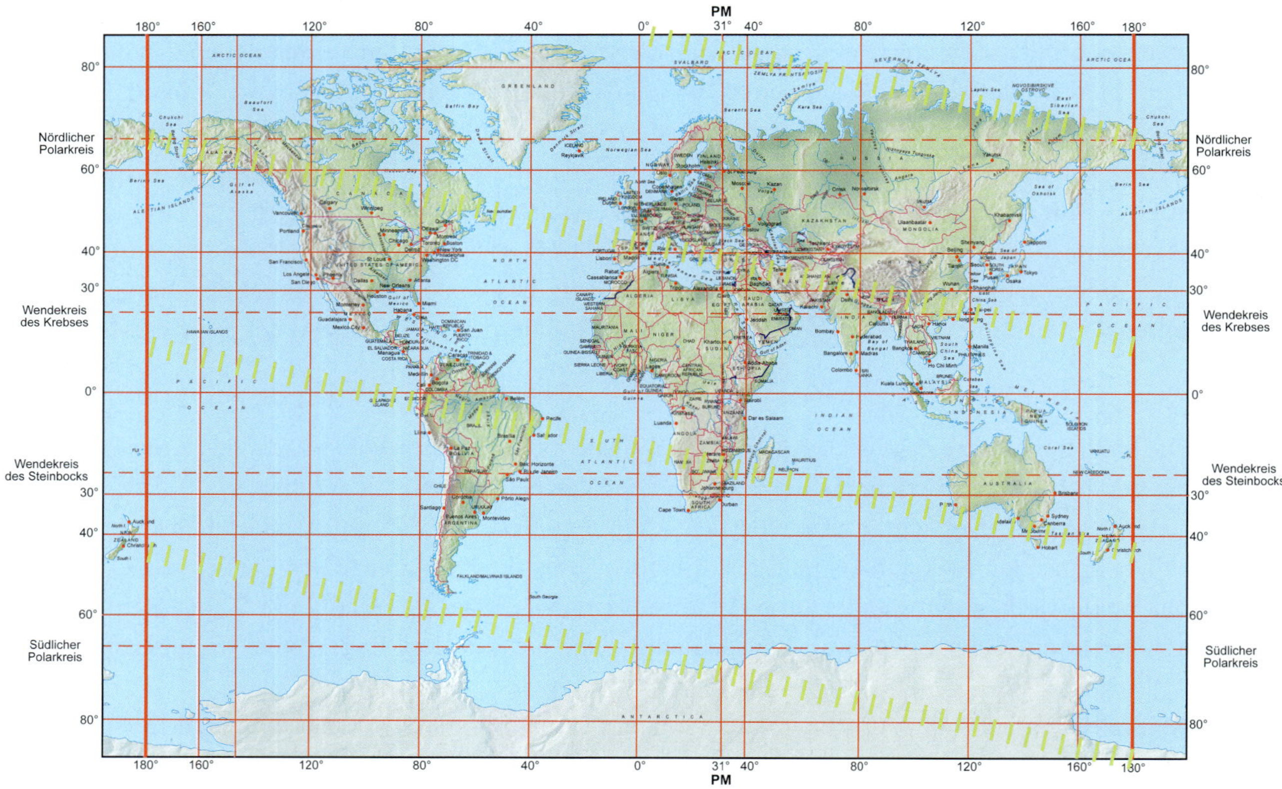

PM = Primärer Meridian (Nil/Gize Meridian) 31°O

Die Weltendrachin und der Primäre Meridian (aktuell)

Schematische Darstellung

Das „ideale" Arrangement jedoch wäre gegeben, wenn sich der Weltendrachen 3 mal um die Erde winden würde und seine Wirbelsäule den Nilmeridian bei 30° südlicher und 30° nördlicher Breite kreuzen und diese beiden Punkte die Berührungspunkte von Schütze/Skorpion bzw. Zwillinge/Stier, wären. Die Hauptachse des planetaren Zodiak wäre dann der Nil- oder Lulungwa Mangakatsi-Meridian von Afrika – die „Energielinie der Ersten Zeit", was tatsächlich die Bedeutung der Hauptachse des archetypischen Tierkreises ist.

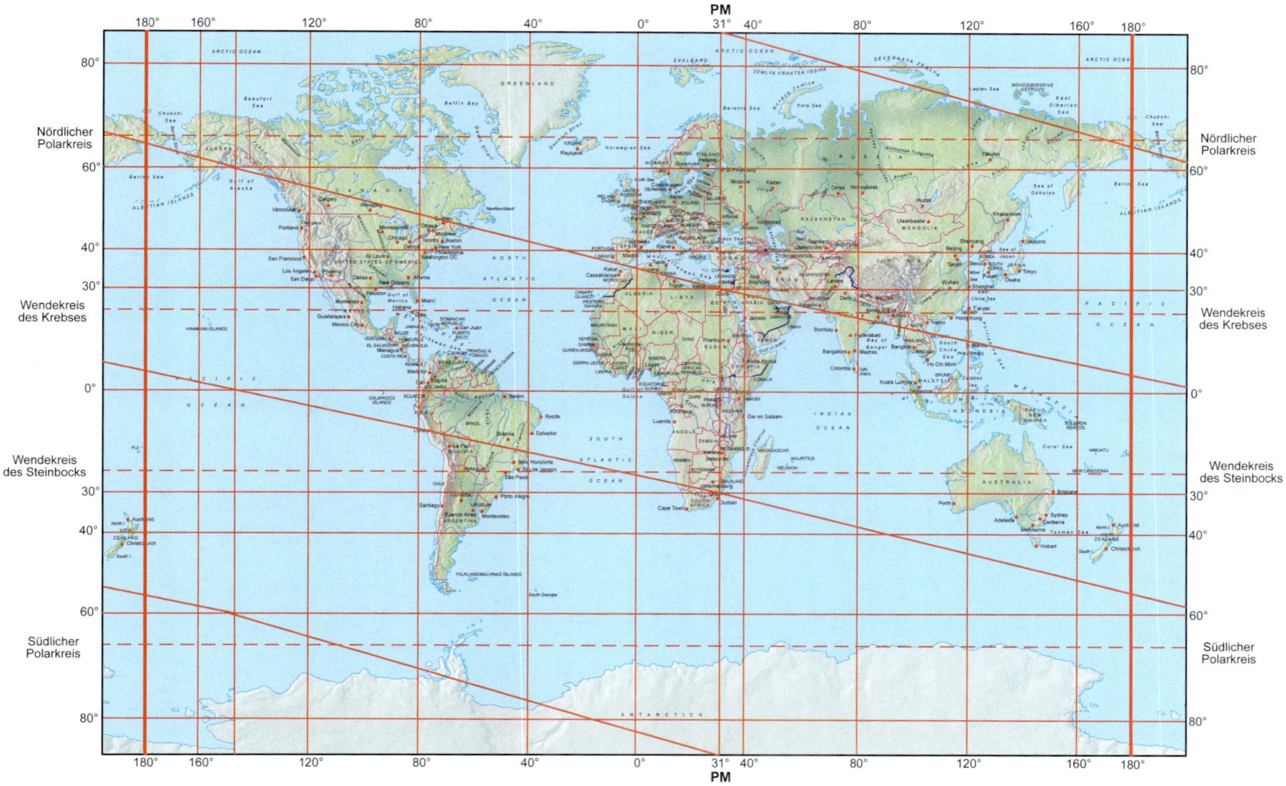

PM = Primärer Meridian (Nil/Gize Meridian) 31°O

Die dreifache Spirale um die Erde und der Primäre Meridian (ideal)

Schematische Darstellung

Kapitel 10

Menschheit und Umgebung

Heilige ziehen alles Irdische an sich.
Die Erde ist gleichzeitig Mutter.
Sie ist die Mutter von allem, was natürlich ist, die Mutter von allem Menschlichen.
Sie ist die Mutter aller, da sie den Samen von allem enthält. [26]

Mit uns selbst und unserer Umwelt in Harmonie zu sein, bedeutet viel mehr, als nur friedlich nebeneinander zu leben, ohne die Erde, die uns prägt, das Wasser, das wir trinken, und die Luft, die wir atmen, zu verschmutzen.

Wie wir gesehen haben, erstreckt sich unsere Umwelt von der uns unmittelbar umgebenden Landschaft in diejenige unseres Landes, unseres Kontinents, unseres Planeten, unsere Galaxie und letztendlich in das Universum. Jede größere Form enthält die kleineren Formen als Teil ihres Körpers in sich. All diese Formen sind in außerordentlicher Schönheit entworfene Muster von Chakren und Energielinien. Nichts darin ist zufällig, und man kann in der Natur diese energetischen Muster, ihre Funktionen und ihren Einfluss als Manifestationen universeller Gesetze und Ordnungen erkennen.

Da die Menschheit ein integraler Teil dieses Ganzen ist, beeinflusst die Umgebung das menschliche Bewusstsein, und unser Bewusstsein beeinflusst die Umwelt. Wo immer wir uns in diesen größeren Energierastern der Natur befinden, werden wir grundlegend von der Energie dieses Teiles des Ganzen beeinflusst und eingebunden in die intelligenten Linien fließender Energie, die alle Teile im Gewebe des Lebens mit einander verbinden.

Der Einfluss unserer Umgebung vollzieht sich im Großen und Ganzen unterhalb der Bewusstseinsgrenze. Aber wenn wir uns diesen Einfluss auch nicht dauernd bewusst machen, wird doch unser Unterbewusstsein immerfort von den uns umgebenden Dingen mitbestimmt. Das kann sowohl Krankheit,

26 Hildegard von Bingen, Meditationen

Depression und Verhaltensstörungen hervorrufen als auch eine gute physische und emotionale Gesundheit und schöpferische Lebensweise einleiten und erhalten.

So kann uns die Lage unseres Dorfes oder unserer Stadt zum Guten oder Schlechten beeinflussen. Das Gleiche gilt für den Platz unserer Wohnung und unserer Arbeit. Heutzutage beginnt man, viele der störenden Faktoren zu erkennen, die in von Menschen gemachter Umgebung vorherrschen, aber immer noch werden sie leider oft zu wenig beachtet.

Jedenfalls haben wir immer mehrere Wahlmöglichkeiten. So übt zum Beispiel schon unsere Position in einem Zimmer einen Einfluss auf uns aus. Viele von uns haben bevorzugte Plätze, an denen sie gerne sitzen, stehen oder liegen. Wenn wir in ein Zimmer kommen und den Platz, an dem wir uns am wohlsten fühlen, nicht einnehmen können, fühlen wir uns irritiert und aus dem Gleichgewicht gebracht. Unsere Position wirkt sich auch auf unsere Beziehungen zu anderen in diesem Raum aus. Wenn Sie nur schon beginnen, Ihre Gefühle unter verschiedenen Umständen wahrzunehmen, und dann etwas tun, um sich besser zu fühlen, wird das bereits dazu beitragen, die Beziehungen zu Ihrem Haus, Ihrer Familie, Ihren Freunden und Arbeitskollegen zu verbessern. Es ist wirklich einfach, sich in einem Zimmer in eine (für Sie) angenehmere Position zu begeben. Und der Versuch lohnt sich.

Im eigenen Heim ein Chakrasystem aufbauen

Es ist möglich, im eigenen Haus eine „Tempel"- Struktur zu entdecken, indem man die Chakren findet und sie so verstärkt, dass dieses Heim ein gesunder, inspirierender Tempel des Lebens wird.

Die Küche ist normalerweise das Sakralchakra, wobei der hintere Eingang und etwa vorhandene Vorratsräume das Wurzelchakra bilden. Der Essplatz, einerlei ob in der Küche oder außerhalb, drückt das Solarplexus-Chakra aus.

Der Hauptaufenthaltsraum oder Wohnraum der Familie ist das Herz des Hauses und enthält manchmal auch den Halsbereich. Der Herzplatz ist ein gemütlicher Ort, in dem die Familie sich gerne aufhält und wo man sich geborgen und einander nahe fühlt. Früher enthielt dieser Raum das ständig im Familienherd brennende Feuer – das Herz selbst. In einem großen Haus kann das Halschakra in einem weiteren Wohnzimmer oder Musikzimmer liegen, in das man aus dem Wohnzimmer kommt. Der Halsbereich ist immer gut zum Lesen, Lernen, für Musik und Diskussionen.

Das Stirnchakra ist ebenfalls ein guter Ort für Studien oder ein Büro, obwohl in kleineren Häusern meist die Schlafzimmer im Stirnchakra liegen, während dann möglicherweise die dorthin führende Treppe die Funktion des Halschakras hat. Der Bereich des Scheitelchakras – wenn man das Glück hat, über einen solchen zu verfügen – ist ein guter Platz für ein kleines Heiligtum oder einen Meditationsraum. Hier kann man auch ein ständig brennendes Licht unterhalten, das aber auch im Herzchakra im Wohnzimmer seinen Platz haben kann. Das kann eine lebende Flamme sein, wenn sie gut geschützt ist oder eine kleine bernsteinfarbene Birne, die beide einem besonderen Zweck gewidmet werden können.

In einem großen Haus kann man eventuell auch das vollständige Chakrasystem schon im Erdgeschoss finden und im darüber liegenden Stockwerk ein zweites System, wie ein Echo.

Ob Sie nun in einem Haus oder einer Wohnung leben – Sie werden normalerweise in der Lage sein, die Chakren ausfindig zu machen oder sie selbst zu schaffen, indem Sie ein Bewusstsein für die Chakren und ihre Zwecke entwickeln. Sie müssen nicht auf einer geraden Linie liegen; tatsächlich tun sie das oft nicht. Es ist aber absolut wichtig, dass die einzelnen Chakren in der richtigen Reihenfolge miteinander verbunden sind und dass zwischen ihnen ein Energiefluss in der rechten Ordnung verläuft. Dieser Fluss muss nicht unbedingt von einem Zimmer zum anderen laufen, er kann auch eine Diele oder einen Flur durchqueren. Wichtig ist aber, dass sie nicht durch den Wohnbereich gehen müssen, wenn Sie von der Küche zum Esszimmer wollen oder durch die Küche, um die Schlafräume zu erreichen, und dergleichen. Vieles hiervon erkennt man schon allein mit dem gesunden Menschenverstand. Nur wird oft nicht bemerkt, dass hinter dem, was gut funktioniert, eine Weisheit liegt, und dass diese für unsere körperliche und geistige Gesundheit und für die Gesundheit des Hauses selbst wichtig ist. Wohnhäuser bauen, wie alle Gebäude und umgebenden Bereiche, ihre eigene Atmosphäre und auch ihren Charakter auf. Verwirrung und mangelnde Gesundheit ergeben sich, wenn das Energiemuster durcheinander gerät, was dann auch zu einer Konfusion allen Tuns führt.

Einen geweihten Raum erschaffen

Es ist möglich, in einem besonderen Raum Ihres Hauses – wozu sich das Zimmer im Scheitelchakra am besten eignet, oder auch in jedem anderen Zimmer – einen geschützten und harmonischen Bereich zu schaffen, in dem Sie die symbolische Darstellung des Lebensrades benutzen. Auch können Sie jede Art anderer Symbole in entsprechender Weise gebrauchen; denn es ist der damit einhergehende Gedanke, welcher als Leben gebender Faktor wirkt, da alles eine Manifestation von Gedanken ist. Dies ist ein weiter Raum für persönliche Kreativität. Wenn Sie ein Lebensrad oder Mandala auslegen, verteilen sich die Energien in diesem Raum wieder in Form eines kosmischen Musters von Harmonie und Schönheit. Das kann das ganze Haus und seine Umgebung in einer nutzbringenden Weise beeinflussen.

Sie beginnen damit, zuerst ein Zentrum oder Herz in dem Raum festzulegen. Dies markieren Sie mit etwas Schönem und Bedeutsamem – eine Blume, eine Kerze, ein schöner Stein oder Kristall sind einige der Dinge, die gut wirken. Das vollkommene Zentrum sollte aus etwas gebildet werden, was das Thema der männlich-weiblichen Polarität zeigt, zum Beispiel eine Kerze in einem Kerzenhalter oder schwimmend in einer Wasserschale oder eine Vase mit Blumen darin. Unter den Blumen selbst werden die Rose und die Lilie traditionsgemäß als Polaritäten angesehen, obgleich sie beide die Natur des Herzens ausdrücken.

Dann finden Sie die Haupthimmelsrichtungen heraus, indem Sie im Norden anfangen und entscheiden, welche Wand des Zimmers für Sie Norden repräsentieren soll, und so weiter mit den anderen Himmelsrichtungen. Wählen Sie Symbole für diese Himmelsrichtungen auf der Basis der vier Viertel des Lebensrades. Das können Gegenstände sein, zum Beispiel ein Stein oder eine Schale mit Samen im Norden, ein Kelch mit Wasser im Osten, Blüten oder Räucherwerk im Süden, Früchte oder eine Kerze im Westen. Sie können aber auch Farben dafür wählen, nämlich weiß für den Norden, blau für den Osten, gelb-gold oder grün für den Süden, rosa, pink oder rot für den Westen. Die Farben können auf Stoffen, Kissen, Wandbehängen oder ähnlichem angebracht sein. Ferner eignen sich symbolische Gemälde oder Ornamente. Legen Sie diese Symbole entweder auf einen in der Mitte stehenden Tisch oder verteilen Sie sie rundum im Zimmer, so dass Sie ein Mandala des Lebensrades aus dem ganzen Raum machen. Sie können noch weiter gehen und auch die Zwischenrichtungen markieren, ebenso die Chakren des Zimmers, aber dieses einfache Arrangement von Zentrum und den vier Hauptrichtungen ist die Grundlage und funktioniert bereits gut.

Wenn man diese Symbole mit Sorgfalt und Hingabe wählt und auslegt, bauen sie das Energiemuster eines Lebensrades auf, das ein Chakra oder Energiewirbel ist. Dies schafft einen heiligen Raum. Wenn man diesen heiligen Raum in einer angemessenen und regelmäßigen Weise benutzt, ehrt man das, was er darstellt, und die „Liebesbeziehung" beginnt. Seele wird geschaffen, Harmonie und Schönheit strömen in unser Leben.

Die Ausrichtung

Ein weiterer Faktor, der uns subtil, aber kraftvoll beeinflusst, ist unsere Ausrichtung im Raum. Wir sehen das, was vor uns liegt: All unsere Sinne und unser Bewusstsein sind in die Vorwärtsrichtung gelenkt. Das, was hinter uns liegt, wirkt sich auf unser Bewusstsein in einer ganz anderen Weise aus, ebenso wie die Dinge, die sich an unserer rechten und linken Seite befinden. Wenn wir mit anderen Menschen sprechen, wenden wir uns ihnen meist in einer besonderen Art und Weise zu, entweder rechtwinklig oder in einem anderen Winkel, und wir wählen einen bestimmten Abstand von ihnen. All diese Faktoren können einen tief greifenden Unterschied in Bezug auf den Eindruck ergeben, den wir aufeinander machen. Und sie bewirken, dass wir uns miteinander wohl fühlen oder nicht.

Geschäftsleute kennen diese Faktoren heutzutage oft: Für Vorstandssitzungen und wichtige Gespräche werden die Plätze der Teilnehmer normalerweise sorgfältig ausgewählt. Auch die Organisatoren von Festlichkeiten widmen der Frage der Sitzordnung bei einem formellen Essen oder Bankett große

Sorgfalt. Darüber hinaus allerdings zollt man der Frage der Orientierung selten Aufmerksamkeit – und doch hat sie eine starke, unbewusste Auswirkung auf unsere Psyche, wie auch auf unseren Körper.

Wenn Sie das erstaunt, können Sie es sich leicht selbst bewusst machen. Schaffen Sie ein wenig Platz in dem Zimmer, in dem Sie sich befinden, und stellen Sie fest, wie die Wände in Bezug auf Norden, Süden, Osten und Westen angeordnet sind. Dann legen Sie sich auf den Fußboden, zunächst mit dem Kopf nach Norden, danach legen Sie sich jeweils für einige Minuten mit dem Kopf in jede der anderen Richtungen und beobachten, wie Sie sich in jeder Lage fühlen. Die meisten Menschen spüren den Unterschied sehr leicht.

Wenn Sie alle ausprobiert haben, legen Sie sich noch mal fünf Minuten lang in diejenige Richtung, in der Sie sich am wohlsten gefühlt haben. Danach können Sie sich zur Überprüfung in die Gegenrichtung legen und sehen, wie sich das anfühlt. Dann wiederholen Sie das Ganze im Sitzen oder Stehen. Es kann durchaus sein, dass Sie danach die Richtung ihres Bettes, ihres Schreibtisches oder anderer Möbelstücke ändern, was Ihnen sicher von Nutzen sein wird.

Lichtzentren und Ley-lines

Viele Menschen entwickeln heutzutage ein wachsendes, neuartiges Bewusstsein dessen, was man „Lichtzentren" nennt: Plätze von natürlicher und spiritueller Schönheit, die Inspiration, Heilung, Erhebung und vor allem Liebe ausstrahlen. Sie haben eine Qualität besonderen Friedens und sind voller geistiger Kraft und Energie.

Diese Plätze werden jetzt oft von Gruppen und Gemeinschaften aufgesucht, die sich vorgenommen haben, der wachsenden Schönheit und dem Licht zu dienen, üblicherweise durch Gebet, Meditation, die Anlage von Gärten und Gemeinschaftsdienst. Auch verbinden sie das Zentrum bewusst mit anderen Lichtzentren rund um die Welt.

Lichtzentren bilden Chakras in der Landschaft, entweder Haupt- oder Nebenchakren, die untereinander durch Verbindungslinien zusammengehalten werden, welche ein energetisches Netzwerk bilden. Jedes ist ein Lichttempel. Da sie miteinander rund um den Planeten verbunden sind, ergeben sie eine größere Struktur, einen Welttempel des Lichtes.

Die Verbindungslinien zwischen den Lichtzentren nennt man Ley-lines. Das sind Kanäle für Energie und Bewusstsein (diese beiden sind nicht trennbar), manche davon überziehen in geometrischen Mustern die gesamte Weltoberfläche und verbinden Plätze mit gleichartigen Zwecken. Die berühmteren und schöneren sind mit wohlbekannten heiligen Orten verbunden und häufig durch Kirchen, Tempel, Schreine, heilige Brunnen und Ähnliches markiert.

Sakrale Gebäude, wie Tempel, Kirchen und Kathedralen, waren früher immer auf Chakrapunkten in der Landschaft gebaut. Es gab damals eine Wissenschaft darüber, welche den Tempelerbauern wohlbekannt war. Die Widmung spiegelte üblicherweise die Funktion des Landschafts-Chakras wider, auf welches die Kirche gebaut war, die dann ihrerseits so entworfen wurde, dass sie die Energien und Zwecke des Chakras und der umgebenden Landschaft verstärkte, damit diese besser, harmonischer und lebensvoller arbeiten konnten. Kirchen in Scheitelchakren wurden häufig St. Michael oder St. Margareta geweiht. Kirchen im Herzchakra waren fast immer der Heiligen Maria und nur ab und zu St. Georg geweiht. Kirchen mit der Weihung an den Heiligen Petrus, den „Sprecher" der Apostel, befinden sich normalerweise im Halschakra.

Viele unserer Vorfahren konnten die Ley-lines wahrnehmen, die diese Orte verbanden. Die geraden römischen Straßen, die immer noch die britischen und europäischen Lande durchziehen, waren zum Beispiel auf Ley-lines angelegt, von denen viele schon früher von den Kelten und noch früheren Kulturen markiert und genutzt worden waren. Sie boten nicht nur direkte Verbindungsstraßen zwischen Kraftzentren, sondern, da sie Energielinien waren, versorgten sie die Truppen, die auf ihnen entlang marschierten, mit neuer Kraft, ebenso wie diese die Funktion der Ley-lines verstärkten.

Man muss weder Architekt noch Ingenieur werden, um die Energie des Planeten zu heilen. Glücklicherweise kann ein großer Teil dessen, was jetzt negativ und ungesund ist, auf relativ einfache Weise in positive, Leben gebende Einflüsse umgewandelt werden. Nicht so einfach ist es, Strukturen wie falsch platzierte Gebäude, Straßen oder Wasserwege zu versetzen, aber es gibt immerhin Möglichkeiten, die Probleme zu mildern, bis die Zeit eine wirkliche Änderung erlaubt.

Besserung kann herbeigeführt werden durch eine Veränderung der Wahrnehmung und Motivation der Menschen, die ermutigt werden können, die energetischen Muster der lebenden Erde zu erkennen, von Herzen Sorge zu tragen für ihre Umgebung und sich in Leben verbessernden Aktivitäten zu engagieren.

Kapitel 11

Dem Planeten dienen

Das Wort ist ein lebendiges Wesen, Geist, ganz grünendes Wachstum, ganz Kreativität. Dieses Wort manifestiert sich in jedem Geschöpf.[27]

Die ursprüngliche und wesentliche Bedeutung von Dienen ist, jemanden oder etwas herzlich umsorgen – d.h. ihn, sie oder es ehren, respektieren, betreuen, umsorgen, helfen und ganz allgemein, so viel wie irgend möglich und auf die denkbar weiseste Art lieben, indem man all seine Gaben dazu einsetzt. Es ist das Größte, Nützlichste und Erfüllendste, das wir überhaupt tun können. In der Tradition der Hindus heißt das „Karma Yoga", was der Höchste der Yogas ist. In der christlichen Tradition ist dies bekannt als „Caritas", d.h. tätige Liebe. Andere Traditionen nennen es „Mitgefühl".

In der Tradition des Heiligen Grals von König Arthur lautet das Motto des Gralsritters „Ich diene". Auf diese Weise wird der Heilige Gral erreicht, und wer das geschafft hat, wird Wächter des Grals – ein Gralshüter. Der Heilige Gral ist ein Gefäß von Licht und Freude. Jeder von uns kann dieser Heilige Gral sein, wenn wir gut für uns sorgen, und auch unsere Familie, unsere Gemeinschaft und unser ganzer Planet kann es werden, wenn wir ihnen in rechter Weise dienen. Im Übrigen, wenn wir bewusst daran gehen, dem Planeten zu dienen, dienen wir immer gleichzeitig auch uns selbst, unserer Familie und unserer Gemeinschaft.

Wahrer Dienst kann zusammengefasst werden als: Das Rechte tun am rechten Ort, zur rechten Zeit und mit der richtigen Ausrichtung. Das geht Hand in Hand mit der weiteren Lehre: Einander und alles Leben lieben. All dies kann man erreichen vermittels der Gesetze und Prinzipien, die in diesem Buch beschrieben sind und die, wenn sie erfolgreich angewendet werden, Gleichgewicht, Harmonie, Gesundheit und Glück sowohl den Menschen als auch der Natur bringen.

27 Hildegard von Bingen, a.a.O

Dem Lebensprozess folgen

Wenn wir nun sowohl uns selbst, als auch unsere Umgebung heilen wollen, besteht ein guter Anfang darin, unser selbst und unserer Motivation gewahr zu werden und auch ein Bewusstsein für die lebenswichtige Rolle zu entwickeln, die wir innerhalb der Zyklen von Raum und Zeit spielen. In unseren täglichen Handlungen können wir den Zyklus von Wunsch – Gedanke – Tat erkennen, und sobald wir einen starken Wunsch verspüren, etwas zu tun, sollen wir diesen unverzüglich dem Guten widmen. Auf diese Weise können wir schrittweise unsere Wünsche in gütige und liebevolle, unsere Gedanken in klares, weises Verständnis und unsere Handlungen in wirklichen Dienst verwandeln.

Sie können sich auch auf die großen Bewegungen der Zeit einstimmen, indem Sie die Hauptfeste anerkennen und feiern. Das ist nicht nur eine gute Übung, um zu begreifen, wie der Lebenskreislauf in einem größeren Maßstab funktioniert, sondern auch schon in sich selbst ein Werk des Dienens.

Feste feiern

Obwohl man Feste auch allein feiern kann, gelingen sie doch am besten dann, wenn die Menschen in Freundschaft zusammenkommen, um Freude und Lachen und auch Aktivitäten, wie Sport, Spiele, Tanz, Theater, Musik und was sonst zu einem Fest gehört miteinander zu teilen. Ob es sich um eine Familienangelegenheit, wie einen Geburtstag, handelt oder um eines der großen Jahresfeste, wie Weihnachten – eine Gruppenfeier kann immer gute Stimmung und Glück hervorrufen. Und jedermann fühlt sich dann positiver und gesünder, wenn er ins Alltagsleben zurückkehrt. Eine der besten Arten, dem Planeten zu dienen, besteht darin, jedes der Hauptfeste des Jahres so zu feiern. Die Wiederbelebung der alten Sonnenfeste könnte wirklich dazu helfen, dem Planeten Harmonie zu bringen und die Erde wieder zu vollem Leben emporzuschwingen.

Die großen Sonnen- oder Mondfeste, regelmäßig und beständig über einen längeren Zeitraum zu feiern, hat einem Trommelrhythmus vergleichbare Auswirkung, die uns in veränderte und erweiterte Bewusstseinszustände tragen kann. Ferner ist die Art, in der die Feste gefeiert werden, vergleichbar mit der Melodie in der Musik, die auch die Stimmung dieses erweiterten Bewusstseins festlegen kann.

Dabei spielt auch der Ort eine wichtige Rolle. Natürlich kann man Feste überall feiern, aber wenn man dabei gleichzeitig in Übereinstimmung mit den Hauptchakren der Zeit und des Raumes arbeitet – zum Beispiel während eines Sonnenfestes in einem Hauptchakra der Landschaft – können solche Festlichkeiten den ganzen Planeten tief greifend heilen, wieder beleben und erleuchten. Es könnte sich eine Wissenschaft davon entwickeln, welche Plätze man wann benutzen soll, um die bestmöglichen Ergebnisse zu erzielen.

Die daraus folgende Freisetzung der schöpferischen Energien von Freude, Liebe und Licht zu den richtigen Zeiten und an den richtigen Orten würde einen ungeheuren Einfluss auf den ganzen Körper und Geist der Erde und alle darauf lebenden Wesen haben – nicht zuletzt auf die Menschen, die sich zur Mitfeier eines solchen Festes versammeln. Was nämlich der Erde gut tut, nützt automatisch auch uns, spirituell, emotional, mental und physisch.

Tanz, Bewegung und Gesang

Sakraler Tanz ist verwandt mit der schöpferischen Bewegung des Lebens und verhilft dem Bewusstsein des Tänzers dazu, mit dem universellen Bewusstsein eins zu werden. Im Freien und in der passenden Landschaft ausgeführt, sind solche Tänze auch ein Mittel dazu, das Land zu energetisieren und mit der Natur zu arbeiten.

Zwei Beispiele sakraler Tänze, die gute Wirkungen hervorgebracht haben, sind Kreistänze und Paneurhythmie. Kreistänze sind eine Weiterentwicklung der traditionellen Gruppentänze, in denen die Teilnehmer zu einem sich drehenden Rad freudiger Energie werden. Die Universellen Friedenstänze entwickeln dieses Thema in einer sehr speziellen Weise.

Paneurhythmie wurde von dem bulgarischen Meister, Peter Deunov, zu Anfang des 20. Jahrhunderts in den Bergen der Rhodopen geschaffen. Man tanzt dabei ebenfalls in einem Kreis oder Rad und bewegt sich im Rhythmus und in Harmonie mit der Natur, sich selbst und den anderen Tänzern. Man hat herausgefunden, dass dies tief gehende Heilungswirkungen auf die physische Gesundheit und das Nervensystem mit sich bringt.

Natürlich gibt es noch viele andere Arten und Beispiele für sakrale Tänze, angefangen von Einzeltänzen bis hin zu solchen für viele Menschen. Was sie zu „heiligen" oder „sakralen" Tänzen macht, ist ihr Zweck, durch welchen sie Gott oder einem guten Zweck geweiht sind.

Kreativer Klang ist ebenfalls eine Freude bringende Aktivität, die helfen kann, den Körper zu erneuern, zu heilen und zu transformieren. Klang ist dem Wesen nach die Schwingung der Lebensenergie bei ihrer Bewegung durch den Kosmos. In seiner vollkommensten Form ist er bekannt als das Wort Gottes, das Wort der Liebe, das alle guten Dinge erschafft. Singen und Sprechgesang (Chanten) geben dem Klang Form und ermöglichen ihm dadurch, sich zu manifestieren und bestimmte Wirkungen auf Geist und Materie hervorzubringen. Die gleiche Auswirkung ergibt sich, wenn man nur reine Vokale erklingen lässt. Wenn dies auf bestimmte Weise ausgeführt wird, kann es sogar kraftvoller als Singen oder Chanten sein. Singen, Chanten und Tönen können die Psyche der Menschen sowie auch der Natur unmittelbar beeinflussen und in einen veränderten Bewusstseinszustand erheben. Gesang ist ein direkter Weg, die Herzen in Liebe zu öffnen. In der Natur singen ist sehr heilend und ein Ausdruck von Liebe, besonders dann, wenn wir erlauschen, wie die Natur auf unseren Gesang antwortet. Das Echo oder die „schöpferische Pause“ sind sehr wichtig – daher kommt der Mythos von Pan und Echo. Dieser beschreibt, wie Gott Echo als liebevolle Gefährtin und Partnerin für Pan erschuf, so dass Pan nicht mehr so einsam sein musste. Singen und Lauschen gehen ebenso Hand in Hand wie Sprechen und Zuhören. Sie bedingen einander, auf diese Weise werden Freundschaften geschlossen.

Meditation, Anrufung und Gebet

Meditation ist eine Ebene von Liebe und gesammeltem Bewusstsein in vollkommenem Frieden. Der Geist/das Gemüt wird still und dadurch fähig, das reine Licht der Wahrheit widerzuspiegeln, zu sehen und sich daran zu freuen. Diese Freude ist ein Zustand von Glückseligkeit.

Anrufung ist eine Tätigkeit, in der man eine höhere Macht zu Hilfe ruft. Wenn wir das mit Liebe und Vertrauen aus einem meditativen Bewusstseinszustand heraus tun, können wir um die Hilfe von Engeln bitten, die Aspekte des Göttlichen mit besonderen Aufgaben und Kräften sind.

Gebet ist der natürliche Höhepunkt von Meditation und Anrufung. Es ist ein schöpferischer Willensakt, bei dem man von den Liebesenergien aktiven Gebrauch macht, während man sich in einem meditativen Zustand befindet und mit den großen Engeln der Liebe zusammenarbeitet. Das Gebet sollte immer von einer Zeit sorgfältiger Vorbereitung eingeleitet werden, auf die dann zunächst liebende Einstimmung und Meditation folgen. Dieser Prozess bildet tatsächlich einen kreativen Lebenskreislauf, der den Prinzipien folgt, die in diesem Buch beschrieben sind. Die Schlüsselkraftpunkte für ein gutes Gebet sind:

- Widmung: Beginn der Einstimmung
- Visualisierung: Beginn der Meditation
- Anrufung: Beginn des Gebetes
- Danksagung: Ende des Gebetes und Vollendung des Kreislaufs.

Die Wissenschaft des Gebetes beruht auf diesem Zyklus.

Sich zentrieren und schützen

Wenn man beginnt, den Lebensprozess bewusster zu entwickeln, wird man vermutlich empfindlicher werden. Da ist es nützlich, einige praktische Methoden zu kennen, wie man sich zentrieren und vor unverträglichen Energien schützen kann. Eine sehr wirksame Art ist das kosmische Kreuz:

Das kosmische Kreuz

Dies kann man zu jeder Zeit machen, jedoch ist es besonders hilfreich am Morgen, bevor man mit den Tätigkeiten des Tages beginnt.

Man führt es mit einem Mantra, einer Visualisation und vier tiefen Atemzügen aus. Die Worte des Mantras, die man leise im Geist zu sich spricht, sind die folgenden:

> *„Im Namen der Weisheit und der Liebe, der Gerechtigkeit und der unendlichen Barmherzigkeit des einen ewigen Geistes. Amen."*

Die begleitenden Atemzüge und die Visualisierung werden in der Tabelle gezeigt.

Atem	**Worte**	**Bild**
-	Im Namen	Visualisieren Sie eine Lichtflamme in Ihrem Herzen.
Ein	der Weisheit	Sehen Sie einen Lichtstrahl, der aus Ihrem Herzen durch das Scheitelchakra hoch in den Himmel hinauf schießt.
Aus	und der Liebe,	Sehen Sie einen Lichtstrahl aus Ihrem Herzen tief hinab in die Erde gehen.
Ein	der Gerechtigkeit	Schicken Sie einen Lichtstrahl in Verlängerung Ihrer Hand nach links hinaus.
Aus	und der unendlichen Barmherzigkeit	Schicken Sie einen Lichtstrahl in Verlängerung Ihrer Hand nach rechts hinaus.
Jetzt ziehen Sie einen Lichtkreis um dieses Kreuz, das Sie erschaffen haben, indem Sie so tief unter Ihren Füßen beginnen, wie Sie es visualisieren können.		
Ein	des einen	Ziehen Sie den Kreis über Ihre linke Seite hinauf bis über den Kopf.
Aus	ewigen Geistes.	Ziehen Sie den Kreis an der rechten Seite hinunter bis zurück unter die Füße.
Ein	Aaaaa-	Konzentrieren Sie das Licht der Liebe in Ihrem Herzen.
Aus	-men!	Füllen Sie den ganzen Kreis mit dem Licht Ihres Herzens an.

Versiegeln der Chakren

Dies bedeutet nicht, die Chakren vollständig zu verschließen, denn sie sind ohnehin ständig offen und verantwortlich für den Fluss der Lebensenergie. Diese Technik schützt Sie aber gegen störende Schwingungen und unerwünschte Energien, wenn Sie zum Beispiel in überfüllten Zügen oder U-Bahnen fahren oder durch Einkaufszentren gehen. Durch die Verstärkung ihres natürlichen Energiemusters werden die Chakren beim Versiegeln auch gestärkt. Außerdem ist es nützlich, diese Methode am Ende einer Meditation anzuwenden, bevor Sie sich wieder in die äußere Welt begeben oder bevor Sie ihr Heim verlassen und in eine möglicherweise gestörte oder ungewohnte Atmosphäre gehen.

Visualisieren Sie, wie Sie nacheinander über jedes Ihrer sieben Hauptchakren ein Kreuz aus Licht in einem Lichtkreis legen. Dabei beginnen Sie am Scheitelchakra und hören am Wurzelchakra auf. Wenn Sie es auf diese Weise und in dieser Reihenfolge tun, hilft es Ihnen auch, sich zu erden.

Schneller Schutz

Zwei Arten sofortigen Schutzes bestehen darin, beide Hände über den Solarplexus zu legen, wie es die Mönche zu tun pflegten und das Alta-Major-Chakra im Genick zu schützen, indem sie für kurze Zeit Ihre Hand dorthin legen oder Ihren Kragen hoch schlagen oder einen Seidenschal umlegen (Aus irgendeinem Grund funktioniert Seide besser als andere Materialien.).

Reinigung

Wenn Sie sich in einer Menschenmenge oder einer unangenehmen Umgebung aufhalten mussten, ist es auch sehr reinigend, den Nacken mit kaltem Wasser zu besprengen und ihre Hände zu waschen. Eine volle Reinigung ergibt sich aber am besten unter einer Dusche oder in einem Bad von frischem, sauberem und wenn möglich, fließendem Wasser. Eine Dusche ist meist das Einfachste und Wirkungsvollste, vor allem, wenn Sie diese Tätigkeit dem Zweck der Reinigung an erster Stelle widmen, sich dann daran erfreuen und hinterher Dank sagen.

Pilgern

Pilgern ist eine alte Kunst. Im Grunde sucht man dabei dreierlei: Wahrheit oder Erleuchtung, Hingabe oder Liebe und Dank einem Ort zu bringen, der Ihnen etwas bedeutet oder der Sie auf irgendeine Weise gerufen hat. Diese Dinge schließen einander nicht aus. Sie sind einfach nochmals eine Art und Weise, für den Planeten und die Gesellschaft zu sorgen, indem man in Liebe mit den Energien der Erde und des Kosmos arbeitet.

Die alten Pilgerzentren sind immer noch starke Kraftplätze. In der Vergangenheit wurden sie ständig durch den Fluss der Pilger energetisch aufgeladen, ebenso wie auch die Wege, auf denen die Pilger reisten. Ob sie es wussten oder nicht, die Pilger früherer Zeiten haben diesen Wegen sowie sich selbst Gutes getan. Dies trifft auch heute noch zu, wenn Pilger und wohlmeinende Touristen heilige Orte besuchen, auch dann, wenn sie sich der alten Tradition nicht völlig bewusst sind, die sie dabei lebendig erhalten.

Wenn Pilgerreisen mit sensiblem Gewahrsein, einigem Wissen und spiritueller Zielsetzung unternommen werden, arbeiten sie mit den Energieflüssen und Chakren der Erde, um Heilung, Transformation und Transmutation anzuregen. Das kann mit Akupressur auf den Energie-Meridianen und Akupunkturpunkten der Erde verglichen werden und auch mit der Reinigung und Stärkung ihres Kreislaufsystems. Ebenso ist es eine Art der Heilung und Lebenserneuerung, die den Chakren und dem Nervensystem des planetaren Körpers durch Liebe und erleuchtetes Bewusstsein zuteil wird.

Ob man einen heiligen Ort allein besucht oder in einer organisierten Pilgerreise – man kann immer die Gelegenheit nutzen, um sich der natürlichen Energien und Chakren in der Landschaft bewusst zu werden und neue Wege entdecken, wie man mit ihnen arbeiten kann.

Wenn Sie die Muster in der Landschaft spüren oder sehen und sie mit den Energien Ihres eigenen Körpers und Ihrer Psyche vergleichen, können Sie immer deutlicher die subtilen, intimen Beziehungen zwischen Ihnen und der Natur erkennen. Mit dem Wachsen dieser Erkenntnis geht eine wachsende Wahrnehmung und innere Gewissheit einher, welche Ihnen aufzeigen, was für eine Aktivität an jedem Platz angezeigt ist, um lebendige Harmonie zwischen Mensch und Natur zu schaffen und zu erhalten.

Pilgern hat normalerweise eine heilende und verwandelnde Wirkung auf diejenigen, welche daran teilnehmen. Manche Menschen können den tatsächlichen Energiefluss durch die Landschaftschakren fühlen. Dies bringt unweigerlich ihre eigenen Chakren zum Mitschwingen, und auf diese Weise haben sich schon viele Heilungen sowohl emotionale als auch physische, ereignet. Menschen mit Problemen in einem bestimmten Chakra haben erlebt, dass solche Heilungen eintraten, als sie das gleiche Chakra im Landschaftstempel betraten. Wesentlich ist jedoch die Haltung, in der man sich einem solchen Chakrapunkt nähert.

Liebe ist die Energie, die andere Energien und sogar die Materie bewegt. Ein wahrer Pilger, der mit Liebe arbeitet, bewegt die Erdenergie durch die Landschaft von einem Chakra zum anderen und hilft so, die Erde zu beleben und Lichtmuster und Energiefontänen zur Erleuchtung der Menschen und des Planeten zu erschaffen. Niemand kann daran teilnehmen, ohne selbst beeinflusst zu werden. Das eigene Bewusstsein des Pilgers wird erhoben, so dass er oder sie ein größeres Verständnis des Lebens gewinnt.

Kapitel 12.

Freude

Parabrahma ist ewigwährend, vollkommen, ohne Anfang und Ende, ein unteilbares Sein. Es ist der Ursprung aller Erkenntnis und aller Liebe, die Wurzel aller Kraft und Freude.[28]

Die grundlegende Lebensphilosophie, welcher Zoence und all dem unterliegt, was in diesem Buch dargestellt wurde, ist einfach: Leben – wahres Leben – ist Liebe, und ihr Zweck ist Freude.

Polarität kann man auf zweierlei Art erklären: Als den Liebenden und den Geliebten oder als Freude und das sich Freuen an der Freude. Es gibt nichts Größeres, als sich in Liebe an der Gegenwart und dem ganzen Wesen eines anderen Menschen zu erfreuen. Das gibt auch diesem Freude, nämlich darüber, dass sich jemand an ihm freut. Und so wird die Freude sozusagen mit „Zinsen" der ersten Person zurückgegeben. Sobald man Freude gibt, empfängt man sie. Und sobald man Freude empfängt, gibt man sie. Freude vervielfältigt sich einfach, sie ist ansteckend.

Ebenso ist es mit der Natur. Wenn wir uns Zeit nehmen, uns an der Natur zu erfreuen, antwortet die Natur, indem sie uns mehr Freude zurückgibt. Und je mehr wir uns am Leben erfreuen, desto bewusster werden wir uns seiner Schönheit und Kraft. Das Leben gut zu leben, in einem wahrhaften Bewusstsein der Liebe, führt zu tiefer Verwirklichung, die Freude ist. Freude erleuchtet, Freude gibt Menschen und Natur Licht. Freude **ist** Licht.

Freude hat naturgemäß auch ihre Polarität, den Schmerz, der nicht übersehen werden darf. Wir können keine Freude erfahren, ohne auch das Leid der Welt zu erfahren. Es ist zum Beispiel in Ordnung, über die Grausamkeit zu trauern, die Menschen einander und allen Bereichen des Lebens zufügen, oder auch unter den Unvollkommenheiten unserer eigenen Natur, unserer Gedanken, Gefühle und Handlungen zu leiden. Es ist wichtig, dass wir uns erlauben, diesen Schmerz zu fühlen und ihn nicht verleugnen. Ohne ihn gibt es kein echtes Mitgefühl, und Mitgefühl ist ein wesentlicher Aspekt der Freude.

28 Kaivalya Darshanam: „Die heilige Wissenschaft" von Jnanavatar Swami Sri Yukteswar Giri

Aber Mitgefühl hat die Macht, die Situation zu wandeln. Wahres Mitgefühl ist Liebe in Aktion, gepaart mit Verständnis – und das führt zu Freude.

Eine alte Wahrheit sagt: Liebe immer den Ort, an dem du bist, das, was du tust, und jeden, mit dem du zusammen bist – so wirst du Freude finden.

Wenn wir unsere Freude finden, finden wir unser Paradies. Und das ist der Sinn des Lebens.

Und dann erkannte er, dass Brahman ***Freude*** *war;*
Denn aus der ***Freude*** *entstanden alle Wesen,*
Durch ***Freude*** *leben sie alle,*
Und in die ***Freude*** *kehren sie alle zurück.*[29]

29 Taittirya Upanishad 3, 1-6

Kontakt

Peter Dawkins:

www.zoence.co.uk
www.fbrt.org.uk
www.peterdawkins.com

Sheema Medien Verlag
FACHVERLAG FÜR RELEASING UND MEHR
Postfach 1443
83504 Wasserburg/Inn

Tel.: 08071 – 94813
Fax: 08071 – 94814

E-Mail: info@sheema.de
http://www.sheema.de

MÖGEN ALLE WESEN GLÜCKLICH SEIN

Verzeichnis der Abbildungen

Abb. 1: Polarität 15
Abb. 2: Strahlende und Spiralenergie 18
Abb. 3: Die drei Archetypen 21
Abb. 4: Das Lebensrad 22
Abb. 5: Der Lebensbaum 22
Abb. 6: Das Chakrasystem 22
Abb. 7: Der Naturkreislauf: Jahreszeiten und Sonnenfeste 24
Abb. 8: Der Jahreskreislauf und der menschliche Zyklus 28
Abb. 9: Alchemistischer, Jahres- und menschlicher Kreislauf 29
Abb. 10: Einweihungszyklus: Die niederen Mysterien 32
Abb. 11: Einweihungszyklus: Das Paradies 33
Abb. 12: Der Raumkreis: Zyklus der Natur 46
Abb. 13: Der Raumkreis: Zyklus des Lebens und der Einweihung 48
Abb. 14: Zodiak am Himmel (2000 n.Chr. – Nordhalbkugel) 49
Abb. 15: Zodiak: Alpha – Omega. 51
Abb. 16: Zodiak: der Jahreskreis (2000 n.Chr. – Nordhalbkugel) 52
Abb. 17: Zodiak (160 v.Chr. – Nordhalbkugel) 54
Abb. 18: Zodiak am Himmel (160 v.Chr. – Nordhalbkugel) 55
Abb. 19: Zodiak (2000 n.Chr. – Nordhalbkugel) 56
Abb. 20: Der jährliche Kreislauf von „Jahr und Tag“ 59
Abb. 21: Die neun großen Atemzüge und Tore der Inspiration 61
Abb. 22: Das Siegel Salomons 63
Abb. 23: Der Mondkreislauf 65
Abb. 24: Pentagrammrose 67
Abb. 25: Der Tanz der Venus um die Erde 68
Abb. 26: Zodiakstern 68
Abb. 27: Der Kleeblatt-Tanz des Merkur um die Erde 69
Abb. 28: Der Tanz der 22 Schleifen Merkurs um die Erde 69
Abb. 29: Jupiters Tanz der 11 Blütenblätter um die Erde 70
Abb. 30: Mars' Tanz der 8 Schleifen um die Erde 70
Abb. 31: Der Tanz der 28 Schleifen Saturns um die Erde 71
Abb. 32: Das Symbol für Merkur 75
Abb. 33: Die Drei Welten im Menschen: Emblem von John Reuchlin 76
Abb. 34: Das Chakrasystem des Menschen 77
Abb. 35: Das Zodiaksystem des Menschen 79
Abb. 36: Physiologie des Tierkreises 80
Abb. 37: Die Gralswunden (Fische-Zeitalter) 82
Abb. 38: Die Gralswunden (Wassermann-Zeitalter) 83
Abb. 39: Der himmlische Körper 85
Abb. 40: Federkrone des Prinzen von Wales: Titelblatt „Minerva Britanna“ 86
Abb. 41: Die vier Welten 88
Abb. 42: Die vier Welten und der Lebensbaum 89
Abb. 43: Die vier Welten, der Lebensbaum und die zehn Sephirot 91
Abb. 44: Der Lebensbaum: Die Großen Säulen 92
Abb. 45: Titelseite von Francis Bacons „Instauratio Magna“ 93
Abb. 46: Titelseite zu „Advancement and Proficience of Learning von F. Bacon 94
Abb. 47: Die Großen Säulen 97
Abb. 48: Die Westfront der Karlskirche in Wien 98
Abb. 49: Die Westfront der Kathedrale von Santiago de Compostela 98
Abb. 50: Kirchenschiff und Chor der Kathedrale von Bourges 99
Abb. 51: Hochaltar der Kirche von Klosterneuburg 99
Abb. 52: Der Lebensbaum: Planetare Symbolik 100
Abb. 53: Venus und Mars: Titelblatt von: Das ganze Buch der Psalmen 101
Abb. 54: Die Großen Pfeiler/Säulen: Titelblatt von: Monas Hieroglyphica 103
Abb. 55: Die Alchemistischen Großen Säulen: Emblem vom „Zirkel des Weisen“ 104
Abb. 56: Der Lebensbaum: Die göttliche Familie 106
Abb. 57: Der Lebensbaum: Der Thron Gottes 108
Abb. 58: Die Blume des Lebens: Archetypische Geometrie 109
Abb. 59: Der Lebensbaum: Die Himmel 110
Abb. 60: Der Lebensbaum: „Paneem“ - Ansicht 115
Abb. 61: Sonnenkönig und Mondkönigin: Emblem aus Rosarium Philosophicum 116
Abb. 62: Der Hermetische Rebis: Emblem aus „Viatorum spagyricum“ 117
Abb. 63: Sapientia Simplex – Einfache Weisheit 118
Abb. 64: Die Heilige Bibel: Titelblatt der von König James autorisierten Bibelversion 120
Abb. 65: Christus in Herrlichkeit: Tympanon der Mitteltür des Westportals der Kathedrale von Chartres 122
Abb. 66: Pallas Athene: Skulptur in Dijon 123
Abb. 67: Queen Anne: Statue vor der St. Paul's Kathedrale in London 123

Abb. 68: Archetypischer Plan einer gotischen Kathedrale 126
Abb. 69: Madonna mit Kind: Skulptur in der Basilika St. Maria Magdalena in Vézelay 127
Abb. 70: Stonehenge 129
Abb. 71: Stonehenge: Der Heilige Gral 130
Abb. 72: Das keltisch-römische London 134
Abb. 73: Die Innenstadt von London heute 135
Abb. 74: Edinburg: Die Altstadt und die „Royal Mile" 139
Abb. 75: Stein am Rhein 141
Abb. 76: Bad Pyrmont 144
Abb. 77: Berlin 146
Abb. 78: Washington D.C. 148
Abb. 79: Das Alte Ägypten 154
Abb. 80: Das Alte Israel 157
Abb. 81: Nordamerika: Schem. Darst. der „drei Säulen" und Chakren 160
Abb. 82: Nordamerika: Schematische Darstellung 162
Abb. 83: Der Große St. Jakobskreis 163
Abb. 84: Nordamerika: Schematische Darstellung 165
Abb. 85: Die Landschaft der Irokesen 166
Abb. 86: Europa und der Stier 171
Abb. 87: Die Europa: Britannien – Irland – Schottland 171
Abb. 88: Das größere Europa: Schematische Darstellung 173
Abb. 89: Die Herzlinie von Europa: Schematische Darstellung 175
Abb. 90: Der Konstanzer Tierkreis 176
Abb. 91: Der Tierkreis im „Exterland": Schematische Darstellung 177
Abb. 92: Jütland: Schematische Darstellung 177
Abb. 93: Der Herzzodiak von Jütland: Schematische Darstellung 178
Abb. 94: Herzzodiak von Jütland: Der „Landschaftsengel von Himmelbjerget" 178
Abb. 95: Das Herzkreuz Europas: Haupt-Pilgerrouten 179
Abb. 96: Die Externsteine: Ansicht von Osten 181
Abb. 97: Die Externsteine: Der Kreuzigungsfelsen 182
Abb. 98: Die Externsteine: Die Felsen des Solar-Plexus, des Herzens und des Halses 182
Abb. 99: Die Externsteine: Das Golgotha-Relief 184
Abb. 100: Das Hermannsdenkmal 186
Abb. 101: Die europäische Gralslinie 187
Abb. 102: Der Landschaftsengel von Les-Saintes-Maries-de-la-Mer 189
Abb. 103: Der Landschaftsengel vom Puy-de-Dôme 191
Abb. 104: Der Landschaftsengel von Chartres 193
Abb. 105: Der Landschaftsengel von Ben More Assynt 195
Abb. 106: Bourges im 9. bis 10. Jahrhundert 196
Abb. 107: Bourges zur Römerzeit 197
Abb. 108: Bourges im 11. bis 13. Jahrhundert 198
Abb. 109: Bourges im 14. bis 16. Jahrhundert 198
Abb. 110: Dodekaeder 200
Abb. 111: Das Gralskönigreich und die innere pentagonale Facette des planetaren Dodekaeders 201
Abb. 112: Das planetare Dodekaeder: Schematische Darstellung 201
Abb. 113: Eros: Basrelief, 2. Jh. v.Chr., Galerie e Museo Estense in Modena 203
Abb. 114: Die Weltendrachin: Schematische Darstellung 205
Abb. 115: Chakren der Welt: Schematische Darstellung 206
Abb. 116: Welt-Zodiak: Schematische Darstellung 208
Abb. 117: Die Weltendrachin und der Primäre Meridian (aktuell) 210
Abb. 118: Die dreifache Spirale um die Erde und der Primäre Meridian (ideal) 211

Bildnachweise:

Die Titelseite der von King James autorisierten Ausgabe der Heiligen Bibel von 1611 (Abb. 64) wird mit Genehmigung der British Library, London, abgedruckt.
Die Abbildungen Nr. 80 – 89, 92,95, 101, 111, 115 – 118 benutzen als Grundlage „Mountain High Map Images" („Mountain High Maps ® Copyright © 1993 Digital Wisdom, Inc.)
Die Fotos von den Externsteinen (Bilder Nr. 97, 98 und 100) stammen von Almut Martini. Alle übrigen von Peter Dawkins.

Verwendete Literatur

-- **Blake, William**: „The Marriage of Heaven and Hell“ in „The Collected Works of William Blake“, p182. Ed Geoffrey Keynes. (4. Edition London 1975, 1st Published 1927, Nonesuch Press.)
Deutsch: Die Hochzeit von Himmel und Hölle, Ausgewählte Dichtungen. area verlag GmbH, Erftstadt 2005, S. 10
--**Cabalistic teaching** (c.f. Isaiah 43,7)
--**Genesis** 1, 14-15, übersetzt aus dem Hebräischen von Fabre d'Olivet, printed in Genesis Revised, ed. by Shabaz Britten Best (Sufi Publishing Co. Ltd., 1964, 1970).
--**Genesis** 1, 1-2
--**Heinrich IV.**, 2.Teil, IV, 7
--**Henderson´s** MS of William Preston
--**I Joh.** IV, 8
--**Job** 9, 4; 36, 5
--**Kaivalya Darshanam**: „Die heilige Wissenschaft“ von Jnanavatar Swami Sri Yukteswar Giri, Otto Wilhelm Barth Verlag, 7. Aufl. 1984, Sutren 1 und 2
--**Hall, Manly P**: Man, the Grand Symbol of the Mysteries, ch.xi, „The Heart, the Seat of Life“, p.154 (The Philosophical Research Society, Inc. Los Angeles, 1972)
--**Matthäus** 16, 18
--**Matthäus** 24,30 / Markus 13,26 / Lukas 21,27
--**Offenbarung** 23,16
--**Ovid**, Metamorphoses, Book XV: The Teachings of Pythagoras, übersetzt von Frank Justus Miller, Professor in the University of Chicago.(Published by William Heinemann Ltd in 1916, reprinted 1922, 1926, 1929, 1933, 1939, 1940, 1951.)
--**Pope, Alexander**: Vom Menschen, Brief I, Zeilen 267-268, übers. V. E. Breidert, Meiner Vlg., Hamburg 1993
--**Shakespeare, William**: Romeo und Julia, II, ii, 43-44
Deutsch: Reclam, 2002, S. 34 (2. Aufzug, 2. Szene)
--**Sion, Llywelyn**: The Book of Bardism. Quoted in The Mysteries of Britain, ch IV „Barddas“, p 96, by Lewis Spence (Rider & Co. 1928, Paperback ed 1979, ISBN: 085030 215 3)
--**Srîmad Bhâgawatam** ("The Wisdom of God" = "Die Weisheit über Gott"), übersetzt aus dem Sanskrit ins Englische von Swami Prahavananda, S. 51 (Sri Ramakrishna Math, Madras, 1972)
--**Taittirya Upanishad** 3, 1-6, from The Upanishads, S.111, übersetzt aus dem Sanskrit mit einer Einführung von Juan Mascaro.(Penguin Books, 1965, ISBN 0-14-044-163-8)
--**von Bingen, Hildegard**: in Meditations with Hildegard of Bingen. Introduction and versions by Gabriele Uhlein, S. 58,64. (Bear & Co.Santa Fe,New Mexiko 1983. ISBN 0-939680-12-2
--**Zohar**: Temurah 155a.

Bücher von Peter Dawkins

Auf Deutsch:

Europa und das Land des Heiligen Gral
Oratio Verlag, 2001

Auf Englisch:

Zoence - the Science of Life
Original English version: Wigmore Publications, 1995. Illustrated paperback, 92pp. Expanded American version: Samuel Weiser, 1998. Illustrated paperback, 153pp.

Bacon's Shakespeare
FBRT, 2007. Illustrated paperback, 56pp.

The Shakespeare Enigma
Polair, 2004. Illustrated paperback, 476pp.

Building Paradise
FBRT, 2001. Illustrated paperback, 232pp.

Francis Bacon - Herald of the New Age
FBRT 1997. Illustrated paperback, 124pp.

"As You Like It"
IC Media Productions, 1998. Illustrated paperback, 254pp.

"The Merchant of Venice"
IC Media Productions, 1998. Illustrated paperback, 254pp.

"Julius Caesar"
IC Media Productions, 1999. Illustrated paperback, 224pp.

"The Tempest"
IC Media Productions, 2000. Illustrated paperback, 270pp.

"Twelfth Night"
IC Media Productions, 2002. Illustrated paperback, 232pp.

Wisdom of Shakespeare in the Tempest (Bibliographica Historica Australiae)
Francis Bacon Res Trust, 2000, 217pp.